AF123295

DAVID LAMA

Sein Leben für die Berge
Von ihm selbst erzählt

Die Bücher HIGH und FREE
sowie ausgewählte Texte

Herausgegeben von
Florian Klingler
Christian Seiler

Anmerkung der Herausgeber
Sowohl die Buchmanuskripte als auch alle anderen Texte entsprechen der Originalfassung von David Lama zum Zeitpunkt der Veröffentlichung, HIGH wurde um das Cerro-Torre-Kapitel gekürzt, das in ausführlicher Form in FREE enthalten ist.

Penguin Random House Verlagsgruppe FSC® N001967

3. Auflage
Copyright © 2020 by Penguin Verlag
in der Penguin Random House Verlagsgruppe GmbH,
Neumarkter Str. 28, 81673 München
Redaktion FREE: Hans Fleißner
Karte: Eckehard Radehose
Bildbearbeitung: Lorenz & Zeller, Inning a. Ammersee
Umschlaggestaltung: bürosüd, München
Umschlagabbildungen: © Manuel Ferrigato/Red Bull,
© Sean Haverstock/Red Bull Content Pool
Satz: Uhl + Massopust, Aalen
Druck und Bindung: GGP Media GmbH, Pößneck
Printed in Germany
ISBN 978-3-328-60150-0
www.penguin-verlag.de

Inhalt

Vorwort 7

HIGH. Genial unterwegs an Berg und Fels 11

FREE. Der Cerro Torre, das Unmögliche und ich 177

Ausgewählte Texte. 2012 bis 2019 375

Cerro Torre, Patagonien: *Frei* 377 | Pointes Supérieures de Pré de Bar, Chamonix: *Ein barbarisches Abenteuer* 393 | Chogolisa, Karakorum: *Ein zähes Luder* 396 | Loska-Stena-Nordwand, Slowenien: *Entdeckergeist* 399 | Laserz-Südwand, Lienzer Dolomiten: *Safety Discussion!* 402 | Sagwand, Valsertal: *Die erste Winterbegehung* 406 | Moose's Tooth, Alaska: *Ein Ass gezogen* 410 | Masherbrum, Karakorum: *Just look, don't touch* 415 | El Mocho, Patagonien: *Wo der Wind nie nachlässt* 418 | Masherbrum, Karakorum, die zweite: *Ein gewichtiges Experiment* 422 | Temple of Sinewava, Zion-Nationalpark, Utah: *Der gemeinsame Nenner* 426 | Baatara Gorge, Libanon: *Avaatara oder Die Reise zurück* 430 | Lunag Ri, Himalaya: *Nahe dran* 433 | Annapurna III, Himalaya: *One of a kind* 438 | Sagzahn-Verschneidung, Valsertal: *Nicht zu unterschätzen* 442 | Lunag Ri, Himalaya: *»It's on you now, David!«* 446 | Das Risiko und die Frage, wofür es sich lohnt, Gefahren einzugehen 455 | Über Stilfragen und den »Mord am Unmöglichen« 458 | Was ist das eigentlich, das *Gipfelgefühl?* 463

Chronik 467

Bildteile
David Lama 1993 bis 2010
Das Projekt Cerro Torre Teil 1
Das Projekt Cerro Torre Teil 2
David Lama 2012 bis 2019

Vorwort

Das ist das Vorwort, das wir nie schreiben wollten: das Vorwort zu den gesammelten Texten von David Lama. Zu einem Werk, das abgeschlossen ist, weil ihr Urheber in den Bergen, die er liebte, ums Leben gekommen ist. Auf einer Tour am Howse Peak im kanadischen Banff-Nationalpark, unter einer mächtigen Lawine.

David war ein beeindruckender Bergsteiger und ein noch beeindruckenderer Mensch. Er hatte eine fast magische Ausstrahlung auf seinen Sport und die Menschen, die ihm begegneten. Sein Tod erscheint uns unwirklich, auch jetzt, fast schon ein Jahr nachdem die ersten Meldungen aus Kanada eintrafen, dass im Gebiet des Nationalparks, wo David mit seinen Kollegen Hansjörg Auer und Jess Roskelley auf einer Tour unterwegs war, etwas passiert sei. Eine Lawine. Keine Verbindung mehr zu den drei Alpinisten.

Es folgten Tage der Unsicherheit und der Hoffnung. Dann wurden die düsteren Ahnungen bestätigt. David und seine beiden Freunde waren tot.

Was ist Davids Vermächtnis? Für uns steht fest, dass Entscheidendes bleiben wird von dem jungen Mann, auf dem schon als Kind die Blicke der Kletterwelt ruhten, weil alle in ihm etwas Außergewöhnliches sahen.

David Lama: das Wunderkind, das sich in den steilsten

Wänden mit einer Natürlichkeit bewegte, die ihresgleichen suchte. Der wortkarge Junge, der nicht die geringste Lust hatte, über seine Erlebnisse zu sprechen. Der schon als Teenager unbeeindruckt seine Entscheidungen traf, weil er ganz genau wusste, was ihm wichtig war: Das Suchen und Bewältigen von Herausforderungen am Fels. Das Begehen von Routen, deren Schönheit und Logik ihn beeindruckte und magnetisch anzog. Das Bewältigen von Risiken, die seinem Sport – vielleicht sollten wir auch sagen: dem Gesamterlebnis Alpinismus – innewohnen und ohne die das, was David suchte, nicht zu haben war. Er wollte die Liebe zum Klettern zu seinem Lebensinhalt machen. Ohne Wenn und Aber. Ohne doppelten Boden. Ohne Plan B.

David ist nie ein Kletterer gewesen, der mit der Gefahr flirtete, im Gegenteil. Er betrachtete seine Ideen mit kühlem Verstand, kalkulierte, wie sich die Faktoren der äußeren Verhältnisse zum eigenen Können verhielten und plante seine Touren und Expeditionen mit Akribie und Finesse. Natürlich war ihm bewusst, dass er Risiken eingehen musste, um zu tun, was er liebte. Aber das Risiko selbst, die Gefahr und das Extreme, waren ihm nie Antrieb. Vielmehr akzeptierte er sie als Teil dessen, wofür sein Herz schlug.

Es fühlt sich surreal an, über David in der Vergangenheit zu schreiben. Zu präsent sind seine Aura, sein Selbstbewusstsein, seine Lakonie, sein Humor. Aus den Texten, die wir für dieses Buch durchgesehen haben, sprechen sein Wesen, seine Prägnanz, seine Unbeirrbarkeit, sein Mut, aber auch seine Zweifel – und vor allem, manchmal im Klartext, oft zwischen den

Zeilen, die unbeschreibliche Lebensfreude, die sein Antrieb war.

Dieses Buch versammelt mit wenigen Ausnahmen sämtliche Texte, die David verfasst hat, oft allein, manchmal im Dialog mit Menschen, die ihm nahestanden, von seinen beiden Büchern HIGH und FREE bis hin zum letzten seiner veröffentlichten Texte. HIGH ist Davids Jugendwerk, das die ersten Jahre seiner Karriere als Sportkletterer zum Thema hat, in dem aber auch schon klar wird, dass er den Ruf der Berge immer lauter vernimmt.

FREE ist das Protokoll seiner spektakulären Besteigung des Cerro Torre im freien Stil. Eine alpinistische Großtat, die genau zeigt, wie David tickt: Scheitern, scheitern, besser scheitern. Schließlich doch ans Ziel kommen.

In Ergänzung zu den beiden 2010 und 2013 veröffentlichten Büchern haben wir die Texte durchgesehen, die David für unterschiedliche Anlässe geschrieben hat und die allesamt seine Projekte und Gedanken überwiegend chronologisch dokumentieren. So spiegeln sie nicht zuletzt seine Entwicklung über den Zeitraum eines Jahrzehnts wider.

Seine Texte zeigen David, wie er dachte, wie er handelte – wie er war. Sie schreiben sein Vermächtnis fest. Für den Sport, den er geliebt hat und über den Tag hinaus prägt. Für die Menschen, denen er Freund und Vorbild war – und bleiben wird. Für uns, die ihn vermissen – und nie vergessen werden.

Florian Klingler & Christian Seiler, im Januar 2020

HIGH
Genial unterwegs an Berg und Fels

*David Lamas erstes Buch erschien
2010 erstmals im Albrecht
Knaus Verlag und entstand in
Zusammenarbeit mit Christian Seiler.*

Eins

Mein Name ist David Lama. Meine Freunde nennen mich Fuzzy. Ich bin 20 Jahre alt. Ich kann klettern. Nichts auf der Welt macht mir mehr Spaß.

Meine Mutter heißt Claudia. Sie kommt aus Innsbruck in Tirol, nur ein paar Kilometer von Götzens entfernt, wo wir heute wohnen. Sie arbeitet an der Uniklinik Innsbruck als Kinderkrankenschwester, aber sie reiste, als sie jung war, immer in der Weltgeschichte herum wie – ja, wie ich es jetzt tue. Südamerika, Afrika, sie interessierte sich für fremde Kulturen, und wenn sie genug Museen angeschaut hatte, ging sie wandern und bergsteigen.

1987 war sie zum ersten Mal in Nepal. Trekking, mit einer großen Gruppe von Leuten. Alles war von A bis Z durchorganisiert, und sie hatte nicht wirklich viel Spaß, weil sie das, was sie eigentlich sehen wollte – Menschen, wie sie leben, ihre Kultur –, nicht wirklich mitkriegte. Also fuhr sie ein halbes Jahr später mit zwei Freundinnen noch einmal nach Nepal. Die drei wollten einen großen Berg mit mehr als 6000 Metern machen, aber das klappte nicht, weil zu viel Schnee lag und das Wetter schlecht war. Dafür lernten sie Rinzi kennen.

Rinzi war der Führer der Gruppe, ein Sherpa aus der Everest-Region. Er begleitete die drei Frauen drei Wochen lang auf ihrem Weg durch den Himalaya, und nach den drei Wochen waren meine Eltern ein Paar. Meine Mutter war ganz fasziniert von Nepal, sie konnte sich sogar vorstellen, dort zu bleiben und in Nepal zu leben, aber Rinzi fand Tirol die bessere Wahl. Es ist nicht leicht, in Nepal ein Auskommen zu finden, und Rinzi musste seine Familie unterstützen, fünf Geschwister und den alten Vater.

Er kam mit einem Touristenvisum nach Österreich. Dann begann ein langwieriger Papierkrieg. Die Fremdenpolizei stellte herablassende Fragen. Sie unterstellten meiner Mutter, sie plane eine Scheinehe, um für Rinzi eine Aufenthaltsgenehmigung zu bekommen. Die Eltern meiner Mutter fragten, ob sie komplett spinne, den kleinen, dunklen Mann aus Nepal heiraten zu wollen. Aber meine Mutter brachte das nicht aus dem Takt. Sie organisierte die nötigen Papiere und ließ sich auch von ihren Eltern nicht dreinreden. Im Dezember 1988 war die Hochzeit. Dann zogen die beiden in die Dienstwohnung meiner Mutter im Schwesternheim – mit Ausnahmegenehmigung. Die organisierte sie nämlich auch noch.

Das Wort »Papa« existierte für mich nicht. Für mich war mein Vater immer Rinzi. Rinzi kommt aus Phaplu, einem Bauernhof in der Everest-Region, auf etwa 2700 Meter Höhe. Um nach Phaplu zu kommen, fährt man von Kathmandu einen Tag mit dem Bus, dann geht man drei Tage zu Fuß. Für Rinzi war das natürlich umgekehrt: Um nach Kathmandu zu kommen, musste er zuerst drei Tage zu Fuß gehen und dann in den Bus einsteigen.

Aber in Wahrheit war der Weg noch viel weiter.

Rinzi war der Einzige aus der großen Bauernfamilie, der zur Schule gehen durfte. Die anderen fünf Geschwister waren daheim, mussten auf dem Bauernhof arbeiten. Keine Schule. Keine Ausbildung, weil kein Geld dafür da war.

Rinzi durfte zur Schule gehen, weil ihn sein Onkel mitgenommen hatte, als Sir Edmund Hillary die Schule von Junbesi besuchte. Hillary, der Mann, der 1953 den Everest erstbestiegen hatte, kam Jahr für Jahr nach Nepal, um Kindern von Sherpas eine gute Ausbildung zu ermöglichen. Rinzi stellte sich beim Test geschickt an. Er begriff schnell und er war fleißig. Er bekam ein Stipendium von Hillary und nützte diese Chance. Er absolvierte die Volksschule, ging aufs College und machte nach vierzehn Jahren Schule den Abschluss. Sein älterer Bruder besuchte nur fünf Jahre eine Schule, dann ging sich das finanziell nicht mehr aus.

Der Schulweg dauerte drei Stunden. Rinzi ging um sieben Uhr früh zu Hause weg, um zehn begann der Unterricht, um vier war Schulschluss, und um sieben Uhr abends war er wieder zu Hause. Kein Wunder, dass er gut zu Fuß war.

Meine Mutter hat mir oft die Geschichte erzählt, als sie zum ersten Mal nach Phaplu kam. Es war im Jahr vor meiner Geburt. Einer von Rinzis Brüdern hatte angerufen, dass der Vater schwer krank sei. Also flogen meine Eltern nach Nepal, meine Mutter wollte Rinzis Vater unbedingt noch kennenlernen.

Innsbruck – Frankfurt – Kathmandu, ein Tag im Bus, drei Tage zu Fuß.

Das Haus stand allein in einer Streusiedlung, die nächsten Häuser waren mindestens zehn Minuten entfernt. Es war in schlechtem Zustand. Nur zwei Kühe standen im Stall. Der Wohnraum lag direkt darüber, man musste über eine Stiege durch den Stall hinaufsteigen. Der Raum war riesengroß und dunkel. Er hatte nur kleine Fenster, die mit Plastikfolien abgedichtet waren. Von außen kam nur wenig Licht herein. Das Erste, was man sah, waren der buddhistische Altar und eine große Buddha-Statue, die in der Mitte des Raums standen. Links und rechts davon Holzbänke mit kleinen Tischen und ein einziges Bettgestell. Dort lag auf einer dünnen Matratze ein Mann, der nur noch aus Haut und Knochen bestand und sich mit jedem Atemzug abmühte. Das war mein Großvater. Er war 64 Jahre alt, und er bekam kaum noch Luft.

Mein Großvater war ein buddhistischer Mönch gewesen, ein Lama. Daher unser Familienname. 15 Jahre hatte er in einem tibetischen Kloster als Mönch gelebt. Als die Chinesen Tibet besetzt hatten und der Dalai Lama ins Exil geflohen war, kehrte der Großvater zurück nach Phaplu, wo er meine Großmutter traf. Die beiden heirateten. Er legte zwar die Mönchskutte ab, war jedoch bis an sein Lebensende als Laienmönch tätig, als Lama. Deshalb der Altar im Wohnzimmer.

Meine Großmutter war gestorben als Rinzi sechs Jahre alt war. Der Großvater hatte sechs Kinder allein aufziehen müssen.

Jetzt war er krank, am Ende seines Lebens. Natürlich ging mit meiner Mutter sofort die Krankenschwester durch. Sie machte alles sauber, ließ Wasser vom Bach holen, um es auf der Feuerstelle zu wärmen, sie wusch den Großvater und bettete ihn neu, und dann mussten alle helfen, um ihn aus der düsteren Stube hinunter vor das Haus zu tragen, von wo aus man über grüne Felder und Apfelbäume, den Wald und das ganze Tal schauen konnte, in den Frühling, ins Licht der Sonne.

Meine Eltern blieben zwei Wochen in Phaplu. Meine Mutter erzählt, wie unglaublich gastfreundlich die Familien waren, die sie besuchten. Die Leute hatten nichts, aber eine Tasse Tee gab es auf jeden Fall, und wenn sie ein Ei hatten, kochten sie das Ei für ihre Gäste.

Am Abend, bevor Rinzi und meine Mutter aufbrechen mussten, um die Reise zurück nach Europa anzutreten, gab es eine Familiensitzung, bei der besprochen wurde, was nach dem Tod des Großvaters geschehen sollte. Wer was bekommt. Was zu tun sein wird. Die Geschichte macht mir Eindruck. Dass alles ausgesprochen wird. Dass im Angesicht des Todes nicht so getan wird, als ob nichts sei. Dem Großvater konnte es ja auch nur recht sein zu wissen, dass er kein Chaos hinterlässt.

Meine Mutter und Rinzi waren noch nicht zurück in Österreich, als sie die Nachricht erreichte. Der Großvater war gestorben.

Zwei

Ich kam am 4. August 1990 in Innsbruck zur Welt. Rinzi hatte einen Job bei einer Firma für medizinisches Recycling. Meine Mutter war in Karenz und kümmerte sich um mich. Wir wohnten in einer kleinen Wohnung in Axams. Meine ersten Erinnerungen stammen aus den Bergen. Vage Bilder schneebedeckter Gipfel. Ich kann beim besten Willen nicht mehr sagen, wo wir dauernd unterwegs waren, meine Eltern zu Fuß, ich im Tragetuch am Rücken. Ob es in den Alpen war, oder ob die Bilder in meinem Kopf von den Bergen Nepals stammen. Den Himalaja sah ich zum ersten Mal mit drei Jahren, als wir in Nepal Rinzis Familie besuchten.

Es gibt Fotos, auf denen ich mit meinen Cousins und Cousinen in Phaplu spiele. Meine Mutter sagt, dass ich mich mit den nepalesischen Kindern super verstanden habe, mir das würzige Essen gut geschmeckt habe und ich mich sofort zu Hause fühlte. Trotzdem war es ein trauriger Besuch. Rinzis älterer Bruder war gestorben, mit 42 Jahren. Es war klar, dass wir seinen Kindern helfen mussten. Meine Eltern brachten sie nach Westnepal in die Stadt Pokhara, wo ein anderer Bruder mit seiner Familie lebte.

Wir gingen dann noch eine Woche in die Berge, und ich weiß nicht, ob ich mich wirklich erinnere oder ob es die Erzählungen der Eltern sind, die sich wie Erinnerungen anfühlen. Dass ich gehe und nie erschöpft bin, und nur wenn mir die Stufen der Wege zu hoch werden, hebt mich meine Mutter in das Tragetuch.

In Tirol ging ich ganz normal in den Kindergarten. Aber wenn das Wetter schön war, hat meine Mutter mich oft abgemeldet und wir waren in den Bergen unterwegs. Ich war fünf, als wir das nächste Mal nach Nepal reisten. Das kleinste Kind des jüngsten Bruders von Rinzi war gestorben. Das andere hatte eine üble Durchfallerkrankung. In Westnepal besuchten wir die anderen Kinder der Familie, die in einem Internat untergebracht waren. Das war zwar in Ordnung, aber meine Eltern hatten das Gefühl, dass die Kinder jemanden brauchten, der sich nicht nur um ihre Ausbildung kümmern würde. In der Nähe war ein SOS-Kinderdorf. Mit viel Engagement erreichten meine Eltern, dass alle Geschwister Plätze im SOS-Kinderdorf Gandaki in Pokhara bekamen. Das war die beste Idee, um die Familie, so gut es ging, wieder zusammenzubringen.

Wieder unternahmen wir, als die wichtigen Sachen erledigt waren, eine Trekkingtour. Ich freundete mich sofort mit den Trägern und der Küchenmannschaft an. Wieder die Erinnerung an Gehen, Gehen, Gehen. Gehen machte mich irgendwie glücklich. Meine Mutter sagt, dass ich nie gejammert habe.

Es erstaunt mich, dass sie das sagt. Warum hätte ich jammern sollen?

Im gleichen Jahr organisierten Freunde meiner Eltern in Innsbruck eine Benefizveranstaltung für die Nepalhilfe. Meine Eltern hatten einen großen Freundeskreis. Rinzi war inzwischen eine bekannte Figur in Axams. Er ist ein freundlicher Mann, und er fiel auf. Wenn Rinzi die Straße entlangging, kam er aus dem Grüßen gar nicht heraus.

Der Star der Veranstaltung war Wolfgang Nairz. Wolfgang hatte 1978 als erster Österreicher den Mount Everest bestiegen, und auch er war von Nepal nie mehr losgekommen. Er engagierte sich für die Nepalhilfe, für bessere medizinische Versorgung der Bevölkerung, und hatte meiner Mutter damals geholfen, die Papiere für die Einbürgerung von Rinzi zu organisieren. Zu der Veranstaltung hatte er auch seinen Freund und Kletterkollegen Peter Habeler eingeladen, dem gemeinsam mit Reinhold Messner die Erstbegehung des Mount Everest ohne Sauerstoffflasche gelungen war. Peter veranstaltete jeden Sommer Kletterlager in den Zillertaler Alpen: »Jugend klettert mit Peter Habeler«. Teilnahmeberechtigt waren

Kinder zwischen acht und vierzehn Jahren. Hans Gastl, dessen Raiffeisenbank die Nepalhilfe unterstützte, machte Peter den Vorschlag, mich mitzunehmen. Er sagte, ich sei schon in Nepal gewesen und für mein Alter ausgesprochen gut zu Fuß.

»Interessant«, sagte Peter und rief ein paar Tage später meine Eltern an. »Wenn David Lust hat, soll er mitkommen.«

Meine Mutter bezweifelte, dass ich Lust haben würde. Ich war bis dahin nie von meinen Eltern getrennt gewesen. Ich hatte noch nicht einmal auswärts geschlafen. Aber ich hatte Lust.

Wir fuhren also ins Zillertal, und die Eltern brachten mich auf die Kasseler Hütte, 2177 Meter hoch gelegen, sechs Stunden Gehzeit vom Parkplatz. Als wir oben waren, fragte mich meine Mutter noch einmal: »Bist sicher, David?«

»Ja, Mama.«

Dann gingen sie wieder ins Tal hinunter, und ich blieb oben auf der Hütte. Viele Kinder, nette Kinder, ältere Kinder, die sich sofort um mich kümmerten. Aber am interessantesten war der Klettergarten hinter der Hütte. Ein senkrechter Spielplatz, der mich magisch anzog. Ich bekam einen Helm und einen kombinierten Brust- und Hüftgurt, ich wurde von oben angeseilt und durfte klettern. Ausprobieren, wie es ist, den Boden zu verlassen und Schritt für Schritt nach oben zu steigen.

Als meine Eltern am nächsten Tag bei Peter Habeler anriefen, um nachzufragen, ob mich nicht eh das große Heimweh gepackt habe, sagte er: »David hat nicht einmal nach euch gefragt. Aber kommt unbedingt einen oder zwei Tage früher auf die Hütte, ihr müsst euch anschauen, was euer Sohn für ein

Gefühl für den Fels hat. Wie der am Fels steht, was der für einen Instinkt hat. So was habe ich bei einem Kind noch nie gesehen.«

Peter hatte eine Riesengaudi mit mir. Er schärfte meinen Eltern ein, sie sollten mich unbedingt weiter klettern lassen. Ich hätte wirklich Talent.

Aber das war gar nicht so einfach. Sportklettern steckte Mitte der neunziger Jahre noch in den Kinderschuhen. Es gab kaum Kletterhallen, in Innsbruck hatte nur die Halle des Innsbrucker Turnvereins eine kleine Kletterwand. Das war alles. Meine Mutter hatte überall herumtelefoniert, Sportverein, Alpenverein, aber es gab nirgends einen Ort, wo Kinder Klettern lernen konnten.

Durch Zufall erfuhr meine Mutter, dass ein gewisser Scherer Reinhold, ein Osttiroler Sportstudent, privat mit einer Gruppe von Kindern kletterte, einmal pro Woche in der Halle des ITV. Zu Hause habe er im Keller eine Boulderwand, dort kraxelten sie auch. Meine Mutter besorgte sich die Telefonnummer, rief den Reini an und fragte, ob ich mich der Gruppe anschließen dürfe. Dann folgte zum ersten Mal der Dialog, der sich in den nächsten Jahren immer und immer wieder wiederholen würde.

»Wie alt ist denn der David?«

»Sechs.«

»Das ist zu jung.«

Es kostete meine Mutter einige Überredungskraft, bis der Reini endlich die Antwort gab, die sie hören wollte: »Okay, kommt in der ITV-Halle vorbei. Ich schau mir den Buben an.«

Es war an einem Mittwoch. Und als meine Mutter mich

nach zwei Stunden in der Halle wieder abholte, hatte Reini Scherer schon sein berühmtes breites Grinsen im Gesicht: »Kein Thema. Ich nehm den David sofort.«

Drei

Die Gruppe bestand damals aus zehn, fünfzehn Kindern, und von heute aus betrachtet muss man sagen, dass viele der derzeitigen Weltcup-Kletterer Österreichs hier angefangen haben. Alle tanzten nach der Pfeife vom Scherer Reini: Anna Stöhr, die Saurwein-Schwestern Katharina und Franziska, mein Freund Daniel Steuerer.

Wir waren wie junge Hunde. Mit dem einzigen Unterschied, dass Hunde nicht so gut klettern können wie wir. Wir hatten Spaß und suchten Herausforderungen, weil wir Spaß hatten. Und weil die Herausforderungen noch mehr Spaß brachten, wurden wir in einem Höllentempo besser.

Ich war nicht nur der Jüngste der Gruppe, sondern auch der Kleinste. Deshalb nannten mich die anderen »Fuzzy«. Meine Kletterschuhe waren mit »Fuzzy« angeschrieben. Fuzzy. Der Spitzname ist mir bis heute geblieben.

Reinis Klettergruppe war für mich mehr als eine Freizeitbeschäftigung. Die zufällig zusammengewürfelten Kletterkinder waren meine Trainingspartner, meine Konkurrenten, vor allem aber: meine Freunde. Ich hatte auch Freunde in der Volksschule in Axams, aber in Reinis Gruppe war das etwas anderes. Da hatten wir, auch wenn wir Kinder waren, gemeinsame Ziele – eine Linie zu klettern, für die wir gestern noch nicht genug Schmalz gehabt hatten; einen Zug zu lernen, den wir noch nicht beherrschten. Ich weiß nicht, ob ich der Einzige war, der sich schon damals vornahm, unbeeindruckt vom praktischen Denken der Erwachsenen, niemals etwas anderes machen zu wollen als Klettern. Das hatte ich mit erstaunlicher Deutlichkeit vor Augen: Klettern war meine Gegenwart, aber vor allem: meine Zukunft.

Meine Eltern hatten schnell begriffen, dass Klettern für mich etwas ganz Besonderes war, und weil sie selbst gern in den Bergen waren und Freude hatten, wenn ich Freude hatte, begannen sie, mit mir klettern zu gehen – oder besser gesagt, meinen Freunden und mir zu ermöglichen, so viel zu klettern, wie wir wollten. Wir waren an jedem freien Tag unterwegs. Meistens war Daniel dabei, mit dem ich mich schon von Anfang an blendend verstand. Wir mussten nicht miteinander reden. Unsere Sprache war das Klettern, und wir lernten von Tag zu Tag neue Vokabeln.

Daheim verwandelte ich die Unterseite unseres Esstischs in meine Boulderwand, weil wir keinen Platz für eine richtige hatten. Der Tisch wurde von einem Querbalken gestützt, da konnte man sich super anhalten, also begann ich unter der Sitzbank zu klettern, durchquerte den Tisch an seiner Unterseite, hangelte mich hinüber zum Schrank und zur Heizung. Aber das Wohnzimmer reichte mir natürlich nicht. Ich präparierte auch die Abfahrt in die Garage unseres Hauses, da hatte der Beton kleine Löcher. Ich schlich mich mit dem Hammer hinaus und klopfte die winzigen Griffmöglichkeiten ein bisschen größer, und dann probierte ich die Garageneinfahrt als Nordwand aus. Es war fast nicht möglich, in den kleinen

Löchern Halt zu finden, und gerade das war super. Ich kletterte, ohne mich richtig festhalten zu können.

Mit den Eltern ging ich erste Skitouren, noch ohne Tourenbindung. Ich stieg einfach in einen ganz lockeren Skischuh und marschierte los. Wir gingen rodeln. Der Berg war von Anfang an der Platz, wo ich mich daheim fühlte. Beim Rodeln auf eine Alm zu kommen und ins Tal zu schauen – die Schönheit dieser Momente hat mich schon berührt, als ich noch ein Kind war. Außerdem sah ich hinter jeder Ecke die nächste Herausforderung: Wenn ich rodeln ging, und ich sah die Spuren von Tourengehern, die den Berg weiter hinaufführten, dann wollte ich auch dort hinauf. Meine Eltern trieben mich nicht an. Sie bremsten mich nur nicht. Sie ermöglichten mir das zu machen, was mir taugte.

Doch erst mal musste ich meinen Freunden und Trainingspartnern zuschauen, als sie ihre ersten Wettkämpfe bestritten. Das war hart, denn ich hatte die ein, zwei, vier Jahre, die ich jünger war als die anderen, schnell aufgeholt. Im Training war ich so gut wie die anderen, aber beim Wettkampf musste ich zuschauen.

Tiroler Meisterschaften.

Zu jung.

Österreichische Meisterschaften.

Zu jung.

Es ging mir auf die Nerven, dauernd zu jung zu sein.

Es dauerte ein verdammt langes Jahr, bis ich an meinem ersten Wettkampf teilnehmen durfte. Ich war noch sieben. Ich hatte jede Woche zweimal zweieinhalb Stunden in Reinis Gruppe trainiert, und ich konnte mir nichts Aufregenderes vorstellen, als das, was ich gelernt hatte, in einem Wettkampf anzuwenden.

Wir fahren nach Telfs, 30 Kilometer von Innsbruck entfernt. Auf dem Areal einer alten Fabrik findet der »Hohe-Munde-Cup« statt. Der Kletterwettbewerb heißt wie der Berg, der hinter Telfs mächtig aufragt. Geklettert wird auf einem gemauerten Schornstein, in den Löcher gebohrt sind. Ich habe das Gefühl, ich kann diesen Schornstein wenn nötig auch ohne Hände und Füße hinaufgehen.

Ich bin bereit.

Ich will endlich zeigen können, was ich draufhabe.

Ich trage eine kurze Hose mit Blumenmuster und ein weißes T-Shirt, auf dessen Rücken ein wildes, asiatisches Muster gedruckt ist. Um den Kopf habe ich ein knallrotes Tuch zu einem Stirnband geknüpft. Ich sehe nicht nur aus wie ein kleiner Samurai, ich bin auch so entschlossen wie ein kleiner Samurai.

Ich bin der Jüngste im Wettbewerb, und ich arbeite mich mit aller Leidenschaft und dem technischen Können, das mir der Reini beigebracht hat, den Schornstein hinauf.

Die wenigen Zuschauer klatschen, meine Freunde feuern mich an.

Ich sehe, wie die Löcher im Schornstein zu einer Route werden, und ich gehe diese Route hinauf, immer weiter.

Die Zuschauer klatschen noch mehr und meine Freunde schreien lauter: »Allez, Fuzzy, allez.« Dann rutsche ich ins Seil und werde hinunter zum Boden gelassen.

Ich bin Zweiter. Ich bin total happy. Endlich Wettkampf. Endlich im Klassement, und gleich ganz vorne dabei. Ich freue mich, aber irgendwie beginne ich mir auch ganz leise eine Frage zu stellen.

Warum bin ich nicht Erster geworden?.

Wir nannten den Reini »Lockenschädel« oder auch »Scherer-Plärrer«. Das klingt vielleicht respektlos, war aber ganz sicher nicht so gemeint, denn wir hatten gehörigen Respekt vor ihm. Reini war ein Trainer und ein Vater und ein Freund. Der Typ konnte launisch sein, und wenn er sich einmal eine Meinung gebildet hatte, war er nur sehr schwer davon abzubringen. Aber er besaß jede Menge Leidenschaft fürs Klettern, und die gab er mit jedem Schritt, den er machte, an uns weiter.

Echt, der Typ lebte Klettern.

Als wir anfingen, war Reini vielleicht 25 und hatte an ein, zwei Weltcups teilgenommen. Aber vor allem trieb er sich draußen am Fels herum. Er hatte immer seine Bohrmaschine und ein paar Haken dabei, um Routen einzurichten. Sportklettern am Fels funktioniert so: Du kletterst wie in der Halle frei am Felsen, ohne technische Hilfsmittel. Die Haken für die Tour sind fix in den Fels gebohrt, so dass du dich ganz aufs Klettern konzentrieren kannst. Du musst bloß alle zwei, drei Meter dein Seil einhängen, um dich zu sichern.

Die Bohrmaschine war Reinis Freundin, oder sagen wir so: er war auf jeden Fall mehr mit seiner Bohrmaschine zusammen als mit seiner Freundin. Es war eine Hilti. Die Hilti ist der Rolls Royce unter den Bohrmaschinen. Auch Reinis Studium hatte unter ihr zu leiden. Er musste sich einfach viel zu oft entscheiden, ob er eine Seite lernen oder eine neue Route einbohren wollte. Das sah dann nur selten gut aus für das Lernen. Reini war einfach fanatisch. Er hätte sein letztes Hemd verkauft, wenn er dafür einen Bohrhaken bekommen hätte, und er gab seinen Fanatismus ungefiltert an uns weiter. Er hat uns infiziert. Und die Leidenschaft, die er auf uns übertrug, bekam er in jeder Trainingseinheit von uns zurück.

Geld, Aufwand, Zeit, alles egal. Leidenschaft. Das war der Deal.

Reini ging mit uns bald raus aus der Halle, auf den Fels. Was ihn am Fels vor allem fasziniert, sind Linien, das brachte er uns bei. Du hast eine glatte Wand vor dir, sozusagen ein unbeschriebenes Blatt. Aber sobald du genauer hinschaust, siehst du, dass die Wand gar nicht glatt ist.

Sie hat Strukturen und Risse.

Manchmal läuft eine Sintersäule senkrecht nach unten, dann musst du gar nicht mehr über eine Linie nachdenken, sie ist vorgegeben.

Wenn ein Kletterer eine Wand anschaut, geht in seinem Kopf vielleicht etwas Ähnliches vor wie im Kopf eines Künstlers, der aufs Papier starrt und eine Inspiration hat. Du erkennst auf den ersten Blick, welche Linie du klettern möchtest. Du stellst sie dir zuerst vor. Dann schaust du sie dir genauer an, und wenn du glaubst, sie geht, bohrst du sie ein.

Dann ist sie da.

Deine Linie.

Dein Kunstwerk.

Ich liebte das Klettern am Fels von Anfang an, genauso liebte ich das Klettern in der Halle. Aber draußen kam zu den Herausforderungen des Kletterns noch das Wetter dazu, der Wind, die Struktur des Felsens. Es waren kleine Abenteuer, die wir am Fels erlebten. Außerdem gab mir, dem Kleinen, der

Fels die Chance, nach Alternativen zu suchen, wenn ich wieder einmal einen Griff nicht erreichen konnte. In der Halle, wo Erwachsene die Routen schraubten, erwischte ich oft den nächsten Griff nicht, weil ich einfach zu kurz dafür war. Auf dem Fels hast du nicht nur einen Griff, sondern hunderttausend. Ich lernte, den Fels zu lesen. Sozusagen zwischen den Zeilen.

Oft fuhren wir nach Mühlau, in der Nähe von Innsbruck, dort konnte man ohne viel Aufwand am Felsen klettern. Oder wir gingen durch die Ehnbachklamm, dort kletterten wir und erlebten nebenbei jede Menge Abenteuer. Nach dem Klettern konnten wir im Wasser pritscheln und einen Staudamm bauen. Es war fantastisch. Reini wollte gute Kletterer aus uns machen, keine Profis. Er vergaß nicht, dass wir Kinder waren. Wir spielten und lernten, Reini gab uns interessante Aufgaben. In der Halle kletterten wir zum Beispiel zu zweit, wobei zwei Füße aneinander gefesselt wurden, je ein Fuß von einem von uns. Das ist ein lustiges Spiel, aber dahinter versteckt sich eine raffinierte Technikübung. Oder Reini legte irgendwelche Sachen auf die Griffe, und wir mussten probieren, auf die Tritte zu steigen, ohne dass die Sachen runterfliegen. So lernt man, sehr präzise zu steigen. Wir trainierten, dass es krachte. Aber auch wenn es krachte, es machte immer Spaß.

Der Reini war ein Teil unserer Gruppe, ein 25-jähriges, ein 30-jähriges Kind. Er hatte zwar eigene Projekte im Kopf, aber er spielte auch bei den dümmsten Spielen mit. Wir waren es, die irgendwann anfingen, ihn zu drängen: Wir wollen Wettkämpfe machen, Reini. Wir wollen erfolgreich sein. Niemals hätte er uns in eine Karriere als Wettkampfkletterer gepusht, ihm reichte das pure Klettern. Aber als er sah, dass wir uns vergleichen wollten, dass wir denen da draußen beweisen wollten, wie gut wir waren, unterstützte er uns mit ganzer Kraft. Und sobald Reini gesagt hatte, okay, ich trainiere euch, zog er die Zügel an. Er war kein Larifari-Trainer. Er nahm die Sache ernst. Meistens zumindest. Er schrieb Trainingspläne, die fast nicht einzuhalten waren, weil er eh nicht glaubte, dass irgendwer das ganze Programm machen würde, und wenn doch, dann umso besser.

Vier

Die Trainingslager in Arco waren die Höhepunkte des Jahres. In Arco, am nördlichen Ende des Gardasees, gab es Klettergärten mit Routen in allen Schwierigkeitsgraden, und es war eine Katastrophe für mich, als ich beim ersten Mal, als die Gruppe ins Trainingslager fuhr, nicht mitdurfte. Wieder war ich zu jung. Ich lag weinend auf meinem Bett und bemühte mich, jeden Tag zwei Tage älter zu werden.

Als ich im Jahr darauf mitfahren durfte, inzwischen acht Jahre alt, hatte ich das Gefühl, im Paradies zu sein. Wir wohnten auf dem Campingplatz. Die Eltern aller Kinder waren mit von der Partie, und wir waren den ganzen Tag am Fels. Mittagessen war gemeinsam mit den Eltern, es gab Salami- und Schinkenbrote und Eistee.

Der Fels des Klettergartens von Massone war genial. Die Touren waren länger als alles, was ich bisher geklettert war, und allein die Höhe der Wand machte mir Freude. Der Blick auf den See in der Ferne, die Wand hinunter, wo die Freunde im Seil hingen. Ich hätte mir keinen Ort der Welt vorstellen können, an dem ich lieber gewesen wäre.

Ich kletterte meine erste Tour im Schwierigkeitsgrad 8–.

Die Skala der Schwierigkeitsgrade geht von 1 bis 11+. In den sechziger und siebziger Jahren, zu Zeiten des Bergsteigers und Kultautors Walter Pause, galt »VI+« als oberstes Limit. Pause beschrieb diese Schwierigkeit mit einem »Gang an der Sturzgrenze für die besten Felskletterer in Hochform«. Ansonsten sind die Schwierigkeitsgrade eine Wissenschaft für sich. Auch wenn sie der Versuch sind, Herausforderungen objektiv zu bewerten, bilden sie eher die individuellen Stärken und Schwächen der Kletterer ab, die eine Route erstbegehen und die Wertung vorschlagen. Besonders in den obersten Schwierigkeitsbereichen gehen die Meinungen weit auseinander.

Meine 8– passierte mehr oder weniger zufällig. In Arco waren alle Routen, die wir kletterten, Einseillängen-Routen. Das hieß, derjenige, der sichert, stand am Boden und hatte das Seil in der Hand. Ein paar ältere Kollegen hatten die Route bereits probiert und ihr Material in der Wand gelassen. Als mich niemand wegschickte, dachte ich mir: »Jetzt probier ich sie auch.« Und so bin ich halt rauf. Schon als Achtjähriger reizten mich solche Herausforderungen, und irgendwie ist das so geblieben: Sobald ich ein Motiv hatte, mich irgendwo besonders reinzuhängen, hängte ich mich rein, und wenn ich mich reinhängte, schaffte ich es meistens auch.

Das Motiv war natürlich, die anderen zu beeindrucken, und vor allem den Reini – der Reini war der große Hero dieser Jahre. Weder er noch die anderen hatten damit gerechnet, dass ich die 8– hinkriegen würde, das war mein Motor. Die erstaunten Blicke, als ich ganz oben angekommen war. Ein großartiger Lohn für die Anstrengung.

Jeden Tag fiel uns etwas ein. Zum Beispiel Pendeln. Da gab es eine Wand, ungefähr hundert Meter breit. Du kletterst in der Mitte der Wand bis ganz nach oben, wirst von deinem Partner heruntergelassen und gehst über ein schmales Bankerl bis zu einem Felssporn, der rechts in etwa 45 Meter Höhe aus der Wand ragt. Dein Partner zieht so lange das Seil ein, bis es gespannt ist. Dann zieht es dich eh schon fast vom Felssporn und du musst nur noch loslassen. Du fetzt durch die Luft, dass es eine Freude ist. Wie auf einer Schaukel am Kinderspielplatz, nur zehnmal so hoch.

Das war Arco. Arco war genial.

Wir kletterten sechs Tage die Woche, ein Tag war Ruhetag. Das war der einzige Tag, den ich hasste. In Wahrheit war der Ruhetag dafür da, dass Reini mit Rupi, unserem zweiten Trainer, in Ruhe klettern gehen konnte, also ohne das ganze Rudel im Gepäck. Rupi war zu uns gestoßen, als immer mehr Kinder klettern wollten und die Gruppe für Reini allein zu groß geworden war. Äußerlich war er das genaue Gegenteil von Reini. Im Gegensatz zu dessen Locken hatte Rupi den Schädel kahl geschoren. Er ist ein verständnisvoller, engagierter Typ, und man kann gut mit ihm diskutieren. Auch das im Gegensatz zum Reini. Reini kann man vor allem gut zuhören.

Die anderen sind am Ruhetag gern mit den Eltern zum Baden oder Radfahren. Ich wollte freilich weder noch. Ich wollte klettern, und weil ich sonst in Hungerstreik gegangen wäre, nahm mich Reini am Ende doch mit. Wir machten Sturztraining. Stürzen macht Spaß. Wir ließen auf unseren Touren immer wieder absichtlich Haken aus, um weiter zu fallen, wenn es uns haute. Wir bewegten uns auf dem Fels schon wie die Eidechsen, von denen es in Arco jede Menge gibt. Sehr sicher, sehr vertraut. Stürzen war wie eine Fahrt auf der Achterbahn, nur billiger.

Wenn du beim Sportklettern fliegst und dein Partner gut sichern kann, merkst du von der Wucht des Sturzes fast nichts. Dein Partner bremst dich nicht abrupt ab. Er bremst dich langsam bis auf null herunter, indem er das Seil immer langsamer durch das Sicherungsgerät am Gurt rutschen lässt.

Reini bohrte ein wie verrückt. Eines seiner wertvollsten Geschenke war, wenn er uns eine seiner Routen erstbegehen ließ, denn die Erstbegeher dürfen der Route einen Namen geben. Aus dieser Zeit stammt die Kathamartina, ein Projekt von Katharina Saurwein und Martina Salchner, oder die Ursu von der Ursula Stöhr, der Schwester der jetzigen Weltcupkletterin Anna Stöhr.

In Arco leckte ich Blut. Das Klettern in der Halle machte mir zwar Spaß wie sonst kaum etwas, aber dieses Etwas war das Klettern am Fels. Ins Felsklettern verliebte ich mich, und meine Eltern hatten das Gespür, das sofort zu begreifen. Es traf sich gut, dass sie auch so gern am Berg waren. Wir gingen also gemeinsam klettern, das machte allen Spaß. Es war etwas, was wir gemeinsam tun konnten. Unsere Ausflüge waren so, wie ich mir Familie vorstelle. Etwas tun, was man liebt, nur dass man es gemeinsam tut, und gemeinsam ist es noch schöner.

Meine Eltern hatten nie Angst, wenn ich kletterte. Sie sind in den Bergen groß geworden, so wie ich damit groß geworden bin. Sie kannten sich gut aus, und sie hatten volles Vertrauen zum Reini, der uns von Anfang an beibrachte, trotz aller Leidenschaft verantwortungsvoll zu klettern. Er machte uns gleich einmal klar, dass das, was wir tun, nicht ohne ist und man nie leichtsinnig werden darf, weil schnell etwas passiert.

In unserer Gruppe passierte eigentlich nie etwas. Nur Daniel hat sich einmal verletzt. Er war auf einem Felsblock unter der Wand ausgerutscht, auf den man im Prinzip rauf- und runtergehen konnte, ohne die Hände zu gebrauchen. Er fiel blöd hin und tat sich am Ellenbogen weh, ein Stück Knochen oder Knorpel splitterte ab. Er musste operiert werden, und als er nach der Operation wieder zurückkam, konnte er den Ellenbogen nicht mehr richtig ausstrecken und hatte den Anschluss verloren. Außerdem waren wir inzwischen im Gymnasium, in der Schule war mächtig viel zu tun, und Daniel beendete das Wettkampfklettern, bevor es für ihn richtig begonnen hatte. Dafür kletterte er umso mehr am Fels.

Fünf

Meine Eltern schafften sich einen Opel Zafira an. Immer wenn Zeit war, fuhren wir irgendwohin, wo man gut klettern konnte. Wir fuhren die Tiroler Täler ab, wir fuhren über den Brenner nach Italien, über den San Bernadino in die Schweiz und weiter nach Frankreich. Oft war Daniel mit von der Partie, dann saßen wir zwei auf der Fahrt hinten im Auto, spielten Gameboy und schauten aus dem Fenster, um Wände auszuchecken. Meine Mutter sagt über diese Zeit immer, dass wir herumgegondelt sind wie die Zigeuner. Wir nützten jeden Feiertag, jedes Wochenende, um klettern zu gehen, und ich durfte sagen, wohin wir fahren sollten.

Meine Eltern erzogen mich sehr großzügig. Rinzi ist Buddhist, und meine Mutter ist über die Jahre auch immer mehr zur Buddhistin geworden. Bei einer feierlichen Zeremonie, einer sogenannten »Zufluchtnahme«, in Feldkirch gelobten sie rituell, dass auch ich nach der buddhistischen Lehre erzogen werden solle, aber sie waren, auch was das Religiöse betrifft, sehr großzügig. Wir feierten Weihnachten mit Tannenbaum, der Osterhase kam bei uns vorbei, und nur die Gebetsfähnchen in den Farben der fünf Elemente – Wasser, Licht, Luft, Feuer und Erde – waren immer irgendwo aufgehängt. Rinzi erklärte mir, dass allein der Wind, der die Fähnchen bewegt, die Gebetssprüche, die auf den Stoff gedruckt sind, zur Wirkung bringt.

Es waren eher praktische Dinge, an denen sich die religiösen Grundsätze meiner Eltern offenbarten. Sie achteten zum Beispiel sehr darauf, dass ich keine Tiere tötete, nicht einmal unabsichtlich. Als ich als kleines Kind Ameisen zertreten wollte, erklärte mir meine Mutter stundenlang, dass auch das kleinste Lebewesen ein Recht darauf hat, zu leben. Aber sie hat nicht versucht, mir zu erklären, dass die Ameise möglicherweise mein reinkarnierter Uropa ist.

Rinzi lebt seinen Glauben sehr praktisch. Der Buddhismus übersetzt sich bei ihm in eine bewundernswerte Ruhe. »Wir sind reich«, sagte er oft, und auch wenn das nicht unbedingt für unseren Kontostand galt, stimmte es natürlich, denn:

»Wir sind gesund.« Auch als sein ältester Bruder mit 42 Jahren starb, nahm Rinzi es mit Fassung: »Seine Zeit war vorbei.«

Auch wenn ich selbst nie den Weg in den Buddhismus gefunden habe, beeindruckt mich die Ruhe meines Vaters und auch die Selbstverständlichkeit, mit der er sich in Situationen schickt, die er nicht ändern kann. Er ärgert sich nicht. Er spart seine Energie für das auf, was er selbst in der Hand hat.

Ich lebe ohne religiöse Zeremonien nach dem Motto »Jetzt leben. Weil wenn's aus ist, ist's aus.« Ich respektiere den Glauben der anderen. Aber ich möchte, dass sie respektieren, woran ich nicht glaube.

Als ich ungefähr acht war, besorgte Reini unserer Gruppe den ersten Sponsor: den Schweizer Kletterausrüster Mammut. Mammut sponserte das ganze Team, wobei »sponsern« ein ziemlich großes Wort ist. Wir bekamen eine Kletterhose, die den Kleinsten von uns sicher fünf Nummern zu groß war. Die Kleinsten – das war natürlich ich, aber das machte mir nichts aus. Die Hose hätte auch zehn Nummern zu groß sein können. Ich musste sie zweimal umkrempeln, damit ich mir nicht dauernd draufstieg, aber ich wuchs augenblicklich um einen halben Meter. Für mich war es eine Auszeichnung.

1999, als Neunjähriger, gewann ich den Junior Cup des Österreichischen Alpenvereins, die inoffiziellen österreichischen Nachwuchsmeisterschaften, und mit dem ersten Sieg im zweiten Wettkampf begann eine Serie von Siegen in allen Wettbewerben, an denen ich teilnehmen durfte. Ich gewann den Junior Cup fünfmal hintereinander, wurde Tiroler Jugendmeister, gewann den »Rock Master Kids Cup« in Arco, zweimal den »Rock Master unter 14«. 2004, knapp 14, gewann ich die Gesamtwertung des Jugendeuropacups mit dem Punktemaximum und wurde in Edinburgh Jugendweltmeister. 2005 wiederholte ich den Sieg im Jugendeuropacup und gewann, diesmal in Peking, ein zweites Mal den Jugendweltmeistertitel.

Die Kletterspezialisten wurden schnell auf mich aufmerksam. Es erschienen erste Zeitungsartikel, in denen das Wort »Wunderkind« vorkam. Ein Kletterkollege von Reini, Gerhard Hörhager, arbeitete zu dieser Zeit als Vertreter des Kletterausstatters Metolius. Er kam in die Halle und bot meinen Eltern an, mich zu sponsern. Ich war zehn Jahre alt und bekam meinen ersten Einzelsponsor. Ich kriegte Material und ein bisschen Geld. Das Geld erlaubte meinen Eltern, meine Kletterleidenschaft noch intensiver zu unterstützen als vorher. Sie setzten es für unsere Reisen, für Benzin und Campingplatzgebühren ein.

Die nächste Firma, die mich unterstützte, war Raiffeisen. Hans Gastl, der Direktor der Bank, hatte meine gesamte Karriere sorgfältig verfolgt und gefördert. Jetzt eben nicht nur privat, sondern mit einem Sponsorvertrag. 2001 kam Andres Lietha, der Sponsoringmann von Mammut international, zu einem Training und bot an, mich ins internationale Team von Mammut aufzunehmen. Das internationale Team von Mammut! Genial! Es war bekannt, dass die Schweizer Firma nur die Besten in dieses Team aufnimmt. Ich kriegte also nicht nur einen Vertrag und ein bisschen Geld, sondern vor allem etwas, was sich niemand kaufen konnte – Anerkennung.

Mit dem Team von Mammut – Cédric Lachat, Remo Sommer, Nina Caprez, den Geschwistern Christina, Daniel und Thomas Schmid – reise ich im Oktober 2005 via Mailand nach Rumney in New Hampshire. Es war mein erster Transatlantikflug. Ich war 15. Als wir in Boston ankamen, gab es Verwirrung bei der »Immigration«: Wir mussten, wie alle Amerikatouristen, Fingerabdrücke nehmen lassen. Aber wer einmal die Finger von Kletterern gesehen hat, weiß, dass unsere Finger nicht mit denen anderer Amerikatouristen zu vergleichen sind. Keine Fingerabdrücke. Ideale Voraussetzungen für das perfekte Verbrechen. Der Immigration Officer versuchte es mit Fingerspitzenmassage und mit Fett – keine Chance. Am Schluss war er mit der Erklärung, dass wir Kletterer sind, zufrieden und ließ uns einreisen.

Wir kletterten zehn Tage in Rumney, es machte Spaß. Ich kletterte zehn Routen pro Tag, alle zwischen 8a und 8c+. Die anderen wunderten sich, dass ich dermaßen Gas gab, aber war ich nach Amerika gefahren, um zu klettern oder um mich auszuruhen?

Wir wohnten in einem kleinen Häuschen in Tenney Mountain, mitten im Wald, und der Wald war ein Traum. Er hatte alle Farben, die ein Wald haben kann, es roch nach Herbst, Indian Summer, und nur wenn ich kletterte, vergaß ich, dass ich in Amerika war. Amerika war weit weg. Der Fels fühlte sich an wie zu Hause.

Zurück in Innsbruck lernte ich einen Holländer namens Jorg Verhoeven kennen. Blonde, kurze Haare und ein strahlendes Lächeln. Er stand vor dem Tivolistadion, hatte einen Rucksack dabei und eine Gitarre, und er fragte mich, ob ich eine Idee hätte, wo er übernachten könnte.

»Ja«, sagte ich. »Komm erst einmal zu uns.«

Wir hatten zwar in Götzens keine besonders große Wohnung. Aber das Sofa war groß genug für Jorg. Meine Eltern schauten ein bisschen überrascht, als ich mit dem neuen Mitbewohner nach Hause kam, aber Jorg war charmant und unterhaltsam, und es würde ja nicht für immer sein.

Er war 20, fünf Jahre älter als ich. Kam aus Abcoude bei Amsterdam. Darauf war er besonders stolz, weil es kein anderes Dorf in Europa gibt, das mit den Buchstaben A, B, C beginnt. Er hatte in der Schule auf der Kletterwand mit dem Klettern angefangen, war mit seinen Eltern kreuz und quer durch Europa gereist und hatte in Südfrankreich seine Liebe zum Felsklettern entdeckt. Er war früh ins Wettkampfklettern eingestiegen und hatte sich konsequent an die Spitze herangearbeitet, bis er absolute Weltklasse war. Nachdem er die Schule fertig gemacht hatte, nahm er kurz entschlossen den Flieger und reiste nach Arco, um dort zu klettern, und weil er kein Geld hatte, wohnte er in einer der vielen Höhlen in Massone, und tat nichts außer Essen, Schlafen und Klettern. Die Höhle teilte er sich übrigens mit einem kleinen Haustier: einem jungen Wildschwein, das nachts gern zu Jorg kam und sich neben seinen Schlafsack legte.

Die wahnsinnigste Story von Jorg ist, wie er damals beim Klettern stürzte und sich den Fuß brach. Er ging aber nicht zum Arzt, sondern kletterte weiter, er fuhr sogar mit dem kaputten Haxen zum Weltcup in Lecco. Er konnte fast nicht gehen, hinkte wie ein Kriegsveteran, schaffte es aber trotzdem bis ins Halbfinale. Dann nahmen ihn allerdings die Sanitäter fest und brachten ihn ins Spital. Auch sie fanden die Story legendär. Dabei wussten sie gar nicht, dass Jorg schon zwei Wochen in diesem Zustand herumgehumpelt war.

Jorg ließ sich dann noch ein bisschen treiben. Er wohnte bei einem Freund in Südfrankreich, lernte ein Mädchen aus Brüssel kennen und zog für ein Jahr zu ihr. Als die Beziehung vorbei war, trampte er durch die Alpen. So kam er nach Innsbruck, verbrachte die erste Nacht auf einer Bank im Hofgarten, dann war er zum Tivolistadion gegangen, um vielleicht einen Kletterer zu treffen, der ihm weiterhelfen konnte. Jorg übernachtete dann eine Zeit lang bei uns auf dem Sofa. Dann lernte er die Saurwein Katharina kennen, eine super Kletterin aus Reinis Gruppe, verliebte sich in sie und zog bei ihr ein.

Ich ging mit Jorg oft in die Halle, und wir trainierten gemeinsam. Er ist ein großartiger Kletterer. Aber er wollte nicht nur in der Halle trainieren. Wir kletterten am Fels, und irgendwann erzählte er mir, dass es in England besonders lässig am Fels sei.

»Okay«, sagte ich. »Dann fahren wir doch nach England und klettern.«

England ist sehr bekannt für seine gefährlichen Touren. Außerdem haben die Engländer beim Klettern eine besondere Ethik. Für sie ist es ausgeschlossen, den Fels zu beschädigen, indem sie Haken einbohren oder einschlagen. Sie verwenden nur Friends und Klemmkeile, und auch die Normalhaken dürfen nicht mit dem Hammer eingeschlagen werden, sondern nur mit der Hand. Wenn keine Sicherung gelegt werden kann – darauf läuft die Sache nämlich hinaus –, wird eben keine gelegt.

Wir flogen nach England und fuhren mit dem Mietauto Richtung Stanage Edge. Stanage ist ein Felsabbruch in der Nähe von Sheffield, der sich rund um einen Hügel zieht. 15 Meter hohe, senkrechte Wände. Alle paar Meter neue Routen. Wenn dir eine Route gefällt, machst du sie, wenn nicht, gehst du weiter. Du brauchst keinen Führer, du brauchst keine Topos, die unter Kletterern üblichen Aufzeichnungen, auf denen jede Route genau notiert ist. Du kannst enorm schwierige Sachen klettern, die du zuerst, von oben am Seil hängend, ausbouldern musst, bis du sicher sein kannst, nicht zu fallen. Aber du kannst auch ganz einfach und gemütlich klettern, so wie andere Leute an einer Bar miteinander Bier trinken, nur dass Klettern doppelt so lustig ist.

Wir kamen abends an. An ein Hotel dachten wir nicht einmal. Wir kauften uns im Supermarkt eine Schachtel Kekse und schliefen im Auto, das wir in einer Seitenstraße geparkt hatten.

In der Früh klopft jemand ans Fenster. Jorg kurbelt schlaftrunken seine Scheibe hinunter.

»No parking«, sagt der ausgeschlafene Zeitgenosse im bellenden Englisch, das hier gesprochen wird. Wir sollen abhauen.

Ich habe mich in meiner Daunenjacke vergraben und schaue wie ein Eskimo aus seinem Iglu, als Jorg den kleinen Peugeot startet, um nach einem neuen Parkplatz Ausschau zu halten. Ich bin müde und noch ganz verdattert darüber, dass das Lenkrad unseres Autos auf der falschen Seite ist.

Wir haben an diesem Morgen noch kein einziges Wort gewechselt. Als wir in eine Kurve biegen, die von einer typisch englischen Natursteinmauer begrenzt wird, beginnt der Peugeot schon auszubrechen. Jorg versucht, Gegenruder zu geben, aber schon kracht es, es haut mich nach vorn, und plötzlich habe ich den Rückspiegel im Mund.

Als es wieder still ist, frage ich: »Alles okay, Jorg?«
Aber Jorg stöhnt: »Deine Zähne, Fuzzy!«
Ich prüfe meine Zähne mit der Zunge. Da ist etwas anders als vorher. Es fehlt etwas. Ein zweiter Test, und es ist klar. Ich habe mir beim Aufprall am Rückspiegel die Schneidezähne ausgeschlagen. Plötzlich habe ich das Gefühl, den Mund voller Glasscherben zu haben. Unförmige Zacken, die ich immer wieder mit der Zunge untersuche.

Dann kommt der Krankenwagen. Im Spital wird untersucht, ob ich Glas geschluckt habe, aber ich habe nur die Kekse vom Vorabend im Bauch. Jorg kümmert sich in der Zwischenzeit um die Polizeiangelegenheiten und um ein neues Mietauto, denn das alte hat einen Totalschaden.

Am Nachmittag waren die Formalitäten erledigt. Wir konnten endlich klettern. Das Klettern war genial. Aber die Leute, die wir in den Klettergebieten trafen, gingen mir auf die Nerven: Jeder fragte, wo es mich hinuntergeschmissen hatte.

Zu Hause in Österreich fragten mich alle, ob ich auf Eishockey umgesattelt hätte.

Danke, sehr witzig.

Ich pendelte zwischen Zahnarzt und Kletterhalle. Der Zahnarzt machte seine Arbeit, ich machte meine. Ich gewann zuverlässig meine Wettbewerbe. Aber die Siege machten mich nicht zufrieden.

Ich trainierte mit älteren Kollegen, die in ihren Altersklassen das Klassement aufmischten.

Ich trainierte mit Jorg, der Weltcup kletterte.

Ich hatte das Gefühl, dass ich mich mit diesen Athleten messen sollte. Wenn ich gewann, bekam ich das Gefühl nicht aus dem Kopf, dass meine Siege nicht so viel wert waren, wie mir alle sagten. Ich war doch auf Augenhöhe mit den Allerbesten, nicht nur mit den besten Gleichaltrigen.

Sechs

Im Februar 2006 flog ich mit den Mammut-Kollegen nach Thailand. Wir wohnten in Bungalows am Strand. Nach dem Frühstück fuhren wir mit dem Boot hinaus zu den Kalkwänden, die aus dem Meer auftauchen wie die Köpfe überdimensionaler Wassermänner. Die Wände waren glatt und überhängend. Man musste vom Boot aus den Startgriff erwischen und dann losklettern, bis man oben war oder nicht mehr weiterkonnte. Ohne Seil. Wer ausrutscht, fällt ins Wasser. Der Fachausdruck für diese Form von Klettern heißt »Deep Water Soloing«.

Ums Haar hätte ich gleich am ersten Tag vorgezeigt, wie »Deep Water Soloing« nicht funktioniert. Das Boot, eine thailändische Dschunke mit Außenbordmotor und einem blauen Sonnenschutzverschlag, war ganz nah zur Klippe gedriftet, und ich stieg vom Dach des Verschlags ein. Der Bootsführer steuerte die Dschunke gerade wieder hinaus ins offene Wasser, als mir in einer Höhe von vielleicht drei, vier Metern ein Griff ausbrach und ich wie ein Pfeil nach unten schoss. Nicht mehr als ein paar Zentimeter neben der Reling des Bootes platschte ich ins Meer. Als ich auftauchte, hörte ich, wie Pascal Brönnimann, der neue Sponsoringmann von Mammut, im gemütlichsten Schweizerdeutsch sagte: »Das isch knapp gsi.«

Nicht knapp, Pascal, Maßarbeit. Ich wollte schließlich nicht schon wieder Überstunden beim Zahnarzt machen.

Gewaltige Kletterei an den überhängenden Klippen. Jeder von uns kletterte ein paar Routen, zum Teil sogar Erstbegehungen. Es war heiß. Jedes Ausrutschen bedeutete, endlich wieder ins Wasser eintauchen zu dürfen.

Dann fanden wir, wofür wir hierher geflogen waren.

Die Klippe, die unser Meisterstück werden sollte. Musste.

Sie war höher als die anderen Klippen, und jedes Kind mit Horrorfilmerfahrung hätte hier den krummen Schädel eines Monsters erkannt. Auf einem gedrungenen Hals saß ein zerklüfteter Überhang, der in eine völlig glatte Passage überging, an deren oberem Ende, in etwa 18 bis 20 Meter Höhe, die Schlüsselstelle der Route saß. Hier brauchte es einen unmöglichen Zug, einen Sprung nach oben, und wenn du den Griff am Ende der Tour nicht erwischst, fliegst du eine halbe Ewigkeit lang hinunter, ins Wasser, das nach diesem Fall hart ist wie ein Hubschrauberlandeplatz.

Cédric klettert bis nach oben. Versucht den Sprung. Fällt.

Nina fällt knapp vor dem Sprung.

Ich bin an der Reihe, und ich genieße die Tour bis zu der Schlüsselstelle. Der Zug hat fast zwei Meter... Ich setze die Füße hoch, auf zwei winzige Tritte, so dass ich in der Wand hocke wie ein Hase. Ich hole mit dem ganzen Körper Schwung.

»Jetzt«, denke ich, ziehe mit den Händen kräftig an und katapultiere mich mit den Füßen nach oben.

Aber ich berühre den Griff nicht einmal.

Ich stehe einen Augenblick in der Luft wie Duffy Duck, der beim Schlafwandeln über den First seines Hauses hinausgelaufen ist. Dann zieht es mich nach hinten, die Drehung des Sprungs hat mich aus der Balance gebracht, und meine Versuche, das Gleichgewicht wiederzuerlangen, um nicht allzu hart auf dem Wasser aufzuschlagen, bringen nichts. Gerade als ich beschließe, mich jetzt langsam vor dem Aufprall zu fürchten, ist er schon da.

Klatsch.

Und das Mitgefühl meiner Zuschauer: Uuuuuuh.

Ich tauche vielleicht fünf Meter tief ins Wasser ein, und als ich die weißen Luftblasen über mir aufsteigen sehe, fällt mir auf, dass ich gar nicht Luft geholt habe. Mein Brustkorb wird eng und ich rudere mit wachsender Panik nach oben und denke: »Jetzt können mich die anderen rausfischen...«

Ich bin am Limit. Aber ich schaffe es dann doch allein.

Über Wasser sortiere ich, was ich gerade spüre.

Weh. Es tut weh.

Der ganze Körper brennt. Ich brauche ein Kilo Sonne und ein bisschen Ruhe, um mich zu erholen. Als ich wieder klar zu denken beginne, fällt mein Blick auf die Monsterklippe.

Nein, denke ich selbstbeschwörend, du machst mir keine Angst.

Den restlichen Tag verbringe ich an der Reling. Unser Bootsführer, cooler Typ, zeigt mir, wie man mit Haken, Faden und einem Schraubenschlüssel aus dem Werkzeugkasten fischt. Als Köder nimmt er die Muscheln, die knapp über dem Wasserspiegel an den Klippen kleben, klopft sie mit dem Schraubenschlüssel auf und hängt sie an den Haken. Es dauert keine fünf Minuten, bis ein Fisch angebissen hat. Schöne Exemplare. Leider müssen sie jetzt in die Kühlbox.

Ein paar Fische später lege ich mich wieder auf den blauen Verschlag und genieße die Hitze.

Als wir am nächsten Tag ins Boot steigen, sage ich: »Jetzt probieren wir es aber schon noch einmal, oder?« Das kommt nicht als Frage rüber, sondern als Kursanweisung an unseren Bootsführer.

Ich steige ein und klettere ruhig bis zur Schlüsselstelle. Als ich da bin, merke ich, dass ich bestimmt nicht noch einmal den Abflug von gestern machen will. Ich scanne die Wand und mir kommt eine Idee. Ich weiß, dass der Fels zwei Meter links von mir etwas mehr Struktur hat. Kleine Löcher und Leisten. Ich greife mit der rechten Hand über den Kopf, in ein Zweifingerloch, mache mit der linken einen weiten Zug nach links auf eine kleine Leiste, greife mit der Rechten in ein anderes Zweifingerloch, finde mit der linken einen Zwischengriff, um die Füße positionieren zu können, dann ein Schnapper nach oben, zum letzten Griff. Ich bin oben.

Wow.

Unten applaudieren die Kollegen. Mich hingegen erwischt gerade eine ernüchternde Einsicht: Ich muss da auch wieder runter.

Hinunterklettern geht nicht, man muss springen, 20 Meter, mindestens. Ich bin doch kein Cliffdiver. Ich halte mich mit beiden Händen am Fels fest und überlege, was das für ein Gefühl ist, das mich da gerade durchströmt.

Ist das etwa Angst?

Unten rufen die anderen im Chor: »Un, deux, trois.«

Was bleibt mir übrig. Ich atme tief ein, mache die Augen zu und springe.

Sieben

Wieder zu Hause in Innsbruck, dachte ich an nichts anderes als an den Weltcup.

Einmal mehr war ich zu jung.

Damals besagte die Regel, dass erst im Weltcup starten darf, wer das 16. Lebensjahr vollendet hat. Dass ich im August Geburtstag habe, stellte sich plötzlich als echter Nachteil heraus, denn im August war der 2006er Weltcup quasi vorbei. Reini intervenierte beim Vizepräsidenten des Internationalen Kletterverbands, Helmut Knabl, und der machte sich dafür stark, dass die Regel geändert wurde. Nicht der Geburtstag sollte in Zukunft über die Startberechtigung entscheiden, sondern das Geburtsjahr. Allein die Hoffnung, als 15-Jähriger in den Weltcup einsteigen zu dürfen und mich mit den besten der Besten messen zu können, setzte mich unter Strom.

Ich trainierte wie der Teufel. In Innsbruck war 2000 das Kletterzentrum Tivoli eröffnet worden, dort trainierten nicht nur Reinis Talente, sondern viele Weltcupkletterer, so dass ich mir ein ganz gutes Bild von deren Stärken und Schwächen machen konnte. Einige von ihnen kannte ich auch vom Klettern am Fels, und mit vielen war ich befreundet. Ich wusste über ihren Kletterstil Bescheid, und ich bildete mir ein, das, was sie konnten, auch zu können. Nicht nur ich war ungeduldig. Auch Reini und eine ganze Reihe interessierter Kletterfanatiker warteten auf den Ausgang der Sitzung des Internationalen Kletterverbands. Am Abend der Sitzung läutete bei uns zu Hause das Telefon.

Reini am Apparat: »Was machst am 28. April, David?«
»Das weiß ich doch heute noch nicht.«
»Doch. Du startest beim Weltcup in Puurs.«
»Puurs? Wo zum Teufel ist Puurs?«
»In Belgien. Du solltest in Geografie besser aufpassen. Das wirst du in Zukunft nötig haben.«

Also gut. Puurs ist eine Gemeinde in der Provinz Antwerpen. Wenige Kilometer nördlich mündet die Rupel in die Schelde. Sonst noch was, Reini?

Ja. Reini musste sich ebenso umstellen wie ich. Was als Spaßprojekt begonnen hatte, war plötzlich nicht mehr Spaß allein. Die Besten der Welt. Und wir. Auch Reini musste begreifen, dass es jetzt galt, alle Kräfte zu mobilisieren. Dass er Trainer eines Athleten war, der sich immer darüber aufgeregt hatte, dass im Europacup die Routen viel zu leicht geschraubt waren, und der von Erfolg zu Erfolg spaziert war. Was waren diese Erfolge wert? Sollten wir erwarten, dass ich auch bei meinem ersten Weltcup gleich aufs Stockerl steige, oder musste er mich schonend darauf vorbereiten, dass zwischen meiner heilen Wunderkind-im-Europacup-Welt und dem Weltcup doch eine größere Kluft lag, als ich insgeheim hoffte?

Das Problem war: Reini wusste es selbst nicht. Ich wusste es nicht. Niemand wusste es. Aber ich wusste, dass am 28. April in Puurs ein Junge am Start stehen würde, der lieber in die Wand beißt, als dass er vorzeitig aufgibt.

Wenig später lernte ich Peter Reinthaler kennen.

Peter war mir schon öfter aufgefallen. Er war ein netter Typ aus Imst, immer in Turnschuhen und mit einer sympathischen Anti-Frisur. Er tauchte oft in der Halle auf, weil er sich fürs Klettern interessierte, aber er interessierte sich auch dafür, die guten Kletterer mit guten Firmen zusammenzubringen, und das interessierte wiederum mich.

Ich hatte schon gehört, dass Peter den Fischhuber Kilian und die Eiter Angy, eine Kollegin aus Imst, mit Red Bull zusammengebracht hatte. Red Bull engagierte sich seit Jahren im Extremsport, und es kursierte damals die Nachricht, dass Red Bull eine neue Abteilung mit Sportlern und eigener Betreuung aufbauen wollte. Als Peter mich fragte, ob ich mit ihm nach Fuschl fahren würde, um Robert Trenkwalder kennenzulernen, einen ehemaligen Betreuer der österreichischen Skinationalmannschaft, der inzwischen für Red Bull arbeitete, sagte ich sofort zu.

Trenki gefiel, was ich gemacht hatte, und wir machten einen ersten Vertrag. Damit war ich ein »Red Bull Athlet«, Mitglied des neu gegründeten »Special Athletes Project«, dem einige Skifahrer, aber auch Sportkletterer angehörten.

So schnell war ich meinem Traum von einer Karriere als Profikletterer näher gekommen, und Peter war von jetzt an mein Manager. Wobei »Manager« den Typen überhaupt nicht richtig beschreibt. Er ist ein Freund, zwar schon uralt, fast fünfzig, aber durchaus jung geblieben, und ich merkte sehr schnell, dass er sich überhaupt nichts scheißt. Weder beim Radlfahren, worin er, zugegeben, ein echter Seniorenmeister ist, noch beim Einparken seines Autos. Sagen wir so: Peter findet immer und überall einen Parkplatz – die Frage ist nur, ob er später sein Auto noch am selben Platz vorfindet.

Kletterwettkämpfe finden in drei Disziplinen statt: Lead, Bouldern und Speed. Speed, die Herausforderung, eine Wand möglichst schnell hinaufzukommen, ist am schwächsten besetzt – und hat für mich mit dem Klettern, wie ich es mag, am wenigsten zu tun.

Beim Lead-Klettern nach den Regeln des ISFC, des internationalen Kletterverbands, müssen wir im Vorstieg, gesichert durch ein Seil, auf einer bis dahin unbekannten Route möglichst weit klettern, idealerweise bis zum letzten Griff. Die Routen werden extra für den Wettkampf geschraubt, oft von ehemaligen Weltcup-Kletterern. Der Wettkampf wird in Qualifikations-, Halbfinal- und Finalrunde ausgetragen. In der Qualifikation gibt es zwei unterschiedliche Routen, in den Finaldurchgängen nur noch eine. Es gewinnt, wer im Finale am weitesten kommt.

Die Qualifikation wird »flash« geklettert: die Routen werden vorgeklettert und man darf sich gegenseitig zuschauen, muss die Route aber im ersten Versuch klettern. Die Finaldurchgänge werden »on sight« geklettert. Alle Athleten dürfen die Route ein paar Minuten lang vom Boden aus besichtigen. Während des Wettkampfs müssen sich alle, die noch nicht geklettert sind, in eine Isolationszone begeben, von der aus sie die Konkurrenten, die sich ihre Linie suchen, nicht sehen können. Damit wird vermieden, dass die Teilnehmer mit höheren Startnummern aus den Fehlern der Vorgänger lernen können. Für jeden Versuch gibt es ein Zeitlimit, das nicht überschritten werden darf. Ansonsten spielt die Zeit keine Rolle für die Platzierung.

Beim Bouldern müssen die Athleten auf einer viereinhalb Meter hohen Kletterwand Boulderprobleme klettern. Sie sind nicht angeseilt. Unter der Kletterwand liegt eine Matte, auf die man ohne Verletzungsgefahr fallen kann. In der Qualifikation sind fünf Boulderprobleme zu lösen. Je weniger Versuche, desto besser die Wertung. Die Athleten müssen von Anfang an in die Iso-Zone. Ein Boulder ist dann bewältigt, wenn er vom Startgriff bis zum Topgriff durchstiegen ist. In der Mitte des Boulder befindet sich ein Zonengriff. Wer den Zonengriff erreicht, bekommt zumindest die halbe Punktzahl. Es gibt Punkte dafür, ob Boulder zu Ende geklettert werden und wie viele Versuche man dafür braucht.

Meine Disziplin war schon immer das Lead-Klettern, oder, wie wir meistens sagen: der Vorstieg. Das hatte den einfachen Grund, dass Jugendwettbewerbe nur im Vorstieg ausgetragen werden. Boulder-Wettkämpfe gibt es nur in der allgemeinen Klasse.

Vorstieg und Boulder sind äußerst unterschiedliche Disziplinen. Wenn Vorstieg so etwas wie die Abfahrt beim Skirennlauf ist, dann ist Boulder vielleicht Slalom, vielleicht aber auch Snowboard. Beide Bewerbe haben ihre Spezialisten, aber es gibt kaum Athleten, die in beiden Disziplinen Spitze sind.

Der Boulderraum von Puurs, in dem wir uns aufwärmen, präsentiert sich groß und niedrig, und die Iso-Zone ist gerammelt voll. Die Veranstalter haben ein beheiztes Zelt aufstellen müssen, damit alle Athleten Platz finden. Der Weg zur Kletterwand führt durch einen kleinen Raum, in dem Matten gestapelt liegen, vorbei an einer glatten Wand, auf der nicht geklettert wird, weil sie nicht weltcuptauglich ist. Rechts das Publikum, links die gelbe Wand, auf der ich meinen ersten Weltcup klettern werde.

Nicht irgendwann.

In fünfzehn Minuten.

Die Wand ist im unteren Drittel senkrecht, streckt dann einen zwei, drei Meter dicken Bauch hinaus, zieht leicht überhängend weg, geht in zwei kräftige Wellen über und mündet in eine gerade Ausstiegsplatte. Die Qualitour ist mit schwarzen Griffen geschraubt. Sie führt in die linke obere Ecke der Wand.

Ich bin gut vorbereitet, und ich vibriere. Meine Finger sind permanent in Bewegung, als müsste ich noch ein bisschen Kraft in sie hineinpressen. Ich bin zugleich happy, hier zu sein, und ungeduldig. Ich will die Griffe in den Händen spüren. Ich denke, dass ich nicht nervös bin, aber mein Nervensystem ist alarmiert. Mein Mund ist trocken. Nichts entgeht mir. Es ist die Vorfreude, die Zuspitzung aller meiner Träume auf das, was ich gleich erleben werde. Mein Wettkampf. Reini ist da, und nie habe ich ihn euphorischer gesehen. Er freut sich mindestens so wie ich, auch wenn er nicht weiß, was er sich erwarten soll: Soll er mich so coachen, als ob ich einer der Favoriten wäre? Oder wäre bereits die Qualifikation fürs Halbfinale der Hammer?

Im Bewerb die großen Namen der vergangenen Weltcupsaison. Flavio Crespi, der Italiener. Der tschechische Routinier Tomáš Mrázek. Der Schweizer Cédric Lachat. Die beiden Spanier Ramón Julian Puigblanque und Patxi Usobiaga. Der Franzose Sylvain Millet. Jeder von ihnen ist für einen Platz auf dem Podest gut oder wenigstens fürs Finale. Und ein Holländer namens Jorg Verhoeven. Der Weltklasse-Autofahrer. Jorg klatscht mich ab, als er mich in der Iso-Zone sieht, und sagt: »Hey, Fuzzy. Nicht zu viel Gas geben, verstanden?«

Ich widerstehe dem Impuls, mit Jorg das Blödeln zu beginnen, klatsche ihn ab und schüttle den Kopf: »Den Gefallen tu ich dir nicht. Heute wird Gas gegeben, bis der Tank leer ist.«

Drinnen eine Megastimmung. Die Leute sitzen am Boden und auf den Stiegen, die zum benachbarten Turnsaal führen. In einer Ecke ist ein Baugerüst aufgestellt, auf dessen Brettern noch mehr Zuschauer hocken. Direkt im Anschluss an die Halle, verbunden durch einen gemeinsamen Eingang, ein weiterer Turnsaal. Dort haben die Veranstalter eine große Leinwand aufgestellt und übertragen live, was in der Halle passiert.

Wenn ein Athlet aus der Iso-Zone kommt, ein kollektiver Schrei.

Hey, hey, hey.

Kein Zweifel, dass sich in diesem Moment der ganze Planet für nichts anderes interessiert als fürs Klettern.

Als Jorg zur Qualifikation aufgerufen wird, höre ich, dass der Schrei noch lauter ist als bei den anderen. Ich kann zuhören, wie er klettert, bis zum frenetischen Applaus am Schluss.

Der Mann ist in Form.

Dann komme ich, und ich kriege denselben *Roar* wie Jorg, aber ich tauche in meine tiefe Konzentration und sehe nur noch die Wand und die schwarze Tour. Ich denke in Zügen. Eins links, zwei rechts, drei links, und so weiter. Als ich den ersten Griff spüre und merke, dass er sich gar nicht anders anfühlt, sondern so, wie ich einen Griff kenne, wie ich einen Griff mag, dann greife ich schon den nächsten und den übernächsten, und ich blende den Krach aus, der sich in meinem Rücken entfesselt.

Allez, Fuzzy.

Fuzzy, allez!

Ich mache Zug um Zug, ruhig und präzise, und als die Lautstärke von unten wieder zu mir vordringt und ich am Seil hinunter zu den Zuschauern schwebe, bin ich im Halbfinale.

Das Halbfinale, noch besser. Die Tour ist grün, und ich klettere sie als Einziger zu Ende. Als ich oben bin und den Jubel der Zuschauer höre, wundere ich mich ein bisschen: Das war doch ein Spaziergang.

Eines ist klar, bevor das Finale überhaupt begonnen hat: Alles, was jetzt kommt, ist nur noch Draufgabe.

Ich weiß, ich kann Achter werden, und ich bin voll happy.

Ich weiß, ich kann gewinnen, und ich bin voll happy.

Reini hüpft durch die Halle, als hätte er einen Frosch verschluckt. Der Mann ist – voll happy ist gar kein Ausdruck.

Das Finale ist also bloß noch der letzte Kick für meine Premiere im Weltcup, für die Bestätigung dessen, was ich mich in vielen Stunden an der Kletterwand gefragt habe: Wie gut bin ich? Bin ich gut genug?

Ich klettere auch im Finale gut, wenn auch nicht so fehlerlos wie im Halbfinale. Am Ende gewinnt der Italiener Flavio Crespi, er klettert um einige Züge weiter als ich. Und wenn schon. Dies ist mein erster Weltcup, und ich stehe auf dem Podest, auf der Anzeigetafel ist es klar und deutlich zu lesen: 2. David Lama, Austria, und hinter mir auf Rang drei der starke Tscheche Tomás Mrázek.

Jorg, der Vierter geworden ist, kommt auf mich zu, er hat den Zeigefinger ausgestreckt und tut so, als würde er mir drohen. »Fuzzy, hab ich dir nicht verboten, Gas zu geben …«

Dann gratuliert er mir herzlich. Ich glaube, er freut sich

mehr über meinen zweiten Platz, als er sich darüber ärgert, dass ich ihm das Podest streitig gemacht habe.

Reini kommt zu mir. Ein anderer Trainer hätte mich jetzt vielleicht in die Arme genommen und gedrückt. Aber Reini holt aus und haut mir eine auf den Rücken, dass ich fast vornüber kippe. Er muss nichts sagen. Seine Freude und seine ganze Liebe hat er in dieses Schulterklopfen gepackt.

Nach dem Wettkampf die Party. Fast nach jedem Wettkampf findet eine Feier statt, manchmal richtet sie der Veranstalter aus, manchmal tun sich ein paar Kletterer zusammen und lassen es krachen. Klettern und Feiern, das ist eine gute Mischung. Unser Sport ist nur ein anderes Wort für Lebensfreude, und Lebensfreude gibt auch den Rhythmus bei guten Partys vor – und in Puurs feierten wir eine sehr gute Party. Eine sehr, sehr gute Party.

Musik, Groove, Bier. Der Sponsor der Veranstaltung zeigte sich nicht kleinlich, und tausend Hände, die mir auf die Schulter klopften. War ich vor dem Wettkampf noch als kleiner Außerirdischer betrachtet worden, ein Wesen, dem die Fama eines Wunderkinds vorauseilt, so hatte ich das Versprechen, als das ich gegolten hatte, nun eingelöst. Damit war die Frage, ob dieser Fuzzy aus Götzens die Wettkampfszene aufmischen kann, endlich beantwortet.

Ja, kann er.

Aber kann er auch Bier trinken?

Ja, kann er auch.

Dann ist ja gut.

Es war vielleicht das schönste Fest meines Lebens. Es war wie eine Initiationsfeier. Ich wurde förmlich in den Kreis der besten Wettkampfkletterer der Welt aufgenommen, und es war ein guter Zeitpunkt dafür: Die Mischung aus Wettkampfenergie und Lebensfreude stimmte genau. Die meisten Athleten legten genauso viel Wert auf die Freude, die das Klettern machte, wie auf die Platzierungen, die sie erreichten. Klar, es gab einzelne, die sich aus den Partys nichts machten und selbst die genialste Party für eine Trainingseinheit sausen ließen. Ihr Talent, meinten sie, bestünde eben darin, ohne Ende zu trainieren.

Auf den Weltcupstationen trafen sich spezielle Menschen, die sich freuten, andere spezielle Menschen zu treffen. Manche waren viel am Fels unterwegs, zum Beispiel der großartige Tscheche Tomás Mrázek. Ich hörte ihn ein bisschen klagen, wie schwierig es sei, das Klettern am Fels und eine super Performance in der Halle unter einen Hut zu bringen. Aber dieses Problem beschäftigte mich an diesem Abend nun gar nicht. Als wir in Puurs zur Musik von Aphex Twin darüber redeten, wusste ich noch nicht genau, was Tomás meinte. Obwohl ich gern am Fels klettern ging, galt mein ganzes Interesse gerade den bunten Griffen in der Vertikale der Kletterhalle.

Ich wollte gut sein. Ich wollte so gut sein wie die Älteren, mit denen ich trainierte, und wie die Talentierten, die aus aller Welt in unsere Hallen kamen. Ich wollte wissen, wie gut ich sein kann, wenn ich mein Bestes gebe. Und ich begann der Idee zu vertrauen, die in meinem Kopf herumspukte: ich wollte das Klettern zu meinem Beruf machen.

Ich wollte klettern, um davon leben zu können, um klettern zu können.

Als wir von Puurs nach Hause flogen, sahen die Berge aus

der Luft großartig aus. Jorg saß neben mir in der Maschine, und ich sah ihm an der Nasenspitze an, dass er dachte, was ich dachte: Wir sollten den Tag nicht einfach so vorbeigehen lassen.

Reini hatte gerade erst am Hechenberg eine super Erstbegehung gemacht.

»Reini«, fragte ich, »wie lang brauchen wir für deine Route am Hechenberg?«

»Vergiss es«, antwortete Reini. »Macht es morgen. Dann habt ihr's gemütlich.«

Aber natürlich machten wir es doch. Der Hechenberg ist gleich neben dem Innsbrucker Flughafen, Richtung Zirl, nach anderthalb Stunden Fußmarsch waren wir am Einstieg. 400 Meter Route, Reini hatte auf der ganzen Länge nur Normalhaken stecken lassen, außer an den Ständen, wo wir uns an Bohrhaken sichern konnten. Nette Route, die zwischendurch ziemlich schwirig wurde.

»Kann was, der Reini«, schrie Jorg, während er mich nachsicherte.

Stimmt. Die Route war Schwierigkeitsgrad 9+, mindestens, und wir hatten zwei Tage Vollgas-Wettkampfklettern in den Knochen, nicht zu vergessen die Party von gestern. Reini hatte uns gesagt, die Tour habe zehn Seillängen, aber es waren dreizehn, und jede einzelne von ihnen hatte es in sich.

Als wir zum Ausstieg der Route kamen, dunkelte der Aprilhimmel schon ein. Es war etwa acht Uhr. Demnächst würde es dunkel sein.

Aber da waren noch ein paar Details zu erledigen.

»Jorg, weißt du, wie man hier wieder runterkommt?«

»Rückweg? Ich bin froh, dass wir die Route gefunden haben.«

Also begannen wir im Dämmerlicht nach Hinweisen zu suchen, wo vielleicht ein Weg Richtung Tal beginnen könnte. Zum Glück lag noch Schnee, denn irgendwann fand Jorg Fußspuren, von einem Jäger vielleicht oder von einem anderen Waldbewohner. Mangels Alternativen folgten wir den Spuren, und sie führten zu einem kleinen Steig, der vage mit der Beschreibung übereinstimmte, die Reini uns vom Abstieg geliefert hatte – falls ich mich richtig erinnerte.

Wir schalteten die Stirnlampen ein und gingen los. Wir wussten nicht, ob wir richtig waren, und langsam meldete sich auch der Magen und verlangte nach Abendessen – wie üblich hatten wir nichts zu essen dabei. Wir gingen, schnell und schweigend. Bald war es völlig dunkel.

Nachdem wir vielleicht eine Stunde marschiert waren, packte mich Jorg am Arm.

»Schau mal, Fuzzy«, sagte er. »Was ist das?«

Jetzt sah ich es auch. Im stockdunklen Wald vor uns blitzte ein Licht auf, verschwand, kehrte wieder.

»Keine Ahnung«, antwortete ich.

Das Licht kam näher. Schon konnten wir die Lichtquelle vom Lichtkegel unterscheiden, es war also ein Mensch mit einer Stirnlampe, und ein Mensch, der um diese Zeit mit einer Stirnlampe durch den stockdunklen Wald wanderte, musste jemand sein, den wir kannten …

»Reini?«

»Ah, da seid ihr.«

»Was machst du hier?«

»Weiß nicht. Hatte gerade nichts zu tun und dachte, ich mach noch einen kleinen Spaziergang…«

Aber natürlich hatte er sich Sorgen um uns gemacht.

Drei Wochen nach Puurs stand in Dresden der nächste Weltcup auf dem Programm. Als ich in die Qualifikation ging, merkte ich, dass die ungewissen Erwartungen verschwunden waren, die in Puurs noch einen unsichtbaren, aber recht spürbaren Rucksack dargestellt hatten, der die Wand hinaufgeschleppt werden musste. Dafür hatte ich jetzt einen anderen Rucksack.

Ins Finale zu kommen.

Oder sogar zu gewinnen.

Aber diesen Rucksack kannte ich, den hatte ich schon in so vielen Jugendwettbewerben getragen. Er passte mir besser, und ich kletterte so konzentriert und entspannt, wie ich nur konnte. Am Ende hatte ich meinen ersten Weltcup gewonnen und konnte mich nicht nur über die eigene Leistung freuen, sondern auch darüber, dass mein Freund Jorg neben mir stand: Er war Dritter geworden, hinter Sylvain Millet.

Acht

Einen Monat später trat ich in Hall in Tirol zum nächsten Weltcup an. Unterschied zu den beiden bisherigen: diesmal war es ein Boulder-Weltcup.

Ich wusste, dass es eine unübliche Entscheidung war, vom Lead zum Bouldern zu wechseln, vom konditionsraubenden Powerklettern zur eher kreativen Spielform des Kletterns.

Aber es passte mir gerade in den Kram, und ich hatte Lust, vor heimischem Publikum zu zeigen, was ich draufhatte.

Um im Lead erfolgreich zu sein, brauchst du körperliche Fitness und mentale Stärke. Du musst dich im Training richtig quälen und kannst einen Trainingsrückstand nicht einfach überspielen. Auch Bouldern ist ein ernsthafter Wettkampf, aber hier kannst du mit einem genialen Einfall deine Schwächen wettmachen. Bouldern ist im Training lockerer als Lead, und ich finde, dass noch mehr von dem Lifestyle, den ich am Klettern so sehr schätze, dabei rüberkommt. Trotzdem fordert mich der Lead-Wettkampf mehr heraus.

Wenn schon, denn schon.

Beim Lead-Klettern geht es vor allem um die Kraftausdauer. Reini erfand fürs Training den Begriff des A2, das war die Abkürzung dafür, dass eine Tour zweimal hintereinander geklettert werden muss. Du kletterst rauf, wirst abgelassen, bindest dich gleich wieder ein und gehst die Tour sofort von Neuem.

Bringt etwas, ist aber ziemlich fad.

Und was fad ist, ist zäh.

Bouldern ist eine tolle Spielerei. Man geht in die Halle und probiert ein paar neue Sachen aus, das dauert nicht so wahnsinnig lang und macht eigentlich immer Spaß. Aber auch Bouldern verlangt eine gewisse Konsequenz und Disziplin im Training.

In der Qualifikation müssen fünf Boulderprobleme gelöst werden, für die du jeweils fünf Minuten Zeit hast. Im Halbfinale sind es vier Boulder, die in jeweils sechs Minuten erledigt werden müssen. Im Finale hast du vier Minuten Zeit für jeden der vier Boulder. Die Probleme sind sehr abwechslungsreich geschraubt, so dass Spezialisten kaum eine Chance haben: Man muss alles beherrschen. Eines aber ist klar: Beim Bouldern kommen die talentierteren Kletterer zum Zug, nicht die, die am fleißigsten trainieren.

Der Wettkampf fand in einem ehemaligen Salzlager statt, in einer hohen, langgezogenen Halle, deren Dach von riesigen Säulen getragen wurde. Auf der rechten Seite waren Stände aufgebaut, an denen man Essen und Getränke kaufen konnte, auf der linken Seite standen die Boulderwände. Überall Zuschauer, vor den Säulen, hinter den Säulen. Es war der erste Weltcup, der in Hall ausgetragen wurde, Premiere also für uns alle.

Favorit für den Wettkampf war ein Freund von mir, Kilian Fischhuber, der so wie ich von Red Bull gesponsert wurde. Kilian, ein Niederösterreicher aus Waidhofen an der Ybbs, war regierender Weltcupgesamtsieger, ein Boulderer, der super Einfälle hat und sehr beständig ist. Gemütlicher Kerl. Er kann nicht nur klettern, sondern auch feiern.

Die anderen Kollegen am Start kannte ich kaum. Da hatten wir etwas gemeinsam: denn mich kannte einmal mehr auch keiner. Ich war schon im Lead, meiner Spezialdisziplin, ein unbeschriebenes Blatt gewesen. Aber was ich beim Bouldern zusammenbringen würde? Ich wusste es nicht. Wie sollte es irgendwer sonst wissen.

Die Qualifikation beginnt, und ich starte mäßig. Ich kriege den ersten Boulder in ein paar Versuchen hin. Beim zweiten ärgert es mich ganz oben, sonst wäre ich als einer der wenigen durchgestiegen. Den dritten steige ich durch, den vierten schaffe ich nicht. Also ist klar, dass ich den fünften durchsteigen muss, sonst kann ich mir das Halbfinale aufzeichnen.

Ganz am Anfang ist ein Sprung aus einer überhängenden Wand an die Kante zu erledigen. Ich probiere den Sprung ein paar Mal und bin mir sicher, dass ich ihn schaffen kann – auch wenn ich nicht sicher bin, dass es in der verbleibenden Zeit klappt. Es ist ein komischer Sprung, eine Bewegung, die mir nicht gelingen will – und ich erwische den Scheißgriff nicht.

Ich springe, ich fliege auf die Matte.

Ich springe, ich fliege auf die Matte.

Ich springe fünfmal, ich fliege fünfmal auf die Matte.

Beim Bouldern ist es egal, wie lang du für das Problem brauchst – Hauptsache, du schaffst es in der vorgegebenen Zeit. Erst wenn die letzte Minute angesagt wird, weißt du, dass du wirklich Gas geben musst.

Ich bin zehnmal gesprungen und geflogen, und langsam werde ich zornig. Der Boulder, den ich zu bewältigen habe, ist lang, er startet mit dem Scheißsprung, dann quert er nach rechts in eine Platte, eine nicht ganz senkrechte Wand, von dort nach oben. Ich springe noch einmal.

Und falle.

Noch einmal.

Ich falle wieder.

Herrgott. Knacke ich jetzt den Sprung oder knackt er mich?

Als der Schiedsrichter die letzte Minute ansagt, bin ich fünfzehn Mal gesprungen und gefallen. Normalerweise kriegst du die Probleme schneller in den Griff.

Schön langsam nehme ich die Sache persönlich. Ich falle noch zweimal, aber im achtzehnten Versuch habe ich den blöden Griff endlich in der Hand, und während das Publikum, das mich längst abgeschrieben hatte, wieder aufwacht und statt bedauerndem Raunen nach jedem Sturz das »Allez, Fuzzy« anstimmt, das ich echt gern höre, klettere ich den Boulder rasant zu Ende und erwische den Topgriff drei Sekunden, bevor die Zeit zu Ende ist.

Als Achtzehnter des Qualifikationsdurchgangs rutsche ich ins Halbfinale. Ums Arschlecken, wie wir in Tirol sagen.

Dem Publikum taugt es natürlich, dass ich wie ein Löwe darum gekämpft habe, weiterzukommen, die machen einen super Krach. Der Peter steht da und strahlt. Das ist das Angenehme bei diesem Menschen: Er muss gar nicht erst etwas sagen, und du weißt ganz genau, woran du bist. Außerdem hätte man bei dem Wirbel in der Halle eh nichts verstanden.

Ich bin auch – froh wäre das falsche Wort. Ich kann in entscheidenden Momenten sehr stur werden, dann kommt es mir vor, als ob ich Probleme zerreiße. Diesen blöden Sprung zum Beispiel, den habe ich zerrissen. In der Quali auszuscheiden, das wäre nicht infrage gekommen, das interessiert mich nicht. Und wie man sieht, hat mein Sturschädel recht behalten.

Die meisten Kletterer sind Sturschädel. Sie müssen es sein. Es gibt so viele Situationen – in der Halle, aber auch am Fels –, wo deine Unterarme nicht mehr wollen, wo sie übersäuert, »gepumpt«, sind und kein Zug mehr möglich ist. Aber du willst trotzdem weiter. Willst rauf. Um jeden Preis. Manche von uns beginnen dann zu schreien. Der amerikanische Kletterhero Chris Sharma schreit zum Beispiel dauernd, das sieht man auf den Videos, um sich noch einen Zug weiter zu pushen. Beim Wettkampf geht der eigene Schrei, das animalische Knurren, oft im Jubel des Publikums unter. Aber du selbst hast dich schreien gehört. Du hast gehört, wie es in dir schrie. Manchmal aber hörst du nicht einmal das. Erst am Boden fragen dich deine Kollegen, warum du geschrien hast wie eine Sau, die man gerade absticht.

Im Halbfinale lief es genial. Kilian und ich trieben uns gegenseitig ins Finale. Kilian war stark. Er löste die vorgegebenen Probleme auf enorm vielseitige, fantasievolle Weise. In seiner Vielseitigkeit unterscheidet er sich von den meisten anderen Boulderern. Als Sportstudent, Radfahrer und Skifahrer bringt er eine ausgezeichnete Motorik mit, die ihm in der Boulderwand, vor allem bei technisch schwierigen Problemen, hilft. Je besser Kilian kletterte, desto größer war meine Motivation. Souverän kamen wir beide ins Finale.

Ich hatte im Finale Unterstützung. Das Publikum begleitete jeden Zug, den ich machte, mit Applaus und Begeisterung. Kilian kriegte natürlich auch Unterstützung, aber als Newcomer, der in der Qualifikation siebzehn Mal auf die Matte geknallt war, hatte ich einen Bonus. Die Boulder lagen mir gut. Alles passte.

Ich gewann den Weltcup, Kili wurde Dritter. Ich war happy. 2000 Menschen feierten, ich feierte mit ihnen. Es war ein echtes Glücksgefühl, das Gefühl, etwas geschenkt zu bekommen nach dem zähen Beginn.

Ein Woche später wurde ich in Jekaterinburg Europameister. Meine erste Saison bei den Großen ließ sich wirklich gut an.

Europameister hörte sich gut an.

Jüngster Weltcupsieger der Geschichte hörte sich gut an.

Aber das war es auch schon, ich bin kein Statistiker. Ich holte einfach, egal wie alt ich gerade war, das Maximum aus mir heraus, und ich hatte nie das Gefühl, Reserven gegenüber meinen Konkurrenten zu haben, bloß weil ich jünger war als sie. Andere sahen das natürlich anders, und wenn in den Klettermedien die Artikel über mich erschienen, sparten die Verfasser nicht mit Superlativen. Aber an mir selbst gingen diese Superlative fast spurlos vorbei. Sie erreichten mich nicht. Vor allem setzten sie mich nicht unter Druck. Okay, eine Zeit lang war es jetzt so gewesen, dass ich als junger Kletterer einen Siegeszug bis in die höchste Leistungsklasse angetreten hatte, aber dadurch fühlte ich mich nicht verpflichtet, ständig neue Sensationen in der Wand zu liefern. Ich wollte mir meine Herausforderungen selbst aussuchen und von niemandem diktieren lassen, schon gar nicht von einer vermeintlichen Medienwirksamkeit.

Ich wollte vom Klettern leben können, und ich hatte begriffen, dass sich die Medien dafür interessieren würden. Es war meine Standardantwort, wenn ich dieser Tage gefragt wurde, was ich denn einmal für einen Beruf haben wolle: »Kletterer«.

Und wenn es mit dem Klettern nicht funktioniert?

»Funktioniert eh schon längst.«

Neun

Als ich nach den ersten drei Bewerben im Gesamtweltcup führte, traf ich Trenki wieder. Der Chef des Red-Bull-Athletenprogramms war ausgesprochen happy. Er dachte natürlich, dass ich nichts anderes im Kopf haben würde als den nächsten und den übernächsten Weltcup, aber so war das nicht. Ich

David und Daniel bei Sonnenaufgang vor der Südwand des Cerro Torre, Patagonien, Argentinien, 2009.

David zusammen mit seinen Eltern, Claudia und Rinzi, in Nepal, 1993.

David mit Peter Habeler am Gipfel des Großglockner (3798 m), 1999.

David mit Trainer Reini Scherer, bei einem Kletterwettkampf in Grenoble, Frankreich, 1999.

David bei seinem ersten Wettkampf, dem Hohe-Munde-Cup in Telfs, Tirol, 1997.

David in der Route »Revision« (9+/10–) in Niederthai, Ötztal, 2007.

David in der fünften Seillänge der Route »Desperation of the Northface« (8+/9–) an der Sagwand, Zillertal, 2008.

David im Halbfinale der Weltmeisterschaft in Qinghai, China, 2009.

David und Daniel in der Route »Boa Roof« (8+)
im Yosemite Nationalpark, Kalifornien, 2006.

David und Stef beim Sortieren des Materials im Regen nach dem Abseilen vom Asan, Kirgistan, 2009.

David auf dem Weg zum Col de la Paciencia, Cerro Torre.
Im Hintergrund die 2000 Meter hohe Westwand des Fitz Roy, 2009.

David und Jorg in ihrer Route »Brento Centro« (10) am Monte Brento, Italien, 2010.

hatte nämlich geplant, im Sommer keine Weltcups zu klettern und stattdessen nach Yosemite zu fahren. So war das mit Daniel und meinen Eltern ausgemacht, und ich hatte keine Lust, mich von diesem Plan abbringen zu lassen.

Yosemite hatten wir um meinen 15. Geburtstag herum beschlossen. Ich hatte einen Schlüsselanhänger geschenkt bekommen, der aussah wie ein Klemmkeil, ein Instrument, das man als Sicherung in Risse legen kann. Super Spielzeug. Als ich mit Daniel in den Klettergarten nach Niederthai ins Ötztal fuhr, eines meines liebsten Klettergebiete, blödelte Daniel in der Mitte einer Route herum: »Probieren wir doch einmal aus, was der Schlüsselanhänger aushält.«

Er steckte den Miniatur-Klemmkeil in einen Riss, hängte das Seil ein und begann zu testen. Halbes Gewicht, ganzes Gewicht, ganzes Gewicht mit ein bisschen Wippen und Zerren, und am Schluss rief ich zu Daniel hinauf: »Traust dich?«

Also sprang Daniel mit vollem Gewicht ins Seil, aber dem Schlüsselanhänger war das wurscht. Er hielt.

Daraufhin gingen wir am nächsten Tag sofort in den Laden, der die Schlüsselanhänger verkaufte, und besorgten uns jeder 15 Stück. So billig habe ich nie mehr gutes Kletter-Equipment eingekauft. Wir gingen dann an die Martinswand bei Zirl, in der Nähe von Innsbruck, und kletterten dort eine Route, bei der wir irgendwann nur mehr mit den billigen Keilen unterwegs waren. Nur an den schwierigsten Stellen hängten wir zur Sicherheit doch noch einen Bohrhaken ein. Wir waren von Beginn an seriöse Alpinisten.

Als Daniel plötzlich von den »Big Walls« Amerikas zu sprechen begann, weil uns die alpinen Mehrseillängen mehr und mehr Spaß machten, glänzten seine Augen, als hätte er eine Glückstablette geschluckt. Ich hatte selbst Bücher über die Wände des Yosemite-Nationalparks in Kalifornien zu Hause, und wenn es regnete, kugelte ich auf dem Teppich herum und ging Seite für Seite der schönen Bildbände durch. Auf den Fotos identifizierte ich mögliche Routen, Risse oder Spalten, auf denen man die gewaltigen Wände des Yosemite Valley durchsteigen könnte. Wie andere Buben Fußballbilder sammelten und in ihre Alben einklebten, dachten Daniel und ich uns Projekte aus. Den El Capitan nahmen wir uns vor, und den Lost Arrow Spire.

Zu Weihnachten brachte das Christkind meinen Eltern Flugtickets nach San Francisco. Auch für mich und Daniel war eins dabei. Von San Francisco sind es nur mehr fünf Stunden mit dem Auto ins Yosemite Valley.

Ich hatte vor, drei Weltcups wegen Yosemite ausfallen zu lassen, aber Trenki wollte, dass ich die Weltcups mache und Yosemite schmeiße. Die Regeln im Weltcup sahen in diesem Jahr nämlich vor, dass jeder Athlet die zwei schlechtesten Resultate streichen durfte: Diese Punkte wurden nicht in die Wertung genommen. Als Trenki merkte, dass ich auf Yosemite sicher nicht verzichten würde, handelte er mir als alter Fuchs, der die Weltcupgesamtwertung im Auge hat, wenigstens einen der drei Weltcups ab, die ich wegen Kalifornien versäumt hätte. Ich stimmte zu, Anfang August von Yosemite nach Singapur zu reisen und dort an den Start zu gehen.

Yosemite war großartig.

Es war heiß, es roch nach Fichtennadeln, und die Felsen waren von einer so enormen Schönheit, dass ich die ersten zwei Tage den Mund überhaupt nicht zubrachte. Zum Beispiel begriff ich, warum »Big Walls« »Big Walls« heißen: weil sie so groß sind, dass du dir unten »very small« vorkommst.

Daniel und ich kletterten und kletterten. Wir probierten alle möglichen Techniken aus. Wir lernten, Risse zu klettern, und begriffen schnell, dass man sich dabei besser die Hände taped. Rissklettern erfordert eine spezielle Technik. Man fährt mit den Händen ständig in die Risse hinein, und wenn man 500 Meter geklettert ist, hat man ohne Tape Handrücken, die so blutig sind wie ein rohes Steak.

Die Hitze ist im Yosemite kein Freund. Sie verwandelt alle Wände, die in der prallen Sonne liegen, in Hitzeschilder. Genauso gut könnte man versuchen, auf eingeschalteten Herdplatten zu klettern. Kein ernsthafter Kletterer geht im Sommer nach Yosemite, aber für uns war's die einzige Chance: Wir hatten Sommerferien. Jetzt. Wenn es in Kalifornien gut zum Klettern ging, im späten Herbst, mussten wir im Geografieunterricht gut aufpassen, um zu lernen, wo Kalifornien liegt.

Wir konnten fast nur Wände klettern, die im Schatten lagen, und stiegen mit der Entschlossenheit der Yosemite-Debütanten in Nord-, Ost- und Westwände ein. Wir kletterten und kletterten, es war genial. Wir hatten uns keine besonderen Heldentaten vorgenommen, probierten aber auf der Route »West Face« am Leaning Tower, einige Seillängen frei zu klettern. Die ersten beiden gehen beim besten Willen nicht frei, den Rest kletterten wir ohne Probleme. Wir kletterten »Alien« auf dem Rostrum on sight, das war ein Spaß. Genial.

Abends lernte ich noch etwas für den Biologieunterricht: Eichhörnchen haben Zähne. Wir hatten mit einer Kartonschachtel ein Squirrel gefangen, das ging total einfach, und jetzt wollte ich das Tier aus der Schachtel herausholen. Ich hatte mir extra den Big-Wall-Handschuh angezogen, ein Stück unserer Spezialausrüstung, den man braucht, um sich beim Nachhaulen des Materials auf den langen Routen keine Blasen zu holen. Der Big-Wall-Handschuh hat offene Fingerkuppen, damit man die Karabiner gut bedienen kann, und jetzt lernte auch das Eichhörnchen etwas: Am besten beißt man den Deppen, der einen gefangen hat, in die Fingerkuppe, wenn er in die Schachtel greift.

Ich erschrak dermaßen über den entschlossenen Biss des Eichhörnchens, dass ich die Hand wie eine Schleuder zurückzog, und darüber erschrak das Eichhörnchen. Es ließ den Finger los und segelte wie ein Ufo davon. Ich sah noch, wie es nach einer harten Landung in den Wald abhaute. Interessanter Tierversuch: Schon wieder etwas für den Biologie-Unterricht mitgenommen: Manche Eichhörnchen können also fliegen.

In diesem Sommer reiste ich buchstäblich um die Welt. Zuerst waren wir von München nach Madrid, von Madrid nach Chicago, von Chicago nach San Francisco geflogen, von dort in den Yosemite-Nationalpark. Dann musste ich für den nächsten Weltcup nach Singapur, also zurück nach San Francisco, von dort über Tokio nach Hongkong, von dort nach Singapur. Ich verpasste die Qualifikation fürs Finale knapp und wurde nur Neunter.

Ich tröstete mich, indem ich mit Cédric Lachat im Hotel herumhing. Cédric hatte am Swimmingpool den Kescher abgezweigt, mit dem der Hausmeister den Schmutz aus dem Pool fischen musste, und brachte ihn mir ins Zimmer im zweiten Stock. Von dort seilten wir uns am Feuerwehrschlauch in den Innenhof des Hotels ab, wo in der Mitte ein Teich angelegt war, in dem sich große, fette Zierkarpfen tummelten. Wir wollten fischen. Wir dachten, dass die schönen Karpfen im Swimmingpool viel besser zur Geltung kämen.

In der Halle lernte ich Patrick Andrey kennen, einen Schweizer, der in Kuala Lumpur eine Kletterhalle betreibt. Er erzählte mir von den unglaublich schönen und unberührten Wänden an der Grenze zu Thailand. Hochinteressant. Ich beschloss, die Info bei nächster Gelegenheit an meine Freunde von Mammut weiterzugeben, die sich gerade nach einem Ziel für den nächsten Teamtrip umsahen.

Am nächsten Tag ging mein Flieger zurück nach Amerika. Es war mein Geburtstag, der 16., endlich. Ein Doppelwhopper-Geburtstag: Als ich auf meinem Rückflug nach San Francisco die Datumsgrenze überquerte, begann der 4. August ein zweites Mal.

Daniel und ich kletterten im Yosemite noch ein paar schöne Routen, und ich hätte guten Grund gehabt, ein bisschen mehr über meine Wettkämpfe nachzudenken, denn es sah im Weltcup trotz zweier versäumter Wettbewerbe nicht schlecht für die Gesamtwertung aus. Hätte ich auf Yosemite verzichtet, wäre vielleicht schon früh in der Saison alles klar gewesen – aber mich durchströmte eben ein Gefühl, das stärker war als der pure, sportliche Ehrgeiz. Es war das Gefühl, an den Fels zu gehören, die erstaunlichen Launen der Natur Haut an Haut nachvollziehen zu wollen. Das Gefühl der Sprachlosigkeit, die dich beim Anblick wirklich großer Wände überkommt. Der

Wunsch, dieser Sprachlosigkeit etwas entgegenzusetzen: Klettern. Reibung. Vereinigung mit dem Fels.

Ich war gerade sechzehn, es war meine erste Weltcupsaison, aber ich spürte, dass ich für mein Leben als Kletterer beide Pole brauchte: den Sport in der Halle und das Erlebnis am Fels. Klettern in der Halle ohne Ausgleich am Fels schien mir plötzlich künstlich zu sein. Aber Klettern in der Halle war das, was meine ganze Konzentration beanspruchte, denn auch wenn mein Einstieg in die Wettkämpfe glänzend gewesen war, so würde mir jeder Tag, den ich mit klopfendem Herzen im Yosemite verbracht hatte, beim nächsten Wettkampf fehlen.

Klar, ein Wettkampf fordert das Talent. Aber kein Talent kommt ohne harte Arbeit zur Geltung. Ich musste also Entscheidungen treffen. Volle Konzentration auf den Sport – oder volle Konzentration auf das, was ich als geniales Klettern verstand.

Eine Woche, nachdem ich aus Kalifornien heimgekommen war, fanden in Imst die Jugendweltmeisterschaften statt. Ich wurde Dritter. Das war kein Hammerresultat. Immerhin hatte ich diesen Titel in den beiden Jahren zuvor souverän gewonnen.

In Imst merkte ich zum ersten Mal, wie sehr sich das alpine Klettern auf den Sport auswirkt. Schon in der Qualifikation musste ich mich ernsthaft anstrengen, und den dritten Platz schaffte ich nur dank einer gewaltigen Kraftanstrengung im letzten Durchgang, und selbst das war voll am Limit. Ich begriff, dass ich trainieren musste wie der Teufel, um in der zweiten Hälfte der Saison nicht völlig abzustinken.

Im Monat darauf trainierte ich so viel wie noch nie in

meinem Leben. Beim traditionellen »Rock Master« in Arco wurde ich vor Tausenden Zuschauern Fünfter, bei den Weltcups in Marbella und Shanghai Sechster, die beiden letzten Wettkämpfe in Penne, Italien und Kranj, Slowenien gewann ich wieder. In der Gesamtwertung wurde ich hinter Patxi Usobiaga Zweiter.

Geht doch.

Zehn

Im Februar 2007 flogen wir zum Mammut-Teamtrip nach Malaysia.

Ich hatte Pascal Brönnimann von Mammut den Kontakt zu Patrick Andrey in Kuala Lumpur vermittelt, und Pascal hatte sich mit Patrick kurzgeschlossen. Es war typisch für Pascal, dass er sich sofort dahinterklemmte. Er ist ein feiner, offenherziger Mann, der es, wie die meisten Schweizer, gern gemütlich nimmt. Ein Ziel in Asien, das auch die Nähe zum Meer versprach, kam ihm gerade recht.

Über Patrick war Pascal beim Kronprinzen von Perlis gelandet, der sich für den Klettersport interessierte. Der Prinz sprach sofort eine Einladung an das gesamte Mammut-Team aus. Er hatte eine Riesenfreude an der Idee, dass super Kletterer in den unglaublichen Felslandschaften an der Grenze zu Thailand Klettergebiete einrichten würden. Die Landschaften gehörten ihm. Die super Kletterer waren wir: Cédric Lachat, Christina Schmid, Katharina Saurwein, Anna Stöhr, Juliane Wurm und ich.

Diesmal war auch Reini mit von der Partie. Er und ich reisten schon ein paar Tage früher an, um neue Routen einzurichten. Ich glaube, der Reini hätte es als bester Freund der Bohrmaschine nicht ausgehalten, wenn ich in einem spektakulären Klettergebiet das mache, was er am liebsten tat: Bohrhaken setzen, Linien auschecken, Griffe putzen. Felsen in Kletterlandschaften verwandeln.

Wir hingen in unseren Gurten an den Bögen der Höhlen, in die wir neue Linien einrichteten, die Bohrmaschine um die Schulter gehängt, und wenn wir abends aufhörten zu arbeiten, hatten wir jede Menge Blutergüsse und Schürfwunden. Aber es zahlte sich aus. Wir bohrten Routen in den Fels, die so schön und elegant waren, dass mir das Herz höher schlug.

Eine meiner Routen hieß »Bellybuttonwindow«. Sie ist seither unendlich oft fotografiert worden. Sie führt die Krümmung einer Grotte bis nach oben, wo in der Mitte ein riesiger Felszapfen von der Decke hängt, den man überklettern muss. Genial. Wunderschön – und als Fotomotiv, von innen nach draußen fotografiert, unübertroffen.

Die malaysischen Felsen sind aus Kalk. Sie sind leicht zu erreichen. In den riesigen Wänden befinden sich Höhlen, die miteinander verbunden sind, regelrechte Höhlensysteme. Man gelangte von einer Höhle in die andere, man konnte aus Höhlen heraus neue Routen klettern, in einer Höhle konnte man aber auch durch den ganzen Berg auf seine andere Seite gehen.

Das Klettern, perfekt. Aber wir hatten auch Pflichten. Zum Beispiel mussten wir beim Kronprinzen antreten, der einen Narren an uns gefressen hatte, und weil das ein förmlicher

Empfang war, bekamen wir traditionelle malaysische Kleider, um sie bei der Zeremonie zu tragen.

Am lustigsten sah der Reini aus. Er hatte einen blassgrünen Seidensarong an und auf dem Kopf einen schwarzen Fes. Dazu war er wie immer dramatisch unrasiert, so dass er aussah wie einer von Ali Babas vierzig Räubern. Die Mädels hatten Glück, für sie waren keine Kopfbedeckungen vorgesehen, sie mussten nur luftige Seidenschals um den Hals tragen, die ihnen vielleicht sogar gefielen. Ich hatte ein helles gelbes Seidengewand an, das bis zum Boden hinunterfiel, und einen martialischen gefalteten Hut auf dem Kopf, ich sah aus wie aus einer Puppenspiel-Produktion. Außerdem hatte ich schlechte Laune, denn ich wäre, statt im Palast als Dekoration herumzustehen, lieber geklettert. Aber der Kronprinz wollte uns eine Freude machen, also machten wir gute Miene zum bösen Spiel.

Soldaten standen stramm, als wir kamen. Ein Schlangenbeschwörer tanzte mit einer Kobra um die Wette. Berge von Essen wurden aufgetragen. Der Kronprinz erzählte uns, wie froh er sei, dass wir Malaysia auf die Weltkarte des Kletterns blablabla.

Als wir wieder klettern durften, legten wir uns doppelt ins Zeug.

Wir kamen aus Malaysia zurück, ich ging ein paar Tage in die Schule, dann hieß es schon wieder Abflug nach Birmingham. In Birmingham fanden die Boulder-Europameisterschaften statt, und obwohl ich mir für 2007 eine Lead-Saison vorgenommen hatte, passte uns der Wettkampf ganz gut in den Kram.

Um Vorstieg, also Lead, zu trainieren, musst du auch bouldern. Bouldern ist das beste Maximalkrafttraining und bringt am meisten Abwechslung in den sonst etwas monotonen Trainingsalltag. Reini hatte gefunden: »Warum machst du nicht die EM in Birmingham? Passt doch gut zusammen. Wenn du was gewinnst, ist's eine Sensation, und wenn du nix gewinnst, war's eine Abwechslung im Training.«

Okay, ich fuhr also nach England. Am Tag vor dem Wettkampf gingen wir noch am Fels klettern. Wir hatten im Hotel rumgeblödelt, und ich sagte, dass wir eigentlich noch ein paar Routen am Fels klettern könnten. Kilian, der Favorit für den Wettkampf, Jorg und ein Engländer, der sich auskannte und kein Problem damit hatte, ein Auto auf der falschen Straßenseite zu pilotieren, waren auch dabei. Wir schnappten uns ein Mietauto und fuhren in die Kletterlandschaft in der Nähe von Birmingham.

Natürlich strengten wir uns nicht über Gebühr an, das wäre am Tag vor einem Wettkampf unseriös gewesen. Aber wir gingen ein, zwei Touren und fuhren dann wieder heim.

Als tags darauf der Wettkampf begann, füllte mich die Sonne vom Vortag noch immer aus. Und ich traute meinen Augen nicht. Gleich in zwei Bouldern waren Risse, in denen man Handklemmer machen musste. Nichts anderes hatte ich im Yosemite Tag und Nacht trainiert. Ich wusste, wie man Handklemmer macht. Während meine Konkurrenten zum Teil ratlos vor dem Problem standen und mit Pauken und Trompeten daran scheiterten, marschierte ich problemlos zum Topgriff.

Mit diesem Joker in der Hand löste ich auch die anderen

Probleme unbeschwert und leidenschaftlich, und noch bevor die Sonne unterging, war ich Europameister im Bouldern. Genial.

Ich nahm mir vor, Trenki anzurufen und ihm zu erzählen, wie wichtig es gewesen war, im Yosemite Rissklettern zu trainieren. Auch wenn ich mich freute, dieser Titel war mir passiert. Mein Saisonziel war ein anderes: Ich wollte den Lead-Weltcup gewinnen.

Elf

Am Anfang der achten Klasse Gymnasium hatte ich zum ersten Mal daran gedacht, mit der Schule aufzuhören. Es lag nicht an der Schule. Das Sport-BORG, unser Bundes-Oberstufen-Real-Gymnasium in Innsbruck ist eine Schule, die speziell auf die Bedürfnisse von Leistungssportlern ausgerichtet ist. Das BORG unterstützte mich nach Kräften, aber am Ende entschied ich mich trotzdem dafür, es sein zu lassen.

Es war eine extrem stressige Zeit. Schule, Wettkämpfe, Reisen, Felsklettern, Medienauftritte. Wettkampfklettern war binnen kurzer Zeit zu meinem Beruf geworden. In die Halle musste ich, auf den Fels wollte ich gehen. Meine Freizeit war die Zeit, die ich mit Freunden am Fels verbrachte, und die blieb komplett auf der Strecke.

Ich war gar nicht schlecht in der Schule. Ich kam ohne große Anstrengungen durch. Mein Talent für Sprachen erlaubte mir, gut Englisch zu sprechen und anständig Französisch. Deutsch konnte ich sowieso, falls Tirolerisch als Deutsch durchgeht.

Nur in Mathematik musste ich mich hinsetzen, um zu lernen, aber sobald ich verstand, was einem das alles bringt, war auch das kein Problem mehr.

Der Gedanke kam nicht von heute auf morgen. Ich hatte schon länger überlegt, die Schule zu schmeißen, aber in der Phase des großen Stresses wurde der Gedanke immer greifbarer. Für Yosemite ließ ich mich drei Wochen freistellen.

In der Zeit, dachte ich mir, denkst du über die Sache noch einmal nach.

Aber in Kalifornien nahm meine Lust auf die Schulbank auch nicht zu, im Gegenteil. Ich merkte, was ich vermisste, wenn ich nicht so viel an der Luft, am Fels sein konnte, wie ich wollte.

Ich sortierte die Gründe, die mir helfen sollten, meine Entscheidung zu treffen. Dabei kam ich immer wieder auf den Gedanken zurück, dass ich gar nicht wusste, was ich mit der Matura eigentlich anfangen sollte. Zu diesem Zeitpunkt war bereits völlig klar, dass ich vom Klettern leben würde, und du brauchst keine Hochschulreife, um ausgezeichnet zu klettern.

Klar, die Matura öffnet dir viele Möglichkeiten, du kannst studieren, Akademiker werden.

Aber wollte ich Akademiker werden? Sicher nicht.

Ich konnte mir vorstellen, irgendwann den Bergführer zu machen, aber dafür brauchte ich sicher keine Matura.

Dieses Argument überzeugte mich schließlich. Wenn ich mit der Matura nichts anfangen kann, muss ich sie nicht ablegen. Schließlich wollte ich noch nie etwas machen, was mir nichts bringt.

Natürlich traf ich die Entscheidung nicht allein. Ich redete lange mit meinen Eltern und mit dem Peter. Alle sagten, dass die Entscheidung bei mir läge. Sie fanden es verständlicherweise nicht die beste Idee der Welt, man weiß ja, wie Erwachsene denken. Aber am Schluss sagte meine Mutter nur: »Wenn du das willst, dann werden wir das auch unterstützen.«

Und Peter, der mir am meisten in den Ohren gelegen war, das lieber noch einmal sehr gut zu überlegen, gestand mir später, als der Schulaustritt über die Bühne gegangen war, dass er selbst die Schule auch geschmissen hatte. Aber seine Frau, die Susanne, eine Lehrerin, hatte ihm verboten, mir das zu sagen, bevor ich mich entschieden hatte.

Es war also allein meine Entscheidung. Alle drängten mich dazu, noch einmal darüber nachzudenken, aber keiner sagte mir, dass die Entscheidung dumm sei. Jeder sah, dass ich sie mir nicht leicht gemacht hatte, und dass ich das Gymnasium nicht deswegen verließ, weil ich zu dumm oder zu faul für die Schule war. Es war einfach nicht das Richtige für mich.

Klettern war das Richtige für mich.

Meine Mitschüler dachten wieder mal, dass ich spinne. Auch das war nichts Neues. Das hatten sie schon vorher gedacht, als ich ankündigte, nur noch klettern zu wollen. Aber als es tatsächlich so weit war, dachten sie, jetzt hebt es ihn komplett aus. Den meisten Lehrern hingegen war es egal. Die kannten sich mit Schulabbrechern aus, und sie zuckten nach den Jahren, in denen sie mir zum Teil kräftig und herzlich entgegengekommen waren, nur noch resigniert die Schultern. Ich kann's verstehen. Lehrer haben vielleicht Verständnis für Leute, die nicht mehr zur Schule gehen wollen. Aber sie dürfen es nicht richtig finden.

Zwölf

Eine Woche nachdem ich die Schule verlassen hatte, brach ich mir den Fuß. Genaugenommen fiel mir ein ziemlich großer Felsbrocken auf den Fuß. Ich war mit Jorg zum Einbohren einer Route ins Zillertal gefahren. Die Route sollte an einem Felsdach, das wie eine Banane aussah, vorbeiführen. Es war unser »Banana Roof Project«. Wir ließen das Auto hinter einem Tunnel kurz vor Ginzling stehen und stiegen eine halbe Stunde zum Jauenkopf zu. Jorg war die erste Seillänge vorgestiegen, er hatte Stand. Ich war gerade damit beschäftigt, unsere Route zu putzen. Das heißt, es ging darum, die Route, die wir eröffnen wollten, zur Wiederholung vorzubereiten. Wenn eine Route einmal eröffnet ist, vertrauen die Kletterer, die sie wiederholen, oft darauf, dass alles, was da ist, hält. Sie prüfen nicht mehr jeden Zentimeter Fels. Dazu waren wir jetzt da.

Ich befand mich etwa 20 Meter über dem Boden und beschäftigte mich mit der Verschneidung, in der ich hing. Einige Blöcke darin wirkten nicht sehr stabil, also begann ich sie von oben nach unten abzuräumen. Als ich einen der letzten Blöcke aus der Wand zog, merkte ich augenblicklich, dass ich einen Fehler gemacht hatte. Der depperte Block hatte den oberen Teil der Verschneidung gestützt, und dieses Stück Fels schickte sich jetzt an, herunterzukommen. Ich reagierte schnell, stieß mich sofort von der Wand nach rechts ab, um den herunterfallenden Blöcken auszuweichen, und mein rechter Fuß war rechtzeitig in Sicherheit. Der linke allerdings nicht.

Ein gewaltiger Block, so groß wie ein Bierkasten, flog mir auf den Fuß, der noch in der Luft baumelte. Stumpfer Schmerz. Der Schmerz potenzierte sich, als ich nach dem Zwischenfall versuchte, weiterzuklettern. Innerhalb kürzester Zeit wurde der Fuß blau und schwoll an. Kein Zweifel, da war etwas kaputtgegangen.

»Scheiße. Alles okay, Fuzzy?«, schrie Jorg von oben.

»Ich glaube, ich hab mir den Haxen gebrochen. Aber ich komm noch rauf zu dir, dann seilen wir ab.«

Jorg war mit seinem gebrochenen Haxen ja zwei Wochen lang herumgekraxelt, inklusive Semifinale im Weltcup. Da würde ich wohl noch zehn Meter schaffen.

Aber Jorg war gescheiter geworden und ließ mich langsam die Wand hinunter. Unten angekommen, legte ich mich hin. Der Fuß war inzwischen unförmig aufgeschwollen, stach und klopfte, und er vertrug überhaupt keine Belastung. Ich machte zwei Fotos. Eins für die Anatomie, das andere für meinen Sportkundelehrer.

In Situationen wie diesen – Sonntagsalpinisten würden vielleicht »Bergnot« dazu sagen – waren zwischen Jorg und mir keine Worte nötig. Wir würden jetzt durch den Wald hinunterkommen, irgendwie. Wir kamen nicht einmal auf die Idee, die Bergrettung zu holen, geschweige denn nach einem Hubschrauber zu fragen.

Hubschrauber alarmieren ist ein No-Go. Hubschrauber gilt nur in echten Notfällen. Aber davon waren wir ja weit entfernt.

Jorg nahm meinen Rucksack und stützte mich. Ich hielt mich an Jorgs Schulter fest und hüpfte ihm auf dem rechten

Fuß hinterher, hinunter durch den abschüssigen Wald, immer wieder rutschte ich aus und fiel auf den Hintern, und das Hinfallen vertrug der Fuß gar nicht gut. Als wir aus dem Wald herauskamen, hatte Jorg das Rumgehüpfe satt. Das Gelände wurde flacher. Er nahm mich kurzerhand auf den Rücken und trug mich hinunter zum Auto, lagerte mich auf dem Rücksitz ein und fuhr schnurstracks nach Mayrhofen in die Klinik. Das Röntgen brachte Gewissheit: der Mittelfußknochen war gebrochen. Wir fuhren zurück nach Ginzling und Jorg lief schnell hinauf zur Wand, um unser Material zu holen. Auf der Rückfahrt nach Innsbruck begann er plötzlich unmotiviert zu lachen.

»Was ist?«, fragte ich.

»Ich weiß, wie wir unsere Route nennen, wenn sie fertig ist.«

»Wie?«

»Broken Banana, du Pflaume.«

Dann lachte er sich halbtot, während ich mich auf dem Beifahrersitz nur zu einem schmalen Lächeln durchringen konnte.

Ich ließ mir in Innsbruck eine Schiene verpassen. Außerdem schrieb mich der Arzt für zwei Wochen krank.

Zwei Wochen ohne Klettern.

Das hielt ich für übertrieben. Ich ging nach einer Woche wieder in die Kletterhalle, um zu bouldern. Aber ich vermied es, in die Matte zu fliegen.

Dann rief ich Jorg an.

»Machen wir die Broken Banana fertig.«

»Du hast einen gebrochenen Fuß, Fuzzy.«

»Der ist schon wieder okay.«

»Ich will dich aber nicht wieder durch den Wald tragen.«

»Du musst nur meinen Rucksack nehmen.«

Das war okay für Jorg. Er holte mich ab, wir fuhren ins Zillertal, parkten das Auto hinter dem Tunnel bei Ginzling, und dann ging's durch den Wald hinauf zum Felsen. Ich muss zugeben, dass der Aufstieg nicht ganz so prickelnd verlief, wie ich mir das vorgestellt hatte. Es war Winter, es lag Schnee, so dass ich mit meinen Krücken bis auf den Grund durchbrach. Wenn mir zwischendurch der geschiente Fuß wehtat, kroch ich auf den Knien weiter. Aber als ich schließlich in der Wand hing, war alles wieder okay: Der Fuß konnte sich erholen, weil er nicht zum Steigen verwendet wurde, sondern nur in der Luft hing. Und mir ging es sowieso besser, nachdem ich dem bösen Sofageist entkommen war.

Wir waren eine Tour im Stilluptal gegangen, einem Seitental des Zillertals, und wählten für den Abstieg eine steile Rinne, die von einem großen Kar weit oben hinunter ins Tal führte. Es war schon Abend, und es wurde kühl. Jorg und ich stapften durch den Schnee hinunter, den eine gewaltige Grundlawine hier abgeladen hatte. Wir hatten den Kegel der Lawine beim Aufstieg gesehen. Er war gut und gern 300 Meter breit. Die Lawine musste mit einer ungeheuren Wucht und einem beängstigenden Volumen durch die Rinne hintergeschossen sein.

Ich war überzeugt, dass der Weg, auf dem wir gerade unterwegs waren, sicher war. Die Schneemassen, die unten lagen, sprachen eine deutliche Sprache. Hier war der Schnee des gesamten Kars abgegangen. Gefährlich war diese Rinne erst wieder im nächsten Frühjahr.

Die Tour war schön gewesen, wir hatten gute Laune. Jorg hatte seinen Helm vergessen, deshalb trug er jetzt meinen auf dem Kopf. Er hatte mich in der letzten Seillänge gesichert und war dann nachgestiegen, und wer im Nachstieg ist, bekommt logischerweise den Helm.

Wir blödelten herum, dachten schon an die nächsten Projekte, freuten uns auf den nächsten Weltcup auf der Insel La Réunion und stöhnten gleichzeitig über den ewig langen Flug, und es war totaler Zufall, vielleicht aber auch unterbewusste Vorsicht, ein Warnsignal meines Unterbewusstseins, dass ich mich irgendwann umdrehte und die Rinne entlang nach oben schaute.

Zuerst glaube ich, dass ich mich irre.

Ich reiße die Augen auf. Es ist noch genug Licht im Tal, so dass kein Zweifel besteht, dass ich richtig sehe. Was ich sehe, schickt eine Kältewelle durch meinen Körper, und in meinem Nacken stellen sich vor Entsetzen die Härchen auf.

Am oberen Ende der Rinne, in der wir uns gerade befinden und absteigen und durch die das Ungetüm von Frühjahrslawine vor wenigen Tagen abgegangen ist, nimmt gerade eine neue, noch viel gewaltigere Lawine Anlauf, um auf dem Schnee der Vorgängerin ins Tal zu rasen. Ich kann den grauen Schnee sehen, der wie ein offenes Maul auf uns zukommt, die Rinne entlang, von der links und rechts steile Felsen oder mit Gras und kleinen Stauden bewachsene Böschungen wegziehen, noch ist kein Geräusch zu hören außer meiner Stimme.

»Lawine, Jorg. Renn!«

Das Kar hat die Form einer Arena. Es beschreibt einen steilen Halbkreis, von dessen Boden die Rinne ins Tal zieht.

Ich hatte mich geirrt. Die erste Lawine hat nicht den ganzen Schnee dieser Naturarena ins Tal geschickt. Es muss lediglich der Schnee der Ostseite gewesen sein, den die Vormittagssonne weich und schwer gemacht hat. Die letzten Nachmittage waren alle bewölkt und kühl, da hat sich der Schnee auf der anderen Karseite nicht verabschiedet.

Das muss ausgerechnet heute passieren. Jetzt und hier.

Während die Schneefront Fahrt aufnimmt und schon ein dumpfes Rumpeln zu hören ist, rennen wir vor der Lawine davon.

Wir rennen instinktiv schräg nach unten. Die Rinne ist hier etwa 25 Meter breit und steigt an den Rändern relativ steil an. Ich sprinte auf die Böschung zu. Nur nicht hinfallen, dann ist es aus.

In Sprüngen rase ich wie ein Viech die Böschung rauf, hechte einem Bäumchen entgegen, kriege es zu fassen und ziehe mich hoch.

Jorg ist zwei Schritte hinter mir. Er erwischt nur noch einen dünnen Ast und krallt sich daran fest.

In diesem Augenblick donnert die Lawine an uns vorbei. Nasser, dreckiger Schnee, Steine, Holz, das sie mitgerissen hat. Wir sind so nah, dass wir so etwas wie die Gischt dieser alpinen Flutwelle abkriegen. Im Nu sind wir komplett nass, und während wir da an unserem Bäumchen hängen, donnert immer neuer Schnee an uns vorbei, wie ein Güterzug, der 1000 Waggons hat.

Es hört nicht auf, es hört nicht auf.

Ein, zwei Minuten vergehen, und noch immer schiebt sich der Schnee nach unten. Ich habe den Kopf tief zwischen den

Schultern, weil ich Angst habe, dass statt Schneestaub irgendwann doch ein Stein daherkommt, und dann denke ich daran, dass der Jorg meinen Helm aufhat, und schreie: »Wenn ich einen Stein auf den Schädel krieg, erschlag ich dich.«

Da ist die Lawine allerdings schon am Einschlafen.

Dreizehn

Ich war schon als ganz Kleiner, als Fünfjähriger, Skitouren gegangen. Ohne Tourenbindung und mit Skiern, auf die der Opa Felle geklebt hatte. Aber sobald das Wettkampfklettern begann, fehlte mir die Zeit, schöne Touren zu gehen. Ich war zwei Jahre mit dem Snowboard auf der Piste unterwegs, aber das wurde mir schnell fad.

Irgendwie gefiel mir Skifahren einfach besser.

Ein Brett macht Spaß. Zwei Bretter machen doppelt so viel Spaß.

Reini hatte mir den Floh ins Ohr gesetzt, wieder mit dem Skifahren anzufangen. Nach dem Training, wenn wir noch ein bisschen quatschten, erzählte er mir von Erstbefahrungen, die er gemacht hatte, von extrem steilen Rinnen, durch die er mit den Skiern hinuntergefahren war, und ich konnte am Glanz seiner Augen ablesen, dass diese Art, Ski zu fahren, etwas sein würde, was mir auch gefällt.

Ich kaufte mir ein neues Paar Ski und eine Saisonkarte, und das Skifahren gefiel mir. Natürlich fuhr ich nur auf der Piste, wenn es unbedingt sein musste. Ich wurde besser, aber es ging mir zu langsam.

Beim Regenerationstraining in Obergurgl im Ötztal saß ich abends im Quartier, als die Trainer der spanischen Jugend-Skinationalmannschaft auftauchten. Wir kamen ins Gespräch, und es kann schon sein, dass ich den Mund ein bisschen voll genommen habe. Jedenfalls nahmen sie mich am nächsten Tag mit auf die Piste, um zu schauen, ob ich so gut war, wie ich erzählt hatte. Die Burschen fuhren mir natürlich um die Ohren, und ich nahm sofort alles zurück. Sie zeigten mir ein paar technische Kniffe. Die konnte ich gut brauchen. Klar, ich war auch bisher überall runtergekommen, aber eben so, wie es mir meine Mutter und mein Opa beigebracht hatten, und die beiden sind bei aller Liebe keine Leitsterne beim Skifahren. Ich fuhr wie ein mutiger Anfänger, der es nicht richtig gelernt hat.

Also lernte ich.

Ich lernte, dass du dich beim Skifahren echt etwas trauen musst.

Ich lernte, dass du dem Impuls widerstehen musst, den jeder normale Skifahrer hat, wenn er in Schwierigkeiten kommt: dich zum Hang zu orientieren. Stattdessen musst du hangabwärts schauen, damit du immer Druck auf dem Außenski hast.

Bald fuhr ich in echt anspruchsvolles Gelände und genoss neben den Schwüngen, die plötzlich leicht und sicher wurden, auch die Einsamkeit und die Tatsache, dass – neben dem Klettern – plötzlich interessante Herausforderungen auftauchten.

Daniel ist ein guter Skifahrer. Gemeinsam probierten wir alles Mögliche aus. Als wir in diesem Winter eine Erstbefahrung in der Axamer Lizum, einem Lieblingsskigebiet der

Innsbrucker, unternahmen, wo das Gelände felsig und über 50 Grad steil war, wurde mir bewusst, wie viel Steilwandfahren mit Klettern zu tun hat. Du darfst dir keine Fehler erlauben, weil wenn es dich haut, bist du weg, und zum Teil schleppst du auch ziemlich viel Ausrüstung mit, wenigstens bei den wilderen Sachen. Teilweise hatten wir den Eispickel dabei, den Handbohrer, das Seil sowieso, denn immer wieder enden die genialsten Steilhänge in Felsabbrüchen, über die man abseilen muss, mit den Skiern am Rücken.

Wir lernten viel über Lawinen, blieben aber immer auf der sicheren Seite. Wir wollten verstehen, warum eine Lawine unter gewissen Umständen abgeht. Wollten lernen. Erfahrungen sammeln. Ich wollte mich lawinenmäßig nicht so schnell wieder irren.

Als Daniel und ich mit dem Reinthaler Peter und dem Fotografen Philipp Horak auf die Wildspitze im Ötztal gegangen waren, um Fotos zu machen, fuhren wir anschließend nicht die normale Abfahrt hinunter, sondern querten zur Nordwand. Ein Tag mit perfekten Bedingungen. Die Nordwand beginnt flach, wird immer steiler und geht in eine 52 Grad steile Eisflanke über, die hin und wieder Kletterer mit Steigeisen hinaufgehen. Dieses Stück ist lustig. Du fährst und fährst, mit etwas abgehackten Schwüngen, wie man auf Eis eben fahren muss, und es zieht mächtig hinunter. Am Anfang hast du nicht das Gefühl, dass es steil ist. Aber wenn du in der Mitte der Flanke stehst, und unter dir geht es noch einmal 200 Meter hinunter – doch, dann kommt dir der Hang plötzlich sehr steil vor.

Ich war an diesem Punkt schon lange vorbei, brachte aber keinen Schwung mehr hin, weil das Eis nicht mehr so griffig wie im oberen Teil war, sondern glatt. Ich musste mich mit den Stöcken nach hinten in den etwas flacheren Teil am Rand manövrieren.

Ich schaute und sah, dass das untere Ende der Flanke, wo es flacher wurde, durchgehend weiß war. Das Weiß verhieß guten Schnee, jedenfalls kein weiteres Eis.

Daniel stand etwas über mir. Er wartete, was ich tun würde.

Ich hatte eine Idee. Ich steckte beide Stöcke ins Eis, hüpfte um 90 Grad um, meine Skispitzen zeigten nach unten und ich beschleunigte schon wie ein Abfangjäger. Nach wenigen Sekunden genialen Speeds auf Eis tauchte ich in eine perfekte Pulverschneewolke ein. Hier konnten wir es richtig tuschen lassen, und als Daniel nachgekommen war und abschwang, waren wir beide außer Atem, und Daniel lachte wie verrückt.

»Was lachst?«

»Wie du die Ski auf Schuss gestellt hast, hab ich's nicht mehr gefressen.«

»Und dann?«

»Hab ich die Ski auch auf Schuss gestellt …«

Vierzehn

Im Klettergarten von Céuse in der Provence schaute ich Kilian zu, der gerade die Route »Le Cadre« geklettert war. Jorg hatte ihn dabei von unten gesichert. Kilian holte die Schlingen, die er für den Durchstieg gebraucht hatte, aus der überhängenden Wand. Die letzte Schlinge war nur wenige Meter über dem Boden. Als Kilian sie aushängte, zog ihn das Seil nach außen, und er pendelte durch die Luft. Ich schaute mir den spektakulären Pendler ein bisschen neidisch an.

Ich schrie nach oben: »Kili, lass mich auch mal pendeln.«

Kilian hängte ein paar Expressschlingen aneinander und befestigte sie an seinem Gurt. Als er das nächste Mal vorbeipendelte, sprang ich auf und fuhr als Kilis Handgepäck auf dem Pendler mit, aber als wir ganz außen waren, wo man einen Augenblick in der Luft steht und in die andere Richtung neue Fahrt aufnimmt, sackten wir ab.

Kilian schrie: »Was machst denn jetzt für einen Scheiß, Jorg?«

Es fühlte sich so an, als würde uns Jorg einfach ablassen, aber so derb ist sein Humor auch wieder nicht. Außerdem hörten wir ihn auch schon schreien. Unser beider Gewicht hatte ihn einfach ausgehoben, er kam auf einer Höhe mit uns auf uns zugependelt.

Vielleicht zwei, drei Meter über dem Boden krachten wir mit Schwung frontal zusammen, kawumm, wickelten uns samt Seil umeinander, und schrien, dass man uns im ganzen Klettergarten hören konnte. Als wir endlich wieder am Boden waren, lachten wir uns über den Blödsinn tot.

Ganz wichtig, dass im selben Augenblick Chris Sharma an uns vorbeiging und uns misstrauisch musterte: Was sind das denn für Trottel...

Jorg war an der Universität Innsbruck immatrikuliert, aber ernsthaft studieren tat er nicht. Mir schien, dass er vor allem darauf wartete, dass ich ihn anrief, ob wir nicht klettern gehen wollten. Jorg hatte nämlich das in meinen Augen Wichtigste begriffen:

Es geht beim alpinen Klettern nicht so sehr um die Leistung als um das Erlebnis. Und es war immer ein Erlebnis, mit ihm klettern zu gehen.

Als wir den Grundschartner im Zillertal machen wollten, nichts Wildes, saßen wir um zehn Uhr abends im Auto meiner Mutter und standen vor der schwierigen Entscheidung, ob wir nun einen Radler oder doch lieber ein Bier trinken sollen. Wir beschlossen, nicht länger darüber nachzudenken. Eins nach dem anderen. Gegen zwölf Uhr waren die Flaschen leer und wir stellten fest: Es regnet ...

Wir schliefen im Auto. Am nächsten Tag um 5 Uhr 30 läutete der Wecker. Es war noch recht dunkel. Ich schaute durchs Fenster der Hintertür hinaus.

»Jorg! Wolken. Dichte Wolken. Ich glaub, es regnet noch.«
»Bist sicher?«
»Schon ziemlich.«
»Dann schlafen wir noch ein bisserl.«
»Ok.«

Aber eigentlich wollte ich gar nicht mehr schlafen. Ich begann mir Sorgen zu machen, dass wir die geplante Tour wegen dem Scheißwetter abbrechen müssen. Keine Ahnung warum, aber nach einigen Minuten öffnete ich die Autotür und schaute hinaus...

»Jorg! Der Himmel. Der Himmel ist blau.«
»Was?«
»Blau ist es. Das Wetter ist super!«

Ein paar Sekunden Stille, dann schaute auch Jorg aus seinem Fenster. Er brummte: »Aber auf meiner Seite sind Wolken. Und da müssen wir rauf.«

Ich machte die Autotür wieder zu und legte mich hin. Einige Minuten vergingen, bis ich plötzlich in die Höhe schoss...

»Jorg!«

»Was ist?«

»Wir sind so blöd!«

»Was? Wieso?«

»Da sind keine Wolken. Die Fenster sind nur angelaufen.«

Nach 45 Minuten waren wir bereit zum Weggehen. Der Plan wie immer: Langsam raufgehen, schnell klettern, langsam und vorsichtig wieder runter.

Wir waren vielleicht fünf Minuten unterwegs, als Jorg den guten Plan schon wieder vollkommen vergessen hatte. Er machte Tempo. Puls über 200, der Schweiß begann zu fließen, und das Einzige, woran ich dachte, war: Nur noch zwei Stunden und 55 Minuten, dann sind wir beim Einstieg. Nach einiger Zeit wechselten wir die Position, jetzt ging ich voran.

Natürlich um nichts langsamer als Jorg. Eine Stunde waren wir unterwegs, jetzt erspähten wir das erste Mal den Gipfel zwischen den Bäumen. Die Motivation stieg wie die Blasen im Bier, und nach einer kurzen Verschnaufpause ging es weiter, nun richtig schnell. Nach etwas mehr als drei Stunden hatten wir den Einstieg erreicht.

Anseilen und weiter. Die Route ist gemäß dem Buch von Walter Pause ungefähr 750 Meter lang. Die schwierigste Stelle war im fünften, das meiste jedoch im dritten oder vierten Schwierigkeitsgrad. Pures Vergnügen.

Eigentlich lief alles perfekt. Wir stressten uns nicht. Wenn uns das Material ausging, machten wir einfach Stand. Hielten hier und da einmal an, um die wunderschöne Umgebung zu genießen, der Blick reichte von der Zugspitze bis zum Großglockner. Nach drei Stunden genialer Kletterei, aufgeteilt auf sechs Seillängen, standen wir am 3064 Meter hohen Gipfel.

Der Abstieg sollte über die Rückseite führen und war als lang und anstrengend beschrieben. Nachdem wir die ersten 50 Meter abgeklettert waren, erreichten wir ein perfektes Schneefeld.

Perfekt, um auf unseren Goretex-Jacken runterzurutschen. Lang und anstrengend. Keine Lust.

Es ging schnell bergab, aber nach 15 Minuten war der Spaß auch schon wieder rum. Rechts am Wasserfall vorbei, über die Wiese und den Bach zu einer alten Hütte. Natürlich wieder im Laufschritt. Plötzlich standen wir mitten in einem Labyrinth aus Büschen, über die wir nicht hinaussahen.

Wohin? Ich probierte, hier nach rechts zu queren. Jorg versuchte es 50 Meter unterhalb. Nach einer Weile hörte ich ihn rufen …

»Fuzzy! Wo bist du?«

»Da oben.«

»Wo?«

»Egal.«

»Ich hab den Weg gefunden.«

»Was?«

»Komm einfach her da!«

Keine fünf Minuten später stand ich neben Jorg und fluchte über die Büsche und Brennnesseln, mit denen ich Bekanntschaft gemacht hatte. Es war auf jeden Fall mehr Glück als Verstand, dass wir den Weg wieder gefunden hatten. Deshalb folgten wir ihm jetzt auch ohne einen unserer berühmten, berüchtigten Abkürzungsversuche bis zu einer Alm, auf der wir am Vortag unsere Mountainbikes deponiert hatten. Doch so schnell wollten wir nicht zurück ins Tal. Wir waren verdammt durstig und hatten sieben Euro in der Deckeltasche unseres Rucksacks. Sieben Euro = zweimal 3,30 Euro plus 40 Cent Trinkgeld = 2 Bier oder 2 Radler.

Bier oder Radler?

Immer diese Entscheidungen.

Fünfzehn

Meine erste Bekanntschaft mit dem Rettungshubschrauber machte ich im »Schlund«. Der »Schlund« ist eine stark überhängende Wand im Zillertal, in deren unterem Drittel sich der Fels zu einem Trichter formiert, zu einem richtiggehenden Schlund. Reini hatte mit seinem Kollegen Much Maier das Projekt Schlund begonnen, war aber nicht weitergekommen als drei oder vier Seillängen hoch. Dann hatten die beiden es so lange ruhen lassen, bis Daniel und ich sie fragten, ob wir übernehmen dürften. Das gebietet die Kletterer-Ethik. Wenn jemand ein Projekt angefangen hat, pfuscht man ihm nicht ohne seine Zustimmung hinein.

»Kein Problem«, sagte Reini.

Zum ersten Mal waren Daniel und ich schon eingestiegen, bevor wir nach Yosemite gefahren waren. Wir waren ziemlich gut ausgerüstet gewesen, hatten aber nur das Ein-Mann-Portaledge dabei, in dem man zu zweit nicht besonders bequem in der Wand schlafen kann, und das Haulbag mit einer Menge

Material, Friends, Normalhaken, allem Möglichen. Wir waren sechs Seillängen geklettert, hatten unzählige Normalhaken gesetzt und auch ein paar Bohrhaken. Wir hatten zu Reinis vier schon zwei weitere Seillängen dazugefügt, als es stark zu regnen begann. Der Regen sammelte sich im Felstrichter zu einer regelrechten Sturzflut, und wir mussten abseilen.

Am dritten Stand rutschte Daniel am nassen Fels aus und stürzte in die Sicherung. Eigentlich kein Problem, nur löste sich sein Haulbag. Daniel konnte bloß noch: »Achtung, Haulbag!!« schreien – und das Teil flog samt der Bohrmaschine fast 180 Meter in die Tiefe.

Es machte einen Mordsschepperer, als meine geliebte Hilti-Bohrmaschine am Boden in tausend Einzelteile zerschellte. Dagegen war das Klirren, als das Haulbag folgte und sich Haken und Karabiner über den nassen Felsboden verteilten, richtig zart …

Wir legten nach diesem feuchten Start eine Pause von gut einem Jahr ein, dann versuchten wir es ein weiteres Mal. Wir schafften zehn Seillängen, dann wurde wieder das Wetter schlecht, aber wir blieben im Portaledge, entschlossen, bei nächster Gelegenheit weiterzuklettern.

Das Portaledge ist für eine Person konstruiert. Zu zweit hatten wir kaum Platz. Der Kopf von einem von uns hing immer über die Kante. Außerdem war unser selbst gebasteltes Überzelt zu klein. Wir hatten in das Überzelt eines normalen Zelts ein Loch geschnitten und es über das Portaledge gestülpt. Das sollte den Regen abhalten. Aber es half alles nichts: Der, dessen Kopf gerade über den Rand hinaushing, bekam auch noch den Regen ins Gesicht.

Der Regen hörte nicht auf. Nach einer unvergesslichen Nacht im Portaledge beschlossen wir abzuseilen. Wir hatten insgesamt vier Tage in der Wand verbracht, und während dieser Zeit musste uns ein Tourist mit seinem Feldstecher entdeckt haben. Er deutete unsere Bewegungslosigkeit als Hilfsbedürftigkeit und alarmierte die Bergrettung.

Ich sicherte gerade Daniel beim Abseilen, als ich das Geräusch eines näherkommenden Helikopters hörte: »Hubhubhubhub.«

Hubschrauber sind unter Alpinisten verpönte Fortbewegungsmittel. Wenn du dich mit dem Hubschrauber aus einer Wand retten lässt, ist das ungefähr so tapfer, wie wenn du den Buben, der dir in der Sandkiste deine Burg kaputtgemacht hat, von deiner Mutter verprügeln lässt.

Also Körper Richtung Helikopter drehen und das Zeichen machen: linker Arm runter, rechter Arm hoch. Das ist das internationale Zeichen für NO: »Haut ab.«

Der Hubschrauber drehte wieder um.

Und tschüss …

Das heißt nicht, dass ich die Arbeit der Bergrettung geringschätze. Aber sie braucht einen echten Anlass. Ich schlug also mit Daniel die Zeit tot, indem wir diskutierten, was passieren muss, damit wir uns vom Hubschrauber rausfliegen lassen.

Trotzdem, für diesmal mussten wir unseren Aufenthalt im Schlund abbrechen. Wir hatten auch nichts mehr zu essen, und langsam begann der Hunger zu brennen.

Als wir entschieden, abzuseilen, meinte Daniel, wir könnten doch wie beim letzten Mal das Haulbag einfach runterschmeißen: »Wenn es gut zu ist, passiert bestimmt nichts.«

Gesagt, getan. Wir machten den Rucksack gut zu und ließen ihn fallen. Aber er schlug so blöd gegen die Wand, dass das Band, das das Haulbag zusammenhielt, doch wieder aufging, und wie im Jahr zuvor hörten wir das Klingeln der Normalhaken, als sie sich über den Talboden verstreuten…

Nach dem Abseilen also zwei Stunden Ausrüstung einsammeln. Im Regen. Erst dann gab es etwas zu essen.

Zu Ende brachten wir das Projekt dann wieder ein Jahr später, als in einer Schönwetterperiode endlich einmal gute Verhältnisse herrschten. Wir kletterten zehn Seillängen an einem Tag, schliefen im Portaledge, kletterten zwei äußerst anspruchsvolle A3-Techno-Längen, schliefen.

Am dritten Tag sind wir schließlich aus der Wand »gechickened« – wie zwei Hühner rausgeweicheiert. Basta, Schlund.

Sechzehn

Es war Jorg, dem das Sagwand-Projekt einfiel. Er hatte die Sagwand mal in einem Buch gesehen und ist rauf zur Geraer Hütte im Valsertal, um sich die Wand anzuschauen. In Tirol gibt es wenige Wände aus Granit, die so hoch und so steil sind wie die Sagwand. Jorg und ich mögen Granit. Granit gibt die Linien, denen entlang man klettert, meist viel schlüssiger vor als zum Beispiel Kalk. Eine Granitwand besteht aus glatten Platten, zwischen denen ein Riss hinaufführen kann. Wenn sich die Platten überlagern, bilden sie eine Schuppe. Das sind oft die einzigen Möglichkeiten, durch die Wand zu kommen. Links und rechts davon: unmöglich. Das macht den Spaß aus.

Granit verlangt das Unbedingte. Keine Abschweifungen.

Im leichten Gelände ist Granit oft blockig. Würfel in allen Größen, einen Meter, fünf Meter, zehn Meter hoch, sind einfach übereinander gestapelt wie überdimensionale Pflastersteine. Lässig zum Klettern. Hinter manchen Blöcken tun sich Spalten auf, du merkst, wie zufällig die Felsen aufeinandergerutscht sind, und du solltest dir schon unten überlegen, ob so ein Gefüge plötzlich zu kippen beginnt oder hält.

Jorg kam von seinem Ausflug zurück und sagte: »Fuzzy, das ist eine gescheite Wand.«

Ich war ehrlich gesagt skeptisch. Auf den Fotos hatte die Sagwand immer grausig ausgesehen, eine wilde Wand, Exposition Nord, 800 Meter hoch, steil, kalt, nass und schwarz.

»Bist sicher, Jorg, dass die Wand nicht nur grausig ist?«

Jorg nickte. In seinem holländischen Tirolerisch sagte er: »Mir sollten's probieren.«

Natürlich begann das Sagwand-Projekt mit Warten. Die Sagwand hat nur an wenigen Tagen im Jahr gute Bedingungen. Ich schätze, 2008, als wir es versuchten, waren es nicht mehr als fünf. Das Problem ist die Nässe. Wenn die Wand nass ist, geht sie nicht. Der Gipfel liegt auf rund 3200 Meter. Wenn es im Tal regnet, schneit es oben, und der Schnee geht dann tagelang nicht aus der Wand raus, Klettern ausgeschlossen. Sobald der Schnee dann schmilzt, ist die Wand nass, und es geht wieder nichts.

Als wir zum ersten Mal einstiegen, ließen wir das Auto auf dem Parkplatz bei der »Touristenrast« stehen. Von dort geht es über einen flachen Forstweg hinein ins Valsertal. Die Sagwand gehört zu den Zillertaler Alpen, aber hineingehen muss man über das Valsertal, von der Rückseite des Zillertals her. Es war stockdunkel, als wir starteten. Bei Sonnenaufgang wollten wir zu klettern beginnen.

Wir marschierten zügig an den ersten Almen vorbei, der Weg verengte sich zu einem Steig. Wir stiegen zur Geraer Hütte auf und querten dann einen Boden, eine flache Wiese, bis zum Geröllfeld am Fuß der Sagwand. Hier ist der etwa dreieinhalbstündige Zustieg vorbei. Ein steiles Schneefeld von etwa 200 Meter Länge und 45 Grad Steigung führt zum Einstieg in die Vertikale.

Wir zogen uns die Steigeisen an und gingen das Schneefeld hinauf. Überall Einschlaglöcher von Steinen im Schnee. Ich schaute Jorg an, der dachte das Gleiche wie ich: Das Geröllfeld mit Steinen, die zum Teil so groß sind wie die Schafe, die neben den Almen grasen, ist auch nicht zufällig hier.

In die Wand rein. Gleich am Anfang, zehn Meter über dem Schneefeld, schlug ich einen Normalhaken rein und hängte mich zur Probe mal dran. Okay. Jorg kam nach. Rucksäcke runter, Steigeisen weg und Kletterschuhe an. Ich stieg die erste Länge vor, und weil die nur 25 Meter lang war, hängte ich gleich die zweite dran. Wir machten Tempo. Running Belay: der Erste klettert los, und erst wenn das Seil aus ist, klettert der Zweite nach. Das geht viel schneller, als wenn man mit der vollen Sicherung unterwegs ist. Wir machen das nur im eher einfachen Gelände – die erste Länge hat Schwierigkeitsgrad fünf, die zweite vier. Dann machte ich Stand, und Jorg stieg vor: Es wurde die Schlüssellänge der ganzen Tour.

Wir wussten zuerst nicht, ob wir links oder rechts weitergehen sollten. Links steht ein riesiger Pfeiler, rund 50 Meter hoch, 30 Zentimeter von der Wand entfernt, im unteren Teil sicher zehn bis fünfzehn Meter breit, aber ständig schmaler werdend bis zu einer Stelle, wo er nur noch einen Durchmesser von einem Meter hat.

Zu gefährlich: Wenn du an dem Pfeiler »hochbiazt« – mit den Händen die Granitschuppe hältst und deine Füße gegen die Wand dahinter presst –, dann ist es besser, wenn der Pfeiler hält.

Wir suchten also nach einer Alternative. Die Alternative führte zuerst gerade hoch, dann quer über eine Granitplatte nach rechts und wieder in einer Linksschleife zum nächsten Stand.

»Wo willst denn da was legen?«, fragte ich Jorg. »Das ist doch eine komplett glatte Platte. Da bekommst weder einen Friend noch einen Normalhaken rein.«

Er zuckte nur mit den Schultern. Von unten war nichts zu erkennen, also startete Jorg einfach auf gut Glück. Zuerst war es noch relativ leicht. Dann kam ein kleines Dach, an dem man ein bisschen nach rechts queren konnte, dann ging es über ein kleines Podest weiter hinauf. In dieses Podest schlug Jorg zwei Normalhaken hinein, die ganz gut aussahen, und darüber schlug er noch einen ein, der überhaupt nicht gut aussah.

Es gibt drei verschiedene Arten von Placements, wie wir die Sicherungen nennen: Bomberplacements halten einen Sturz ins Seil aus. Sie sind, wie der Name schon sagt, bombig. Bodyweight-Placements brauchst du nur beim Techno-Klettern. Sie halten das Körpergewicht, man kann sich also vorsichtig an sie anhängen, aber wenn es dich ins Seil schmeißt, haut es auch die Sicherungen raus. Moralische Placements sind Psychodekoration. Eigentlich dienen sie bloß dazu, dass das Seil irgendwo eingehängt ist. Wenn du nach unten schaust, sieht es aus, als ob du eh gesichert bist, auch wenn du weißt, dass es nicht stimmt.

Der Normalhaken, den Jorg eingeschlagen hatte, war eindeutig moralisch. Er befand sich bereits auf einem relativ anspruchsvollen Plattenquergang, wo man mit den Füßen auf winzige Tritte steigen musste, während die Hände nur flach am Fels lagen. Er bewältigte die Stelle souverän, und nach der Querung schlug er einen weiteren Normalhaken ein, der wieder hervorragend klang. Jeder Haken singt beim Einschlagen, und am Sound der Vibrationen lässt sich erkennen, ob der Haken gut sitzt oder nicht.

Der Ton wurde immer heller. Passt.

Jorg kletterte weiter, und er brachte ziemlich lange nichts in den Fels. Er stieg über einen Riss zu einem Dach auf, und dort war die Sache gegessen. Nur mehr leichtes Gelände, Jorg machte Stand, und ich kletterte nach.

Die nächste Länge stieg ich vor, der Fels war scheiße, nur eine Sicherung in einer zweifelhaften Schuppe, vielleicht hätte sie aber auch gehalten. Ein paar blöde Züge, dann war es nicht mehr schwer, es folgten zwei geniale Längen und eine durch leichtes, blockiges Gelände. Als wir etwa 350 bis 400 Meter der Wand hinter uns gebracht hatten, sahen wir, wie von Westen das schwarze Wetter hereinkam. Wir mussten umdrehen und abseilen, machten keinen Umweg zur Hütte, sondern liefen direkt hinunter zu den Almen und weiter zum Auto.

Wir saßen im Auto und hörten zu, wie der Regen aufs Dach

prasselte. Wir waren zwölf Stunden ohne Pause unterwegs gewesen, kein Essen, nichts zu trinken, aber ich musste Jorg nicht fragen, wie er den Tag gefunden hatte, denn der Tag war genial gewesen. Lässige Kletterei. Anspruchsvoll. Spannend. Das war nicht das letzte Mal, dass wir dieser Wand zu Leibe gerückt waren.

Wir warteten zwei Wochen. Während dieser zwei Wochen spukte das Projekt permanent in unseren Köpfen herum. Der erste Eindruck in der Wand war gut gewesen, aufregend, thrilling. Die Wand hatte was, auch wenn sie gewiss wild sein konnte. Unsere Linie war okay, anspruchsvoll, aber nicht sonderlich brüchig. Es hatte irgendwie Spaß gemacht.

Höchste Zeit für noch mehr Spaß.

Ich könnte nicht sagen, dass wir den zweiten Versuch minutiös vorbereitet hätten. Ich war in der Schweiz gewesen, um bei Mammut etwas zur Produktentwicklung beizutragen, und als ich zurück nach Tirol kam, dämmerte es schon, und der Typ im Autoradio sagte für den übernächsten Tag schlechtes Wetter an. Die letzten Tage waren schön gewesen, also sollte die Wand trocken sein. Sofort rief ich Jorg an.

»Was machst du morgen?«

»Keine Ahnung. Und du?«

»Probieren wir die Sagwand noch einmal. Holst mich ab?«

Am gleichen Abend steht Jorg vor der Tür, und wir packen das Zeug ins Auto, dann ab ins Valsertal, Parkplatz »Touristenrast«.

Diesmal brauchen wir nur zwei Stunden auf die Geraer Hütte. Wir haben den Hüttenwirt angerufen, damit er uns ein Zimmer freihält. Als wir ankommen, ist es halb eins, dunkel, alles schläft. Unser Zimmer ist super, das letzte rechts hinten am Gang, schmale Betten aus Holz, richtig urig.

Um halb vier der Wecker. Drei Stunden können sehr kurz sein. Schnell aufs Klo, die Wasserflaschen füllen, ein bisschen was essen, um vier starten wir. Jorg hat ein paar Müsliriegel eingesteckt, ich gar nichts. Bloß nicht zu viel Gewicht herumschleppen.

Als wir zur Hütte aufgestiegen sind, haben wir die Wand gar nicht gesehen, weil eine riesige Nebelbank davorgehangen ist. Jetzt beginnt sich der Nebel zu verziehen, und als wir am Fuß der Wand ankommen, ist die Sicht nach oben frei.

»Wasserspuren«, sagt Jorg.

»Egal«, antworte ich. »Das nehmen wir in Kauf.«

Die Verhältnisse sind nicht ideal, aber okay. Wir fangen schnell an. Es ist schon hell, wir können ohne Stirnlampen klettern. Aus Zeitgründen haben wir die Längen getauscht. Ich hänge in der dritten Seillänge, der schwersten.

Der Fels ist kalt. Ich klettere wie immer ohne Handschuhe und habe dauernd das Gefühl, in die Nacht zu greifen, ins Feuchte. Als ich auf dem ersten Podest stehe, in das Jorg zwei Normalhaken eingeschlagen hat, und meinen Haken einhänge, fühle ich mich gut. Quere dann über die glatte Platte, bis ich zum Bomberhaken komme, und hänge das rote Seil ein.

Jetzt muss ich gerade hinauf, und ich denke, das Schwerste hast du schon hinter dir. Der Riss, den ich jetzt rauf muss, ist nass, aber ich sage mir, egal, jetzt kannst du sogar fliegen, weil der Haken ja ein Bomberhaken ist. Es ist saukalt. Wir haben die Kletterschuhe und ein Paar Socken an, was unüblich ist, weil man dann weniger Gefühl in den Füßen hat. Aber wenn uns die Füße abfrieren, haben wir gar kein Gefühl mehr.

Ich klettere fünf Meter hinauf, aber plötzlich ist die Selbstverständlichkeit weg und ich komme total ans Limit. Der Riss ist wirklich komplett nass, alle Tritte sind schmierig, und es ist so saukalt, dass ich meine Finger nicht mehr spüre. Ich bin gar nicht wirklich überrascht, als mein rechter Fuß wegrutscht. Er rutscht einfach an dem nassen Fels ab. Der Sturz hat sich irgendwie schon angekündigt. Während ich aus der Wand fliege, denke ich nur, macht nichts, ist eh ein Bomber, aber kaum spüre ich den Widerstand des Hakens, höre ich auch schon ein hässliches »Tsinggggg«, und der Bomberhaken verabschiedet sich ganz lässig aus dem Felsen ---

In meinem Kopf schrillen die Alarmglocken plötzlich wirklich laut. Jetzt hast die die Haxen ab, mindestens, und was ich noch denke, wird von dem Panikcocktail gelöscht, den mein Gehirn ausschüttet, bis ich mich im Seil hängend wiederfinde und staunend feststelle, dass der Haken, der moralische Haken, der Haken, der eigentlich nicht halten durfte, den Sturz abgefangen hat.

Er steckt in einem feinen Riss, nur wenige Zentimeter über einem kleinen Dach, das so breit wie eine Hand ist. Es gibt keinen Grund, dass dieses Dach, das am Fels darüber zu kleben scheint, nicht herausbrechen sollte. Es gibt auch keinen Grund, warum der Haken noch steckt. Auch er sollte ausbrechen, wenn jemand kräftig daran reißt – aber weder das Dach noch der Haken sind herausgebrochen.

Keine Ahnung, warum.

Trotzdem danke.

Ich hänge also in den Seilen, und zwar nicht sprichwörtlich, sondern sehr, sehr echt – wir sind mit zwei dünnen Halbseilen statt mit einem dickeren Einfachseil geklettert. Der Vorteil besteht darin, dass die Seilreibung nicht zu groß wird und du ein Seil links und eines rechts einhängen kannst, im alpinen Gelände führt die Tour schließlich nur selten geradeaus nach oben.

Das rote Seil links, das blaue rechts. Das rote hat sich zwei Mal um meinen Körper gewickelt, ich bin eingeschnürt wie eine Stange Salami und muss mich umständlich befreien. Dann ziehe ich mich an dem erstaunlichen moralischen Haken in die Höhe – wenn er den Sturz gehalten hat, wird er wohl auch mein Körpergewicht tragen. In meinem Kopf rumort der Gedanke, dass wir keine Zeit haben, dass ich jetzt aufs Gas drücken muss.

Jorg ruft von unten, ob alles okay ist, aber ich lasse nur ein kühles »Passt schon« zu ihm hinunterfallen, als ob mein Sturz ein kleines Wackeln beim Balancieren auf der Gehsteigkante gewesen wäre.

Aber es ist nicht okay, es ist gar nicht okay, und ich klettere plötzlich einen kompletten Blödsinn zusammen. Ich wiederhole den Quergang, lege zwei Friends, wo der Bombenhaken gesessen hat, kein Wunder, dass ich ihnen nicht vertraue, aber ich traue mich nicht zurück in den Riss, aus dem ich herausgeflogen bin, sondern taumle in die andere Richtung, auf die große Schuppe zu und zwinge mich dort so weit hinauf, bis ich endlich ein sicheres Placement legen kann und meine Unsicherheit wieder unter Kontrolle bekomme – ich denke wenigstens, dass ich sie unter Kontrolle habe. Dabei habe ich sie wohl bloß an den hintersten Rand meiner Wahrnehmung gedrängt.

Jorg klettert nach. Er schaut mich genau an.

»Bist echt okay, Fuzzy?«, fragt er, aber ich denke mir, dass es eh passt, also antworte ich etwas ungeduldig.

»Klar. Geht schon wieder.«

Also klettert Jorg weiter. Er tut sich ziemlich schwer, denn auch die Schlüsselstelle der nächsten Seillänge ist patschnass, und er kann keine vernünftigen Sicherungen legen, aber er schafft es. Bei der nächsten Länge steige wieder ich vor. Die Route führt an einem Kamin entlang, in einem Riss, in den du dich mit dem ganzen Körper hineinzwängst und hinaufrobbst. Auch dieser Riss ist nass, und ich rutsche wieder aus, kann mich aber gerade noch halten. Als ich mich im Fels verspreizt habe und durchatme, merke ich, wie verstört ich eigentlich bin. Aber ich will weiter. Ich will nicht verstört sein. Ich will hinauf.

Zwei weitere Längen, und wir sind dort, wo wir beim ersten Versuch umgedreht haben. Ab hier also Neuland. Ich steige die nächste Länge vor, dann ist Jorg dran. Die Wand ist schuppig, die Schuppen ineinander verschachtelt und alles andere als stabil. Mit ein bisschen Kraft hätte man jede dieser Felsschuppen aus der Wand reißen können, und wenn du eine ausreißt, marschieren die anderen vermutlich mit. Wir müssen also sehr vorsichtig klettern, die Schuppen nur von oben belasten und nicht nach außen ziehen. Wieder ist das ungute Gefühl da. Wenn ich mit den Knöcheln meiner Finger gegen den Fels klopfe, höre ich das hohle »Dong« der Felsenfassade.

Unmöglich, einen Haken einzuschlagen.

Jorg, der diese Länge vorsteigt, legt eine Bandschlinge über eine Schuppe und klettert weiter – ein moralisches Placement erster Klasse, denn wenn er fliegt, räumt er die Schuppe garantiert ab. Aber er fliegt nicht, und ich übernehme nach der Schuppenzone die nächste Länge

Es ist schon spät, Nachmittag, und plötzlich ist das Klettern wieder genial. Jorg hat eine leichte Länge, ich eine schwere, 9–, eine wunderschöne, 50 Meter lange Verschneidung aus weißem Granit mit schwarzen Einlagerungen und einem perfekten Riss, dem ich folge. Ich denke nicht mehr an den Sturz, sondern arbeite mich beseelt nach oben, Jorg macht die nächste wunderschöne Länge, dann ich eine geniale Länge, Jorg noch eine, ich noch eine, und dann sind wir oben. Es ist kurz vor 19 Uhr.

Wir sind 15 Stunden ohne Pause geklettert.

Wir hätten von hier aus auch hintenherum über den Gletscher absteigen können, aber wir hatten keine Lust gehabt, die Steigeisen mit raufzuschleppen, also mussten wir unserer Route entlang abseilen. Unser ganzes Material lag schließlich noch am Wandfuß. Wir hatten nur einen Handbohrer mit, um Bohrhaken zu setzen, ein Loch von 5 Zentimeter Tiefe und 8 Millimeter Durchmesser kostete uns 20 Minuten.

Das Abseilen erwies sich als ziemliche Action. Wir seilten uns meistens über Normalhaken, teilweise über Bohrhaken ab, wenn die Normalhaken nicht vertrauenswürdig genug aussahen. Es wurde dunkel. Als wir beim Einstieg ankamen, war es elf Uhr abends.

Über das Schneefeld hinunter, rüber zur Hütte. Der Bub vom Hüttenwirt kam uns schon entgegen, sein Vater war begeistert von unserer Route. Die Küche hatte schon geschlossen, aber er machte uns Gott sei Dank noch etwas zu essen. Ich verschlang ein Kilo Kaiserschmarren und spülte zwei Radler nach, dann gingen wir schlafen. Am nächsten Morgen fuhren wir im Korb der Materialseilbahn bis hinunter zum Forstweg, dort fanden wir die Fahrräder, die wir hier beim Aufstieg versteckt hatten, und rollten hinaus, Richtung »Touristenrast«. Wir dachten nach, welchen Titel wir unserer Erstbegehung geben würden, und einigten uns auf »Desperation of the Northface«.

Ja. Das war der richtige Ton.

Zu Hause sortierte ich meine Gefühle. Die Tour war ein Hammer, wir hatten etwas Außergewöhnliches hingelegt, und es war ein echtes Erlebnis gewesen. Etwas in mir befand sich aber in Schockstarre. Der Gedanke an den Moment, als sich der Bomberhaken verabschiedet hatte, kehrte permanent zurück, und mit ihm kam die Kälte des Felsens, die in meine Wahrnehmung gesickert war und von dort ein unangenehmes, klammes Gefühl verströmte.

Zuerst dachte ich darüber nach, was wohl passiert wäre, wenn der zweite Haken auch gegangen wäre. Vielleicht wäre gar nichts gewesen, denn fünf Meter darunter saßen noch zwei recht gute Haken, und bei Licht betrachtet hätte wenigstens einer von ihnen halten müssen, und ich wäre nicht, egal in welchem Zustand, auf dem Podest aufgeschlagen, von dem aus Jorg mich sicherte.

Der Schock kam von dem Gefühl, am Ende der Fahnenstange angekommen zu sein. Keine Kontrolle mehr zu haben. Nicht mehr über Möglichkeiten zu spekulieren, sondern zu *wissen*, dass es keinen Ausweg mehr gibt, dass die nächste Wahrnehmung aus Schmerzen bestehen wird, dass du bloß noch alle Muskeln anspannen kannst, um dem Aufprall zu trotzen.

Ich zerlegte meine Gedanken in immer kürzere Sequenzen, wie bei einem Film in Zeitlupe. Die blitzschnelle Reaktion auf den Haken, der nicht hielt – das kann passieren, vielleicht hätte ich ihn nachschlagen sollen. Aber da kam auch schon der zweite Gedanke, ein Tsunami panischer Synapsen: Scheiße, jetzt passiert was. Scheiße, jetzt ist Schluss mit lustig.

Dann der erlösende Ruck, weil der Moralische gehalten hatte.

Ich habe ihn mir nachher noch einmal genau angeschaut. Das dumme Ding wollte einfach nicht raus.

Ich war nicht zum ersten Mal Passagen geklettert, von denen ich wusste, dass ich nicht fliegen darf, und ich hatte mich schon mehrmals sehr plagen müssen, um so eine Stelle zu meistern. Aber ich war zum ersten Mal in so einer Situation geflogen, und der Haken hatte nicht gehalten. Das war bitter. Ich hatte mich am Fels immer sicher, geradezu unsterblich gefühlt, und jetzt war ich zum ersten Mal gestorben, und ich musste schauen, dass ich diese Kälte, die ich nicht gekannt hatte und nie kennenlernen wollte, wieder aus meinem Brustkorb rausbringe. Das war das Ende meiner Unsterblichkeit.

Ich tröstete mich, indem ich wie ein Gebet wiederholte, dass es richtig ist, seinem Gefühl zu folgen. Ich hatte den Haken als gut eingeschätzt. Ich hatte meinem Gefühl vertraut, dem ich immer vertraut hatte, und mein Gefühl sagte mir, dass es okay wäre zu stürzen.

Aber es war nicht okay. Diesmal hatte mich mein Gefühl getrogen.

Ich rekapitulierte die vielen Stürze, die ich beim Sportklettern erlebt hatte. Beim Sportklettern fliegst du dauernd, da gibt es zwei Möglichkeiten, eine Route zu beenden, zwei logische Enden: Fliegen oder Durchsteigen. Ich hielt mir meine Sprünge im Yosemite vor Augen, wo ich in die Friends, die ich gelegt hatte, reingesprungen war wie ein Depperter.

Aber in so einer Wand ist das etwas anderes. Natürlich habe ich keine Angst vor der Höhe. Aber das Ausgesetzte, das Dramatische des alpinen Kletterns, sickert über das Unterbewusstsein in die Wahrnehmung ein, und wenn die sich als Schock manifestiert, wird auch das Risiko greifbar, eine Realität.

Die Begegnung mit der unmittelbaren Gefahr.

Es ist keine Angst, nein, aber Respekt.

Diese Art von Respekt war neu, und sie ist immer noch da. Ich begriff, dass nicht nur das Unbekannte, Neue Respekt gebietet, sondern auch die Herausforderungen, die man nach einiger Zeit guter Kletterei für alltäglich hält. Die Sagwand war mein erster großer alpiner Erfolg, und ich habe das Gefühl, dass mir dieser Erfolg unter die Haut gegangen ist wie kein anderer.

Spaß und Risiko begegnen sich, aber sie bedingen sich nicht.

Eine schöne Linie zu klettern heißt nicht automatisch, dass die Linie auch gefährlich ist, und umgekehrt stimmt das erst recht nicht. Ich genieße die Schönheit des Kletterns, nicht seine Gefährlichkeit. Aber ich bin bereit, Risiken einzugehen, wenn die Route ohne Risiko nicht zu machen ist.

Die Schönheit des Kletterns ist der Wert, der alles bestimmt. Natürlich hat auch die Schwierigkeit ihre Reize, aber niemand sucht sich eine Route aus, nur weil sie schwierig ist. Sie muss logisch sein, sie muss dem folgen, was die Wand vorgibt. Risse, Kamine, Verschneidungen laden ein, sich an ihnen zu orientieren, du musst die Einladung nur annehmen.

Es ist ein Genuss, die Sagwand heute anzuschauen und unsere Linie zu prüfen, wie sie gerade nach oben zieht und oben den logischen Knick bis zum Ausstieg macht. Die Linie ist logisch. Sie leuchtet ein, und das hat für jeden Kletterer etwas Berührendes.

Auch andere Touren in derselben Wand sind großartig, zum Beispiel »Der schiefe Riss«. Er fängt ganz rechts in der Wand an, geht dann im leichten Gelände etwas hinauf, folgt einem Band quer durch die Wand und führt über einen Kamin zum Ausstieg. In der Halle würde man diese Linie nicht als schön bezeichnen. Hier schon.

Risiko gehört zum Klettern wie zu vielen anderen Sportarten und Lebensbereichen. Aber ich fürchte es nicht. Wenn auf dem Cerro Torre Stücke eines Eisturms abbrechen, ist das riskant – wenn man darunter steht. Aber die Eislawine ist auch ungeheuer schön. Sie zeigt, wie winzig unsere Rolle in dem Spiel der Natur ist. Das Risiko kann man kitzeln, herausfordern, reizen. Ich nehme es vorsichtig in Kauf, um das erleben zu können, was ich erleben möchte.

Siebzehn

Der nächste Hubschrauber kam, als ich mit Jorg im Stilluptal unsere Route »Wasserfall Hans« einbohrte. Die Route begann direkt oberhalb eines viel begangenen Wanderwegs. Wenn wir beim Einbohren nach unten schauten, sahen wir regelmäßig Leute dastehen, die uns zuschauten.

»Was machen denn die mit der Bohrmaschine?«

Du hörst die deppertsten Kommentare. »Hängen die ein Bild auf?« Wir wollten die Tour anschließend frei klettern. Unser Zeitplan war ehrgeizig. Wir waren abends mit Jorgs Freundin Katharina verabredet, und weil sie uns nicht zugetraut hatte, die Tour einzubohren und pünktlich am Abend wieder in Innsbruck zu sein, hatten wir eine Wette abgeschlossen. Entsprechend gaben wir Gas.

Es war dunkel geworden. Die Route war eingerichtet. Wir seilten uns mit unseren Stirnlampen ab. Währenddessen kam eine Touristin den Wanderweg entlang, hörte uns reden und sah die Lichter unserer Lampen aufblitzen. Vielleicht kriegte sie auch unsere Flüche mit, weil es uns wie immer zu langsam ging.

»Halloooo«, rief sie von unten.

Aber wir hatten gerade keine Lust auf eine Unterhaltung.

Sie blieb aber hartnäckig.

»Haaaaallooooo«, rief sie wieder mit hoher, bedeutungsschwangerer Stimme. »Brauchen Sie Hilfe?«

»Nein«, riefen wir im Chor zurück, aber das war nicht das, was die Frau hören wollte.

»Brau!Chen!Sie!Hilfe!«, brüllte sie, und da riss Jorg der Geduldsfaden.

»Flieg ab«, rief er hinunter, und ich übersetzte ihr diesen schönen, tirolerischen Wunsch mit einem präzisen »Mach die Fliege!«

Unsere Retterin hörte immer nur »Fliegen«. Also rauschte sie ab und holte den Rettungshubschrauber.

Wir waren fast unten, als wir das Schlagen der Rotoren hörten. Ein Minute später stand der Rettungshubschrauber uns gegenüber in der Luft und leuchtete mit dem Suchscheinwerfer in die Wand, bis der Lichtkegel uns erfasst hatte.

Als ob wir Synchronschwimmer wären, gaben Jorg und ich Antwort: linker Arm nach unten, rechter nach oben. Mach die Fliege!

Der Hubschrauber drehte ab. Wir seilten uns fertig ab.

»Wir haben noch eine Stunde Zeit«, sagte Jorg. »Katha wird schauen.«

Aber kaum waren wir unten angekommen, waren wir es, die etwas zu schauen hatten. Es war nämlich nicht nur der Hubschrauber ausgerückt, sondern ein ganzes Kommando der Bergrettung, dem wir jetzt erklären mussten, was wir bei Dunkelheit in der Wand verloren hatten. Sie meinten, die deutsche Touristin habe uns als »hilflos identifiziert«, aber die Jungs waren schnell davon überzeugt, dass wir kein überflüssiges Risiko eingegangen waren – der eine oder andere hatte schon von uns gehört –, dafür wollten sie mit uns über andere alpinistische Heldentaten plaudern, und als wir uns schließlich verabschieden durften, war die Reservestunde, die wir uns für die Wette gegen Katha erarbeitet gehabt hatten, verbraucht.

Gut, dass wir damit gerechnet hatten zu verlieren. Es ging bloß um Kathas Lieblingsdrink. Einen Malibu. Das Geld, das dafür anfiel, kratzten wir gerade noch zusammen.

Achtzehn

Ich zog Bilanz nach drei Saisonen im Weltcup. Meine erste Saison, 2006, war super verlaufen. Der zweite Platz im Lead-Weltcup war ein fantastisches Ergebnis, wobei – natürlich dachte ich hin und wieder darüber nach, dass ich eine gute Chance vergeben hatte, gleich in der ersten Saison den Gesamtweltcup zu holen. Aber dann erinnerte ich mich, wie großartig Yosemite gewesen war und was mir entgangen wäre, wenn ich, statt nach Amerika zu fliegen, sämtliche Wettkämpfe absolviert hätte. Nein, die Entscheidung war schon okay gewesen.

Ich hatte 2006 ungeheuer viel trainiert, und ich trainierte 2007 nicht weniger. Aber meine Motivation spielte nicht mit. Ich erkannte, dass ich zwischen Erlebnissen am Fels und Ergebnissen in der Halle ein Gleichgewicht herstellen musste. Nur Halle, das reichte mir nicht. Ich gewann zwar die Europameisterschaft in Birmingham und den Lead-Weltcup in Imst, aber ich leistete mir auch kräftige Abstürze und mehrere Wettkämpfe, bei denen ich nicht einmal das Finale erreichte. Gesamtergebnis: nicht berauschend.

In der Saison 2008 lief es deutlich besser. Ich konzentrierte mich in dieser Saison aufs Bouldern, verpatzte zwar den Start in Hall, wo ich nur Dreiundzwanzigster wurde, gewann dafür den nächsten Wettbewerb auf La Réunion im Indischen Ozean.

La Réunion war ein Traum. Wir lagen vor dem Wettkampf am Strand in der Sonne, gingen schnorcheln, bewarfen uns mit Sand, aßen unglaublich gute exotische Früchte, ich hab den Geschmack heute noch am Gaumen. Dann gewann ich den Wettkampf vor Kili und Jorg. Ein Traumpodest! Und nachher probierten wir uns durch die Cocktails durch. Irgendwann spät am Abend kamen wir drauf, dass wir unsere Pokale irgendwo liegengelassen hatten, dann mussten wir noch einmal durch alle Bars ziehen – aber gefunden haben wir sie natürlich nicht mehr.

Wenn irgendwer über einen Pokal stolpert, auf dem »Weltcup La Réunion, 2. Mai 2008, 1. Platz« steht, soll er ihn bitte postlagernd an mich in Götzens schicken.

Am nächsten Tag Canyoning im »Fleur Jaune«, einem berühmten Wasserfall auf Réunion. Das war das Einzige, was mich etwas enttäuscht hat. Wir ließen uns mit dem Seil durch den Wasserfall hinunter, und abgesehen davon, dass du nass wirst, war es so wie immer, wenn wir uns abseilten. Um sich abzuseilen, muss man nicht nach Réunion.

Ich wurde Dritter in Grindelwald am Eiger, verpatzte den Wettkampf in Vail/Colorado, gewann in Fiera di Primiero/Trentino, wurde in Montauban bei Toulouse Dritter und beim Lead-Weltcup in Chamonix Vierter.

Mir fehlten bloß die Ergebnisse von Hall und Vail, und ich hätte Kilian, der einmal mehr den Gesamtweltcup im Bouldern gewann, ernsthaft ärgern können. So beendete ich die Bouldersaison auf Platz zwei der Gesamtwertung. Das war okay. Das konnte man mit gutem Gewissen feiern. Wie feiert man besser, als in Chamonix klettern zu gehen?

Kilian Fischhuber, Babsy Bacher, Heiko Wilhelm und ich fuhren am Tag nach dem Lead-Wettbewerb mit der Seilbahn hinauf auf die Aiguille du Midi, 3842 Meter. Von der Bergstation geht man durch einen Tunnel und dann über eine Brücke auf den Nebengipfel. Dort seilt man sich ab, um von unten wieder hinaufzuklettern, eine Route von ungefähr 300 Metern.

Babsy und Heiko waren ein Team, Kili und ich das andere. Ich stellte, bevor wir uns abseilten, mein offenes Haulbag hin: »Haut rein, was ihr mitnehmen wollt.«

Ich dachte mir, dass sie halt das Nötigste reinpacken würden, eine Jacke, was zu trinken, ein paar Müsliriegel. Den Rest konnte man ja bequem oben liegen lassen, und ich hätte das Haulbag von zwei Kilo Zusatzgewicht leicht mit der Hand nachziehen können. Aber die Komiker packten ihr gesamtes Zeug hinein, und plötzlich musste ich einen Sack von 30 Kilo an einer Sechs-Millimeter-Schnur hinter mir herschleppen.

Beim Hinaufklettern ging es Heiko plötzlich schlecht. Er hatte Probleme wegen der Höhe. Babsy musste alles vorsteigen. Weiter oben in der Wand befand sich noch ein Team, das bemitleidenswert langsam war. Einer von ihnen hatte einen Eispickel hinten am Rucksack, und ich weiß noch, dass ich dachte, der Pickel ist verkehrt herum am Rucksack befestigt, machte mir aber keine weiteren Gedanken. Da war ich liberal: Jeder soll seinen Pickel am Rucksack tragen, wie er will.

Ein paar Minuten später, Kili war gerade am Vorsteigen, hörte ich ein helles Geräusch von oben: »Tsinnnnnng.«

Der Pickel.

Er schlug drei Meter über Kili an die Wand, fetzte zwei Meter an seinem Rücken vorbei, ich duckte mich und schrie »Achtung, Pickel!«, dann war das Teil perdu. Seither bin ich nicht mehr so liberal in Fragen der Pickelmontage.

Langsam kamen wir zeitlich unter Druck. Um fünf ging die letzte Bahn ins Tal, und wir waren noch nicht dort, wo wir sein sollten. Der Gedanke, neben der Bergstation biwakieren zu müssen, machte mir schlechte Laune. Ich rief nur kurz: »Kili, Gas geben«, und Kili gab Gas. Wir kletterten die letzten Seillängen also Vollgas, ich war als Zweiter auf dem Gipfel, Kili wartete auf Babsy und Heiko, während ich barfuß über den Schnee zur Bahn hinunterrannte, um die letzte Gondel aufzuhalten: »Wartet! Wartet! Es kommen noch drei!«

Aber die Typen interessierte es nicht ein bisschen, dass noch drei kamen. Sie interessierten sich vor allem für ihren Fahrplan und dass sie selber heimkonnten: »Ihr habt noch eine Viertelstunde. Dann fahren wir.«

Wir schafften es ums Arschlecken. Wir fuhren mit der Bahn hinunter, hungrig, verschwitzt, ausgetrocknet, schmissen unten bloß unser Zeug vor die Talstation und ruhten uns erst mal aus.

Kili holte Bier.

Dann holte noch wer Bier.

Dann holte ich noch Bier.

Am Schluss tanzten wir in Unterhosen durch Chamonix, die Steigeisen an den Füßen, ein Seil um den Bauch gebunden, das riesige Haulbag im Schlepptau, und wollten noch auf einen Sprung ins Casino gehen. Die ließen uns aber nicht rein. Wir seien nicht passend angezogen. Spießer.

Ich startete später im Jahr noch bei einem Lead-Weltcup, beim Heimwettkampf in Imst. Ich hatte genau dreimal trainiert, und unter normalen Umständen hätte ich maximal ins Halbfinale kommen dürfen. Aber es lief mir gut hinein. Ich kam nicht nur ins Halbfinale, sondern gewann den Wettkampf sogar, und mit dem Wettkampf gewann ich auch die kombinierte Weltcup-Gesamtwertung von Lead und Bouldern, vor meinem Freund Jorg.

Schließlich stand in Paris noch die Verteidigung meiner Europameistertitel in Lead und Bouldern auf dem Programm. Aber es kam nicht dazu. Bei einem Versuch, unser Projekt, eine freie Route durch die fast 1000 Meter hohe Wand des Monte Brento, in der Nähe von Arco, einzurichten, blieben Jorg und ich eine Nacht lang bei Regen und Kälte im Hüftgurt hängen, und mich erwischte das Pfeiffer'sche Drüsenfieber. Das legte mich für einen Monat flach, inklusive Europameisterschaft.

Neunzehn

Ich blätterte im amerikanischen Klettermagazin *Alpinist* und sah das Foto einer Wand, die mir gefiel. Cerro Trinidad, Cochamó Valley, Chile, sagte die Bildunterschrift. Patagonische Anden, 1000 Kilometer südlich von der Hauptstadt Santiago de Chile. Nicht gerade um die Ecke, aber in mir erwachte ein Gefühl, das sagte: Fuzzy, diese Wand solltest du persönlich kennenlernen. Irgendwann musst du da hin.

Ich telefonierte ein bisschen rum. Jorg und Katharina hatten für Weihnachten einen Trip vor, aber sie wussten noch nicht, wohin. Sie wollten nicht Sportklettern gehen, sondern etwas Abenteuerliches machen, und als ich ihnen die Fotos von Cochamó durchschickte, waren sie sofort begeistert und sagten zu.

Cochamó ist kein altes Klettergebiet. Man klettert dort erst seit vielleicht zehn, fünfzehn Jahren. Dabei hat das Gebiet – jetzt einmal abgesehen von der Erreichbarkeit – durchaus das Potenzial, das Yosemite Chiles zu werden. Es sind etwa 50 Touren beschrieben, das heißt: Wer ein Herz für Erstbegehungen hat, wird in Cochamó auf seine Kosten kommen.

Wir recherchierten. Unterkunft, Transport, Verpflegung. Wir checkten den Flug von München nach Santiago de Chile, den Inlandsflug nach Puerto Montt an der Nordgrenze Patagoniens, den Bus, mit dem es von Puerto Montt in Richtung Klettergebiet weitergehen sollte.

Die anderen Weltcupkletterer hörten natürlich von unserem Plan. Zuerst fragten Babsy und Heiko, ob sie mitkommen könnten. Klar konnten sie. Zuletzt stieß noch Hansjörg Auer dazu.

Babsy arbeitet als Spenglerin und Glaserin. Sie ist eine vielseitige Kletterin, klettert Weltcups in Vorstieg und Bouldern, außerdem lacht sie viel. Wo sie ist, ist es lustig. Heiko ist ihr Freund. Er arbeitet als Coach des österreichischen Kletternationalteams, das er mit einem Kollegen mehr oder weniger allein schupft, außerdem ist er ein erstklassiger Fotograf.

Hansjörg aus dem Ötztal ist ein Alpinist, wie man sich einen Alpinisten vorstellt. Er hatte im selben Jahr etwas vom Spektakulärsten gemacht, was du dir nur vorstellen kannst:

Er war in Südtirol den »Fisch« free solo geklettert. Der Fisch ist eine extrem glatte und anspruchsvolle Route in der Marmolada-Südwand, 37 Seillängen, bei denen du kaum etwas zum Anhalten findest. Hansjörg war die Route ohne Seil, also ohne Sicherung gegangen. Nichts für mich, aber auf jeden Fall: Respekt.

Der Flug war elend lang. In Puerto Montt, einer kleinen, bunten Stadt am Meer, rasteten wir erst einmal und kauften jede Menge Essen. Wir erkundigten uns, was man in Cochamó auf keinen Fall versäumen dürfe, und die Antwort war interessant: »Die Pumas.«

Heiko bekam sofort eine Gänsehaut.

»Du hast doch eine Machete, oder, Fuzzy?«

Stimmt, ich hatte mir in München in einem Outdoor-Ausrüstungsladen eine Machete gekauft – und ein Satellitentelefon. Allein das Satellitentelefon war so schwer, dass man damit einen Puma erschlagen konnte.

Außerdem erzählten uns die Typen noch von gefährlichen Spinnen und fleischfressenden Pflanzen, und schön langsam wurden die Gefahren so zahlreich, dass wir ihnen die Sache nicht mehr abkauften. Trotzdem konntest du echt zuschauen, wie dem Heiko die Farbe aus dem Gesicht fiel. Ich dachte mir, ich glaub das mit den Pumas erst, wenn ich den ersten sehe, und so war es dann auch. Weder Pumas noch Spinnen noch fleischfressende Pflanzen fielen über uns her – dafür umschwirrten uns ununterbrochen riesige Tabanus, beißende Fliegen, die uns mehr quälten, als es je ein Puma geschafft hätte.

Am nächsten Tag fuhren wir mit dem gecharterten Bus drei Stunden in die Wildnis. Die Straßen wurden immer schlechter, zum Schluss ratterten wir mit dem bemitleidenswerten Transporter über einen Weg aus Geröll und kamen zu einer Ranch, wo es Pferde gab. Wir entließen den Bus. Das Gepäck wurde auf die Pferde verladen. Wir marschierten los. Jeder von uns musste nur noch einen kleinen Rucksack tragen.

Wir marschierten stundenlang durch den Urwald. Über uns hing fett und üppig das tiefe, feuchte Grün der Vegetation. Es war gar nicht anstrengend zu gehen, aber alles war nass. Du wusstest nicht, ob du schwitzt oder ob die Luftfeuchtigkeit so hoch war – wahrscheinlich beides.

Heikler war die Frage, ob wir richtig am Weg waren. Alle versuchten ununterbrochen irgendwo eine Wand zu erspähen, aber nichts war zu sehen. Im Gegenteil, über uns wuchs das Grün zusammen, und wir sahen überhaupt nichts mehr von der Landschaft, wir gingen nur. Manchmal Abzweigungen nach links oder rechts, aber wir blieben auf unserem Weg – er war so gut wie jeder andere Weg. Eine Stunde im grünen Tunnel. Noch eine. Langsam wurde die Gruppe unruhig. Schön blöd: ans Ende der Welt zu reisen und die Wände, die man machen will, nicht finden.

Dann plötzlich Licht. Wir traten aus dem Urwald, und vor uns tat sich ein breites, wunderbares Tal auf. Die Wolken waren verschwunden, und die Sonne beleuchtete die großartigen Granitwände, die links und rechts von uns in die Höhe wuchsen.

Sofort verwandelte sich die Mundfaulheit des rhythmischen Marschierens in fröhliches Geplapper, so als hättest du ein Rudel Kinder mit verbundenen Augen auf einen Riesenrummelplatz geführt, wo alles umsonst ist, und jetzt streiten sie sich darum, mit welcher Bahn sie zuerst fahren sollen: Da will ich hinauf, nein, dort, schau, dort hinten...

Das war es für uns: ein überdimensionaler Spielplatz. Ein Spielplatz, auf dem es Spielzeug ohne Ende und für alle gibt, und du darfst dich richtig austoben. Darfst Feuer machen und Bäume abschlagen. Kannst in einen wunderschönen Fluss mit klarem Wasser schwimmen gehen, oder sagen wir: die Füße hineinhalten. Denn zum Schwimmen war es selbst für die ganz Harten von uns etwas zu kalt.

Schlaraffenland.

Wir drückten aufs Tempo, um zu unserem Refugio zu kommen. Wir brauchten noch eine Stunde, eine Stunde voller Pläne und Spinnereien. Wer selbst nicht klettert, hat keine Ahnung, wie eine Wand aus Granit sich auf die Psyche von ein paar Kletterern auswirkt. Was sie sehen und was sie fühlen, worüber sie reden und was es bedeutet, wenn sie so mit den Händen herumfuchteln.

Das Refugio, in dem wir uns die nächsten Wochen aufhalten wollten, war ein schmucker Pfahlbau. Als wir ankamen, begrüßten uns Daniel, ein Amerikaner, und seine argentinische Frau. Die beiden lebten hier am Arsch der Welt während des ganzen Sommerhalbjahrs, mit ihrem Kind, das unpassenderweise den Namen Zen trug. Jorg nannte es immer den »Zenmaster«, dabei war Zen die Hölle von einem Kind, ungeheuer nervig. Er hatte immer ein Stück Holz in der Hand, mit dem er über den Tisch schleifte und laut einen Hobel nachmachte – mir läuft noch heute eine Gänsehaut über den Rücken, wenn ich daran denke. Sobald Zen jedoch den Mund hielt, war es großartig im Refugio. Friedlich und schön.

Wir schmissen die Rucksäcke ins Quartier, dann machten Jorg und ich uns auf den Weg, Wände schauen.

Zuerst scannten wir die Wände mit Daniels Teleskop. Suchten Linien aus, verglichen sie mit den Topos, untersuchten eine Wand nach der anderen auf den Spaß hin, den wir mit ihr haben würden. Wir konnten es buchstäblich nicht erwarten. Marschierten am selben Tag noch ein Stück in eines der Nebentäler hinein, um dem Fels näher zu sein. Am nächsten Tag gingen wir mit dem gesamten Gepäck los, wir hatten uns beim abendlichen Pow-Wow darauf geeinigt, zuerst den Cerro La Junta zu versuchen.

Wir waren mit der Erwartung aufgebrochen, der Fels würde so ähnlich sein wie im Yosemite. Aber wir wurden bitter enttäuscht. Statt der perfekten Risse, die wir uns erhofft hatten, fanden wir Felsen vor, die von urzeitlichen Gletschern rund und glatt poliert worden waren. Auf vielen Felsen klebte Moos und anderer Dreck. Hansjörg und ich mussten das erste Projekt, das wir uns vorgenommen hatten, abbrechen, bevor wir es richtig gestartet hatten.

Wir mussten die Routen aus einer anderen Perspektive anschauen und neue Kriterien einbeziehen. Wuchs zum Beispiel über den Wänden Buschwerk und andere Vegetation, bedeutete das, dass Dreck in der Wand sein würde, den man wegputzen muss. Diese Wände kamen dann schon nicht mehr infrage für uns, wir waren zum Klettern hier und nicht zum Putzen. Außerdem mussten wir die Wände danach beurteilen, wie sie von den gigantischen Gletschern beeinflusst worden waren. Die Wände, die auf den ersten 300, 400 Metern glatt geschliffen worden waren, konnte man kaum klettern. Ab der

Höhe, die der Gletscher nicht erreicht hatte, warteten freilich schöne Risse.

Wir mussten lernen, den Berg neu zu lesen. In einer Fremdsprache. Wir mussten uns damit abfinden, dass der polierte Granit kaum Absicherungen zuließ, aber wir hatten trotzdem einen Riesenspaß. Sobald wir uns an die Verhältnisse gewöhnt hatten, kletterten wir super Routen, darunter sechs Erstbegehungen – bei zwei von ihnen war ich dabei.

Mit Hansjörg und Heiko kletterte ich »Meataholic« am Cerro Trinidad Sur, mit Katharina eine freie Version von »Mucho Mucho Granito Arriba«, eine über 1000 Meter lange Route am Cerro Trinidad. Das war der Berg, den ich im *Alpinist* gesehen hatte. Daniel gab der Route den Namen »Footsy Variation«.

Wir schliefen im Freien. Wir kochten über dem Lagerfeuer und genossen die Wildnis. Nur Heiko kriegte die Sache mit den Pumas nie ganz aus dem Hinterkopf.

Am Weihnachtstag marschierten wir bei strömendem Regen durch den Dschungelhohlweg hinaus, der Transporter holte uns ab und brachte uns nach Puerto Montt. Katha ging es nicht besonders gut, sie legte sich ins Hotel. Wir machten in einer Bar Rast, um einen Tee zu trinken. Irgendwann fiel mir ein, dass wir Heiligabend hatten. Zur Feier des Tages bestellte ich einen Gin Tonic, und Jorg bestellte sich auch einen.

Wir prosteten einander zu und tranken ein bisschen. Auf einmal starrte mich Jorg mit großen Augen an.

»Was ist los?«

»Du bist so… rot…«

Mein Blick fiel auf meine Hände. Rot wie ein Hummer.

Ich schaute in den Spiegel hinter der Bar. Das Gesicht, als wäre ich im Solarium eingeschlafen. Ich hob das T-Shirt, ich zog meine Socken aus: mein ganzer Körper war knallrot.

»Soll ich dich ins Spital bringen?«, fragte Jorg, der schon ein bisschen beschippert war.

Ich lehnte großzügig ab. Ich war zwar rot wie ein Schlumpf blau, aber ich fühlte mich nicht schlecht. Tatsächlich verschwand die Farbe eine Viertelstunde später wieder, zuerst aus dem Gesicht, dann von Händen und Füßen, zuletzt war nicht einmal ein feines Rosa übrig.

»Du hast eine Gin-Tonic-Allergie«, behauptete Jorg.

»Hab ich nicht!«

»Wetten?«, fragte Jorg.

»Jederzeit«, antwortete ich.

Es war dann keine Gin-Tonic-Allergie. Erprobt und bewiesen.

Zwanzig

Ich fuhr zur Weltmeisterschaft nach China, um dort zu gewinnen. Der Wettkampf in Qinghai war eindeutig mein sportlicher Saisonhöhepunkt des Jahres 2009. Ich hatte in dieser Saison bisher nur in Hall und Wien an Boulder-Weltcups teilgenommen, war einmal Siebter und einmal Dreizehnter geworden. So konnte das nicht weitergehen.

Die Erlebnisse in den großen Wänden hatten immer mehr dazu beigetragen, meine Konzentration auf das Training in der Halle zu stören. Ich kletterte nach wie vor gern in der

Halle, aber wenn draußen das schönste Wetter war, konnte ich mich manchmal nicht überwinden, zum Training zu gehen. Stattdessen fragte ich mich immer, was ich denn an so einem Tag in der Halle zu suchen hatte.

Klettern ist mehr als ein Sport. Klettern ist Philosophie. Eine Lebenshaltung. Ich habe Klettern als Beruf und Lebensinhalt gewählt, weil mir dieser Sport mehr gibt als ein normaler Sport. Klettern erzählt von Freiheit. Wer klettert, trifft seine eigenen Entscheidungen, sucht sich seine Projekte aus und entscheidet selbst, welche Risiken er eingeht – in jeder Hinsicht.

Als ich mit dem Klettern begann, reichte mir das Erlebnis in der Halle, um zufrieden und erfüllt zu sein. Es dauerte aber nicht lange, bis ich mich am echten Fels wohler fühlte als an den geschraubten Griffen. Als ich meine ersten anspruchsvollen Touren ging, mit Daniel und Jorg Dinge erlebte, die ein Geschenk der Natur und des gemeinsamen Wahnsinns waren, rückte das alpinistische Klettern mir immer mehr ans Herz. Wieder begegnete mir das Motiv der Freiheit: die Freiheit, mir auszusuchen, wo ich klettere, drinnen oder draußen, in der Halle oder mit meinen Freunden in den großartigen Wänden der Welt.

Der deutsche Kletterer Wolfgang Güllich sagte einmal: »Zum Klettern gehört auch Kaffeetrinken.« Er meinte damit, dass das Rundherum genauso Teil des Sports ist wie der Sport selbst. Was man mit den Kollegen gemeinsam erlebt. Beschwerliche Anreisen. Langweilige Flughäfen. Verschwundenes Gepäck. Improvisationen. Die Tage nach dem Wettkampf, an denen wir irgendwohin fahren und klettern gehen.

Immer wieder Spaß. Spaß an den einmaligen Situationen, die wir erleben.

Umgekehrt ist es natürlich ein außerordentliches Gefühl, einen Wettkampf zu erleben, bei dem es dir so richtig hineinläuft. Du merkst schon beim Aufwärmen, wie stark du heute bist und wie heiß aufs Klettern. Die Bewegungen sind sicher, die ersten Schwierigkeiten schmelzen richtig vor dir weg, und wenn die Leute unten in der Halle Allez, Allez schreien und du zielstrebig zum Topgriff unterwegs bist, wenn du weißt, dass heute keiner mehr so weit kommt wie du, und wenn der Wirbel immer lauter wird bis zum furiosen Schlussapplaus, dann ist das ein Gefühl, das sich sehr gut als »Glück« beschreiben lässt. Das Glück, das nur der Sport herzaubert.

Ich verstehe Klettern nicht nur als reinen Sport. Ich freue mich über das Ganze. Schon im Jugendeuropacup war es für mich wichtig, neue Länder zu sehen, gute Leute kennenzulernen, Zeit mit ihnen zu verbringen und die gemeinsame Leidenschaft zu teilen.

Das Wettkampfklettern ist inzwischen sehr auf den Sport reduziert. Der Tross reist zwar um die Welt, aber ohne die Welt zur Kenntnis zu nehmen. Das ist mir zu wenig. Der Wettkampf ist wichtig für mich, keine Frage. Aber ich empfinde meine Wettkämpfe immer mehr auch als Arbeit.

Die Professionalisierung raubt meiner Sportart oft den Zauber. Sie fordert den Sportler bis an seine Grenzen. Sie verlangt von uns, so gut wie täglich zu trainieren. In meiner ersten Weltcupsaison war ich sieben Mal pro Woche in der Halle, jeweils dreieinhalb bis vier Stunden lang. Man kann sich leicht ausrechnen, wie viel Zeit dafür bleibt, etwas anderes zu tun.

Die Luft wird dünner. Klettern wird immer internationaler. Noch kommen die meisten Athleten aus Europa, aber aus Amerika und Asien drängt immer mehr Nachwuchs in die Wettbewerbe, ehrgeiziger, talentierter Nachwuchs. Es klingt bizarr, wenn ich, als 20-Jähriger, von den »Jungen« spreche, die auftauchen. Aber es gibt so viele 15-, 16-Jährige, die genauso hungrig, wie ich es war, in die Wettkämpfe einsteigen und nur ein Ziel haben: Erfolg. Gute Ergebnisse. Dafür ziehen sie buchstäblich in die Kletterhalle ein, um mehr und noch immer mehr trainieren zu können.

Wenn ich bei Gelegenheit sage, dass sich das Klettern in eine falsche Richtung entwickelt, dann verstehen mich meine Freunde sofort. Jorg und Kilian, Katharina, die Babsy Bacher, sie alle sehen die Wettkämpfe als Teil eines großen Ganzen, nicht als Selbstzweck. Wir schauen mit Vorbehalt auf die Eltern, die ihren Kindern – unseren Konkurrenten – die Sporen geben, damit sie einmal einen Weltcup gewinnen. Das ist nicht mehr das Klettern, wie ich es kennengelernt habe. Aber es ist das Klettern, das Schule macht.

Im Licht dieser Veränderungen wird Wettkampf zu Arbeit.

Wenn ich in die Halle klettern gehe, sage ich: »Ich gehe trainieren.«

Wenn ich am Fels klettern gehe, sage ich: »Ich gehe klettern.«

Ich mache da für mich einen Unterschied. Training ist dafür da, Ziele zu erreichen. Muss sein. Logisch. Ich muss auch trainieren, um meine Ziele beim Klettern am Fels zu erreichen. Aber ich muss mich auch fragen, wie viel es mir wert ist, beim Wettkampf gut abzuschneiden. Ganz vorne dabei zu sein.

Das soll nicht nach Ausrede klingen, denn natürlich will auch ich meine Arbeit gut erledigen. Das bin ich meinen Sponsoren schuldig, aber auch mir selbst. Wenn ich gut trainiert habe, weiß ich, dass ich bei jedem Wettkampf ins Finale kommen kann – und im Finale ist dann alles möglich. Außerdem bin ich stur. Wenn ich will, kann ich.

Ich setzte mir also in den Kopf, in China Weltmeister zu werden oder mindestens auf dem Podest zu stehen.

Bevor ich nach China flog, trainierte ich hart und konsequent. Ich fühlte mich gut. Ich ging gut vorbereitet auf die lange Reise. In Qinghai, im zentralen Norden Chinas, waren wir in einem Jugendsportheim untergebracht, eine halbe Stunde außerhalb des Zentrums. Qinghai ist eine Zumutung von einer Stadt. Häuser für eine Million Menschen auf einer Hochebene, wo nichts ist, gar nichts. Hochhäuser im Zentrum, eng gedrängte Wohnsilos rundherum. Riesige Supermärkte, die brutal in die Häuser hineinoperiert sind. Gestank. Dreck. Wilde Autobahnen mit tiefen Schlaglöchern, die von den Fahrern einfach ignoriert werden.

Wir waren schon eine Woche vor dem Wettkampf angereist, um uns zu akklimatisieren. Wir wussten, dass wir bei allem, was wir aßen und tranken, gut aufpassen mussten, denn die hygienischen Zustände in der riesigen Kantine, aus der wir verpflegt wurden, waren nicht besonders appetitlich.

In der Qualifikation lief alles nach Wunsch. Ich kletterte mit einer souveränen Leistung ins Halbfinale. Ich fühlte mich stark. Die Motivation war mächtig. Ich spürte sie wie einen Turbo, der mich die Wand hochschob.

Halbfinale und Finale wurden zwei Tage später ausgetragen. In diesen beiden Tagen wurde ich krank. Durchfall. Statt mich auf den großen Tag vorzubereiten, saß ich auf dem Klo.

Aber es hatte nicht nur mich erwischt. Das halbe Feld der Halbfinalisten fühlte sich gerade genauso elend wie ich. Ich trank Tee, um mich zu erholen, aber ich war schwach und wacklig. Wenn man bei der Lead-WM irgendetwas nicht sein sollte, dann schwach und wacklig.

Am Morgen des Halbfinales rief mich Peter aus Imst an und sagte: »Du schaffst das, Fuzzy. Scheiß dich nix.«

Leicht gesagt, Peter.

Ich ging ins Halbfinale, kletterte wie der erste Mensch und hatte ein Riesenglück. Einige ganz starke Konkurrenten, die mich unter normalen Umständen an diesem Nachmittag deklassiert hätten, flogen schon nach vier, fünf Metern aus der Wand. Ich schaffte die Qualifikation fürs Finale auf dem siebten und vorletzten Platz.

Als ich zum Finale aufgerufen wurde, beschloss ich, nicht mehr krank zu sein. Mein Körper wusste zwar nichts davon, aber mein Kopf meinte es so ernst, dass der Körper einfach mitmachen musste. Ich ging ans Eingemachte, an die Reserven, die du nur mobilisierst, wenn sie wirklich nötig sind. Mir war egal, ob ich mich überanstrengte, ob ich halbtot von der Wand fallen und für ein paar Wochen außer Gefecht sein würde.

Ich wollte gewinnen.

Dafür war ich nach China gereist, in diese furchtbare, gesichtslose Stadt.

Ich kletterte besser, als ich oft gesund geklettert war, und ging erst zwei Griffe vor dem Topgriff ab.

Dritter Platz, Bronzemedaille.

Patxi Usobiaga war Weltmeister, Adam Ondra Zweiter.

Ich war happy, und ich freute mich für Patxi, der schon dreimal bei Weltmeisterschaften Zweiter geworden war. Aber statt mit ihm zu feiern, ging ich erst mal aufs Klo.

Einundzwanzig

Als wir aus China zurückgekommen waren, erholten Jorg und ich uns, indem wir in die Martinswand einstiegen. Die Martinswand ist der südwestliche Abschluss des Karwendelgebirges. Wir wollten die Schlüssellänge der Route »Das Dach« versuchen.

Am selben Abend fand die Ehrung der WM-Teilnehmer statt, deshalb planten Jorg und ich eine Stunde früher abzuseilen. Passenderweise blieb das Seil beim Abziehen hängen, und im selben Augenblick begann es zu regnen, so dass wir völlig durchnässt und dreckig unten ankamen, zum Auto rannten und direkt in die Stadt fuhren, wo die Honoratioren mit den Plaketten für die vorbildlichen Tiroler Sportler warteten. Natürlich hatte ich keine Kleider zum Wechseln im Auto, und ich kam nicht nur zu spät, sondern gab insgesamt eine wenig preiswürdige Erscheinung ab. Mein Wet-and-Dreck-Look hatte freilich auch Vorteile. Am Buffet konnte ich mich mutterseelenallein bedienen, weil alle in ihren Sonntagskleidern Abstand hielten.

Tags darauf fuhren Jorg, Katharina, ihre Schwester Franziska, deren Freund Giggo und ich nach Arco hinunter. Am

Wochenende stand in Chamonix der erste Lead-Weltcup des Jahres auf dem Programm. Jorg und ich wollten uns vorher noch einmal den Monte Brento anschauen, unser großes Projekt. Die stark überhängende Wand ist fast 1000 Meter hoch, und durch die Mitte führte noch keine frei gekletterte Route. Wir hatten das Projekt bereits im Vorjahr begonnen und wollten die oberen Längen ein bisschen genauer unter die Lupe nehmen.

Sonne, schönes Klettern, nette Leute.

Perfekte Sommertage.

Am nächsten Tag brachen Jorg und ich nach Chamonix auf. Wir nahmen die Straße durch das Aostatal, und als wir auf der Autobahn aus dem Fenster schauten, fiel uns eine Wand auf. Sie sah nett aus. Das Wetter war schön. Wir hatten eh noch Zeit, also fuhren wir bei der nächsten Gelegenheit raus, kauften uns am Straßenrand noch die blödesten Sonnenbrillen, die wir kriegen konnten, und kletterten dann eine geniale 400-Meter-Route. Fünfter, sechster Grad, Sonne, schöner geht's gar nicht. Oben posierten wir als Blues Brothers. Dann seilten wir uns ab und fuhren weiter nach Chamonix.

Im Auto bekräftigten wir, dass wir nach dem Wettkampf in Chamonix bleiben würden, um die Petit Dru zu versuchen. Die Dru hatten wir immer schon einmal klettern wollen: eine wunderschöne Nadel aus Granit, 3733 Meter hoch, eine herausfordernde Silhouette, rund zwanzig Kilometer von der Schweizer Grenze entfernt in den französischen Alpen.

Ich hatte dafür vier Tage Zeit. Dann musste ich weiter nach Zürich, um von dort zum Mammut-Teamtrip nach Kirgistan zu fliegen.

Der Wettkampf lief gut. Ich war entspannt, ausgeruht und gut drauf und nahm den Schwung der Weltmeisterschaft mit in den Weltcup. Leider war Patxi Usobiaga genauso gut in Form wie in China. Er gewann nach der WM auch noch den Weltcup in Chamonix, während ich wie in China Dritter wurde.

Den ersten Tag nach dem Wettkampf verwendeten wir dafür, uns nach einer phänomenalen Abschlussparty richtig auszuschlafen.

Kein Problem, draußen regnete es.

Am nächsten Tag regnete es noch immer.

Aber tags darauf schlug das Wetter um, es wurde schön, und wir nahmen die Zahnradbahn nach Montenvers, um von dort zu unserem Biwakplatz zu gehen. Der Wetterdienst sagte für den ganzen Tag stabiles Schönwetter voraus. Erst zwei Tage später war eine Schlechtwetterfront angekündigt.

Unser Plan war: zur Wand zusteigen, biwakieren, Gepäck unten liegen lassen, damit wir nicht mit dem Riesenrucksack durch die Wand müssen, Wand erledigen, biwakieren, hinten runtergehen, Gepäck holen, zurück nach Montenvers, runter nach Chamonix, basta.

Tatsächlich fanden wir ein supernettes Biwak nahe der Wand, lagen in den Schlafsäcken, kochten uns eine Travellunch-Mahlzeit, die uns satt und zufrieden machte, und schliefen entspannt und gut.

Am nächsten Morgen stiegen wir mit den Steigeisen über ein Schneefeld bis zur Wand. Suchten nach der richtigen Einstiegsstelle, die auf unserem Topo nicht besonders gut beschrieben war, und verkletterten uns prompt. Die erste Seillänge passte noch gut, bei der zweiten wussten wir plötzlich nicht mehr, wo wir waren, und die dritte war schon richtig kritisch – eine Plattenstelle, vielleicht im Schwierigkeitsgrad 8–, wo man nicht fliegen durfte. Plötzlich war ich aber wieder in der Tour drinnen, und von da an kamen wir superschnell voran.

Die Tour auf die Petit Dru hat einen speziellen Punkt beim sogenannten »Klemmblock«. Es heißt, dass man hier noch gut umdrehen kann, aber später nicht mehr. Die meisten Seilschaften klettern nicht weiter als bis hierher, weil die Route »American Direct« von einem gewaltigen Bergsturz betroffen war. Aber wir wollten nicht umdrehen, waren gut in der Zeit, kletterten weiter und wechselten die Spur mit einem weiten Seilpendler nach rechts, mit dem wir eine spiegelglatte Platte überquerten. Die Platte wäre bestimmt auch frei zu klettern, aber der Pendler war die klassische Variante, und das hatte, fanden wir, auch Stil. Jetzt stieg ich zwei Längen in einem durch voran, und dann übernahm Jorg.

Ich stand unter einem kleinen Dach und konnte ihn nicht sehen. Ich dachte mir bloß, warum er nicht endlich Stand macht. Es dauerte und dauerte, dann kam endlich der Ruf von oben.

»Stand, Fuzzy«.

Ich kletterte nach.

Als ich neben ihm stand, sagte Jorg: »Ich weiß ja nicht, ob das gescheit ist, wenn wir weitergehen.«

Mit dem Kinn deutete er auf die Narbe des gewaltigen Abbruchs von 1997, der einen guten Teil der Westwand mit der klassischen Route von Walter Bonatti ausradiert hatte.

Ich kontrollierte das Terrain mit den Augen. Es schaute nicht gerade gut aus, aber ich hatte keine Lust, umzudrehen. Außerdem wäre das Umdrehen ein Krampf gewesen.

»Ich probier's«, sagte ich, dann war ich schon im Fels, was heißt Fels: es war Kies, der in einer Art Lehm steckte, lose und porös. Es war steil, und es gab beim besten Willen nichts, wo ich mich hätte sichern können. Aber ich kletterte über die Stelle drüber, machte Stand und sicherte Jorg nach. Jorg wollte die nächste Seillänge vorsteigen, drehte aber nach fünf Metern um, weil ihm die Sache zu heikel wurde. Es war eine Platte, vielleicht im Schwierigkeitsgrad 8-, die ich mir zutraute und durchstieg, dann war ich wieder in der alten Tour, die keine Probleme machte.

Zwischendurch hörten wir wieder das vertraute Geräusch: Hubhubhubhub. Helikopterrotoren. Jemand musste uns beobachtet und die Bergrettung alarmiert haben. Linker Arm nach unten, rechter nach oben. Bon soir.

Etwa um neun Uhr abends waren wir auf dem Gipfel. Unser Plan: ein Biwak aufschlagen, uns für die zum Teil grausliche Kletterei mit einem Sonnenaufgang belohnen, anschließend absteigen und von unten zuschauen, wie zu Mittag das angekündigte Schlechtwetter ankommt.

Die Wand, die wir geklettert waren, schaute nach Westen, im Gipfelbereich dreht sie nach Norden. Wir wussten, dass der Abstieg etwa einen halben Tag dauert und sauschwer zu finden ist.

Der Blick vom Gipfel war genial. Es war noch hell, aber das Licht wurde schon weich und zeichnete die Konturen der Gipfel blau und gelb. Was wir im Südosten sahen, war freilich alles andere als romantisch: Wolken. Riesige, schwarzgelbe Cumulonimbus. Gewitterwolken.

Als wir gerade begannen, trotzdem nach einer Biwakstelle zu suchen, piepste mein Telefon, das hier, weiß Gott warum, Empfang hatte.

»Wetter schlecht. Macht, dass ihr runterkommt«.

Absender: Florian von Red Bull.

Florian, Athletenbetreuer bei Red Bull und selbst ein Kletterer, hatte mich wie immer zum Weltcup begleitet und war nach dem Wettkampf mit einem Kollegen eine andere Tour gegangen. Er hatte sicher die neueste Wettervorhersage gehört, sonst hätte er uns nicht alarmiert. Florian war ein absolut verlässlicher Partner, der die Situation mit Sicherheit richtig einschätzte. Wir warfen also unsere Entscheidung um, denn so wie es aussah, wurde es eh nichts mit dem Sonnenaufgang. Lieber in der Nacht abseilen, solange das Wetter hält, als in der Früh, wenn's grausig wird. Klang vernünftig, stellte sich aber als überflüssiges Nachdenken heraus: Denn am Ende waren wir nachts unterwegs, *und* das Wetter war so grausig wie nur irgendwas.

Wir seilen uns auf der anderen Seite des Gipfels über die Südwand ab und kommen auf einen Grat mit dem hübschen Namen Flammes de Pierre, Flammen aus Stein. Alles geht glatt, wir sehen sogar noch genug, um die Stirnlampen nicht einschalten zu müssen. In der Wand hängen bereits einige Schlingen früherer Seilschaften. Wir benützten jede, die wir erwischen, um ohne Zeitverlust abzuseilen. Nur wenn keine Schlingen in der Nähe sind, fackeln wir nicht lange und legen selbst welche. Langsam wird es wirklich dunkel. Es beginnt zu regnen und es dauert nicht lange, bis der Regen in Hagel übergeht.

Nach den Flammes de Pierre müssen wir noch rund 200 Meter abseilen, aber nicht weiter, denn darunter wartet eine 500 Meter hohe, spiegelglatte Wand, in der man weder vor noch zurück kann. Stattdessen gilt es, die Querung nach rechts Richtung Gletscher zu erwischen, über kleine Podeste, wo eines so ausschaut wie das andere. Der Weg ist schwer zu erkennen, und absolute Dunkelheit hilft beim Suchen einer versteckten Route auch nicht besonders.

Bald wissen wir nicht mehr, ob wir richtig unterwegs sind.

Wir wissen überhaupt nicht mehr, wo wir sind.

Die Stirnlampen beleuchten ungefähr hundert Meter, plusminus. Das reicht nicht in einer Wand, die ewig breit ist. Wir wissen, dass wir uns nicht zu weit abseilen dürfen, weil wir sonst ernsthaft in der Scheiße sitzen. Über ein Schneefeld, unter dem Wasser fließt, queren wir nach rechts, bis wir auf einem breiten Podest stehen, das etwa einen Meter breit ist und von dem es zwar nicht senkrecht, aber noch immer ziemlich steil in die Tiefe zieht. Beide sind wir ungesichert. Wir wollen das Seil abziehen und dann ein paar Meter nach rechts queren, wo wir den nächsten Abseiler erwarten.

Schräg über uns ein Felsturm. Ich bin gerade dabei, das Seil abzuziehen, als Jorg schreit: »Achtung, Stein!«

Wir sprinten blitzartig unter den Turm, so gut man halt nachts in einer Wand sprinten kann, dann kommt schon der Steinschlag. Ein Stein erwischt mich am Helm, ein schiaches Geräusch, ein anderer Stein kracht mir ins Kreuz und einer trifft den Pickel, der außen am Rucksack befestigt ist.

Scheiße. Mir tut das Kreuz weh, und ich habe meinen Helm noch gar nicht gesehen. Er hat einen Sprung, das will etwas heißen. Der Helm hält nämlich einiges aus. Aber ein faustgroßer Stein, der ein paar hundert Meter gefallen ist, bringt ganz schön Wucht mit.

Ich lausche in die Nacht. Nichts.

Nach dem Knurren und Husten des Steinschlags jetzt schaurige Stille. Nur der Regen rauscht.

Wir warten. Kommt etwas nach?

Blöde Frage, klar kommt etwas nach. Aber wann? Und wo? Ich wage mich zurück zum Seil, um es weiter abzuziehen, und durch puren Zufall kommen wir zurück auf die richtige Route – im Grunde haben wir zweimal etwas falsch gemacht. Wir haben sowohl das Wetter unterschätzt als auch den Abstieg. Aber die beiden Fehler ergänzen sich zu einem Glücksfall. Minus mal minus ist eben auch in den Bergen plus. Plötzlich sehen wir Steinmännchen und wissen, dass wir wieder richtig sind.

Langsam kommt der Gletscher in Blickweite. Im Lichtkegel der Stirnlampen sehen wir, wie zerfurcht er ist. Der Regen fällt auf den Fels und erzeugt einen beständigen Plätscherton, aus dem jeden Moment das Grollen und Schlagen fallender Steine herauswachsen kann. Das Stück Gletscher, das wir überqueren müssen, ist relativ kurz. Aber mit dem limitierten Licht der Stirnlampen trauen wir uns das nicht zu.

Wir sind inzwischen nass bis auf die Haut. Mein Rücken tut weh. Egal, wir müssen jetzt warten, bis es hell wird. Die Gefahr, in einer Gletscherspalte zu verschwinden, ist sonst zu groß.

Wir hocken unter einem riesigen Felsturm. Die Wahrscheinlichkeit, dass genau über diesem Turm etwas runterkommt, ist gering, wenn auch nicht ausgeschlossen. Es ist kalt. Es ist Juli, aber es riecht nach Herbst.

Ich krieche in den Biwaksack, aber mir ist trotzdem arschkalt. Wir legen den Biwaksack auf die Rucksäcke, aber es wird nicht wärmer. Ich packe unsere Rettungsdecke aus, eine dünne Folie aus Aluminium. Darin wickeln wir uns ein.

Jetzt wird es fad. Ich habe keine Spiele auf meinem Handy, also versuche ich zu schlafen. Jorg sitzt da, spielt Sudoku auf seinem Handy und weigert sich, es mir zu borgen, damit ich ihm zeigen kann, wer besser rechnet. Es ist ein Uhr früh. Ich rechne aus, dass es um vier wieder hell genug sein wird, um weiterzugehen. Noch drei Stunden warten in dieser Scheiße.

Vielleicht hätte ich auch schlafen können. Aber ich bleibe mit einer gewissen Anspannung wach, denn ich warte darauf, dass Jorg einschläft, damit ich ihm sein Handy klauen kann. Sobald mir trotzdem der Kopf auf die Brust fällt, weil ich einzunicken beginne, holt mich die Kälte wieder zurück in die beschissene, nasse Wirklichkeit. Wir rasten, aber wir bleiben dauernd in Bewegung. Wir reiben uns die Finger. Wir kreisen mit den Schultern. Alles, um der nassen Kälte etwas entgegenzusetzen.

Die Stunden sind beschissen, aber irgendwie sind sie auch lustig, Kategorie: kalte Füße, die du nie vergisst. Wir hocken im Biwaksack wie ein Stück Fleisch, das fürs Kühlregal eingeschweißt worden ist. Alles drin, auch die Köpfe, Reißverschluss zu. Der Biwaksack ist natürlich wasserfest, aber genau deshalb setzt sich das Kondenswasser unseres Atems innen am Stoff fest und beginnt herunterzutropfen.

Komisch, in solchen Momenten vergisst du ganz, wie es sich anfühlt, trocken zu sein.

Du vergisst auch, wie es riecht, wenn es gut riecht.

Außerdem beschließe ich, mir ein Handy anzuschaffen, auf dem ich Sudoku spielen kann.

Um vier brechen wir auf, es regnet und stürmt wie verrückt. Wir beeilen uns, zum ersten Biwak zu kommen, packen alles zusammen und gehen schnell weiter. Unten müssen wir noch einmal über den Gletscher, das Mer de Glace, Meer aus Eis. Dort sind Metallleitern montiert, über die man sicher absteigen kann.

Im Tal treffen wir Florian, der uns per SMS den guten Tipp gegeben hat, abzusteigen. Er hat auch etwas zu erzählen: Sein Partner hat einen ziemlichen Flug gerissen und sich dabei sechs Rippen gebrochen. Der Helm ist komplett aufgesprungen, Bein und Sprunggelenk sind ab, er hat den Helikopter gebraucht.

Etwas essen, dann packe ich meine Sachen zusammen. Ich muss nach Zürich. Abreise nach Kirgistan.

Zweiundzwanzig

Lorenz Saladin, Jahrgang 1896, war ein Abenteurer von echtem Schrot und Korn. Er stammte aus Nuglar im Schweizer Kanton Solothurn und zigeunerte als junger Mann durch die ganze Welt. Arbeitete in Nord- und Südamerika als Tellerwäscher, Bademeister und Polizist. Schürfte ziemlich erfolglos nach Gold, weil er lieber an den umliegenden Felsen bouldern ging. In den dreißiger Jahren verschlug es ihn in den Kaukasus. Dort lernte er zwei russische Spitzenbergsteiger kennen: Ewgeni und Witali Abalakow.

Saladin war Kommunist, vor allem aber war er Bergsteiger und Fotograf. Er schloss sich sowjetischen Expeditionen an und erledigte unzählige Erstbesteigungen. Mitten in der Sowjetunion taufte er Gipfel, die er erstbestiegen hatte, auf »Hockhorn«, »Sattelhorn« oder »Pik Zinn«, das waren andere Töne als die Propaganda-Vokabeln der Sowjets. Die nannten ihre Berge lieber »Pik Kommunismus« oder »Gletscher der proletarischen Touristen«.

Als Helfer einer geologischen Expedition gelangte Saladin 1936 ins damalige Kirgisien, die sowjetische Teilrepublik im Süden des riesigen Staates. Er half, Gesteinsproben zu entnehmen und Karten anzufertigen. Nebenbei, wenn etwas Zeit war, bestieg er die großartigen Vier- und Fünftausender der Region.

Saladin starb später im Jahr nach seiner Expedition zum Khan Tengri im Tien-Shan-Gebirge. Zwar schaffte er den Gipfel auf 7010 Meter, erfror sich aber beide Fersen und zog sich beim Versuch, die Erfrierungen zu behandeln, eine Blutvergiftung zu, die er nicht überlebte. Er hinterließ seine Legende – und unglaublich schöne Fotos aus Kirgistan.

Diese Fotos hat Robert Steiner ausgegraben, ein deutscher Kletterer und Schriftsteller, der mit dem Schweizer Emil Zopfi ein Buch über Saladin geschrieben hat. Robert ist mit einer aus Kirgistan stammenden Russin verheiratet, und er kennt die Gegend und die Berge gut. Er hatte die Idee, dass wir auf dem Mammut-Teamtrip den Spuren Saladins folgen könnten, um in Kirgistan auf großartigen Granitwänden Erstbegehungen durchzuführen oder bereits bestehende Routen zum ersten Mal frei zu klettern. Oder was auch immer.

Ich kam direkt von Chamonix nach Zürich, mir saß noch die Kälte der Petit Dru im Genick. Aber es dauerte nicht lange, dann war sie nur noch eine Erinnerung, und zwar eine durchaus angenehme. Wir flogen nach Moskau, von dort nahmen wir – wie seinerzeit Lorenz Saladin – den Zug und fuhren 3700 Kilometer weit nach Bischkek, der Hauptstadt von Kirgistan. Drei Tage und drei Nächte lang. Die Expedition bestand aus Nina Caprez, einer Schweizer Kletterin, Stef Siegrist, einem Kollegen, ebenfalls aus der Schweiz, der viele bewundernswerte Touren hinter sich hat, Giovanni Quirici, einem Tessiner Bergsteiger mit Neigung zur Philosophie, dem Fotografen Rainer Eder, dem Kameramann Christoph Frutiger, dessen Frau und zwei Kindern, Robert Steiner und mir.

Wir waren zu viert im Abteil. Draußen hatte es deutlich über 40 Grad, und der Zug hatte natürlich keine Klimaanlage. Die Sitzbänke, auf denen wir schliefen, waren ziemlich klein, und wenn sie für mich ziemlich klein sind, dann sind sie in Wahrheit sehr, sehr klein. Kein Problem für mich, aber definitiv ein Problem für Rainer Eder. Rainer ist fast zwei Meter groß. Jedes Taxi ist schon zu klein für ihn, und kleine Sitzbänke sind sehr viel zu klein für ihn.

Rainer beschwerte sich in seinem merkwürdigen Osttiroler Schweizerdeutsch, das er sich angewöhnt hatte, seit er von Lienz nach Baar am Zuger See übersiedelt war. Er ist ein Long Time Companion. Er machte die ersten Fotos von mir schon 2002 in Arco, als er mich als Elfjährigen fotografierte. Seither war er auf vielen Trips und Reisen mit von der Partie. In Malaysia, Yosemite, Rumney und so weiter. Er ist selbst kein schlechter Kletterer, und er hat echtes Talent, seine Umgebung zum Lachen zu bringen. Zum Beispiel jetzt, wenn er versuchte, sich auf seinem Bett auszustrecken.

Draußen Birkenwälder, endlos, kleine Häuser, Seen, Weizenfelder.

Die kasachische Steppe, Stunde um Stunde.

Stef fuchtelte dauernd mit der Speisekarte eines Eissalons aus Interlaken herum und rief: »Ich nehme zwei Kugeln Haselnuss.«

Aber es gab kein Eis, es gab auch kein fließendes Wasser.

Wir hatten Chai, also Tee. Wir tranken Chai, Chai und Chai. Irgendwann kam uns der Chai zu den Ohren raus, dann hofften wir, dass bald die nächste Station kommt. An den Stationen warteten immer Verkäufer auf dem Bahnsteig, die Wasser, Bier und Sirup verkauften, und das Beste an diesen Getränken war – die Kälte. Überall gab es frisches Weißbrot, das in sehr einfachen Öfen gemacht wird. Unten brennt Feuer oder Glut, der feuchte Teigfladen wird in den Ofen geschoben und dort an die Wand geklebt, und wenn das Brot bis zum Ende kleben bleibt, ist es gut, wenn es vorzeitig in die Glut fällt, war es schlecht. Grausame Auslese – und super Brot. Fantastisches Brot. Wir aßen sehr viel Brot und tranken sehr viel Chai auf dieser Fahrt.

Jeder Waggon hatte Waggonbegleiter. Unser Waggon hatte Michail und Olga, seine Frau. Olga hieß zwar nicht Olga, aber wir nannten sie so, denn sie sah aus wie eine russische Matrone, sie hatte ungefähr den fünffachen Umfang von mir.

Okay, Michail war auch nicht schmal. Zusammen gaben die beiden ein eindrucksvolles Paar ab.

Sie war die Chefin. Er machte, was sie anschaffte. Still waren die beiden nur, wenn ein Grenzübertritt bevorstand. Der Zug fährt von Russland durch Kasachstan nach Kirgistan, es gab also zwei Zollkontrollen von Männern in Uniformen, die durch die Waggons gingen und die reisenden Kirgisen, Tadschiken und Kasachen auseinandernahmen – uns ließen sie in Ruhe, auch wenn wir eine Menge Ausrüstung dabei hatten, Kletterzeug, Filmkameras, was weiß ich.

An der russisch-kasachischen Grenze kamen die Zollbeamten in unser Abteil, schauten sich um, kontrollierten aber nur unsere Pässe und kümmerten sich überhaupt nicht um unser Gepäck. An der Grenze zwischen Kasachstan und Kirgistan steuerten die uniformierten Zollwächter unser Abteil direkt an, schnappten sich einen Schraubenzieher und entfernten eine Platte an der Decke des Abteils. Dahinter kam eine Batterie schwarzer Säcke zum Vorschein.

Oho. Aber statt jetzt ein Riesentheater abzuziehen, schraubten sie die Platte wieder an und verschwanden im Abteil von Michail und Olga. Wir konnten hinter verschlossener Tür nur hören, dass heftig diskutiert wurde. Eine Viertelstunde später gingen die Typen mit einem sehr speziellen Smile im Gesicht an unserem Abteil vorbei. Sie verschwanden, ohne sich weiter um die schwarzen Säcke zu kümmern oder um uns.

Als Michail das nächste Mal in unser Abteil kam, fragten wir ihn natürlich, was da gelaufen sei.

»Nichts«, antwortete er und wischte sich den Schweiß von seiner Glatze. Dann brachte er Äpfel und Wodka. Er wollte denselben Smile, den die Grenzpolizisten im Gesicht gehabt hatten, in unserem Gesicht sehen.

Wir diskutierten natürlich, was hinter der Deckenplatte verborgen sein könnte. Aber immer wenn einer sagte: »Jetzt schau ich nach!«, stürzte der telepathisch oder nachrichtendienstmäßig gewarnte Michail ins Abteil, um weiteren Chai oder Wodka zu bringen, und später löste sich die Frage, ob über unseren Köpfen wohl Drogen, Falschgeld oder Haarwuchsmittel versteckt waren, im monotonen Singen der Eisenbahnschwellen auf.

Aber die Story war noch nicht vorbei. Bald nach der kirgisischen Grenze tauchten Michail und Olga zusammen auf. Ohne sich weiter um uns zu kümmern, schraubten sie die Deckenplatte ab und versuchten, die schwarzen Säcke aus ihrem Versteck zu holen, aber sie schafften es nicht, weil sie viel zu dick waren, um in die kleine Nische hineinzulangen. Also gingen wir ihnen, freundlich wie wir sind, ein wenig zur Hand, dann waren die Säcke weg, Michail und Olga waren weg, und wir beobachteten die beiden dabei, wie sie irgendwo auf der Strecke das Fenster herunterrissen und die Säcke über den Bahndamm hinunter in die kirgisische Dämmerung schleuderten. Wir einigten uns darauf, dass wohl doch kein Haarwuchsmittel in den Säcken gewesen war.

In Kirgistan hatte sich die Landschaft langsam verändert. Die Ebene, die wir ewig lang durchquert hatten, schien sich zusammenzufalten. Zuerst stiegen Hügel, dann Gebirgszüge aus der Ebene empor und bauten sich hintereinander auf. Es war, als bereite sich die Landschaft auf die Ankunft einiger Kletterer vor, die nach 72 Stunden im Zug das Bedürfnis hatten, sich mit ein bisschen Bewegung für die lange Reise zu entschädigen.

Von Bischkek reisten wir weiter in den Südwesten. Die Straßen: mehr Schlaglöcher als Asphalt. In Woruch blieb unser Mercedesbus stehen und mit ihm die Zeit. Frauen schleppten Wasser in Kübeln, auf den Straßen liefen Pferde, Schafe und Hühner. Wir verluden das Gepäck auf Esel, die mit uns in das Kara-Su-Tal wandern würden. Die Gegend war ein geopolitischer Emmentalerkäse. Überall Löcher. Enklaven. Exklaven.

Dörfer, in denen nach der Auflösung der Sowjetunion die meisten Einwohner Kirgisen waren, gehörten in Zukunft zu Kirgistan.

Dörfer mit mehr Usbeken zu Usbekistan.

Dörfer mit Tadschiken zu Tadschikistan.

Wir bewegten uns mit Visa für drei Staaten insgesamt auf fünf Territorien, denn niemand wusste genau, wo die Grenze nach Tadschikistan verlief, und als ich einmal an einer Stelle aus dem Bus steigen musste, wo die Grenze zwischen Usbekistan und Kirgistan genau am Straßenrand verlief, pisste ich einfach nach Usbekistan, ohne dafür eine schriftliche Genehmigung zu haben.

Wir gingen dann mit der Eselkarawane entlang dem Fluss Karavshin in die Berge hinein. Es war schön, eine beeindruckende, aber karge Berglandschaft, in der hin und wieder Aprikosenbäume standen, die gerade Früchte trugen. Die Früchte waren reif, und sie schmeckten um Welten besser als jede andere Marille, die ich vorher gegessen hatte.

Bei einem dieser Obstgärten war das erste Camp geplant, aber wir verpassten es. Wir waren spät losgegangen, so dass es schon dunkel geworden war. Wir marschierten mit den Stirnlampen einfach weiter, und ich weiß nicht, wie es passierte, aber wir marschierten am Camp vorbei weiter in die Dunkelheit, bis uns zwei Kirgisen entgegenkamen, die aufgeregt auf uns einredeten. Der Dolmetscher übersetzte: »Dort oben sind Soldaten. Wenn ihr weitergeht, schießen die auf euch.«

Die Gegend, in der wir uns befanden, gilt einerseits als Korridor für afghanisches Rauschgift, das nach Russland gebracht wird. Außerdem sind regelmäßig Islamisten unterwegs, die dem »Islamic Movement of Uzbekistan« angehören und von ihren Ausbildungslagern in Pakistan und Afghanistan zurückwandern. Eine Gruppe von Männern, die sich nachts der Militärstation nähert, und bei den Soldaten schrillen alle Alarmglocken.

Wir drehten also um, marschierten zurück und fanden das Lager. Wir waren eine Stunde zu weit gegangen.

Als wir am nächsten Tag zur Militärstation kamen, mit unseren Eseln und Rucksäcken deutlich als Expedition zu erkennen, begriffen wir, dass hier wirklich nicht lange gefackelt wird. Die Soldaten waren bis an die Zähne bewaffnet mit Kalaschnikows und Raketenwerfern und ähnlichem Zeug. Und sie erzählten uns, warum: Im Jahr 2000 hatten Terroristen den Militärstützpunkt angegriffen und anschließend bei ihrer Flucht amerikanische, ukrainische und deutsche Geiseln genommen. Elf Soldaten waren dabei getötet worden. Die Kletterer entkamen, sie hatten mehr Glück als Verstand gehabt. Ein Armeehubschrauber hatte dann die geflüchteten Deutschen mit Terroristen verwechselt und eine Rakete auf sie abgefeuert, sie Gott sei Dank aber verfehlt.

»Okay«, dachte ich mir, »vielleicht doch keine schlechte Idee, dass wir gestern Abend umgedreht haben.«

Wir zeigten zuerst das Permit, dann zeigte Stef seine Muskeln. Er war mit nacktem Oberkörper marschiert, und die Soldaten bewunderten seine definierten Muskelpartien.

»Gladiator, Gladiator«, riefen sie und boten ihm an, in eine Uniform zu steigen, aber Stef wollte lieber klettern gehen.

Wir marschierten an diesem Tag noch ein gutes Stück weiter ins Kara-Su, das »Schwarzwassertal«. Der Weg war nicht mehr als ein Saumpfad, von dem es steil über eine Schotterflanke in den Fluss hinunterging. Jede Expedition rechnet damit, dass ein oder zwei Esel abstürzen und samt Ausrüstung vom Fluss aus dem Tal geschwemmt werden. Unsere Esel kamen durch. Wir übernachteten noch einmal, aber als wir aufwachten, sahen wir schon die Wände. Und was für Wände!

Wir gingen sofort los, um uns den Fels anzuschauen. Die anderen schlugen unterdessen das definitive Basecamp auf. Rund um uns ein sattes, wunderschönes Grün. Je höher du kommst, desto grüner wird die kirgisische Landschaft. Unten ist es so heiß, dass alles verbrennt. Auf der Höhe ist das Klima versöhnlich. Wir kamen uns vor wie auf einer Almwiese in den Alpen – nur dass die Granitwände von einer ganz anderen Dimension waren als daheim. Ein Bächlein schlängelte sich durch die Wiese. Granitblöcke lagen herum. Ein paar Bäume spendeten Schatten. Ein Paradies. Stef sagte, er habe noch nie in seinem Leben ein so schönes Basecamp gesehen.

Die Westwand des Asan ist ungefähr 800 Meter hoch und ziemlich glatt. Wir suchen uns eine Linie im linken Teil der

Wand. Am nächsten Tag tragen wir das Gepäck hinauf. Nina und ich klettern drei Seillängen.

Die erste Länge ist leicht. Die zweite ist schon echt schwierig. Am Anfang kann man kaum Sicherungen legen, und im oberen Teil der Länge ist eine zehn Meter hohe Felsschuppe, der man nicht ansieht, ob sie halten wird oder nicht. Ich habe plötzlich das wenig inspirierende Bild vor Augen, wie es mich samt der ganzen Schuppe runterhaut und mir die Schuppe das Seil abschlägt.

Trotzdem klettere ich an der linken Seite entlang bis an ihr oberes Ende, lege aber keine Sicherung, um im Fall der Fälle das Seil nicht zu gefährden. Oben will ich Stand machen und setze einen Bohrhaken in die Wand oberhalb der Schuppe. Ich schlage den Haken in das Loch, das ich mit der Bohrmaschine gebohrt habe, und denke: »Endlich wieder eine Sicherung, der du trauen kannst.«

Als ich mich hineinhängen will, merke ich, dass der Haken langsam herausrutscht. Ich ziehe noch einmal mit der Hand an.

Draußen ist er.

Keine Ahnung, was falsch ist, der Haken oder die Wand. Ich setze noch zwei, die zwar etwas besser sind, aber mein Vertrauen ist erschüttert.

Die dritte Länge ist nur mehr technisch zu klettern. Ich schlage Normalhaken, setze Klemmkeile, und selbst mit dem restlichen Techno-Equipment sind die Stellen nicht zu bewältigen. Als letzte Maßnahme setze ich Bohrhaken.

Etwa 20 Meter über dem Stand halte ich mich mit beiden Händen an einer Schuppe fest und merke, dass ich weder vor noch zurück kann. Ich versuche, die Beine nach oben zu bringen, einen Hook zu setzen. Aber das bringt nichts. Ich hänge am Fels und verhungere.

Bevor ich mich in einen sinnlosen Kräfteverschleiß flüchte, lasse ich los.

Falle.

Hoffe, dass die Haken halten.

Sie halten. Aber sie sind nach dem Abflug ein paar Millimeter weiter draußen als davor.

Ich will nicht aufgeben, aber wie Robert richtig bemerkt: »Wo keine Griffe sind, kann man nicht klettern.«

Ich fliege noch einmal. Ich habe ein schlechtes Gefühl. Ich schaue nach oben und sehe eine Bohrhakenleiter.

»Das ist nicht mein Stil«, denke ich. »Wenn schon technisch klettern, dann keine fade Bohrhakenleiter.«

Ich habe nichts dagegen, technisch zu klettern, wenn freies Klettern nicht möglich ist. Auch Techno-Klettern hat was – eine Bohrhakenleiter aber hat nichts. Wir seilen ab. Unten beschreiben wir Stef und Giovanni die Lage und entscheiden, eine andere Linie zu suchen.

Zur selben Zeit war auch eine ukrainische Expedition im Tal. Der Kletterer Wolodja Mogila, der den Asan kennt wie kein Zweiter, brachte uns auf die richtige Idee. »Die Timofeev-Route sollte gehen«, sagte er, und er meinte natürlich: Wir könnten sie als erste Seilschaft frei klettern.

Die Route ist etwa 800 Meter lang, technische Schwierigkeit A3. Sie wurde 1988 erstbegangen, als russische Kletterer hier Alpinwettkämpfe um die schwierigsten Techno-Routen austrugen. Wir entschieden, dass wir die Timofeev-Route frei probieren.

Die andere Linie gaben wir auf. Der Gescheitere gibt nach. Wir holten unser Material herunter, nahmen die Fixseile aus der Wand und stellten den Urzustand wieder her. Am selben Tag begannen wir mit der neuen Tour.

Nina und ich machten drei Seillängen, super Fels, die Platten hatten gute Leisten. So machte die Sache wieder Spaß. Im Fels winzige Haken, in die man besser nicht fliegt. Dann wurde es schwieriger. Robert, der vom Stand zusah, notierte, was folgte, mit deutscher Genauigkeit in sein Reisetagebuch:

Einige Meter unter Davids Füßen ist die letzte Zwischensicherung, ein Bohrhaken von 1986, dessen angerosteter Stift gerade mal vier Millimeter stark ist. Eine echte Gurke, sie hält das Körpergewicht, aber zum Stürzen war sie nie gedacht. Ob sie hält, was sie nie versprochen hat?
Vielleicht denkt David daran, dass er den Bohrhaken herauszieht, wenn er fällt, dass es mit dem nächsten genauso gehen wird, dass er zehn oder zwanzig Meter über die Platte hinunterrumpeln wird und sich die Bänder reißen oder das Bein brechen kann. Vielleicht denkt er daran, dass es einfach klappen muss, dass schon was kommen wird, an dem man sich festklammern kann. 9– ist es bis jetzt, vielleicht auch schwerer. Das ist weit unter seinem Onsight-Limit. Aber der Fels hier besteht nicht aus lustigen, bunten Plastikgriffen, sondern ist eine verdammt rutschige und unübersichtliche Platte. Da kann man sich gar nicht vorstellen, dass es so etwas gibt – Reibungsplatten im neunten Grad. Die Erstbegeher sind hier technisch, mit Bathooks, hoch. Ab und zu sieht David die winzigen Löcher, die schweißtreibend mit dem Bohrmeißel

gehämmert wurden. Auch nicht ohne, an zwei Millimetern Stahl zu hängen. Und fallen sollte man ebenfalls nicht. Aber es ist ein anderes Spiel, eines ohne Kraft. Nerven und Stahl halten einen, nicht Muskeln und Finger.

Was David in die Hand bekommt, ist enttäuschend – statt einer guten Leiste ein paar runde Quarzkörner. Er schaut kurz zurück, überlegt sich, ob er den Zug wieder abklettern soll und das Ganze etwas weiter links oder rechts angehen. Aber ein Zurück gibt es nicht mehr.

Von hier sind es nur noch wenige Zentimeter bis zum nächsten Haken. Er streckt sich, aber zum Einhängen reicht es partout nicht. Wäre der Haken nur von einem Freikletterer gesetzt, man hätte ihn einfach zehn Zentimeter tiefer platziert! Dann käme man hin. Jammern hilft nicht – nur weiterklettern. Zum Chalken bleibt keine Zeit mehr, jeden Moment kann David abrutschen. Noch einmal steht er in einer kaum zu bemerkenden Delle, holt kurz Luft und Schwung, streckt sich, greift am Haken vorbei zu einem Absatz. Seine Augen sind in diesem Moment auf das Ziel fixiert wie die Augen eines Adlers auf die Beute.

Wenn das nichts wird, dann fällt er.

Am Stand ist es still. Wir schauen nach oben, hoffen auf das Beste und bereiten uns auf das Schlechteste vor. Das Seil liegt in der Hand, mit gutem Abstand zum Sicherungsgerät, der Körper ist tiefer als der Stand, damit man der Sturzwucht langsam entgegenkommen kann.

Davids Hände greifen auf die Leiste. Sein Körper ist für einen Augenblick still. Ist es nur der tote Punkt in der Bewegung oder hat er den Griff? Dann sehen wir, wie er blitzschnell

eine Expresse vom Gurt zückt und einhängt. Ich denke unwillkürlich an Lucky Luke, der schneller ziehen kann als sein Schatten.
»JAAAAAAA!!!«
Ein heller Ruf voll Freude tönt herunter. Die Seillänge ist geschafft. Die Schlüsselstelle der Timofeev-Route, vierte Seillänge ab Boden. David tanzt. Aber diesmal nicht mit dem Fels, sondern rein aus Freude. Sein Schatten ist von uns aus zu sehen, während sich dunkle Regenwolken über die Bergkämme schieben und erste Tropfen auf uns herunterfallen.

Am nächsten Tag waren Stef und Giovanni mit dem Vorsteigen dran, am Tag darauf wieder Nina und ich. Wir arbeiteten uns langsam, aber konsequent nach oben. Es war schwierig – Robert verglich das Klettern in dieser Wand mit einem Weg, der senkrecht eine Staumauer hinaufführt, und er hatte wohl recht. Wer keine Kraft in den Fingern hat, muss sich eben technisch hinaufarbeiten.

Das Wetter war von Anfang an super, aber jetzt bekamen wir ein Problem. Tagsüber wurde es zu heiß, die Luft stieg auf, es bildeten sich Wolken, die sich nachmittags entluden, wir mussten also sehr früh zu klettern beginnen. Am 3. August schafften wir schließlich den Gipfel. Ich war in den letzten Tagen so viel vorgestiegen, dass ich mich nur noch hinten anstellte, die anderen sollten auch ihren Spaß haben. Als Vierter in der Reihe hinter Giovanni, Nina und Stef schleppte ich zum Teil drei Rucksäcke hinauf. Aber auch das machte jetzt Spaß.

200 Meter vor dem Gipfel, nach sieben Stunden Vollgas-Kletterei, warteten alle zusammen. Das Gelände wurde plötz-

lich leicht, wir konnten ungesichert zum Gipfel weitergehen. Damit hatten wir, wie Robert später sagte, die schwierigste alpine Freikletterlinie in ganz Kirgistan eröffnet. Um zwei Uhr nachmittags standen wir auf dem 4230 Meter hohen Gipfel. Zwei Stunden später waren wir pudelnass. Das tägliche Gewitter hatte uns beim Abseilen eingeholt.

Im Basecamp mischte unser Koch aus reinem Alkohol und Wasser so etwas wie Wodka. Zum Essen gab es Schaf. Während die anderen darüber nachdachten, was sie morgen klettern würden, rief mich die Pflicht. Ich musste nach Barcelona, dort fand am Wochenende der nächste Weltcup statt.

Am nächsten Morgen marschierte ich durch das Schwarzwassertal hinaus, zehn Stunden Richtung Woruch. Dort würde mich der Bus abholen und zum Flughafen bringen. Ich sah Bauern, die ihre Aprikosen in großen Kreisen auf dem Boden zum Trocknen auflegten. Ich sah Soldaten mit automatischen Waffen, die mich grüßten. Ich sah eine berückend schöne Landschaft, ich sah Gipfel, auf denen Lorenz Saladin vielleicht gestanden hatte, und ich ging weiter, und ich war glücklich. Es war der 4. August, mein Geburtstag. Heute wurde ich 19 Jahre alt.

Dreiundzwanzig

Ich jammere selten, aber es war nach der genialen Kletterei in Kirgistan eine Tortur, nach Barcelona zu reisen. Ich kam nach tagelanger Reise völlig gerädert in Spanien an, hatte einen enormen Trainingsrückstand und stank im Wettkampf völlig ab. Ich wusste nicht, worüber ich mich mehr ärgern sollte. Über den blamablen 27. Platz oder über die Entscheidung, überhaupt nach Spanien gefahren zu sein.

Als ich zu Hause war, vertiefte ich mich zum Trost sofort wieder in die Vorbereitung meines nächsten Projekts. Ich hatte entschieden, dass ich wieder nach Patagonien wollte, diesmal auf der argentinischen Seite.

Das Projekt hieß Cerro Torre. Ich musste mir die Fotos von diesem Berg nur anschauen, und in meinem Nacken stellten sich die Haare auf.

Das war's. Dort musste ich hin. Diesen Berg musste ich sehen, riechen, schmecken, fühlen.

Ich checkte das Internet nach Informationen über den Torre. Ich scannte Zeitschriften, besorgte mir Bücher. Ein Buch hieß *Schrei aus Stein*. Das war der Titel eines Films, den der deutsche Regisseur Werner Herzog gemacht hatte. Das Buch beschäftigte sich mit der spannenden alpinistischen Geschichte des Torre. Geschrieben hatte das Buch Reinhold Messner. Das traf sich gut, denn ich war mit Reinhold auf dessen Burg Sigmundskron in Südtirol zu einem Gespräch verabredet.

Ein herrlicher Herbsttag, wir saßen in der warmen Septembersonne und redeten. Reinhold hatte gerade seinen 65. Geburtstag gefeiert. Großes Fest. Er war gut informiert über meine Karriere. Er kannte meine Erfolge in der Halle, aber er wusste auch alles über unsere Tour an der Sagwand, und er wollte tausend Sachen wissen. Was ich vorhabe. Was für Projekte ich vorbereite.

Reinhold hat mit seinem »Messner Mountain Museum«

das größte Museum des Alpinismus ins Leben gerufen. Der Alpinismus ist sein Leben. Ich merkte gut, wie elementar ihn die Veränderungen interessierten, die wir, die neue Generation von Kletterern, gerade in die Kletterwelt hineintragen.

Vor allem faszinierte Reinhold die technische Ausbildung, die wir Sportkletterer schon als Kinder bekommen haben. Er war der Ansicht, dass die technischen Fähigkeiten, die unsere Generation von Kletterern gelernt hat, ein ganz neues Klettern am Fels möglich machen. Seine Generation, sagte Reinhold, habe überhaupt nicht trainiert. Er sei einer der Ersten gewesen, der zu Hause an Wänden und Mauern etwas geübt habe.

Ich erzählte ihm von den zwei Seelen in meiner Brust. Von der komplizierten Verbindung von Wettkampfklettern und Felsklettern.

Wenn Wettkampf ist, ist Wettkampf. Dann bin ich mit meiner kompletten Konzentration und Energie beim Wettkampf und habe die Gedanken nicht woanders. Darin unterscheide ich mich nicht von meinen Konkurrenten: Jeder, der zu einem Weltcup oder Masters anreist, kommt, um das, was er draufhat, in Leistung umzusetzen.

Der Unterschied zwischen den verschiedenen Wettkämpfern zeigt sich erst, wenn der Wettkampf vorbei ist. Es gibt solche, die dann noch immer voll für den Wettkampf leben. So einer bin ich nicht.

Meine Definition von Klettern war von Anfang an, dass ich es tue, weil mir nichts im Leben mehr Spaß macht. Wettkampf ist nur ein Teil davon. Sportklettern, Bouldern, Halle, Fels, alpines Klettern. Und was es sonst noch alles gibt. Teile eines großen Ganzen.

Jorg und mich zum Beispiel unterscheidet von den meisten anderen Wettkletterern, dass wir neben dem Sport in der Halle und auf dem Fels auch viele alpine Sachen machen. Das ist in der Szene selten. Nur wenige der erfolgreichen Athleten machen während ihrer Karriere auch was Alpines, geschweige denn so viel wie Jorg und ich. Sie sind auf die Kletterwand fokussiert, und sie wollen gewinnen. Sie trainieren hart und systematisch, und weil die meisten von ihnen auch talentiert sind, nimmt die Leistungsdichte in der Halle ständig zu. Nicht dass die Routen viel schwieriger würden – aber es sind immer mehr Athleten da, die sie klettern können.

Dabei ist es nicht so, dass die Kollegen uns nicht respektieren würden, im Gegenteil, sie interessieren sich sehr dafür, was uns gerade wieder einfällt. Aber es passt nicht in ihren Plan. Manche schütteln auch nur den Kopf. Die haben keine Idee, warum wir machen, was wir machen. Warum wir in den Winter hinausgehen und bei einem Scheißwind in der Wand hängen und uns den Hintern abfrieren.

Umgekehrt ist das nicht anders. Kaum ein Alpinist versteht, was der Spaß daran sein soll, in einer Kletterhalle künstliche Schwierigkeiten zu überwinden – es gibt doch mehr als genug natürliche.

Und natürlich die Sache mit dem Training. Das viele kontinuierliche, systematische Training, das Wiederholen von Übungen und Schwierigkeiten, das Bewältigen einer etwas sturen Herausforderung – das will sich kein Alpinist antun. Der Alpinist denkt in Projekten, und wenn er ein Projekt angefangen hat, steckt er seine ganze Energie hinein, von der Planung bis zur Realisierung.

Dem Alpinisten geht es um ein möglichst tolles Gesamterlebnis. Beim Wettkampf geht es am Ende nur ums Resultat.

»Fühlst *du* dich als Felskletterer?«, fragte Reinhold etwas misstrauisch.

»Absolut.« Ich musste lächeln.

»Freies Klettern?«

»Ja.«

Als gelernter Sportkletterer ist der Freikletterstil für mich das natürlichste Vorgehen. Das kommt dem puren Klettererlebnis sehr nahe, aber im Vergleich zum Free-Solo-Stil, wo der Kletterer ohne Absicherung unterwegs ist, erlaubt das freie Klettern Fehler.

Doch würde ich niemals sagen, dass freies Klettern die einzig ehrenhafte Form des Kletterns ist. Dazu gibt es viel zu viele Touren, die großartig sind und die frei nicht geklettert werden können. Im Yosemite gibt es beeindruckende Routen auf den El Capitan, die nur technisch zu bewältigen sind, und ich würde für mich nicht ausschließen, so eine Tour zu gehen, auch wenn mir das freie Klettern sicher näher steht. Ich sehe keinen Grund, warum ich mir wegen irgendeiner Philosophie verbieten sollte, großartige Erlebnisse zu haben.

Reinhold Messner war ein früher Vertreter des Alpinstils, der inzwischen immer mehr in Mode kommt. Der Alpinstil zielt nicht auf die martialische Eroberung der Gipfel, sondern steht für ein Klettern, das schnell und elegant, mit möglichst wenig Gepäck und Aufwand zum Ziel kommt. Es ist der vergleichsweise riskantere Stil, aber auch der schönere. Der Alpinstil wird die Grenzen des Machbaren vielleicht nicht ausdehnen, aber er ist ein sauberer Stil.

Es war Zeit, über den Cerro Torre zu reden. Über mein Projekt, die Kompressorroute im Freikletterstil zu machen.

»Niemand ist die Kompressorroute je frei geklettert«, sagte Reinhold. »Keiner weiß mit Sicherheit, ob das überhaupt geht.«

Ich wusste es natürlich auch nicht. Aber ich wusste zu diesem Zeitpunkt noch nicht, wie wenig ich wusste. Reinhold hingegen hatte so viele Expeditionen hinter sich, er war auch bereits in Patagonien gewesen, hatte den Cerro Torre zwar nicht bestiegen, aber doch einige Zeit im Cerro-Torre-Gebiet verbracht, um für sein Buch zu recherchieren.

Er beschrieb das Projekt mit einem einzigen Wort: »Grenzgang.« Nach einer kurzen Pause wurde er konkreter: »Der Wind kann dich aus der Wand blasen. Ein Stein kann dir die Finger brechen und du fällst aus der Wand. Ein Schneesturm kann dich um den Verstand bringen. Den Cerro Torre frei zu klettern ist Grenzgang.«

Da hatte er irgendwie recht. Was ich vorhatte, war in gewisser Weise ein Grenzgang. Es hatte mit Sport nur mehr wenig zu tun, es war ein großes Abenteuer, vielleicht sogar, wie Reinhold meinte, ein Kunstwerk. Ja, das war es. Wenn das Projekt am Cerro Torre gelingen würde, wäre es mein kleines Kunstwerk. Meine Vision, die sich in Wirklichkeit verwandelt. Eine Idee, die durch mein Tun Gestalt annimmt.

Aber sofort holte mich Reinhold wieder zurück auf den Teppich. »Wer weiß«, fragte er, »ob du es diesmal schaffst. Vielleicht sitzt du drei Monate unten in Patagonien, und das Wetter lässt dir keine Chance. Vielleicht musst du ein zweites Mal nach Patagonien fahren, bis du deine Chance bekommst, und vielleicht ein drittes Mal.«

Da sprach sehr unromantisch die Erfahrung von zig Expeditionen. Die Routine eines Mannes, der sein Leben dem Abenteuer gewidmet hat.

Mir war zwar absolut bewusst, dass Reinhold recht hatte, aber trotzdem hoffte ich, dass ich mit dem Wetter Glück haben würde, warum auch nicht? Für einen Augenblick wurde mir klar, wie sehr ich noch am Anfang stand, trotz zwölf Jahren, in denen ich Erfahrung in den Bergen gesammelt hatte. Das Reden über die Expedition machte mich unruhig. Ich spürte die Spannung. Ich sah den Torre vor mir, als ich die Augen zumachte, und als ich sie wieder öffnete, sah ich Reinhold.

»Wann machst du deinen ersten Achttausender?«, fragte er.

»Ich weiß es nicht«, antwortete ich.

Reinhold hatte schon eine Theorie: »Du bist der Sohn eines Sherpas. Du kannst dich länger in der großen Höhe aufhalten.«

Vielleicht. Aber vielleicht profitiere ich noch mehr von der Ruhe eines Sherpas.

Vierundzwanzig

Jorg und ich flogen nach Borneo. Urlaub! Jorg hatte sich am Finger verletzt, und mir schadete ein Urlaub auch nicht. Wir machten den Tauchschein und schmissen uns für ein paar Tage an den Strand. Wir mieteten ein Auto und schauten uns den Mount Kinabalu an, den höchsten Gipfel Borneos, ein beeindruckender Berg aus Granit, der praktisch direkt aus dem Wasser auf über 4000 Meter aufsteigt.

Wer den Kinabalu besteigen will, muss einen Guide nehmen und in einer Hütte auf 3000 Meter Höhe übernachten, auch wenn der Berg noch so leicht ist. Also nahmen wir einen Guide und buchten uns in der Hütte zwei Betten. Am ersten Tag stiegen wir zur Hütte auf, von der aus man die gewaltigen Granitplatten sah, aber am zweiten Tag regnete es so stark, dass wir uns entschlossen, wieder runterzugehen. Damit der Abstieg nicht fad wird, gingen wir nicht, sondern liefen die 2000 Höhenmeter ohne Pause. Am nächsten Tag wurde die Blödheit mit einem erstklassigen Muskelkater belohnt, den wir mit erstklassigen Cocktails am Strand bekämpften.

Den höchsten Berg Borneos hatten wir also nicht geschafft. Respekt den paar hundert Leuten, die den Regen nicht gescheut hatten und zum Gipfel aufgestiegen waren. Stattdessen steuerten wir nun den zweithöchsten Berg der Insel an, den Mount Trusmadi. Der lag mitten im Dschungel und war bis auf den 50 Meter hohen Granitgipfel dicht bewachsen.

Wieder stand im Reiseführer: RECOMMENDED TO TAKE A GUIDE und DANGEROUS, aber wir dachten uns, dass wir jetzt schon einmal einen Guide angeheuert hatten, das musste reichen. Und wer bitte sollte wissen, was »gefährlich« bedeutet, wenn nicht wir?

Während der Mount Kinabalu vom Strand aus sichtbar ist, war der Mount Trusmadi einer von vielen bewaldeten Hügeln. Soll heißen: Wir fanden den zweithöchsten Berg Borneos einfach nicht. Die Karte, die wir uns aus dem Internet heruntergeladen hatten, war viel zu grob. Wir gaben sofort auf. Neuer Plan: Wir gehen auf irgendeinen Berg. Wir lenkten unseren kleinen 4-Wheel-Drive auf die Zufahrtsstraße – Straße ist eine schamlose Übertreibung. Es war eine Piste aus Dreck mit tiefen Wasserlöchern. Das Auto schaukelte wie ein Besoffener. Im Grün des Dschungels verloren wir augenblicklich die Orientierung.

»Rechts«, sagte ich, als ich einen Weg sah, der offensichtlich nach oben führte, und Jorg lenkte nach rechts. Kaum zu glauben, dass es Straßen gab, die noch schlechter waren als die, auf der wir bis hierher gekommen waren. Wenigstens ging es jetzt ohne Zweifel nach oben. Binnen weniger hundert Meter war der Weg so steil, dass wir beide uns nach vorn zur Windschutzscheibe lehnten, um dem Auto zu helfen, nicht nach hinten umzukippen. Der 4-Wheel-Drive keuchte. Irgendetwas an der Hinterachse begann zu scheppern. Wir hielten an und sahen, dass die Stoßstange sich gelöst hatte und nach unten hing. Wir gaben der Stoßstange den Gnadentritt und befreiten sie von ihrer Qual. Dann fuhren wir weiter, bis wir endlich an einer Weggabelung ankamen, von der zwei Wege weiterführten, die unser Wagen beim besten Willen nicht mehr schaffte.

Also zu Fuß weiter. Borneo hat die größte Vielfalt an Pflanzen und Tieren auf der ganzen Welt, das fiel uns jetzt ein: hinter dem dichten, feuchten Vorhang aus Grün witterten wir Schlangen, Skorpione und noch nicht entdeckte, saugefährliche Killerinsekten, biologische Sensationen, die, nachdem sie uns totgestochen hatten, unsere Namen tragen würden.

David-Lama-Riesenspinne.

Jorg-Verhoeven-Mörderassel.

Wir schlugen also ein ziemlich panisches Tempo an. Es war heiß, feucht, und im Dschungel knisterte und raschelte es. Jorg lächelte zwar ein bisschen über meine Schlangenphobie, aber wenn sich direkt neben seinem Fuß etwas bewegte, hüpfte auch er wie eine Springfeder in die Höhe.

Wir trollten uns zurück zum Auto und drehten es auf etwa vier Quadratmetern um. Dann kugelten wir die bizarren Wege hinunter, zurück auf die Straße, ohne Stoßstange, und gerade als wir uns wieder sicher fühlten, weil wir mit ruhigem Motorengeräusch auf einer einwandfrei asphaltierten Straße Richtung Strand cruisten, ging uns das Benzin aus. Zehn Kilometer Fußmarsch in der prallen Sonne bis zur nächsten Tankstelle.

Nur, falls sich jemand fragt: Autostopper haben es in Borneo nicht leicht.

Fünfundzwanzig

Es war gut, dass ich mich in Borneo noch ein paar Tage an den Strand gelegt hatte, denn das Cerro-Torre-Projekt nahm mich zu Hause sofort wieder voll in Beschlag. Am Anfang hatte nur mein ganz persönlicher Wunsch gestanden, den Berg im Freikletterstil zu besteigen. Dann hatte ich Daniel ins Boot geholt, und für eine Zeit lang gehörte die verführerische Vorstellung, den Berg zu machen, nur uns beiden allein.

Als die Fragen der Finanzierung und der Dokumentation auftauchten, war ich froh, Partner an meiner Seite zu haben, die ein Ohr für meine Visionen und Träume haben. Vor allem Red Bull zeigte sich begeistert von dem Projekt. Es gab ein paar Meetings und Diskussionen, welchen Aufwand eine gute Dokumentation braucht, und schließlich wurde ein Team von Begleitern zusammengestellt. Kameraleute, Bergführer, die diese Kameraleute in Position bringen konnten, damit sie uns in jeder Phase der Expedition filmen konnten, und ein Fotograf.

Dokumentation ist ein Teil des Profikletterns. Das war nie anders. Früher schossen die Kletterer ihre Bilder selbst und zogen mit Diavorträgen durch die großen Säle, um von ihren Abenteuern zu berichten. Manche schrieben packende Bücher, manche gaben ausführliche Interviews.

Als wir darüber nachdachten, wie das Projekt dokumentiert werden könnte, stellte sich nur die Frage, ob Ja oder Nein. Wenn Ja, dann sollte die Dokumentation etwas Gescheites werden, denn das Projekt hatte Potenzial. Davon waren wir überzeugt. Red Bull engagierte als Regisseur Thomy Dirnhofer, einen erfahrenen Filmemacher und ehemaligen Kletterer, und Heli Putz, der für die Sicherheit am Berg garantieren sollte.

Red Bull hat im Dokumentieren von Extremsportarten enorme Erfahrung. Ich freute mich natürlich darüber, welchen Stellenwert sie meinem Projekt beimaßen. Wir redeten über Möglichkeiten, alles nah und real zu dokumentieren, von der Ankunft in El Chaltén bis hin zum Durchstieg auf den Gipfel.

Für uns war klar, dass die Anwesenheit der Dokumentations-Crew an der Art und Weise, wie wir gehen, planen und vor allem klettern würden, nichts verändern durfte.

Für mich bestand die Expedition nach wie vor allein aus Daniel und mir. Die Dokumentation, die vor Ort aus sechs Personen bestand, wurde eigenständig organisiert. Wir mussten nur klettern.

Daniel und ich, wir waren ein Team. Heli Putz und seine Kameraleute ein anderes.

Keine Hilfe beim Transport des Materials, beim Vordringen zur Wand oder beim Klettern. Zwei junge Männer, die sich einen Traum verwirklichen: einen Berg am Ende der Welt zu besteigen.

Ein Interview mit mir, das im Internet veröffentlicht wurde, sorgte kurz vor unserer Abreise für Verwirrung. In dem Interview wurden die Maßnahmen, mit denen wir die Kameraleute in die Gipfelregion bringen wollten, damit verwechselt, wie Daniel und ich den Aufstieg planten. Plötzlich kursierte im Web die Nachricht, dass wir uns mit dem Hubschrauber hinaufbringen lassen und mit Fixseilen in der Wand das Leben leicht machen wollten. Das war natürlich Unsinn. Daniel und ich wissen, was sich am Berg gehört. Aber das Internet ist ein höllisches Medium, wenn es darum geht, falsche Tatsachen, die sich auf den Weg gemacht haben, wieder einzufangen.

Ich versuchte mich auf die Planung der Expedition zu konzentrieren – und musste mit etwas flauem Gefühl im Magen zur Kenntnis nehmen, dass wir gar nicht allzu genau planen konnten. Was wir vorhatten, sah einfach so aus:

Camps einrichten.

Die Route auschecken.

Frei klettern.

Am 18. November 2009 um 6 Uhr 25 reisten wir voller Vorfreude nach Patagonien ab. Am 6. Februar 2010 um 17 Uhr 40 kehrten wir nach Österreich zurück, drei Wochen früher als geplant. Wir hatten unser Projekt nicht geschafft. Das schlechte Wetter hatte uns verblasen. Aber ich war verzaubert.

Das Erlebnis war großartig gewesen, wenn auch anders als geplant. Ich hatte in El Chaltén eine andere Welt kennengelernt und mich von Dingen in den Bann ziehen lassen, die ich bis dahin nicht auf meinem Radar gehabt hatte.

Wir hatten es nicht einmal bis zum Gipfel geschafft, was die Voraussetzung dafür ist, ein so ehrgeiziges Projekt wie unseres überhaupt in die Tat umzusetzen. Wir hatten über die Schlüsselpassagen der Tour keine neuen Informationen gewonnen. Ich wusste von der Route so viel wie vorher, aber ich hatte trotzdem extrem viel gelernt. Ich wusste, dass ich beim nächsten Versuch anders vorgehen musste.

Wir hatten während der gesamten Expedition nur Scheißbedingungen. Aber es kann natürlich auch ganz anders sein: Alex Huber hatte mit dem Wetter so viel Glück, dass er auf dem Gipfel des Torre biwakieren konnte. Tolle Vorstellung, ein Sonnenaufgang dort oben. Ich beneide den Alex ein bisschen darum.

Viele Details hatten wir falsch oder umständlich gedacht. Das hatte einen Grund. Wir hatten uns die Dimension dieses Berges nicht vorstellen können. Du kannst Papier wälzen und Filme anschauen und alles: Nichts ersetzt den Moment, wenn du selbst vor dem Berg stehst und den Schnee riechst und spürst, wie der Wind dein Gleichgewichtsgefühl auf die Probe stellt. Das Wissen, das in Büchern steckt, ist okay. Es selbst zu erleben ist etwas ganz anderes.

Der Cerro Torre ist eine komplett andere Welt als die Berge der Alpen. Die Erfahrung, die ich im alpinen Klettern reichlich habe, kann ich hier nur bedingt anwenden. Es kommt so viel mehr dazu, woran man denken muss. Klettern am Torre ist viel komplexer. Die Dimensionen der Berge, der Wände, der Gletscher sind anders, und die Fehler, die man macht, haben logischerweise ganz andere Konsequenzen. Darauf musste ich mich erst einstellen, denn ich hatte mir vorher nie Gedanken darüber gemacht, dass die alpinistischen Herausforderungen so unterschiedlich sein würden verglichen mit dem, was ich kannte.

Als ein Kameramann einen kurzen Abstecher auf eine Schutthalde unterhalb des Fitz Roy machte, verloren wir ihn innerhalb von fünf Minuten aus den Augen. Wir standen da und suchten die Gegend nach ihm ab, aber wir sahen ihn nicht. Erst als wir mit dem Fernglas schauten, entdeckten wir ihn wieder – winzig vor dem Berg, dem er sich gerade näherte. Es war der Moment, in dem ich begriff, dass ich das Verhältnis des Menschen zum Berg neu bemessen musste.

Aber die Lektion habe ich gelernt. Sie ist wertvoll. Sie wird mir helfen, den Torre beim nächsten Versuch realistischer anzugehen. Wir werden anders an die Sache herangehen. Schneller entscheiden. In kürzeren Perioden agieren. Wir hatten mehr Ausrüstung mit, als man braucht. Wir wollten mit vielen Dingen auf Nummer sicher gehen, aber wir dachten viel zu speziell ans Klettern. Eine Expedition auf den Torre verlangt universelles Denken, nicht spezielles.

Glaube ich zumindest. Aber vielleicht lernen wir das nächste Mal wieder etwas ganz anderes.

Sechsundzwanzig

Als ich in Österreich ankam, packte ich nicht zuerst das Gepäck aus. Ich schnappte mir meine Ski und ging auf den Berg. Die Eindrücke aus Südamerika waren so stark gewesen, so überwältigend. Jetzt wollte ich gehen, meine Berge wiedersehen, und das Pendel in meinem Inneren wieder auf den Platz einstellen, wo ich zu Hause bin.

Ich fuhr mit der Standseilbahn auf den Hoadl in der Axamer Lizum und von dort über die Hoadl-Hinterseite in ein Nebental. Jorg hatte keine Zeit gehabt. Seit er sich an der Hand verletzt hatte, studierte er plötzlich mit sehr viel mehr Elan. Daniel war froh, wieder einmal seine Freundin zu sehen, wenn er aufwachte, und nicht mich. Also ging ich allein.

Es war noch nicht spät, aber schon warm. Ich gab Gas, weil ich kein Problem mit den Lawinen bekommen wollte. Ich sprintete den Berg regelrecht hoch, so dass ich bei der Hälfte des Aufstiegs schon richtig fertig und ausgepowert war und mir nichts so sehr wünschte wie einen Müsliriegel. Aber ich war wieder einmal zu faul gewesen, zu Hause noch einen einzupacken. Ich war ja in Tirol und nicht in Patagonien.

Dann kam der Durst. Auch gegen den Durst hatte ich nichts dabei. Aß ich halt Schnee.

Bald hatte ich den größten Teil der Tour zurückgelegt. Aber der letzte Hang war so extrem steil, dass ich mit den Tourenski nicht mehr raufkam. Ich schnallte ab und band die Ski auf meinen Rucksack. Bruchharsch. Der Schnee hatte einen harten Deckel und war darunter weich. Ich sank bei jedem Schritt bis zur Hüfte ein und musste den Schnee mit den Händen wegräumen, bevor ich den nächsten Schritt machen konnte. Das war anstrengend und unangenehm, weil ich zu faul war, die Handschuhe aus dem Rucksack zu holen. Irgendwann revanchierten sich die Finger für meine Nachlässigkeit, indem ich sie nicht mehr richtig spürte. Ich war 50 Meter vor dem Gipfel, als ich mir dachte: Nein. Das macht keinen Spaß.

Aber jetzt meldete sich mein Sturschädel: Das macht schon Spaß. Du gehst jetzt weiter.

Gegen den Sturschädel konnte ich natürlich nichts ausrichten. Ich kämpfte mich also weiter, und bald stand ich am Gipfel, allein und etwas außer Atem.

Keine Menschenseele. Unberührte Natur.

Ein Blick hinter die Kulissen der Alpen.

Ich hatte zum ersten Mal seit langer Zeit das Gefühl, wirklich für mich zu sein. Auf den acht Kilometern von der Axamer Lizum bis hierher hatte ich keine einzige Spur gesehen. Ich wusste, dass bis zum Stubaital hinüber niemand sein würde. Es war still. Jetzt, wo ich mich selbst nicht mehr gehen und schnaufen hörte, fand ich mich in einer Ruhe und Schönheit wieder, die mir fast unheimlich war und mich plötzlich bis zum Rand mit Glück ausfüllte. Normalerweise bin ich keiner, der am Gipfel sentimental wird. Aber diesmal blieb ich länger stehen als sonst.

Endlich wieder ein Gipfel, sagte ich mir.

Höchste Zeit, sagte der Sturschädel.

Ich schnallte die Ski an und fuhr in langen Schwüngen hinunter, zurück in die Normalität, zurück in das Land, wo es Menschen und Müsliriegel gibt.

Siebenundzwanzig

Jetzt sind wir endgültig sicher, dass es möglich ist.

Das Ausbouldern der letzten Seillängen ist zwar eine Mörderarbeit gewesen, aber sie hat sich gelohnt. Wir haben im extrem überhängenden, brüchigen Teil der Wand des Trentiner Monte Brento eine Route gefunden, die sich frei klettern lässt, und wir haben die Griffe, die halten, mit Magnesium markiert. Wenn das Wetter okay ist, werden wir wiederkommen und die Route an einem Tag durchklettern.

Am Ausstieg aus der Wand treffen wir einen netten Typen, der ein paar Basejumper mit dem Auto hinaufgebracht hat. Die Wand ist ein beliebter Spot fürs Basejumping. Die Tatsache, dass die Wand etwa 200 Meter weit überhängt, macht den Absprung sicher und attraktiv: dann geht es rund 1000 Meter in die Tiefe. Perfekt. Der Typ fragt uns, ob er uns mit dem Auto mit hinunternehmen soll.

»Klar«, sagen wir. Das erspart uns vier Stunden Fußmarsch. Gemeinsam gehen wir eine Stunde bis zu der Stelle, wo er sein Auto hat, kurz danach sind wir unten.

Wir schauen auf die Uhr. Es ist acht Uhr abends. Eigentlich hatten wir vorgehabt, im Auto zu schlafen und am nächsten Tag in der Früh nach Hause zu fahren. Aber es ist noch früh genug. Von Arco nach Innsbruck sind es nicht viel mehr als zwei Stunden.

»Fahren wir«, sagt Jorg.

Mir soll's recht sein. Ich bin platt. Ich schmeiße mich auf den Beifahrersitz, versuche wie immer wach zu bleiben, aber auf der Autobahn kurz vor Bozen werden meine Augenlider einfach zu schwer, und ich dämmere langsam weg.

Plötzlich werde ich wachgerüttelt. Wir haben die Leitplanke touchiert. »Scheiße«, knurrt Jorg. Sekundenschlaf.

Wir nehmen die nächste Ausfahrt, Bozen Süd, und fahren auf einen Parkplatz in der Industriezone. Das Auto hat einen langen rostfarbenen Kratzer, der an der Beifahrertür beginnt und sich bis zum hinteren Kotflügel zieht. Zumindest läuft das Auto noch; und uns ist nichts passiert.

Das Projekt war schon uralt. Jedes Mal, wenn wir zum Gardasee fuhren, blieb mein Blick am Monte Brento hängen oder, genauer gesagt, an seiner mächtigen, konkaven und extrem überhängenden Wand. Der Fels ist gelb und brüchig. Riesige Dächer ragen aus der Vertikalen. Ein paar verrückte Kletterer haben in den siebziger Jahren Erstbegehungen durch die Wand gemacht, es entstanden einige Techno-Routen. Frei geklettert hat die Wand noch niemand. Als Jorg und ich wieder einmal von Arco nach Innsbruck unterwegs waren, schauten wir uns die Wand ein bisschen genauer an. Wir überlegten nicht, *ob* eine freie Begehung funktionieren würde. Wir diskutierten, *wie* sie funktionieren könnte. Das war der Start des Projekts.

Im Herbst 2008 stiegen wir das erste Mal ein. Wir hatten natürlich gewusst, dass wir uns auf ein ziemliches Abenteuer einlassen, aber wie brüchig der Fels tatsächlich war, hatten wir nicht geahnt. Wir wollten die Wand in zwei Tagen durchklettern und schafften am ersten Tag 450 Meter. Wir hatten nur dünne Schlafsäcke dabei und fanden kein Podest, auf dem wir hätten schlafen können. Wir verbrachten dann die Nacht im

Gurt hängend. Eine Scheißnacht. Es regnete, und der Wind ging. Um acht schlief ich ein. Ein paar Stunden später wachte ich auf, weil mir alles weh tat. Da war es neun.

Am zweiten Tag kletterten wir weitere 200 Meter. Dann brachen wir den Versuch ab.

Wir ließen ein halbes Jahr vergehen, bevor wir das Projekt fortsetzten. Diesmal mit schweren Geschützen. Wir hatten zwei Haulbags mit insgesamt 70 Kilo Ausrüstung dabei und ein Zweimann-Portaledge. Eine weitere Nacht im Gurt fanden wir nicht attraktiv. In der Scheißnacht von damals hatte ich mir das Pfeiffer'sche Drüsenfieber geholt, und ich war dann einen Monat lang außer Gefecht gewesen.

Am ersten Tag kletterten wir 500 Meter. Am zweiten stießen wir bis zum großen Dach auf rund 750 Meter vor. Am dritten Tag durchstiegen wir die gewaltigen Überhänge, die uns echt auf die Probe stellten. Als wir bei Einbruch der Dunkelheit am Ausstieg saßen und uns abklatschten, fielen mir fast die Augen zu, und wir hatten beim besten Willen keine Kraft mehr, uns auf den Weg nach unten zu machen. Außerdem war es dafür schon zu spät, der Abstieg dauert mindestens fünf Stunden.

Wir verbrachten die Nacht auf einem unförmigen Hügel aus Steinen, zogen uns die dünnen Schlafsäcke über, die wir mitgenommen hatten, um Gewicht zu sparen, schlüpften damit in die Haulbags, die uns bis zur Hüfte gingen und legten uns auf die Seile. Es war saukalt. In der Früh quälten wir uns die fünf Stunden ins Tal, zum Auto, voll fertig. Aber happy.

Wann immer wir einen Tag Zeit fanden, fuhren wir nach Arco, um die einzelnen Seillängen auszubouldern. Wir seilten uns vom Ausstieg ab und prüften jeden Meter, ob man ihn frei klettern konnte.

Es war ein Geduldsspiel.

Wir verbrachten noch einmal fünf einzelne Tage in der Wand. Wir opferten das Auto an der Leitplanke.

Wir probierten und wir diskutierten. Geht es oder geht es nicht? Fehlen ein paar Meter oder gehen auch die ganz großen Schwierigkeiten, 9+ und 10–? Immerhin sechs der insgesamt 28 Seillängen waren im zehnten Schwierigkeitsgrad.

Ich dachte immer wieder an den Torre. Ich verglich die Gründlichkeit, mit der wir hier arbeiten konnten, mit der schnellen Entschlossenheit, die unter den speziellen Wetterbedingungen Patagoniens notwendig ist. Ich kam zum Schluss, dass nur eine Eigenschaft beiden Projekten ein gutes Ende bescheren würde: Hartnäckigkeit. Ich gebe nicht gern auf. Ich beiße mich durch.

Ende Mai 2010 probieren wir, die Route durchzusteigen. Das Wetter ist okay. Wir wissen, dass die Tour theoretisch zu machen ist. Aber wir wissen auch, dass wir uns nicht viele Fehler erlauben dürfen. Fehler kosten Zeit und Kraft. Wenn wir zu viele Fehler machen, steigen wir die Tour an einem Tag nicht durch.

Es ist der Dienstag nach Pfingsten. Wir schlafen im Auto, stehen um halb vier auf und marschieren um vier vom Parkplatz los, der ein paar Kilometer nördlich von Dro liegt. Nach einer Stunde sind wir beim Einstieg, es ist hell und frisch, ein sanftes Dämmerlicht färbt die Felsen warm. Eine Stunde später haben wir bereits die 400 Meter langen Vorbauplatten erledigt.

Jetzt ist es plötzlich sauheiß. Die Sonne brennt wie noch nie in diesem Frühjahr. Durst.

»Vielleicht hätten wir doch mehr als einen halben Liter Wasser mitnehmen sollen«, sagt Jorg. Aber wir haben nicht mehr als einen halben Liter. Wir müssen uns den schmalen Vorrat einteilen, bis wir beim Portaledge ankommen, das unter dem großen Dach hängt. Dort ist einiges an Proviant und Wasser gebunkert.

Wir sind gut im Rhythmus. Nähern uns Länge für Länge den schweren Stellen. Jorg schafft die erste wirklich schwierige Passage auf Anhieb. Als ich die nächste vorsteige, rutsche ich ab und hänge ein paar Meter weiter unten im Seil.

Kein Stress, guter Normalhaken.

Beim zweiten Versuch habe ich kein Problem mehr. Drei Seillängen höher hängt unser weißes Portaledge in der Wand. Wir machen eineinhalb Stunden Pause. Wasser gegen den Durst. Wir haben sogar einen Kocher dabei und es gibt warme Nudelsuppe. Luxus. Wir haben 20 Seillängen hinter uns. Vor uns noch acht. Aber was für acht.

Von hier aus hängt der Fels bis zum Ausstieg noch extremer über. Er ist enorm brüchig. Du musst dich permanent vergewissern, ob du jeden Griff richtig belastest. Fehler sind nicht erlaubt. Die Magnesiumstriche, mit denen wir Griffe und Tritte markiert haben, sind noch alle da. Bei über tausend Zügen vergisst du sonst schnell einen.

Noch acht Seillängen. Sie haben der Reihe nach die Schwierigkeiten 10-, 10-, 7-, 9-, 9-, 10-, 10- und 10-.

»Countdown«, sage ich.

»Okay. Acht«, sagt Jorg und steigt wieder ein.

Er schafft die Länge mit etwas Anstrengung, aber ohne zu stürzen.

»Sieben.«

Ich spüre die bisherige Tour in den Knochen. Kämpfe mich im brüchigen Fels nach oben, während ein Geschwader Basejumper sich von oben auf den Weg nach unten macht. Sie werden schneller am Ziel sein als wir. Lucky you.

»Sechs.«

Auch Jorg kämpft. Wenn Jorg müde wird, bekommt er extreme Augenringe. Er sieht dann aus wie ein 60-Jähriger.

»Fünf.«

Ich spüre die Vorahnung von Freude. Die Längen, die wir jetzt klettern, sind sauschwer, die Bedingungen gut, aber wir kennen die Probleme, wir haben sie ausgecheckt, und die Züge, die wir machen, sind präzise und richtig.

Aber in die wachsende Müdigkeit, in die physische und psychische Anstrengung, mischt sich die Sorge, dass ich ausgerechnet die letzte Seillänge nicht wirklich kenne. Sie war nass, als wir sie das letzte Mal in der Wand ausgecheckt hatten.

»Vier.«

Die Zeit beginnt sich elastisch zu dehnen. Wenn du ausgeruht kletterst, spielt Zeit keine Rolle. Sie rinnt unmerklich und regelmäßig, wie Sand durch eine Sanduhr. Jetzt vergeht sie zäh und langsam. Ich merke, dass Jorg sich bei jedem einzelnen Zug abmüht. Sein Krafthaushalt läuft auf Reserve.

»Drei.«

Auch mein Motor stottert. Ich sehe nur noch die Wand und ihre Schwierigkeiten. Magnesiumstriche. Hier hingreifen. Ich kämpfe. Denke kaum noch. Funktioniere.

»Zwei.«

Als Jorg im Zeitlupentempo seine letzte Länge vorsteigt, habe ich nur noch die letzte Seillänge im Kopf. Ist die Sau noch immer nass? Gut. Jorg ist oben. Er sichert mich nach.

»Eins.«

Ultimo. Ich bouldere die Schlüsselstelle noch einmal schnell aus, prüfe, welche Griffe halten. Die Griffe sind gut. Es sind noch vierzig Meter, vierzig Meter schwierigstes Klettern, aber während ich Zug um Zug mache, spüre ich, dass mir die erwachende Euphorie Kraft gibt, und ich klettere, so gut ich kann, und dann bin ich oben, und dann sichere ich Jorg nach, und wir klatschen uns ab und wir schweigen.

In unseren Gesichtern steht geschrieben, was man wissen muss. 28 Seillängen, 1100 Klettermeter, es ist Viertel vor sieben, wir sind fast vierzehn Stunden geklettert.

Wir haben die erste Tour durch die überhängende Wand des Monte Brento befreit.

Es sind diese Momente, für die wir leben.

Nach dem Abstieg werden wir bei Marco in Arco sitzen und Pizza bestellen und Eis essen, und ich weiß genau, welche Sorten es sein müssen: Panna Cotta und Frutti di Bosco.

Und natürlich, ganz wichtig: Crocantino.

Ich danke Pascal Brönnimann, Susanne Degn & dem Red Bull Mediahouse, Thomas Dirnhofer, Rainer Eder, Britta Egetemeier & dem Verlagsteam von Knaus, Carmen Fender, Christian Fink, Stefan Fürst, Karl Gabl, Hans Gastl, Gerhard Gstettner, Peter Habeler, Martin Hager, Christian Hoser, Gerhard Hörhager, Florian Klingler, Lianne Kolf & ihrem Agenturteam, Claudia Lama, Rinzi Lama, Andres Lietha, Marleen Linder, Ruppert Messner, Philipp Perktold, Andreas Ratz, Peter Reinthaler, Oliver Saringer, Reinhold Scherer, Oliver Schwarz, Michael Schöpf, Christian Seiler, Daniel Steuerer, Robert Trenkwalder, Simone Tscherntschitz, Jorg Verhoeven, Robert Weber, Liselotte & Herbert Wergles, Heiko Wilhelm.

David Lama, im Juli 2010

FREE
Der Cerro Torre, das Unmögliche und ich

David Lamas zweites Buch wurde 2013 erstveröffentlicht, wie schon für HIGH arbeitete David Lama mit Christian Seiler zusammen.

You haven't got a snowball's chance in hell.

Jim Bridwell

Die Entwicklung des Bergsteigens war, ist und bleibt, Grenzen zu verschieben: Was vor zehn Jahren unmöglich war, kann möglich werden. David Lama hat den Cerro Torre 2012 frei geklettert – ich hätte das vor zehn Jahren noch für unmöglich gehalten.

Reinhold Messner

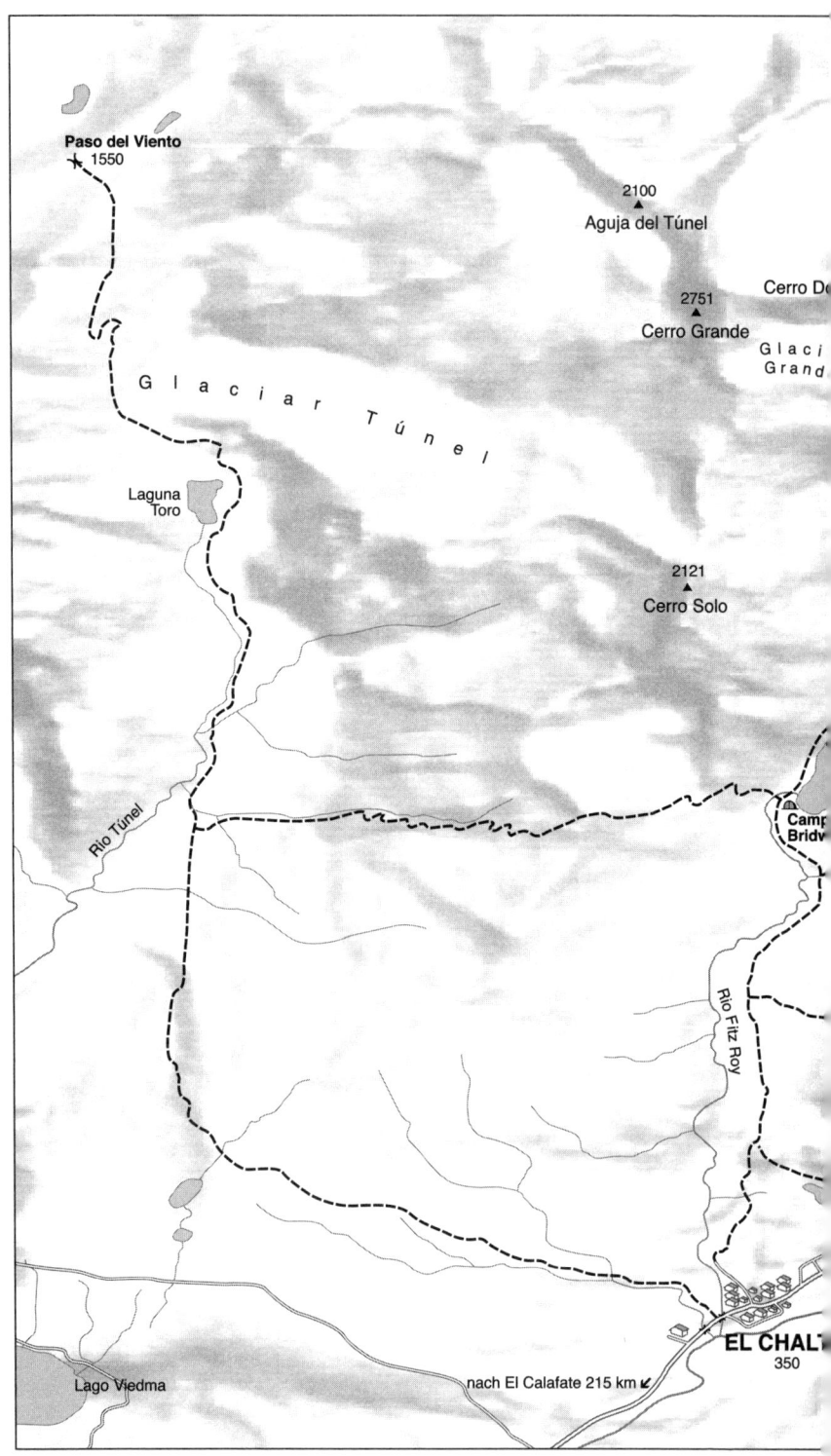

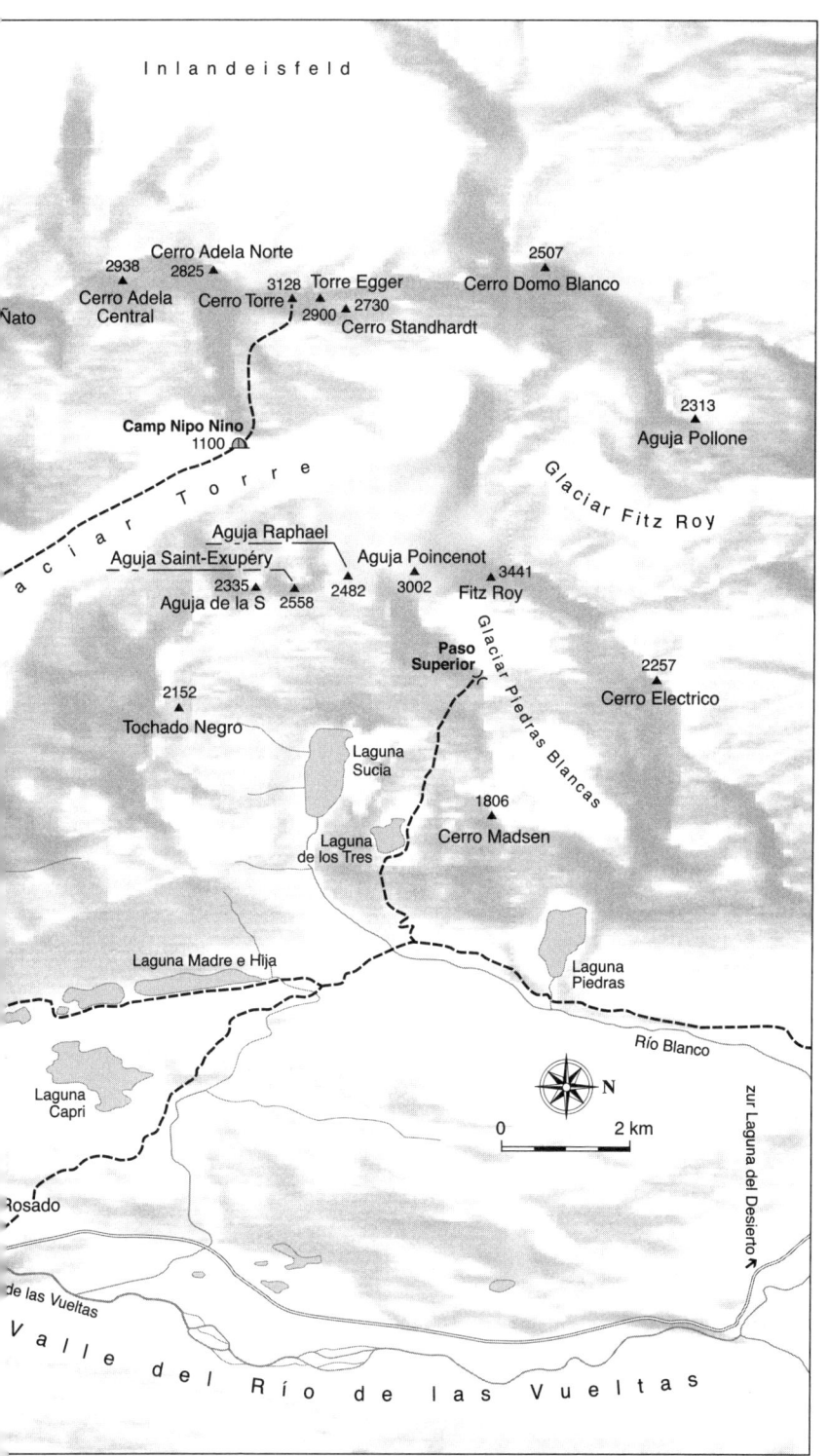

Eins

Manchmal ereignen sich die wirklich wichtigen Dinge im Schlaf. Ich sitze in El Chaltén auf einem Campingstuhl und halte ein Nickerchen. Den Stuhl haben Peter und ich auf der Baustelle gegenüber gefunden, als wir uns das Plätzchen vor unserem Container ein bisschen gemütlich herrichten wollten. Der Stuhl ist super, er hat sogar eine Halterung für ein Getränk. Dazu haben wir eine Bank aus Brettern gebastelt, auf der liegt Peter jetzt in seinem dünnen Schlafsack und gönnt sich ebenfalls einen Mittagsschlaf.

Ich erwache, als ich Dirnis Stimme höre.

Dirni sagt: »David.«

Ich schlage die Augen auf und schaue durch meine Sonnenbrille ins Objektiv einer Kamera. Neben der Kamera ein Gesicht, eckig wie die Kamera, aber umgeben von blond glänzenden Barocklocken. Das ist Dirni, der Regisseur des Filmteams, das unser Projekt dokumentiert. In seinen Augen flackert es.

»Hmm?«, frage ich.

»Wir müssen euch leider aufwecken«, sagt Dirni.

»Weil?«

»Wir haben eine ziemlich neue Information für euch«, sagt Dirni.

Interessant. Ich setze mich auf und höre am Knurren neben

mir, dass Peter Ortner, mein Kletterpartner und Freund, ebenfalls aufgewacht ist.

Dirni sagt: »Eine kanadisch-amerikanische Seilschaft ist vom Berg gekommen, die gestern die Kompressorroute ohne die Haken von Maestri geklettert ist. Beim Runterklettern haben sie alle Haken aus der Headwall und auch ein paar Seillängen drunter rausgeschlagen.«

Das ist jetzt aber wirklich eine Nachricht, auch wenn ich nicht verstehe, warum Dirni sich so darüber aufregt. Zur Sicherheit sage ich also: »Ist mir egal«, und Peter neben mir nickt, ihm ist es also auch egal, obwohl ich bezweifle, dass er zu diesem Zeitpunkt genau weiß, was ihm gerade egal ist.

»Warum machen die das?«, fragt Dirni.

»Weil sie meinen, dass sie's machen müssen«, sage ich, schäle mich aus meinem Schlafsack und stehe auf. »So wie ich halt meine, dass ich die Kompressorroute frei klettern muss.«

Dirni hält die ganze Zeit mit seiner Kamera auf mich. Ihm ist klar, dass sich gerade ein historischer Moment unserer Expedition auf den Cerro Torre ereignet, und er will keine Entgleisung in meinem Gesicht verpassen. Aber mein Gesicht entgleist nicht. Ich denke nichts, außer: Wenn die Bohrhaken nicht mehr in der Headwall sind, dann werden wir uns eben anders zu helfen wissen.

Die Geschichte der aus der Wand geschlagenen Bohrhaken ist der letzte Puzzlestein in der großen Historie des Cerro Torre, der mythenumwobenen Granitnadel im Süden Patagoniens, der wir gerade ein neues Kapitel hinzufügen wollen. Der Berg galt lange als unbezwingbar, bis der Italiener Cesare Maestri ihn mit seinem Bergkameraden Toni Egger im Jahr

1959 bestieg – oder, besser gesagt, zu besteigen vorgab. Denn Maestri kehrte von der vermeintlichen Erstbesteigung allein zurück, Toni Egger war abgestürzt, und mit ihm das Gipfelfoto, das sich in Eggers Rucksack befunden haben soll.

Als zusehends Zweifel an Maestris Geschichte aufkamen, entschloss sich dieser, den Berg erneut zu besteigen. 1970 rückte er mit schwerem Gerät an und bohrte sich mit Hilfe eines hundert Kilo schweren Kompressors eine Leiter aus hunderten Bohrhaken bis zum höchsten Punkt der Felswand unterhalb des Gipfel-Eispilzes. Den Eispilz, der wie ein blauweißer Pfropfen auf der Felsnadel sitzt, bewertete Maestri nicht mehr als Teil des Berges, er sei schließlich nur eine temporäre Verkleidung des Gipfels. Maestri hatte das Gefühl, es allen Zweiflern damit gezeigt zu haben.

Ich würde sagen: Er hat sein Ziel aus den Augen verloren und den Gipfel auf sehr eigenwillige Weise erreicht – und seine Spuren sowohl in der Alpingeschichte hinterlassen, in der er jetzt tatsächlich als erster Alpinist geführt wird, der sich die Gipfelwand, die Headwall des Cerro Torre, hinaufgearbeitet hat, als auch am Cerro Torre selbst: Der monumentale Kompressor, der Maestris Bohrmaschine betrieb, hängt auch 43 Jahre später noch immer in der Headwall – ich bin selbst schon darauf gestanden. Die über 350 Bohrhaken, die Maestri in den Granit schlug, stecken nicht nur die schnurgerade nach oben führende »Maestri-Route« ab. Sie nützen auch allen Alpinisten, die diese Route gehen, weil man sich ohne weiteres an ihnen sichern und hochziehen kann.

Maestris Vorgehen hat zu Diskussionen geführt, die seit mehr als vierzig Jahren andauern. Man ist sich unter Alpinisten ziemlich einig darüber, dass sein Vorgehen inakzeptabel war. Viele sprechen davon, dass er mit seinen Bohrhaken den Berg »entweiht« hat.

Aber die Nachricht, die uns gerade erreicht, sagt uns, dass diese Haken ab sofort nicht mehr da sind. Zwei Alpinisten, der Kanadier Jason Kruk und der Amerikaner Hayden Kennedy, haben sie aus der Wand geschlagen. Sie wollten den Cerro Torre von den »Fehlern der Vergangenheit« säubern und den Berg in einen Zustand versetzen, wie er vor der »Vergewaltigung« durch Maestri gewesen war.

Dirni hat offenbar das Gefühl, dass sich dadurch etwas an unserem Plan ändern könnte. Dieser Plan besteht darin, etwas zu vollenden, was von den meisten für unmöglich gehalten wird: Ich möchte den Cerro Torre im freien Kletterstil besteigen. Das heißt: Ich möchte einen Berg, dessen Besteigung bereits unter Verwendung aller technischen Hilfsmittel eine enorme Herausforderung ist, ohne jedes Hilfsmittel klettern. Nur mit der Kraft meiner Hände und Füße. Mit meiner ganzen alpinistischen Fantasie. Meiner Klettertechnik, die ich in vielen Jahren als erfolgreicher Wettkampfkletterer erworben habe.

Haken, Karabiner und Seil brauche ich nur, um mich abzusichern. Für diese Absicherung haben Maestris Bohrhaken in der Gipfelwand eine gewisse Rolle gespielt. Ich hatte vorgehabt, einige von ihnen im letzten Abschnitt meiner freien Begehung auf den Gipfel zu verwenden, aber jetzt sind sie nicht mehr da.

Der freie Kletterstil – wir Alpinisten sagen: frei klettern – ist meine bevorzugte Methode, einen Berg zu besteigen. Es ist eine Technik, den Berg mit seinen natürlichen Strukturen, seinen Rissen, Schuppen und Felsformationen als Herausforderung zu begreifen und ihn nur mit der Kraft und Geschicklichkeit der eigenen Arme und Beine zu besteigen. Selbst in den schwersten Passagen einer Wand darf man keinen Haken zu Hilfe nehmen, um sich daran hochzuziehen und die Passage auf diese Weise zu überwinden. Das Seil und die notwendigen Haken dienen nur dazu, um sich so abzusichern, dass ein möglicher Sturz nicht unweigerlich tödlich endet.

Ich bin bereits eine Reihe von schwierigen Wänden frei geklettert. Aber kein Projekt war annähernd so herausfordernd wie der Cerro Torre. Die Wände am Torre sind von einer ganz anderen Dimension als zu Hause in den Alpen. Zu den klettertechnischen Schwierigkeiten kommen jene des Wetters, der Bedingungen am Berg und der für mich anfangs noch völlig unbekannten Dimensionen. Nur an wenigen Tagen im patagonischen Sommer findet man überhaupt Voraussetzungen vor, um den Cerro Torre zu besteigen. Meist herrschen Sturm, Nebel, Schneefall, Kälte. Bedingungen, unter denen es völlig unmöglich ist, zu klettern, geschweige denn frei.

Aber auch das schöne Wetter hat seine Tücken. Der Cerro Torre ist die meiste Zeit von einem oft meterdicken Eispanzer überzogen, der sich bei Sonneneinstrahlung vom Fels lösen und in die Tiefe stürzen kann. Oft sind diese Eisbrocken so groß wie Fußbälle oder sogar wie ein Kleiderschrank, so dass man sich besser nicht in ihrer Falllinie befindet.

Dazu das ständige Gefühl, sehr weit von jeder Hilfe entfernt zu sein. Wenn man auf dem Cerro Torre stürzt und sich dabei nur ein Bein bricht, wird es bereits sehr schwierig, wieder zurück ins Tal zu kommen. Du brauchst einen Partner, der sehr fit ist und dich tragen kann, oder viel Glück: Wenn der Partner nach El Chaltén rennen muss, um Hilfe zu holen, kommt diese vielleicht erst nach drei Tagen bei dir an. Falls das Wetter es dann überhaupt noch zulässt.

Mein Team und ich sind schon zum dritten Mal hier. Beim ersten Versuch vor zwei Jahren kamen mein damaliger Partner Daniel Steuerer und ich nicht einmal bis auf den Gipfel des Torre, an freies Klettern war gar nicht zu denken. Beim zweiten Versuch schafften Peter und ich den Gipfel in technischer Kletterei, und ich gewann bei der Besteigung den Eindruck, dass mein Plan tatsächlich aufgehen könnte. Bis dahin hatte ich selbst, um ehrlich zu sein, noch immer Zweifel, ob mein groß angekündigtes Vorhaben, den Cerro Torre frei klettern zu wollen, nicht an der einen oder anderen Stelle in einer Sackgasse im Granit enden würde – ganz sind diese Zweifel auch jetzt noch nicht ausgeräumt.

Aber gerade die vielen Unmöglichkeiten des Projekts reizen mich. Reinhold Messner, der den Cerro Torre nie bestiegen, aber ein Buch über ihn geschrieben hat, hielt mein Projekt schlicht für »unmöglich«. Der amerikanische Kletterpionier Jim Bridwell, dem 1979 die Erstbesteigung des Cerro Torre über den Südostgrat gelang, sagte in seiner etwas blumigen Sprache sogar: »You haven't got a snowball's chance in hell« – frei übersetzt: nicht den Hauch einer Chance.

Irgendwann hört Dirni auf zu filmen, und ich gehe im Kopf die Stellen in der Wand durch, die jetzt von Maestris Haken befreit sind. Peter und ich haben im Vorjahr eine ziemlich genaue Vorstellung unserer Linie für meinen Freikletter-Versuch gewonnen. Maestris Bohrhaken-Traverse wollen wir sowieso nicht benützen. Sie ist meiner Meinung nach einfach nicht frei kletterbar, wir müssen die Stelle umgehen, indem wir der Südostkante bis in die Iced Towers folgen. Dort sind noch alle Bohrhaken Maestris vorhanden, auch wenn wir sie nicht brauchen werden, wir sind also nur vom Fehlen der Haken in der Headwall betroffen. Aber unsere Route führt etwa zwanzig Meter unter dem Kompressor nach rechts, wir wollen auf einer großen Felsschuppe Stand machen und von da aus rechts der Bohrhaken bis ins Gipfelschneefeld nach oben klettern. Wir haben also für vielleicht dreieinhalb Seillängen das Problem, dass uns die Haken fehlen. Aber ich weiß, dass die Headwall zahlreiche Schuppen hat, wo wir uns mit Klemmkeilen und Friends sichern können. Ich weiß: Das Fehlen der Maestri-Haken wird unseren Versuch schwieriger und gefährlicher machen. Aber ihr Fehlen wird nicht über das Gelingen oder Scheitern meines Projekts entscheiden. Diese Einsicht fühlt sich erst einmal gut an. Wenigstens solange ich nicht zwanzig Meter über einer beschissenen Sicherung in der Headwall hänge.

Unser Lead Guide Markus Pucher hat Dirni aus dem Nipo Nino mit dem Satellitentelefon angerufen. Das Nipo Nino ist das Lager, um die Ostseite des Cerro Torre zu erreichen, eine windige, zugige Ecke, wo man in der Regel nur die nötigste Zeit vor oder nach einer Tour verbringt. Markus war bereits auf dem Weg zum Torre, um dort unseren Kameramann zu postieren, der meinen Freikletterversuch filmen sollte.

Aber diesmal, erzählt Markus, ist im Nipo Nino Party. Einige Amerikaner sind da, die mit Jason und Hayden feiern.

Die beiden haben gerade ihre Tour auf den Torre geschafft und sind mit der sensationellen Nachricht zurückgekommen, dass sie beim Abseilen vom Gipfel mehr als 120 alte Haken der Maestri-Route herausgedreht oder abgeschlagen haben.

Auf der Website des *Alpinist* erscheint später ihre Erklärung dazu, in der die beiden das Entfernen der Haken mit dem Abriss der Berliner Mauer vergleichen.

»Die Geschichte«, formulieren sie, »bleibt nicht stehen.«

Ich bin mir nicht so sicher, was die Sache betrifft. Sie ist sehr kompliziert. Reinhold Messner hat in einem Aufsatz einmal die Verwendung von Bohrhaken als »Mord am Unmöglichen« bezeichnet. Das ist ein interessanter, philosophischer Ansatz, der sich auf das Vorgehen Cesare Maestris am Cerro Torre eins zu eins anwenden lässt. Maestri verschaffte sich mit technischen Mitteln die Möglichkeit, einen Berg zu bezwingen, der sonst für ihn zweifellos unmöglich gewesen wäre.

Der slowenische Alpinist Silvo Karo hat Messners grundsätzlicher Haltung eine interessante Perspektive hinzugefügt. Er sagte: Die Kompressorroute »ist der Zukunft gestohlen worden. Ohne all diese Bohrhaken wäre die Geschichte dieses herrlichen Berges ganz anders verlaufen. Ich bin davon überzeugt, dass es im Alpinismus wichtiger ist, *wie* man klettert, als *was* man klettert.«

Dieser Gedanke bewegt mich sehr. Was für uns unmöglich ist, muss noch lange nicht für die Generationen nach uns unmöglich sein. Wir selbst sind hier, um etwas zu vollenden, was man bisher für unmöglich hielt.

Ich bespreche die Sache kurz mit Peter. Wir sind uns einig, dass wir die Aktion nicht besonders lässig finden. Wie ich die

Tatsache, dass die Maestri-Haken nicht mehr in der Headwall stecken, grundsätzlich finden soll und welche Auswirkungen diese Tatsache auf den Zustand des Cerro Torre hat, weiß ich noch nicht. Ich brauche manchmal ein bisschen Zeit, um so komplexe Ereignisse zu analysieren und mir meine Meinung zu bilden, und diese Zeit habe ich gerade nicht.

Sicher ist, dass unser Projekt noch ein bisschen schwerer geworden ist.

Wir ziehen uns in den Container zurück und kontrollieren einmal mehr die Wetterdaten. Die meteorologische Botschaft ist eindeutig: Wir erwarten ein Wetterfenster, das optimale Bedingungen für unser Projekt mit sich bringt – wenig Wind, kein Niederschlag. Wir bereiten uns also darauf vor, demnächst ins Nipo Nino aufzubrechen und unseren Versuch am Cerro Torre zu starten.

In El Chaltén ist die Story, dass Jason und Hayden die Maestri-Haken aus der Wand geschlagen haben, *talk of the town*, Tendenz: negativ. Jason und Hayden werden bei ihrer Rückkehr ins Dorf Erklärungsbedarf haben, denke ich mir, aber dann wird es auch schon Zeit, dass Peter und ich uns für unsere eigene Tour fertig machen.

Ich bin inzwischen so oft von El Chaltén aufgebrochen, um den Cerro Torre frei zu klettern, dass ich gar keinen Gedanken daran verschwende, ob heute tatsächlich der Tag sein soll, an dem alles, was ich mir ausgedacht habe, endlich Wirklichkeit wird. Zu unberechenbar ist dieser Berg, zu oft hat er mich bereits mit all seinen Wetterlaunen und spezifischen Gefahren zum Umkehren gezwungen.

Es ist der dritte patagonische Sommer, den ich hier verbringe, und ich kann mit Sicherheit eines sagen: Ich bin jetzt 21, aber sicher nicht mehr derselbe junge Mann, der ich war, als ich vor zwei Jahren zum ersten Mal mit meinem Projekt hier ankam.

Der Cerro Torre hat viel von mir verlangt. Er hat mich als Kletterer, als Alpinist und als Mensch verändert. Dieser ungeheuer schöne, majestätische Berg mit seinem Charisma und seinen Tücken hat mich dazu gebracht, über das Klettern reiflich nachzudenken und meine eigene Rolle im modernen Alpinismus genauso zu reflektieren wie den modernen Alpinismus selbst. Ich habe Demut gelernt und Geduld. Ich habe eine Vorstellung davon bekommen, welchen Stellenwert das Klettern für mich hat und dass es sich lohnt, für den richtigen Weg und das Recht auf das eigene Abenteuer zu kämpfen. Ich habe gelernt, so lange an der eigenen Position zu feilen, bis sie unverrückbar und richtig ist. Ich habe gelernt, dass alpinistische Erfolge nicht von ungefähr kommen und niemandem einfach zufallen.

Klettern ist eine permanente Reise zu dir selbst. Der Cerro Torre ist ein Ziel, das dir diese Tatsache immer wieder vor Augen führt, oft in den überraschendsten Momenten. Davon handelt dieses Buch.

Zwei

Schon als Kind bin ich von den Bergbüchern meiner Eltern begeistert. Es sind Bücher über Nepal, das Land, aus dem mein Vater Rinzi kommt, in denen Berge abgebildet werden,

Die vereiste Westseite des Cerro Torre bot nach der Entfernung der Maestri-Haken die einzige Aufstiegsmöglichkeit für das Filmteam.

Aufstieg zum Col de la Paciencia beim ersten Gipfelversuch, 2011. Die stark vereiste Ostwand des Torre zwang schon bei der Hälfte zum Umkehren.

Peter Ortner beim Bouldern mit argentinischen Kollegen, 2011.
Im Hintergrund El Chaltén.

Oben: David und Kameramann Lincoln Else beim Fischen, 2012.
Unten: Interview vor Peters und Davids Container in El Chaltén, 2012.

20 Meter unterm Gipfeleispilz, 1500 Meter überm Gletscher. Die letzte Seillänge führte durch unberührten Fels, vor allem eine mentale Herausforderung.

David und Daniel Steuerer beim Abstieg nach ihrem letzten Versuch 2010.

Selbstporträt von Peter Ortner beim Zustieg auf dem Schneefeld Media Luna unterhalb der Ostwand, 2011.

Einen Tag später, nach dem gescheiterten Versuch in der Schneehöhle auf der Schulter.

Biwak in den Iced Towers während der freien Begehung 2012. Peter und David mussten zwei Stunden Eis aus dem Schneefeld hacken, bis ein Sitzplatz für

die Nacht entstanden war. Der Lohn: erste Reihe fußfrei bei einem grandiosen Sonnenuntergang.

David und Peter auf dem Gipfeleispilz des Cerro Torre, nachdem die freie Besteigung geglückt war. Links, in übermächtiger Perspektive, der Poincenot.

Oben: Im Schneegestöber auf einer der letzten Seillängen der Aguja de la S.
Unten: Beim Zustieg zur Aguja Saint-Exupéry, 2011. Die Verhältnisse sind schlecht,

der Fels ist vereist. Der Versuch wird abgebrochen.
Rechts: Bei der Besteigung des Poincenot auf der Carrington-Rouse, 2011.

Peter Ortner kämpft sich die Bridwell-Seillänge hoch, während David frierend auf Maestris Kompressor steht, der noch immer in der Headwall hängt, 2011.

deren Namen ich nicht aussprechen kann, die mich aber trotzdem faszinieren. Ich schaue mir die Wände an, wie sie hochziehen, und stelle mir vor, wie es wäre, sie zu durchsteigen. Schon damals sehe ich in der Struktur jedes Berges das, was Bergsteiger eine Linie nennen: den logischen Weg von unten hinauf auf den Gipfel.

Linien können sich stark unterscheiden. Manche sind leicht, manche schwer, manche sicher, manche gefährlich. Als ich die Bücher meiner Eltern durchblättere, kann ich diese Unterscheidung noch nicht treffen. Aber ich weiß, dass Linien Linien sind.

Der berühmte Tiroler Bergsteiger Peter Habeler sieht mich bei einem Sommercamp klettern, als ich fünf bin, und sagt meinen Eltern, dass ich talentiert bin. Meine Mutter Claudia bringt mich in der Klettergruppe von Reini Scherer unter, wo ich die Grundbegriffe des Sportkletterns lerne. In der Halle ist die Linie eine Frage der Farbe: Alle Griffe, die man benützen darf, um durch die Wand zu steigen, sind in der gleichen Farbe gehalten.

Beim Sportklettern geben die im Fels verankerten Bohrhaken den Verlauf der Route vor. Du hängst deine Expressschlingen in die Bohrhaken und dein Seil in die Expressschlingen und bist dadurch gut gesichert. Du kannst dich voll und ganz aufs Klettern konzentrieren.

Die Absicherung erlaubt dir, jede Passage so oft wie nötig zu probieren. Ein Sturz hat keine Konsequenzen, du fällst einfach ins Seil. Wie die Route eingerichtet wird, interessiert eigentlich niemanden. Manche Sportkletterer setzen die Haken, indem sie von unten nach oben klettern und die Haken in den

Fels bohren. Die meisten seilen sich aber von oben ab und verrichten die Arbeit am Seil hängend, was einfacher und weniger anstrengend ist.

Ich erzähle das so ausführlich, weil es erstens beschreibt, wie ich als junger Sportkletterer in der Trainingsgruppe von Reini Scherer das Klettern am Fels kennengelernt habe. Zweitens aber gehören das selbstverständliche Setzen von Bohrhaken und das entsprechende Einrichten von Touren zu den großen Missverständnissen, die mich in mein erstes großes Abenteuer als Alpinist begleiten.

Als ich zum ersten Mal nach Patagonien reise, um den Cerro Torre frei zu klettern, denke ich nicht in erster Linie darüber nach, ob die Absicherung durch Bohrhaken ein großes Problem ist. Für mich bleibt die Kletterherausforderung schließlich die gleiche, egal ob ich Haken setze oder nicht. Was mir unmöglich scheint – und mich deshalb so reizt –, hat mit diesen Haken nichts zu tun.

Klar, ich überlege mir, dass es elegant und sauber ist, mit so wenig Haken wie möglich auszukommen. So viel Alpinist bin ich schon, dass ich das verstehe.

Im Normalfall ist Sportklettern ein total sicheres Unternehmen. Es geht auch nicht darum, dass es nicht sicher ist. Es geht darum, gut abgesichert so lange an die eigenen Grenzen zu gehen, bis man zuerst die einzelnen Stellen geschafft hat und am Ende die ganze Tour.

Im Alpinismus ist das anders. Die Unsicherheit ist ein bestimmender Faktor. Wetter. Ausgesetztheit. Beschaffenheit des Fels. Gefahren, die durch Eisschlag oder Lawinen drohen. Sehr allgemein gesprochen, geht es dem Alpinisten beim

Klettern darum, Abenteuer zu erleben, die Probleme, denen er begegnet, auf individuelle Art zu lösen und dabei die Berge möglichst wenig zu belasten. Alpinisten hinterlassen auf ihren Touren, wenn möglich, keine Spuren.

Wenn der Sportkletterer also nicht weiter darüber nachdenkt, ob er für seine Tour einen Haken mehr oder weniger setzt, dann betrachtet der Alpinist das mit gemischten Gefühlen. Er bevorzugt temporäre Absicherungen wie Klemmkeile oder Friends, weil sie sich nach Gebrauch wieder entfernen lassen. Die Unversehrtheit des Berges ist ein Motiv, dem im Zweifelsfall sogar eine ähnliche Wichtigkeit beikommen kann wie der Sicherheit des Kletterers.

Schon bei meinen ersten schwierigen Touren im alpinen Gelände entscheide ich mich dafür, es mir nicht zu einfach zu machen. Das ist eher ein Ergebnis meines Instinkts als ein Resultat präziser, kletterphilosophischer Überlegungen. Als ich zum Beispiel mit meinem Freund Jorg Verhoeven, einem Wettkampfkletterer, mit dem ich auch gern in den Bergen unterwegs war, eine Erstbegehung an der Sagwand im Valsertal unternehme, beschließen wir, jeden Bohrhaken nur mit der Hand in den Fels zu bohren. Das ist echt Arbeit, saugt aus, kostet Kraft und Zeit. Aber wir haben trotzdem darauf verzichtet, einen Akkubohrer mitzunehmen. Es ist, auch ohne genau darüber nachgedacht zu haben, für mich befriedigender, meine Route ohne den Einsatz von zu viel Technik zu Ende zu bringen.

Drei

Das Paradebeispiel für Technik am Berg ist das, was Cesare Maestri 1970 am Cerro Torre unternahm. Oder um es in den Worten von Yvon Chouinard, dem amerikanischen Big-Wall-Kletterer und Gründer der Outdoor-Marke Patagonia, zu sagen: »Das vielleicht unerhörteste Beispiel für die egoistische alpinistische Bestimmungsphilosophie, die darauf abzielt, Berge um jeden Preis zu erobern, auch wenn dafür Haken, Seile und Kabel am Fels zurückgelassen werden. Das entwertet eine Route, indem sie für die zugänglich bleibt, die weder die Fähigkeiten noch die Nerven haben, sie in gutem Stil zu klettern.«

Die Geschichte Maestris beginnt lange vor dem Bohrhaken-Desaster. Maestri, Jahrgang 1929, galt in seiner Jugend als einer der besten Kletterer der Welt. Diesen Ruf verdankte er vor allem seinen Touren in den Dolomiten, für die er den Spitznamen *Ragno delle Dolomiti*, Spinne der Dolomiten, bekam.

1959 reiste Maestri, der bis dahin noch kaum im Ausland geklettert war, mit seinen Kletterfreunden Toni Egger und Cesarino Fava nach Argentinien. Das Ziel der Seilschaft war der Cerro Torre, das Ergebnis der Expedition mutmaßlich der größte Schmarren der Alpingeschichte.

Der Cerro Torre galt zu dieser Zeit als »unmöglicher Berg«. In der Abgeschiedenheit des südlichen Patagoniens gelegen, Teil des Chaltén-Massivs im Grenzgebiet zwischen Argentinien und Chile, steht der Cerro Torre etwas abseits der Fitz-

Roy-Kette. Die 3128 Meter hohe Granitnadel war unberührt und unbestiegen. Der Osttiroler Kletterer Toni Egger sagte, dass die Wände des Cerro Torre aussehen »wie mit dem Käsemesser geschnitzt«.

Der französische Alpinist Lionel Terray, dem 1952 die Erstbesteigung des Fitz Roy gelang, sagte nach seiner Expedition, dass der Fitz Roy mit Sicherheit der schwierigste Berg der Welt sei – nur »der Cerro Torre, ein Nachbar des Cerro Fitz Roy, ist viel schwieriger zu besteigen als dieser«. Terrays Expeditionsarzt Marc-Antonin Azéma ging in seinem Urteil noch weiter: »Das Problem einer Besteigung gibt es am Cerro Torre nicht… Allein der Gedanke an einen Versuch wäre irre. Lächerlich…«

Die Expedition Lionel Terrays begründete mit ihrem kategorischen Urteil den Mythos des Cerro Torre. Auf den wunderbaren Berg zwischen argentinischer Pampa und chilenischem Inlandeis konzentrierten sich von da an die Wünsche und Hoffnungen der besten Bergsteiger der Welt. Was könnte reizvoller sein, als etwas Unmögliches zu schaffen?

Auch Maestri fühlte sich vom Cerro Torre magisch angezogen. Er konkurrierte Ende der fünfziger Jahre mit seinem italienischen Landsmann Walter Bonatti um den inoffiziellen Titel des besten Bergsteigers der Welt. Die »unmögliche« Tour auf den Cerro Torre kam ihm dafür gerade recht. Maestri sparte in seiner Ankündigung, den »unmöglichen« Berg klettern zu wollen, nicht mit martialischer Rhetorik.

»Für mich gibt es weder Bedenken noch Kompromisse«, trompetete er vor der Abreise nach Patagonien. »Entweder ich bezwinge diesen Berg, oder ich lasse mein Leben in seinen Wänden.«

Maestri wurde auf seiner Expedition von Toni Egger und dem Trientiner Cesarino Fava begleitet. Egger war ein brillanter Eiskletterer, Fava ein willensstarker Bergsteiger, der bei einer früheren Expedition schwere Erfrierungen an seinen Füßen davongetragen hatte, so dass der vordere Teil hatte amputiert werden müssen. Somit war klar, dass Fava die schwierigsten Passagen des Aufstiegs nicht würde mitmachen können.

Maestri, Egger und Fava wählten die Nordostseite als plausibelste Route für ihren Aufstieg auf den Gipfel des Cerro Torre. Sie kamen bei ihrem zweiten Versuch mit Hängen und Würgen bis zu einem dreieckigen Schneefeld etwa 300 Meter über dem Einstieg in die Wand. Gemäß der Version von Maestri passierte dann Folgendes: Er und Toni Egger seien von besagtem Schneefeld zügig weiter nach oben gestiegen und hätten – unter anderem über ein 300 Meter hohes, zwischen 20 Zentimeter und einem Meter dickes Eisfeld, das die Nordwand zur Gänze bedeckte – den Weg zum Gipfel in einem unglaublichen Tempo zurückgelegt. Cesarino Fava sei ins Basecamp abgestiegen, um dort auf die Kameraden zu warten.

Beim Abstieg, so Maestris Geschichte, sei man von schlechtem Wetter überrascht worden. Nahe dem dreieckigen Schneefeld wurde Toni Egger, der wohl die Fixseile für den Abstieg gesucht hatte, von einer Lawine erfasst und in die Tiefe gerissen. Mit ihm verschwand das Gipfelfoto, das auf dem Cerro Torre aufgenommen worden sein soll – fünf Wimpel im Wind, der über den Eispilz pfeift, ein italienischer, ein österreichischer, ein argentinischer, einer der Stadt Trient und das

Banner der Società Alpinisti Tridentini. Der einzige Beweis für die Erstbesteigung des Cerro Torre. Erst sechs Tage später kehrte Maestri von seiner Tour zurück, erschöpft und fast erfroren fand ihn Fava am Fuß der Wand.

Maestris Geschichte schlug große Wellen. Die Erstbesteigung des Cerro Torre, wie er sie beschrieb, sprengte alle Grenzen, die der Alpinismus zu diesem Zeitpunkt kannte. Lionel Terray, der Erstbesteiger des Fitz Roy, nannte die Tour »das wichtigste alpinistische Unternehmen aller Zeiten«.

Maestris Erstbesteigung wurde groß gefeiert, Maestri widmete ihr ein Buch und unzählige Vorträge. Für fast ein Jahrzehnt etablierte er sich mit seiner Story als einer der führenden Abenteurer und Alpinisten der Welt. Doch die Geschichte schien zu genial, um wahr zu sein.

Im Jahr 1968 meldete eine englische Seilschaft, die Maestris und Eggers Tour wiederholen wollte, Zweifel an. Es gab Ungereimtheiten zwischen den Beschreibungen Maestris und dem, wie die Engländer den Berg vorfanden. Die Seilschaft scheiterte dort, wo Maestri den Aufstieg als »relativ leicht« beschrieben hatte, und konnte sich die gewaltigen Unterschiede zwischen ihrer und Maestris Wahrnehmung nicht erklären. Von da an wurde in der Kletterszene hinter vorgehaltener Hand darüber diskutiert, ob Maestris Geschichte überhaupt stimmen konnte.

Als eine italienische Seilschaft um Carlo Mauri im Februar 1970 eine andere Route auf den Gipfel wählte und 250 Meter unterhalb ihres Ziels umkehren musste, sprach Mauri diese Zweifel erstmals öffentlich aus: »Unser Sieg liegt darin«, schrieb er in einem Telegramm in die Heimat, »dass wir alle gesund und unversehrt vom unmöglichen Torre zurückkehren.«

Das Wort »unmöglich« war selbstverständlich ein Affront gegen Maestri. Es stützte sich nicht nur auf die offensichtlichen Ungereimtheiten in Maestris Beschreibung seiner Tour, sondern auch auf die Indizien, die die Engländer zusammengetragen hatten. Bis hinauf zu dem dreieckigen Schneefeld, wo Toni Egger mutmaßlich ums Leben gekommen war, waren die Spuren von Maestris Seilschaft eindeutig und einfach zu finden. Oberhalb des Schneefelds gab es jedoch keine Spuren mehr: weder Seile noch Haken, obwohl Maestri behauptet hatte, mindestens sechzig Haken mit einem Handbohrer in den Fels getrieben zu haben.

Maestri blieb bei seiner Version. Er gab Mauri beleidigt Kontra: »Der Cerro Torre ist nur für diejenigen unmöglich, die ihn nicht besteigen können.« Bis heute weicht Maestri keinen Millimeter von seiner Darstellung ab, den Cerro Torre als Erster bestiegen zu haben, obwohl spätestens der argentinische Kletterer Rolando Garibotti 2004 in einem penibel recherchierten Artikel für das *American Alpine Journal* unzählige Indizien dafür zusammengetragen hat, dass Maestris Geschichte nicht mehr ist als eine Geschichte.

Die Reaktion Maestris war ein Denkmal seines Trotzes. Er reagierte patzig. Aber er tat nicht das Naheliegende, nämlich zur Wiederholung seiner Erstbesteigungsroute nach Patagonien zu reisen, sondern kündigte an, den Cerro Torre diesmal auf seiner schwierigsten Seite zu besteigen.

»Also gut, Herr Alpinist Mauri«, schrieb er, »gut, ihr Herren Zweifler, ihr wollt den Krieg? Ihr könnt ihn haben, aber ich kämpfe mit meinen Waffen. Ich werde zum Torre zurückkehren. Ich werde ihn an seiner schwierigsten Flanke attackieren, in der schwierigsten Jahreszeit.«

Reinhold Messner sagt, dass er bei dieser Ankündigung Maestris wusste, »dass die Geschichte von 1959 nicht stimmen kann. Warum sonst kehrt Maestri nicht zur einst von ihm und Egger anvisierten Route zurück? (…) Alle Zweifler ein für alle Mal mundtot zu machen, wäre nur an jener Route möglich gewesen, wo er mit Egger zum Gipfel gekommen sein will.«

Mein eigenes Gefühl sagt mir, dass Maestri nicht einmal zu seiner ersten Route zurückgekehrt wäre, wenn er die Wahrheit gesagt hätte. Ein Bergsteiger, der sich seiner Sache sicher ist, hat nicht die geringste Veranlassung, jemand anderem etwas zu beweisen. Ihm hätte die Gewissheit genügt, dass er auf dem Gipfel gestanden ist, und er hätte keinen Grund gehabt, auf den Cerro Torre zurückzukehren, weder über die Nordwand noch über die Südostkante.

Aber Maestri, inzwischen über vierzig, mietete im Juni 1970, im patagonischen Winter, einen Helikopter, um sein Material zum Einstieg einer neuen Tour auf den Cerro Torre zu fliegen. Das wichtigste Gepäcksstück dieser Expedition war der hundert Kilogramm schwere, benzinbetriebene Kompressor, den Maestri von der italienischen Firma Atlas Copco zur Verfügung gestellt bekommen hatte.

Der Kompressor machte es der Maestri-Expedition möglich, einen Bohrhaken nach dem anderen, insgesamt 350, für immer in den Granit des Cerro Torre zu versenken und sich so Haken für Haken unaufhaltsam in die Höhe zu arbeiten.

Es muss eine epische Arbeit gewesen sein. Der Kompressor

wog mit Benzin, Öl, Statikseil und Winde nicht weniger als 180 Kilo. Maestri und sein Partner Carlo Claus stiegen voran und bereiteten den Weg vor. Zwei andere Kollegen kümmerten sich um den Nachschub. An den Haken befestigte Maestri Fixseile, an denen er und die anderen sich zur Rast abseilten und wieder hochzogen, um die Arbeit fortzusetzen.

Bei ihrem ersten Versuch blieb die Seilschaft 54 Tage in der Wand, bis sie schließlich aufgab. Dem patagonischen Winter war nicht einmal mit dem maximalen Aufwand an Technik beizukommen.

Aber schon im November 1970 kehrte Maestri wieder. Er arbeitete sich zum Kompressor hoch, befreite ihn vom Eis und setzte den neuen Motor ein, den er zur Sicherheit mitgebracht hatte.

Am 1. Dezember kam die Seilschaft in der Headwall an. Maestri bohrte im Abstand von 90 bis 120 Zentimetern Bohrhaken um Bohrhaken in den Fels, an denen er Strickleitern und Seile einhängte. An den Leitern stieg er jeweils ein paar Sprossen hoch, um in Augenhöhe das Loch für den nächsten Haken in den Granit bohren zu können.

Reinhold Messner beschreibt die letzten Meter von Maestris Aufstieg in seinem Buch *Torre. Schrei aus Stein*:

»In Trittleitern hängend, biwakieren Maestri, Claus und Alimonta ein letztes Mal in der Wand. Am folgenden Tag schaffen sie die letzten beiden Seillängen und stehen jetzt fast ganz oben, am Saum zwischen Fels und Eis. Über ihnen nur noch der Eispilz und der dunkle Himmel. Am 2. Dezember 1970, um halb fünf Uhr abends, ist Maestri endlich dort angekommen, wo er alle Kritiker unter sich weiß. Er steht auf der

Kanzel, wo er der Welt seine Ehrlichkeit, sein Können, seine Überlegenheit predigen kann. Da ist keine Überheblichkeit in ihm, nur Genugtuung und Wut für die Zweifler, Dank für die Kameraden und Spott für die Möchtegerne.«

Aber Maestri kletterte nicht auf den Gipfel-Eispilz. Er sagte: »Für mich hört der Berg mit den letzten Felsen auf. Der Pilz kommt und geht.« Ich weiß nicht, ob er das wirklich glaubte, ob er Angst vor dem speziellen Rime Ice hatte, das den Gipfel überzieht wie ein überdimensionaler Zuckerhut, oder ob er aus einem anderen, tieferen Kalkül keine Eis-Ausrüstung mit durch die Headwall genommen hatte. Maestri drehte um, ohne auf dem Gipfel des Torre gestanden zu sein: Ich könnte mir vorstellen, dass er allem Aufwand, allem Wahn zum Trotz tief drinnen eine Hemmung spürte, als Erster auf dem Gipfel zu stehen. Vielleicht wollte Maestri sein Werk gar nicht zu Ende bringen, weil er in seinem Unterbewusstsein spürte, dass er nicht den Berg bestiegen, sondern monatelang auf einer Baustelle gearbeitet hatte.

Angeblich erreichte ihn am Ende der Headwall die Nachricht, dass eine spanische Seilschaft ins Basislager gekommen sei, um seine Route zu wiederholen. Maestri begann zu toben und schlug in der obersten Seillänge auf zwanzig Metern alle Haken aus der Wand, weil er niemandem die Wiederholung der Tour an »seinen Haken« gönnen wollte. Da jedoch Schlechtwetter im Anzug war, mussten Maestri und seine Kameraden abseilen. Den Kompressor ließen sie am letzten Standplatz in der Headwall hängen. Er hängt noch heute da. Die Bohrhakenleiter blieb über vierzig Jahre in der Wand, bis sie von Jason Kruk und Hayden Kennedy abgeschlagen wurde.

Vier

Die Idee, den Cerro Torre frei zu klettern, entsteht in Chile. Auf einer Reise, die ich mit ein paar Freunden unternehme, bekomme ich an einem Rasttag eine alte Ausgabe eines südamerikanischen Klettermagazins in die Finger, in dem ein Artikel über den Torre steht. Der Berg gefällt mir auf den ersten Blick. Ich frage meinen Ötztaler Freund Hansjörg Auer, der den Torre bereits über die Maestri-Route geklettert ist: »Glaubst du, dass der Berg frei zu klettern geht?«

Hansjörg antwortet: »Das wär auf jeden Fall was für dich, David.«

Ich weiß nicht ganz genau, ob er das ernst meint oder ein bisschen ironisch, was angesichts meines Alters und meiner bisherigen Erfahrung als Alpinist durchaus plausibel wäre. Aber ich betrachte Hansjörgs Einschätzung als Motivation und nehme mir vor, die Idee weiter zu verfolgen.

Zu diesem Zeitpunkt bin ich neunzehn Jahre alt, Schulabbrecher und erfolgreicher Sportkletterer in der Halle. Ich habe schon einige Jahre auf der Weltcuptour der Erwachsenen hinter mir, zwei Europameistertitel und zahlreiche Weltcupbewerbe gewonnen. Aber ich merke, dass der Reiz, den die Wettkämpfe in der Halle auf mich ausüben, nachlässt.

Der Cerro Torre. Ich kenne nur ein paar Fotos. Aber als ich nach Hause komme, beginne ich, Informationen über den Berg zusammenzutragen, der mir immer schöner vorkommt, je öfter ich ihn in den Büchern, Zeitschriften oder im Internet betrachte. Eine einzigartige Granitnadel, die im Westen von einer permanenten Eisschicht überzogen ist. Automatisch versuche ich, auf der strahlenden Oberfläche des Berges Linien zu entdecken, die ich vielleicht klettern könnte.

Der Cerro Torre regt meine Fantasie an. Ich denke mir, wenn ich mich auf das Projekt im Süden Patagoniens einlasse, dann handelt es sich dabei um den Flirt mit dem Unmöglichen, der mich immer schon gereizt hat. Es heißt, dass es unmöglich ist, den Cerro Torre über die Südostkante und die Kompressorroute frei zu begehen, und irgendwie ist für mich damit das Projekt bereits definiert.

Kann sein, dass es für mein Ego wichtig gewesen ist, mir selbst und allen anderen in der Halle zu beweisen, dass ich unter fairen Bedingungen an der Kunstwand einer der besten Kletterer der Welt bin. Ich habe als Zwölfjähriger Sachen gemacht, die damals kaum ein Sechzehnjähriger hinbekommen hat, und mich als Fünfzehnjähriger mit den besten Kletterern der Welt im Erwachsenenweltcup um die ersten Plätze gestritten. Das Größte, das Schwierigste war immer der Maßstab, mit dem ich meine Herausforderungen gemessen habe – und mit denen ich selbst gemessen wurde. Die Tatsache, ein »Wunderkind des Kletterns« genannt zu werden, wird mir einerseits vertraut, so oft, wie sie in den Berichten der Klettermagazine und Tageszeitungen auftaucht. Andererseits ist es mir selbst eine Verpflichtung, mein Talent und meine Fähigkeiten in immer größeren Zusammenhängen zu beweisen.

Als ich in der Halle als Fünfzehnjähriger meine ersten Weltcupbewerbe gewinne, packt mich nicht etwa der Ehrgeiz, meine Erfolge zu wiederholen und zu einer Serie oder Domäne auszubauen. Stattdessen empfinde ich eine vage Sehnsucht, der Normalität – und sei es der sehr außergewöhnlichen Normalität des Wettkampfsports – entkommen zu wollen und meine Ziele höher anzusiedeln als unter dem Dach der Kletterhalle.

Ich spüre, dass diese Ziele in den Bergen liegen. Ich bin schon immer gern am Fels geklettert und habe das Klettern dort genossen. Wenn man so will, war das Klettern in der Halle für mich die Arbeit und das Klettern am Fels das Vergnügen. An den vielfältigen Plastikgriffen der Halle habe ich mir technische Fertigkeiten erworben, die Alpinisten früherer Generationen nicht haben konnten, so sehr hat sich der Klettersport verändert und entwickelt. Ich will diese Fähigkeiten jetzt in alpinistische Abenteuer ummünzen. Ich will Herausforderungen annehmen, für die ich mich mit meinem Talent und meinem Kletterkönnen prädestiniert fühle. Ich möchte Abenteuer in Angriff nehmen, die auf den ersten Blick unmöglich scheinen. Das Unerreichbare lockt mich mehr als jede Spielform von Normalität.

Natürlich hätte ich mir für den Anfang auch etwas Kleineres, Bescheideneres aussuchen können als den Cerro Torre. Aber kleine Schritte sind in meinem Schaltplan nicht vorgesehen. Die Vorstellung, in den Alpen irgendwelche Klassiker zu wiederholen, wirkt zu diesem Zeitpunkt reizlos und bieder im Vergleich zur Idee, etwas auszuprobieren, was noch niemand geschafft hat.

Auf einer Skitour frage ich meinen alten Kollegen Daniel Steuerer, ob er sich vorstellen kann, mit mir gemeinsam den Cerro Torre zu machen.

»Klar«, sagt Daniel, dem die Aussicht auf ein Abenteuer am anderen Ende der Welt sofort einleuchtet.

Daniel kenne ich, seit ich sieben bin. Wir haben gemeinsam in Reini Scherers Klettergruppe trainiert, bis Daniel sich am Ellenbogen verletzte und nicht mehr an Wettkämpfen teilnehmen konnte. Dafür hat er das alpine Klettern für sich entdeckt und auch mich mit seiner Begeisterung dafür angesteckt. Wir sind Routen in den Alpen geklettert und waren auch gemeinsam im Yosemite Valley. Daniel ist ein guter Kletterer, vielleicht nicht Weltspitze, aber der einzige Kollege, mit dem ich mir vorstellen kann, die Monate einer Expedition auf engem Raum zusammenzuleben.

Ich habe ein großes Abenteuer vor Augen, Wildnis, Zelte, schwierigste Bedingungen. Dafür brauche ich einen Partner, mit dem ich mir nicht in die Haare gerate. Wir beschließen, im Winter 2009/10 für mehrere Monate nach Patagonien zu reisen, um den ganzen patagonischen Sommer für unser Projekt auszunützen. Das Ziel lautet: in dieser Zeit den Cerro Torre frei zu klettern.

Wie immer erzähle ich meinen Sponsoren davon, was ich vorhabe. Es ist mein Prinzip, meine Projekte selbst zu wählen. Aber ich biete meinen Unterstützern, mit denen ich seit dem Beginn meiner Wettkampfzeit zusammenarbeite, gerne an, meine Projekte zu dokumentieren. Wenn sie das möchten, okay. Wenn nicht, mache ich die Sache eben auf eigene Faust.

Bei Red Bull stoße ich auf unerwartete Skepsis. Flo Klingler, der dort mein Athletenbetreuer und erster Ansprechpartner ist, rät mir sogar dezidiert von dem Abenteuer ab. Ich soll, sagt er, noch zwei, drei Jahre in der Halle klettern und nicht schon jetzt, mit neunzehn, ein so monumentales Projekt angehen.

»Lass dir Zeit«, sagt Flo. »Der Torre läuft dir nicht davon.«

Dieser Rat schmeckt mir allerdings gar nicht. Ich sage Flo deutlich, dass ich auch ohne die Unterstützung von Red Bull nach Patagonien fahren werde, und zwar gleich in diesem Winter.

Flos Skepsis ist freilich nicht die Ausnahme. Alle, die genug Sachkenntnis besitzen, um mein Projekt am Cerro Torre richtig einordnen zu können, wissen um seine enorme Schwierigkeit und haben ihre Zweifel, ob ein neunzehnjähriger Wettkampfkletterer mit sehr überschaubarer Erfahrung als Alpinist dafür geeignet ist. Ganz klar, ich bin zu diesem Zeitpunkt noch ein gutes Stück von den Fähigkeiten der alpinistischen Weltspitze entfernt, ohne das selbst so sehen zu wollen.

Aber die Story ist gut. Je mehr unvoreingenommene Leute von dem Projekt erfahren, desto mehr merke ich, welches Potenzial das Projekt hat. Der Cerro Torre und seine Geschichte, der Versuch eines Neunzehnjährigen, ein bisher unmöglich scheinendes Klettervorhaben in die Tat umzusetzen – offenbar lassen sich auch andere vom Reiz dieses Projekts anstecken. Während ich mich auf die Expedition vorzubereiten beginne, wird bei Red Bull hinter den Kulissen bald nicht mehr darüber diskutiert, ob das Projekt eine Dokumentation wert ist, sondern ob ich den Funken einer Chance habe, es zu stemmen. Es ist dann ausgerechnet Flo, der meinem Projekt zu Anfang skeptisch gegenüberstand, der seine eigene Kompetenz als Kletterer für mich in die Waagschale wirft. Es ist sehr schwierig, sagt er, aber wenn es einer schaffen kann, dann der David.

Damit sind wir wieder einer Meinung. Red Bull beschließt also, mein Projekt am Cerro Torre filmisch zu begleiten. Für mich ist das grundsätzlich nichts Außergewöhnliches. Seit ich ein junger Kletterer war, habe ich immer Kameraleute dabeigehabt, die mich beim Klettern gefilmt oder fotografiert haben.

Der Unterschied liegt in der Tatsache, dass der Cerro Torre nicht ein Klettergarten im Ötztal ist, sondern ein abgeschiedener, ausgesetzter Berg auf der anderen Seite der Welt. Dort ein Filmprojekt zu machen, gepaart mit den hohen Produktionsansprüchen, die wir haben, muss entsprechend aufwendig geplant und umgesetzt werden. Das Red Bull Media House nimmt sich dieser Aufgabe an und stellt das Team zusammen. Wir treffen uns in Salzburg und besprechen die Sache. Die Produzenten sind da, Thomy Dirnhofer, der Regisseur, und Heli Putz, der Mann, der als Lead Guide für die Sicherheit der Filmcrew sorgen soll.

Wir sprechen über den Film, das fantastische Potenzial des Stoffs. Thomy ist total begeistert von der Idee, buchstäblich alles zu dokumentieren, und seine Begeisterung steckt die anderen an. Jede Facette des Projekts soll gefilmt werden, überall soll eine Kamera sein, unten im Basislager, oben in der Headwall. So ehrgeizig das Vorhaben von der alpinistischen Seite her ist, so ehrgeizig sind die Vorstellungen des Filmteams. Es will den modernen Bergfilm schlechthin drehen, eine Dokumentation des »New-Media-Zeitalters«, mit allen technischen und gestalterischen Finessen.

Ein Hubschrauber soll nach El Chaltén verlegt werden, damit Luftaufnahmen produziert werden können. Der Regisseur soll am Berg sein, Kameraleute, ein Tonmann. Full Coverage.

Auch ich bin jetzt ganz hingerissen von der Aussicht, dass

mein persönliches Projekt so einen Stellenwert einnimmt. Ich empfinde es als Privileg, diese Chance für mein künftiges Leben als Profialpinist geboten zu bekommen, und vergesse darüber, die Dimension der Angelegenheit von allen Seiten zu betrachten. Zum Beispiel kommt mir nicht in den Sinn, wie sich die Größe des Trosses auf die Geschwindigkeit von Daniel und mir auswirken wird, sobald wir zu klettern beginnen wollen. Welche Mittel notwendig sind, um die Sicherheit des gesamten Produktionsteams zu gewährleisten, Daniel und mich einmal ausgenommen.

Für die Sicherheit des Teams ist Heli Putz zuständig. Heli hat mit seiner Firma Outdoor Leadership schon eine Reihe von großen Produktionen gestemmt. Er macht einen angenehmen, kompetenten Eindruck auf die ganze Runde und auch auf mich. Er ist selbst schon auf einigen großen Bergen der Welt gestanden und hat eine genaue Vorstellung davon, wie ein Team von vier oder fünf Leuten am Berg perfekt abgesichert werden kann. Der richtige Mann, kein Zweifel.

Heli sagt, dass er Fixseile zu dem jeweils höchsten Punkt, an dem sich ein Kameramann befindet, einrichten muss. Das klingt plausibel, wir hinterfragen es nicht. Es versteht sich von selbst, sage ich, dass die Fixseile für die Kameraleute außerhalb der Kletterlinie befestigt werden, damit andere Seilschaften nicht von unseren Seilen belästigt werden. Die Standplätze, an denen die Seile fixiert werden, sollten wenn möglich mit natürlichen Sicherungsmitteln, Klemmkeilen oder Friends, eingerichtet werden. Jeder Bohrhaken, der trotzdem gesetzt werden muss, wird nach Ende der Produktion klarerweise wieder entfernt.

Klar. Selbstverständlich.

Ich gehe aus dem Meeting und bin euphorisiert. Der Start ist vielversprechend. Das Filmteam ist genauso motiviert wie ich selbst. Ich habe meine Position gut vertreten und gleichzeitig klargemacht, dass mein Kletterprojekt völlig unabhängig vom Filmprojekt funktionieren wird. Der Film hat, wenigstens theoretisch, keinen Einfluss auf das Projekt selbst. Daniel und ich lassen uns von der Logistik des Filmteams nicht helfen. Wir tragen unser Gepäck und das Kletterzeug in die entsprechenden Lager. Wir treffen unsere Entscheidungen unabhängig von den Bedürfnissen des Filmteams. Das Filmteam macht seinen Job, wir machen unseren. Ich bin für mein Projekt verantwortlich, das Filmteam für seins.

Fünf

Maestris Kompressor ist das radikalste Beispiel dafür, wie man Technik am Berg einsetzen kann. Niemand würde heute auf die Idee kommen, solche Mittel anzuwenden. Selbst der Einsatz von Akkubohrmaschinen ist nicht besonders verbreitet.

Es ist nicht angemessen, auf einem Berg wie dem Torre durch den Einsatz von Maschinen das Unmögliche möglich zu machen. Die Technik eliminiert auf gewisse Weise den Faktor Abenteuer und die Unsicherheit, die den Alpinisten begleitet – und zu einem gewissen Teil das Abenteuer erst ausmacht.

Als gelernter Sportkletterer empfinde ich bei meinen ersten alpinistischen Versuchen das Setzen von Bohrhaken nicht unbedingt als Tabu. Für mich steht ja die Kletterleistung im Vordergrund, nicht der Faktor Abenteuer. Dass ich keine Bohrmaschine dabeihabe, hat den Grund, dass ich sie für überflüssig halte. Ich versuche immer, möglichst schnell und effizient zu klettern, und dabei kann ich keine schwere, sperrige Bohrmaschine im Gepäck brauchen.

Aber hinter der Frage, wo und wie ein Kletterer Bohrhaken setzt, steckt viel mehr. An der Frage, ob man Technik am Berg einsetzen darf, wie viel und warum, scheiden sich verschiedene alpinistische Denkschulen. Als Alpinist, der sensibel vorgehen möchte, geht es mir weniger um das Erreichen des Gipfels als um die Art, wie man klettert. Wenn eine Route nicht zu klettern ist, habe ich das zu akzeptieren. Ich habe kein Interesse daran, der Unmöglichkeit ein Schnippchen zu schlagen, indem ich Technik einsetze.

Cesare Maestri richtete auf dem Cerro Torre eine »Direttissima« auf den Gipfel ein, eine Route, die keine Rücksicht auf die feinen Strukturen nahm, die auf dem ganzen Berg zu erkennen sind, wenn man nur hinschaut. Er drückte dem Berg den Stempel seines Willens auf. Seine »Kompressorroute« ist »ab der Wandmitte ein kompletter Klettersteig«, kommentierte der Kletterer Alex Huber etwas giftig.

Reinhold Messner hat die Entschlossenheit zur »Direttissima« in einem sehr interessanten Aufsatz den »Mord am Unmöglichen« genannt. In diesem Aufsatz kritisiert er den Einsatz des Bohrhakens hart.

»Der Bohrhaken ist selbstverständlich geworden«, schreibt Messner schon 1968, zwei Jahre vor Maestris monumentaler Bohraktion. »Auf die Gefahr hin, dass es sonst nicht geht, hat man ihn immer dabei. Ein Tapferer hält sich heute den Fluchtweg immer offen. Der Mut wird in Form von Haken im Rucksack mitgetragen oder Seillänge für Seillänge aufgezogen. Die Wände werden nicht mehr durchklettert, sondern die Arbeit wird Tag für Tag fortgesetzt.... Nicht Mut, sondern die Taktik entscheidet. Die Leistung ist groß: soundsoviele Tage und hundertmal wie viele Haken.«

Als ich zum ersten Mal zum Cerro Torre reise, kenne ich diesen Text Messners noch nicht. Dabei berührt er etwas ganz tief in mir.

Das Unmögliche ist schließlich mein Verbündeter, seit ich als Kind begonnen habe zu klettern. Wenn ich als Zehnjähriger Freikletterschwierigkeiten in der Halle meistern kann, die viele berühmte Kletterer früherer Generationen nie klettern konnten, kann ich auch am Berg Projekte in Angriff nehmen, die bisher unmöglich schienen. Dachte ich zumindest.

Das gilt aber nur, wenn die Alpinisten vor mir Respekt vor dem Unmöglichen bewiesen haben. »Jetzt ... ist es vielen gleichgültig«, schreibt Messner weiter, »wo sie die Bohrhaken (und Haken!) schlagen, ob in alten oder neuen Führen. Man nagelt zu viel und klettert viel zu wenig. Der Begriff ›unmöglich‹ ist abgeschafft.«

Der »Mord am Unmöglichen« bezieht sich auf eine Zeit, als das Bergsteigen noch leichter zu interpretieren war. Bergsteigen hieß, irgendwie auf den Gipfel zu kommen. Die Ausrüstung war im Vergleich zu heute marginal. Viele klassische Routen wurden von Alpinisten geklettert, die sich ihr Seil um den Leib geschlungen hatten und maximal ein paar Haken dabeihatten, um sich zu sichern.

Freies Klettern spielte im Alpinismus der fünfziger und sechziger Jahre keine Rolle, auf jeden Fall nicht als Kletterphilosophie. Manche Alpinisten kletterten frei, wenn sie sich auf große Routen vorbereiteten, und ihre Ausrüstung ließ ihnen gar keine andere Möglichkeit, als die Schwierigkeiten in den Wänden mehr oder weniger durch freies Klettern zu lösen.

Erst die Revolution des Materials – die Entwicklung von Bohrhaken, Klemmkeilen und Friends – machte es möglich, vorhandene Schwierigkeiten durch den gezielten Einsatz von Technik zu überwinden. Erst so konnte das Setzen eines Bohrhakens dabei helfen, eine Wand zu durchsteigen, die ohne dieses technische Hilfsmittel undurchsteigbar geblieben wäre. Das ist, was Messner den »Mord am Unmöglichen« nennt.

Für mich, einen Kletterer des 21. Jahrhunderts, hat das Freiklettern eine völlig andere Bedeutung. Beim Sportklettern ist es selbstverständlich, dass alle Schwierigkeiten der Wand nur durch eigene Geschicklichkeit, Kraft und mentale Stärke gelöst werden. Der Faktor Sicherheit ist für mich, seit ich klettere, eine Selbstverständlichkeit. Die permanente Absicherung am Bohrhaken ist die Voraussetzung dafür. Selbst wenn durch die Wand, die ich in Angriff nehme, eine Bohrhakenleiter führt, stellt sich für mich nur die Frage, ob ich die körperlichen und mentalen Fähigkeiten habe, die Route frei oder Rotpunkt, ohne Sturz, zu klettern.

Für mich liegt es in der Natur der Sache, gefahrlos an meine Grenzen gehen zu können. Stürze bleiben ohne Konsequenzen.

Im alpinen Gelände kommt eine zweite Dimension dazu: der Stil. Dadurch wird alles komplexer. Es geht, wie Silvo Karo gesagt hat, nicht mehr allein darum, ob du auf den Gipfel kommst, sondern wie. Diese Frage hängt im Alpinen unmittelbar mit der Absicherung zusammen. Auf diese Weise kommt auch der Bohrhaken wieder ins Spiel. Wenn du dir als Alpinist erlaubst, technisch zu klettern, dann ziehst du dich an deinen Sicherungspunkten in die Höhe. Zahlreiche Alpinisten haben das in der Vergangenheit zum Beispiel an Maestris Bohrhakenleiter getan.

Sobald du als Alpinist den Bohrhaken als technisches Hilfsmittel verwendest, wird jede Wand möglich. Beim freien Klettern muss das nicht so sein. Als ich über die freie Begehung des Cerro Torre nachdenke, scheint mir selbstverständlich, dass der freie Kletterstil so wertvoll ist, dass mich allein der Versuch, den Berg zum ersten Mal frei zu begehen, dazu legitimiert, dafür auch Bohrhaken zu verwenden: nur zu meiner Absicherung, aber dafür eben doch. Die freie Begehung ist für mich ohne jeden Zweifel der schönste, höchste Stil, in dem man auf den Cerro Torre klettern kann. Diese substanzielle Leistung heiligt, denke ich, die Mittel, die im Sportklettern selbstverständlich sind.

Der Cerro Torre aber ist die Ausnahme von allen Regeln. Der Berg ist mit seiner Schönheit, seiner Schwierigkeit und seiner Geschichte ein Sonderfall. Alles, was du an diesem Berg versuchst oder in Angriff nimmst, unterliegt genauester Beobachtung. Die Tatsache, dass Maestri hier dem unglaublichen Berg eine unglaubliche Geschichte auf den Leib geschrieben hat, verstärkt jedes alpinistische Manöver um den Faktor 100.

Wenn es auf der Welt einen Berg gibt, auf dem mit einem Höchstmaß an Sensibilität geklettert werden muss, dann ist es der Cerro Torre.

Wie heikel das sein kann, erfahre ich am eigenen Leib.

Sechs

Wir kommen Mitte November 2009 in Patagonien an. Erster Eindruck: sehr viel Gras und eine ungewohnte, fast einschüchternde Weite. Keine Berge in Sicht. Wir steigen in den Bus und fahren Richtung El Chaltén.

Es ist eine unspektakuläre Fahrt, links und rechts nur Pampa. Manchmal sieht man riesige Kondore am Himmel kreisen. Sie haben es auf die Kadaver von Guanakos abgesehen, kamelartigen Tieren, die sich in den Zäunen am Straßenrand verfangen haben und verendet sind.

Auch El Chaltén ist nicht unbedingt eine Sehenswürdigkeit. Nach seiner Gründung 1985 lebten hier nicht mehr als hundert Leute, die nur über elendslange Schotterpisten mit dem Rest der Welt verbunden waren. Inzwischen ist die Hauptstraße asphaltiert, und das Städtchen ist zu einem Sammelpunkt für Trekking-Gruppen geworden, die sich das Fitz-Roy-Massiv und den Cerro Torre aus der Nähe ansehen wollen – und natürlich für Kletterer und Bergsteiger, von denen jeder seinen eigenen Traum mitgebracht hat.

Wir mieten uns bei Eduardo ein, in einem kleinen Zimmer. Gleich neben der Pension ist ein winziger Shop, wo man bis zwei Uhr früh alles Nötige kaufen kann. Ein paar hundert Meter die Straße hinunter gibt es eine Cervecería, in der man gut ein, zwei Bier trinken kann.

Gleich nach unserer Ankunft ist das Wetter richtig gut, also verlieren wir keine Zeit. Ich kann es kaum erwarten, den Berg, der mich seit einem Jahr in seinen Bann zieht, mit eigenen Augen zu sehen. Ich habe mir über die Geschichte des Cerro Torre ganz gegen meine Gewohnheiten einiges an Wissen angelesen. Also weiß ich, wie selten hier gutes Wetter ist.

Daniel und ich packen unser Kletterzeug zusammen, um es ins erste Lager zu tragen. El Chaltén ist gut dreißig Kilometer vom Cerro Torre entfernt. Der erste Teil der Strecke führt durch den Nationalpark zum Bridwell Camp. Es hat seinen Namen von Jim Bridwell – ausgerechnet jenem Typen, der meinem Projekt »not a snowball's chance in hell« gibt. Ein super Omen.

Jims Camp liegt etwas unterhalb der Baumgrenze auf dem Weg von El Chaltén zum Cerro Torre, im Windschatten der letzten Bäume, die dort wachsen. Der Wind bläst in Patagonien permanent und in einer erstaunlichen Lautstärke. Sobald du aus dem Windschatten der Bäume hinaustrittst, kannst du dich nur noch schreiend unterhalten. Böen kommen abrupt und heftig, sie schmeißen einen manchmal fast um. Angeblich kann man bis zu Windstärke 9 klettern, das entspricht einer Windgeschwindigkeit von ungefähr 80 km/h. Auf dem Cerro Torre pfeift der Wind oft mit Windstärke 20.

Der Nationalpark wird von einem Fluss durchquert, über den keine Brücke, sondern ein Seilübergang führt. Dieser Übergang wurde von Tirolern gebaut und heißt »Tirolese«. Man hangelt sich hier samt Gepäck über den Fluss.

Wir marschieren drei Stunden zum Bridwell Camp, deponieren unser Gepäck, gehen zurück nach El Chaltén, schlafen dort, brechen zeitig am nächsten Morgen wieder auf, um ins Nipo Nino zu gelangen, von dem aus wir die eigentliche Tour auf den Cerro Torre beginnen wollen.

Vom Bridwell Camp führt der Weg am linken Ufer der Laguna Torre vorbei und dann hinaus auf den Gletscher in eine beeindruckende Eiswelt. Tiefe Spalten klaffen. Das Panorama auf die umliegenden Berge ist gewaltig. Alles ist so groß. Der Himmel ist hoch. Was ich hier sehe, ist mindestens um eine Dimension größer als alles, was ich in den Alpen bisher gesehen habe.

Weit hinten am Gletscher trennen sich die Wege derer, die ins Fitz-Roy-Massiv wollen, und derer, die den Cerro Torre im Visier haben. Eine norwegische Seilschaft, die vor einigen Jahren auf den Cerro Torre wollte, hat weiter oben ein Lager eingerichtet, das seither »Norwegerlager« heißt. Eine polnische Gruppe mit dem Ziel Cerro Fitz Roy schlug ihres auf der anderen Talseite auf, das »Polencamp«. Das Lager, das wir ansteuern, liegt weiter talauswärts und heißt »Nipo Nino« – also »weder Polen noch Norweger«.

Der Fußmarsch dauert acht Stunden und ist echt anstrengend. Das Wetter ist schlecht, der Wind bläst unangenehm, und auf dem letzten Drittel des Aufstiegs beginnt es zu schneien. Daniel jammert, dass seine Füße kalt sind. Als wir im Lager ankommen, wird mir klar, warum es auch den Kosenamen »Sandy Beach« hat. Zwischen riesigen Granitblöcken haben sich regelrechte Sandbänke aus Granitabrieb gebildet.

Wir ebnen eine dieser Sandflächen und deponieren zwischen den Steinen unser Material. Dann gehen wir zurück nach El Chaltén.

Das Wetter wird schlecht, wir lernen zu warten. Es ist kühl. Der Wind pfeift. Wir studieren im Internet die Wetterkarten und telefonieren mit Charly Gabl in Innsbruck. Charly ist der Leiter der ZAMG, der Zentralanstalt für Meteorologie und Geodynamik. Er hat Zugriff auf die genauesten Wetterdaten und kann sie auch richtig interpretieren. Wenn Charly sagt: »Keine Chance, Jungs«, dann wissen wir, dass das Wetter so trostlos bleiben wird, wie es gerade ist: Der Cerro Torre ist in dichte Wolken gehüllt und nicht zu sehen. Der Wind tobt.

Wir warten darauf, dass Charlys Stimme endlich einmal anders klingt, wenn wir ihn anrufen, anders als »keine Chance«. Optimistisch, hell und aufmunternd.

Das Zauberwort heißt »Wetterfenster«. In dem Teil Patagoniens, wo wir uns aufhalten, ist das Wetter besonders oft schlecht. Die Tage, an denen auch am Berg die Sonne herauskommt und der Wind nicht wie verrückt bläst, lassen sich in manchen Monaten an einer Hand abzählen. Zu diesem Zeitpunkt wissen wir noch nicht, dass der Winter 2009/2010 der patagonische Sommer sein wird, in dem das Wetter so schlecht ist wie seit Jahrzehnten nicht mehr.

Wir vertreiben uns die Zeit mit Wanderungen. Wir stoßen unterwegs zum Bridwell Camp auf den alten Weg, der nach einem Waldbrand gesperrt worden ist und jetzt durch ein Labyrinth schneeweißer Stämme mit schwarzen Schmauchspuren führt, eine Theaterkulisse für ein apokalyptisches Stück.

Charly: »Leider, Jungs. Keine Chance.«

Ich gehe, obwohl das Wetter schlecht ist, vom Nipo Nino

hinauf zur »Schulter«, wo die eigentliche Kletterei erst beginnt. In den Alpen wäre schon dieser Zustieg eine Tour für sich allein: zuerst eineinhalb Stunden über eine Geröllhalde, auf der du nicht wirklich weiterkommst. Nach jedem Schritt, den du gemacht hast, rutschst du einen halben Schritt zurück. Es ist ziemlich steil. Am Ende der Halde befindet sich das »Norwegerbiwak«. Von hier ist es nicht mehr weit bis zur »Media Luna«, einem Schneefeld, das sich in der Form eines Halbmonds um die gleichnamige Felswand krümmt. Das Schneefeld ist ungefähr 50 Grad steil und 400 Meter lang.

Es ist besser, das Schneefeld von Media Luna sehr zeitig in der Früh zu durchqueren. Wenn die Sonne herauskommt, weicht der Schnee, der in der Nacht gefroren und hart war, ziemlich auf, und du sinkst bis zu den Knien ein. Hinter Media Luna geht es wieder über den Gletscher unter die Ostwand des Cerro Torre. Es folgen ein 120 Meter langes, 50 Grad steiles Schneefeld, dann ein kurzes Stück kombiniertes Gelände, ein weiteres Schneefeld, das bis zur Schulter führt, dem Col de la Paciencia.

Hier deponieren wir ein kleines Zelt und etwas Ausrüstung im Bergschrund, der Randspalte an der Basis der Granitwand. Von hier geht es senkrecht nach oben. Meine eigentliche Aufgabe liegt also dort, wo ich hinschaue, wenn ich den Kopf weit in den Nacken fallen lasse. Im Nebel. In den Wolken.

Sieben

Daniel und ich bereiten uns auf den Tag vor, an dem das richtige Klettern beginnt, aber als das Wetter besser zu werden verspricht, fängt sich Daniel irgendeinen Virus ein und muss im Bett bleiben. Die Kameraleute starten also bereits einen Tag vor uns, um ihre Vorbereitungen zu treffen.

Die Ausgangslage ist die: Zwei Bergführer, der Kärntner Markus Pucher und der Osttiroler Peter Ortner, bringen die Kameraleute so in Position, dass sie unseren Aufstieg dokumentieren können. Außerhalb der Kletterlinie wird eine eigene Tour eingerichtet, auf der Fixseile von ganz oben bis zum Fuß der Ostwand verlegt werden. Auf den Fixseilen können die Kameraleute in die Höhe klettern. Sie sind mit Steigklemmen, sogenannten »Jumars«, ausgerüstet, die sich im Seil verhaken und verhindern, dass sie nach unten rutschen. So kann man relativ einfach das Seil entlang nach oben klettern.

Für mich ist klar, dass dafür der eine oder andere Bohrhaken in den Fels kommen muss. Ich halte das nicht für problematisch, schließlich wird das Filmteam jeden Haken, den es setzt, nach Abschluss des Projekts wieder entfernen. Außerdem fühle ich mich nicht für die Arbeit des Filmteams verantwortlich. Ich mache meinen Job, das Filmteam macht seinen – wie wir das bei unserem Meeting im Red Bull Media House besprochen haben.

Die Bergführer, die das Filmteam engagiert hat, sind ausgezeichnete Kletterer. Bei Licht betrachtet bin ich alpinistisch doch noch etwas unerfahrener als die Burschen, deren Job es ist, die Kameraleute auf den Berg zu bringen, und ich will mich nicht dem Vorwurf aussetzen, ich hätte mir bei meinem Projekt von routinierten Bergführern helfen lassen.

Es ist schwer genug, die beiden Projekte in der Öffentlichkeit auseinanderzuhalten. Ab dem Moment, als ich bekannt gebe, den Cerro Torre frei klettern zu wollen, wird mein Projekt mit der gleichzeitig verlautbarten Ankündigung, dass ein Film darüber entstehen soll, in einen Topf geworfen. Meistens heißt es misstrauisch, Red Bull plant irgendwas am Cerro Torre.

Obwohl ich immer wieder versucht habe, klarzustellen, dass es um mein Projekt geht, das von einem Filmteam dokumentiert wird, verstummen die Zweifel nicht: Was hat ein neunzehnjähriger Sportkletterer, der alpinistisch ziemlich unbedarft ist, auf dem Cerro Torre verloren? Und dazu ein Weltkonzern, der mit Alpinismus nichts zu tun hat? Obwohl mein Projekt frei von jedem Kalkül ins Leben gerufen wurde, kursieren Gerüchte, dass es sich um einen gigantischen Werbeclip für Red Bull handle. Riecht komisch, sagen die Zweifler, nach Kool-Aid oder Gummibären.

Mir kommt es manchmal vor, als wüssten alle anderen mehr über mein Projekt als ich selbst. Bei meinen Versuchen, die Sache klarzustellen, lerne ich zum ersten Mal eine Eigenart der Blogosphäre kennen: Je deutlicher man sich gegen Gerüchte stellt, desto mehr fühlen sich die, die sie verbreiten, bestätigt. Das Dementi gilt der Internetwelt als Bestätigung.

Acht

Unseren ersten richtigen Versuch auf dem Torre starten Daniel und ich bei genialem Wetter, auch wenn Charly uns gesagt hat, dass es nicht lange genial bleiben wird. Wir steigen zur Schulter hoch und klettern von dort aus die Südostkante entlang, der Maestri-Route folgend, bis zur Bolt-Traverse.

Das Filmteam hat wegen Daniels Virus einen Tag Vorsprung. Die Bergführer haben die Fixseile gespannt, damit die Kameraleute bis zur Bolt-Traverse mit aufsteigen können. Der Lead Guide hat entschieden, dass von der höchsten möglichen Position eines Kameramanns bis nach ganz unten Fixseile gespannt sein müssen. Jeder Kameramann muss sich abseilen können, wenn die Verhältnisse sich plötzlich ändern und gefährlich werden.

Dafür werden etwa dreißig Bohrhaken im Fels befestigt. An diesen Bohrhaken wird sich später ein gehöriger Shitstorm entzünden.

Das Wetter ist gut, aber die Verhältnisse sind schwierig. Als ich in die Bolt-Traverse einsteige, höre ich plötzlich, wie es laut zu pfeifen und zu donnern beginnt. Aus den Iced Towers, die in Richtung Gipfel hinaufziehen, brechen riesige Eisbrocken ab und kommen herunter.

Wir sind an diesem Vormittag spät dran. Immer wieder mussten wir auf die Kameraleute warten – so viel zur völligen Unabhängigkeit der beiden Projekte –, und jetzt hat die Sonne den Fels der Ostwand bereits so stark aufgewärmt, dass sich die riesigen Eisschollen zu lockern beginnen. Wir müssen damit rechnen, dass in den nächsten Stunden einiges an Eis die Wand herunterkommt. Ich überlege, ob wir trotz der prekären Umstände weiterklettern sollen – und entscheide mich dagegen. Wenn so ein Brocken, der einen mal zwei Meter groß sein kann, dort einschlägt, wo du gerade in der Wand hängst, brauchst du dir nicht mehr zu überlegen, wo du am Abend dein *bife de chorizo* essen gehst.

Ich bin ein bisschen verärgert. Wären wir früher dran gewesen, wäre der Gipfel heute vielleicht zu machen gewesen. Nicht im freien Stil, das nicht, aber ich hätte den Berg besser kennengelernt und vielleicht eine Antwort auf die Frage bekommen, die mich seit unserer Ankunft am meisten umtreibt: ob meine freie Begehung überhaupt möglich sein wird.

Wir verbringen insgesamt drei Tage auf der Schulter. Daniel und ich unternehmen noch einen zweiten Versuch, aber die herunterfallenden Eispanzer machen uns wieder einen Strich durch die Rechnung. Da das Wetter keine Anstalten macht, sich zu bessern, steigen wir ab.

Das Wetter bleibt die ganze Zeit scheiße. Wir verbringen viel Zeit in der Cervecería, hören viel argentinische Musik, und ich verliere langsam, aber sicher mein Gefühl für Zeit, Pläne und Pflichten. Plötzlich leuchtet mir, der normalerweise alles andere als faul ist, ein, wie die Leute hier in El Chaltén in den Tag hineinleben und sich treiben lassen. Ich lasse mich auch treiben, jedenfalls, wenn ich beim Studium der Wetterkarten sehe, dass sich am Scheißwetter auch in den nächsten Tagen nichts ändern wird.

Neun

»Wetterfenster.« Endlich sagt Charly das Zauberwort.

»Ein Schönwetterfenster im Anzug. Schauts, was geht, Burschen.«

Wenn das Schönwetterfenster im Anzug ist, hängt das schlechte Wetter noch über dem Berg. Trotzdem lassen Daniel und ich uns nicht zweimal bitten. Wir packen nach dem Telefonat mit Charly das Nötigste zusammen und machen uns auf den Weg ins Nipo Nino.

Wir ziehen an, es ist schon Mittag vorbei. Vollgas hinauf zum Bridwell Camp, dann überqueren wir den Gletscher und treffen nach sechs Stunden im Nipo Nino ein.

Das Schönwetterfenster ist noch nicht da. Es schneit. Der Wind bläst zornig und macht es unmöglich, sich zu verständigen, ohne zu schreien. Die Schneekristalle, die mich im Gesicht treffen, sind scharf und schmerzhaft.

Wir schälen uns aus der Ausrüstung und lassen uns ins Zelt fallen. Saumüde. Ich stelle den Wecker auf Mitternacht. Wir müssen früh los, damit wir schon in der Wand sind, wenn das gute Wetter eintrifft.

Am nächsten Tag steigen wir zur Schulter auf, dorthin, wo morgen die echte Kletterei beginnen soll. Das Wetter ist schlecht. Schneefall und ein bissiger, heulender Wind. Wir biwakieren im Bergschrund und beschwören die Tatsache, dass morgen früh endlich das gute Wetter da sein wird.

Als der Wecker läutet, muss ich nicht nach draußen, um zu checken, dass das Schönwetterfenster noch nicht da ist. Der

Wind bläst genauso verrückt wie gestern, als wir angekommen sind.

Egal. Raus aus dem Schlafsack, es muss jetzt losgehen.

Draußen ist es saukalt. Der Wind hat die ganze Nacht Schnee in unser Biwak gewirbelt. Zum Frühstück gibt es »Steinpilztopf Schwarzwald«, einen Klassiker aus dem Angebot von Travellunch. Gegen eins steigen wir ein.

Der Fels ist kalt, in den Rissen und Spalten kleben Schnee und Eis. Schönes Klettern sieht anders aus. Die Bedingungen werden auch nicht besser, im Gegenteil. Der Wind wird stärker. Ich arbeite mich den Banana Crack hinauf und ärgere mich darüber, wie mühsam das ist. Was ich hier tue, hat nichts mit dem zu tun, wie ich mir Klettern in Patagonien vorgestellt habe. Ich schiebe einen Friend in einen Riss, hänge das Seil ein und ziehe mich daran hoch. Dabei wäre dieser Riss super frei zu klettern, wenn es die Verhältnisse nur ein bisschen gut mit uns meinen würden.

Aber ich muss mich weiter in die Höhe schuften. Wenn es hell wird und das Wetterfenster kommt, will ich möglichst weit oben sein. Noch einmal möchte ich nicht zu spät dran sein und die Chance verpassen, auf den Gipfel zu kommen.

Die neunte Seillänge führt über einen mächtigen Pfeiler. Die zehnte durch eine senkrechte Wand, an deren Oberfläche flache Felsschuppen kleben, die alle in dieselbe Richtung zeigen. Ich halte mich an diesen Schuppen fest. Meine Füße drücken gegen die Wand hinter den Schuppen, ohne einen richtigen Vorsprung zu finden, so dass mich nur die Reibung der Sohlen am Fels hält. Es schneit. Der Wind brüllt. Die Wand ist sowieso schon sparsam strukturiert, und jetzt ist wegen des

Scheißwetters jeder winzige Vorsprung mit Schnee bedeckt und total rutschig.

Ich taste mit der Hand nach einer geeigneten Spalte, die ich im Licht meiner Stirnlampe gerade noch erkennen kann, und drücke einen Friend hinein, mehr, um mich zu beruhigen, als weil ich wirklich daran glaube, dass er einen Sturz halten wird.

Als ich nach der nächsten Schuppe greife, rutscht mein Fuß ab. Ich versuche mich noch zu halten, aber ich greife ins Dunkle, ich habe keine Chance, mich festzuhalten. Ich spüre, dass ich die Kontrolle verloren habe, aber ich sehe mein Leben nicht wie einen Film vor meinem Auge ablaufen: Ich denke nur an den Friend, den ich gerade in den Riss gedrückt habe, und ob er halten wird oder ob es mich jetzt wirklich weit zum Stand hinunterwichst, aber noch bevor ich mir ausmalen kann, was dann passiert, hänge ich auch schon im Seil, weil der Friend, mein Freund, tatsächlich gehalten hat.

»Was ist?«, ruft Daniel von unten aus der Dunkelheit. Er hat nur meinen kurzen Schrei gehört, als ich abrutschte.

»Volle ausgerutscht«, rufe ich zurück.

»Alles okay?«, schreit Daniel, um das Heulen des Winds zu übertönen.

»Passt schon«, schreie ich zurück. Aber das stimmt nicht.

Mein Puls hämmert extrem schnell. Ich merke jetzt auch, dass mir der Fuß weh tut, weil ich ein bisschen blöd reingelandet bin.

Ich tue, was ich immer tue, wenn ich ins Seil gestürzt bin. Ich mache dort weiter, wo ich aufgehört habe. Ziehe mich am Seil hoch und klettere dort weiter, wo ich ausgerutscht bin.

Aber es ist nicht wie vorher. Ich fühle mich unsicher. In

meinem Kopf hämmert die Frage: Was passiert, wenn es mich tatsächlich haut?

Ich male mir das nicht im Detail aus, aber ich weiß: Es ist nicht gut. Und ich merke etwas Alarmierendes. Die Selbstverständlichkeit, mit der ich den nächsten Griff suche und den nächsten Zug mache, ist angeknackst. Als wäre ich besoffen, besoffen vom Schrecken, den mir der Sturz in der Dunkelheit dieser Wand eingejagt hat.

Am Ende der Seillänge treffen wir Markus, einen der Bergführer. Er ist über die Fixseile »raufgejumart«, die für die Kamerateams gelegt wurden. Er hat gar nicht mitgekriegt, dass ich in Schwierigkeiten war, und will mich jetzt auf dem Weg zur Bolt-Traverse begleiten, von wo die Iced Towers hinaufziehen, über die es zur Headwall geht. Über der Headwall sitzt nur noch der Gipfel-Eispilz, unser Ziel.

Wir ziehen die Steigeisen an und gehen über das fünfzig Grad steile Schneefeld hinauf zu Stand elf und von dort über kombiniertes Gelände zu Stand zwölf. Die Bolt-Traverse ist eine Schlüsselstelle für den Aufstieg, und ein bisschen gutes Wetter würde jetzt nicht schaden. Es ist vier Uhr früh, und das Schönwetterfenster ist noch immer nicht da. Zeit, bei Charly nachzufragen, für wann er den blauen Himmel bestellt hat.

In Innsbruck ist es jetzt acht Uhr früh. Charly sitzt vermutlich mit der *Tiroler Tageszeitung* an seinem Schreibtisch und wartet darauf, dass sein Telefon läutet. Deshalb haben wir auch unser Satellitentelefon dabei und rufen jetzt bei Charly an. Er hebt nach dem ersten Freizeichen ab.

»Servus, Charly. Bist du dir sicher, dass deine Wetterprognose stimmt?«

Es ist saukalt, der Wind pfeift noch immer. Wir haben uns vielleicht fünf Minuten lang nicht bewegt, und schon vereisen die Handschuhe. An der Oberfläche unserer Goretex-Jacken bleibt der Schnee kleben.

»Gebts mir zehn Minuten«, sagt Charly.

Ich sage okay, aber Daniel mault, dass ihm gleich die Eier abfrieren.

Nach zehn Minuten rufe ich noch einmal an.

Charly sagt: »Ein bisschen Geduld, Burschen. Alles sieht danach aus, dass das Wetterfenster in sechs Stunden…«

Danke, wir haben genug. Wir drehen um. In zwei Stunden seilen wir uns bis zur Schulter ab, dort trinken wir etwas und kriechen sofort in die Schlafsäcke.

Die Kälte, der Wind, das Erschrecken. Ich bin total erledigt. Um zehn Uhr wache ich auf. Daniels Kopf liegt auf meiner Schulter. Markus liegt quer über unsere Beine. Ich krieche aus unserem Biwak, weil ich jetzt wissen will, ob Charly vielleicht doch recht gehabt hat. Aber das Wetter ist unverändert beschissen. Der Berg ist von dichten Wolken umhüllt, und wie um mich ganz sicher zu machen, trifft mich ein Windstoß so heftig, dass ich aus der Balance gerate. Keine Chance auf den Gipfel heute, ganz sicher nicht.

Ich sage den Kollegen im Bergschrund Bescheid. Dann erhitze ich Wasser und mache mir einen Kaffee. Daniel trinkt Tee, und Markus führt sich ein Nasi Goreng von Travellunch zu Gemüte. Wir verbringen ein bisschen Zeit im Zelt, bis wir hören, dass der Wind nachlässt, dann gehen wir zurück nach El Chaltén, 30 Kilometer weit, 2000 Höhenmeter hinunter. Um acht Uhr abends sind wir zu Hause und fallen todmüde ins Bett. Wir wissen noch nicht, dass es für dieses Jahr unser letzter Versuch gewesen ist, den Cerro Torre zu besteigen.

Zehn

Das Wetter bleibt scheiße. Wir hängen ziemlich viel in der Cervecería herum und hören Salsa. Die Mädels, die den Laden schmeißen, sind super. Sie mögen uns, und wir mögen sie. Ich bin meinem großen Ziel keinen Schritt näher gekommen, aber das verursacht mir gerade überhaupt keine Sinnkrise. Die südamerikanische Leichtigkeit hat mich erfasst. Ich habe das Gefühl, nur für den Moment zu leben, und dieser Moment gefällt mir gerade sehr gut. Tagsüber gehen wir Bergkristalle suchen, von denen es hier eine Menge wunderschöner Exemplare gibt, manchmal bouldern wir an Felsblöcken rund um El Chaltén, abends sitzen wir mit Andrea und den anderen Mädels der Cervecería an groben Holztischen und versuchen uns zu unterhalten – oder so ähnlich, ich kann kaum Spanisch.

Wir feiern Weihnachten und Silvester in El Chaltén, und irgendwann ist mir klar, dass das in dieser Saison nichts mehr wird mit meinem Projekt. Einmal starten Daniel, der Fotograf Corey Rich und ich noch hinauf auf die Schulter. Wir kommen erst spät an, gegen sechs oder halb sieben, weil wir von El Chaltén durchmarschiert sind, und sehen, dass es während der letzten Schlechtwetterperioden extrem viel geschneit hat. Wo wir das Zelt und das Kletterzeug deponiert hatten, liegen jetzt sechs oder sieben Meter Schnee. Keine Ahnung, wo genau wir nach unserem Material graben sollen. Wir finden es nicht.

Also kehren wir um. Wir lassen die Ausrüstung unter dem Schnee. Wir werden die argentinischen Helfer, die das Filmteam angeheuert hat, bitten, auch unser Zeug so bald wie möglich von der Schulter zu holen. Als wir uns von den Mädels in der Cervecería verabschieden wollen, sehen wir, dass sie auf die schwarze Tafel, wo sonst die diversen Biersorten aufgelistet sind, eine Botschaft an uns geschrieben haben: »Dani and David, please don't leave. We will miss you.«

Ich komme zurück nach Europa und erlebe etwas ganz Neues: Ich habe Schwierigkeiten, mich an den Rhythmus meiner Heimat anzupassen. Alles geht schnell, jeder will etwas, mein Kalender, der in den letzten Monaten eine einzige weiße Fläche gewesen ist, sieht plötzlich wieder ganz bunt aus vor lauter Meetings, Verabredungen, Interviews.

Alle fragen mich mehr oder weniger einfühlsam und höflich, wie ich das Scheitern meines Projekts erkläre. Ich antworte dann, dass ich nicht finde, dass es gescheitert ist, dass ich gescheitert bin. Stattdessen weiche ich auf eine weniger verletzende Formulierung aus. Das Projekt ist nur *on hold*, sage ich und versuche zu überspielen, was ich mir selbst nicht eingestehen will: dass das Projekt eben doch gescheitert ist, und zwar eindeutig. Gleichzeitig weiß ich, dass ich nächstes Jahr auf jeden Fall wiederkommen möchte und dass die Erfahrungen, die wir in dieser Saison gemacht haben, dann von essenzieller Bedeutung sein werden.

Denn ich bin zwar weder am Cerro Torre frei geklettert, noch habe ich seinen Gipfel auch nur aus der Nähe gesehen, aber ich habe etwas anderes erlebt: Ich bin in eine neue Welt eingetaucht. Ich habe den Berg, den ich zu kennen glaubte, in seiner Schönheit und Unberechenbarkeit erst kennengelernt. Ich habe ein Gefühl dafür bekommen, wie enorm die Dimensionen des Projekts sind, das ich mir vorgenommen habe, und wie vielschichtig die Aufgaben sind, die auf mich warten. Ich weiß ganz genau, dass ich im nächsten Winter wieder nach Patagonien reisen werde. Dann kenne ich die Anforderungen, die an mich gestellt werden, um einiges besser. Dann bin ich besser auf das, was mich erwartet, vorbereitet.

Das sage ich jedem, der mich fragt. Was ich nicht sage: Ich spüre jetzt, dass das ganze Ding für mich in diesem ersten Jahr noch zu groß gewesen ist. Vielleicht wäre ich besser erst einmal nach Patagonien gefahren, um den Cerro Torre persönlich in Augenschein zu nehmen, bevor ich hinausposaune, dass ich etwas Unmögliches an seinen Wänden schaffen möchte. Aber ich bin es schon als Sieben-, Achtjähriger gewohnt gewesen, Dinge in Angriff zu nehmen, die für viel Ältere außer Reichweite waren, und ich dachte mir, dass jemand, der eine 8c-Mehrseillängentour in den Alpen an einem Tag klettern kann, wohl auch eine 8c-Wand auf dem Cerro Torre bewältigt. Ich war mir sicher, dass die Fähigkeit, zur richtigen Zeit alle meine Kräfte und meine volle Konzentration abrufen zu können – wie ich es bei unzähligen Wettkämpfen gelernt habe –, der letzte Puzzlestein sein würde, der mein Projekt am Torre komplettiert. Dabei fehlt mir im Moment nicht nur der letzte Puzzlestein, sondern alle anderen fehlen auch.

Die Monate in Patagonien haben mir ein bisschen was von meiner Forschheit, von der Selbstverständlichkeit, dass alles, was ich anpacke, sofort gelingen muss, heruntergeräumt. Dabei hat der Wirbel, den mein Versuch auf dem Cerro Torre auslösen sollte, noch gar nicht begonnen, und damit die große und fundamentale Krise meiner jungen Karriere als Alpinist.

Elf

Ein paar Wochen nachdem wir zurück nach Europa gereist sind, klettert der argentinische Bergsteiger »Rolo« Garibotti auf den Col de la Paciencia. Er findet dort zahlreiche Bohrhaken, die für das Filmteam installiert worden sind. Von da an kommen ziemlich intensive Vibes über den Atlantik.

Rolo ist vielleicht kein Weltklasseklettere, aber bestimmt ein ausgezeichneter Alpinist. Er ist auch ein entschiedener Vertreter alpinistischer Ethik, ein Historiker Patagoniens und jemand, der Reinhold Messners Theorie vom Bohrhaken als »Mord am Unmöglichen« ohne große Einschränkungen unterstützt. Es war Rolo Garibotti, der in seinem fulminanten Aufsatz »A Mountain Unveiled« für das *American Alpine Journal* die Erstbesteigung des Cerro Torre durch Cesare Maestri als Bergmärchen interpretierte.

Rolo kennt den Torre wie seine Westentasche, er versteht sich irgendwie als »Hausmeister« des Berges. Er ist außerdem einer jener Alpinisten, für die nur das Klettern selbst Berechtigung hat – ein Filmteam, das dieses Klettern dokumentiert, ist ihm schon grundsätzlich ein Dorn im Auge, weil es für das Klettern selbst nicht notwendig ist und den Berg unnötig belastet.

Er kritisiert nicht nur, dass wir einige Rucksäcke an Material auf dem Col gelassen haben und dass für das Filmteam sechzig neue Bohrhaken installiert wurden. Er greift auch das Gerücht wieder auf, dass wir einen Werbeclip für Red Bull drehen wollten und aus kommerziellen Motiven die alpinistische Ethik ignoriert haben.

Ich selbst treibe mich nicht besonders oft auf den vielen Kletter-Websites herum und erfahre erst von Rolos Breitseite, als Flo Klingler mich anruft und darauf aufmerksam macht.

Als ich den Blogeintrag lese, traue ich meinen Augen nicht: sechzig Bohrhaken? Was schreibst denn du da für einen Scheiß? Ich habe keinen einzigen Bohrhaken gesetzt, mein Freund, für die Bohrhaken des Filmteams trage nicht ich die Verantwortung, sondern eben das Filmteam! Weder stimmen die Fakten, noch zielst du auf den Richtigen! Wie komme ich dazu, dass du mich für etwas angiftest, wofür ich nichts kann?

Aber Rolos Blog ist nur der Anfang. Das Internet steht Kopf, scheint mir, es produziert einen Tsunami von Kommentaren, Gerüchten und Anschuldigungen. Wer hat die Bohrhaken eingebohrt? Ich? Die Bergführer? Die Bergführer für mich? Zum Teil sind die Anschuldigungen so absurd, dass ich überhaupt nicht auf die Idee komme, sie ernst zu nehmen. Dann erreicht mich ein E-Mail von Erik Lambert, einem Redakteur des *Alpinist*, einer bedeutenden amerikanischen Kletterzeitschrift.

Erik fragt mich, warum wir so viel Zeug auf dem Torre gelassen haben.

Ich schreibe ihm wahrheitsgemäß zurück: dass wir das Zeug wegen des schlechten Wetters und der Lawinengefahr nicht mehr rausholen konnten, das jedoch im nächsten Jahr nachholen werden.

Ich ahne jetzt, dass der Wirbel noch längst nicht ausgestanden ist, und erwarte mit gemischten Gefühlen, was der *Alpinist* schreiben wird. Am 1. Juni 2010 erscheint dann dieses ausführliche Posting auf alpinist.com, das ziemlich genau zusammenfasst, wie die Fronten gerade verlaufen:

Das österreichische Wunderkind David Lama kam im November 2009 mit einem noblen Plan nach Patagonien. Der Neunzehnjährige und sein Partner Daniel Steuerer wollten den ersten Versuch einer freien Begehung der Südostwand des Cerro Torre starten: auf der Kompressorroute. Nach drei Monaten Schlechtwetter und mehreren Fehlversuchen reisten die Kletterer und ihre Filmcrew wieder ab und hinterließen etwa sechzig neue Bohrhaken und 700 Meter Fixseile.
1959 behauptete Cesare Maestri, den Cerro Torre erstbestiegen zu haben. Seine Behauptung wurde bezweifelt und während des nächsten Jahrzehnts heftig diskutiert. Maestri kehrte 1970 zurück, um zu beweisen, dass er den Gipfel erreichen konnte – dieser Beweis wurde allerdings auf Kosten des Berges geführt. Maestris Team installierte ungefähr 450 Bohrhaken – inklusive einer Bohrhakenleiter in der Headwall –, die mit einem Kompressor in den Fels gedreht wurden. Es sind die berüchtigtsten und umstrittensten Bohrhaken auf der Welt....
In einem Interview mit redbull.com am 17. November 2009 – dem Tag vor seiner Abreise nach Argentinien – verglich Lama die heutige Ethik mit jener von Maestri: »Cesare Maestri ... hinterließ eine regelrechte Autobahn von Bohrhaken an der Südwestflanke des Berges, was mit der heutigen Kletterethik

nichts mehr zu tun hat…« Lama bestätigte, dass er die erste freie Begehung der Kompressorroute versuchen und den Berg wieder verlassen werde, ohne Spuren auf dem ikonischen Gipfel zu hinterlassen. Er erklärte, dass es »nicht in unserem Interesse ist, Spuren zu hinterlassen«.

Um das erwünschte Material zu bekommen, installierte die Red-Bull-Filmcrew, die Lamas Aufstieg dokumentierte, etwa sechzig Bohrhaken. Die Crew schraubte eine neue Abseillinie von unten bis zum Col de la Paciencia [der Schulter]. Sie fügten auch darüber einige neue Haken hinzu, wie der argentinische Guide Horacio Graton bestätigte. Manche in Positionen, »wo es bereits natürliche Sicherungen gibt und wo nicht einmal Cesare Maestri 1970 bohrte«, sagte der Kletterer und Patagonien-Historiker Rolando Garibotti.

Am Ende der Saison wurden Graton und drei weitere Führer von Red Bull beauftragt, die von der Filmcrew hinterlassenen Überreste aufzuräumen. Die vier trugen Gerät vom Col herunter und 700 Meter Seil aus der Fixseil-Route. Eine Presseaussendung des Red Bull Media House erklärte, dass »nur Bohrhaken und ein Haulbag auf dem Berg gelassen wurden, um eine rasche Fortführung des Projekts in der nächsten Saison zu erlauben«.

In einer E-Mail an den Alpinist *sagt Lama, dass schlechtes Wetter und »Lawinengefahr« das Team daran gehindert hätten, seine Ausrüstung vor der Abreise abzutransportieren. Lama plant, im nächsten [patagonischen] Sommer zurückzukehren, um die Befreiung der Südostwand zu Ende zu führen; das Filmteam hat vor, die gesetzten Bohrhaken dann wieder zu entfernen.*

Trotz dieser Versprechungen haben Kletterer angemerkt, dass die Haken selbst nach ihrer Entfernung sichtbare Narben im Fels zurücklassen werden. Andere sind skeptisch, dass das Metall überhaupt entfernt werden wird. Wenn die schlechten Wetterbedingungen diesmal die Filmcrew am Aufräumen hinderten, könnte schlechtes Wetter die Hoffnungen auf herausgedrehte Haken wieder zunichtemachen.
Ärgerlicher ist vielleicht jedoch, dass überhaupt neue Haken auf einer Route eingeschlagen wurden, die als eine der berühmtesten Touren der Welt gilt.
»Ich möchte gerne wissen, was passiert, wenn ich in diesem Sommer nach Österreich komme und Dutzende Bohrhaken in ›Locker vom Hocker‹, Wolfgang Güllichs und Kurt Alberts berühmte Route, einschlage oder in Routen von Mathias Rebisch oder Albert Precht«, schrieb Garibotti unlängst auf Desnivel.com zu diesem Thema. »Was die Fixseile betrifft, würde mich interessieren, wie die Leute reagieren, wenn ich Fixseile für einen ganzen Sommer in Routen wie dem ›Fisch‹ auf der Marmolada oder der ›Philipp-Flamm‹ auf der Civetta oder der ›American Direct‹ auf der Westseite der Dru oder irgendeiner anderen klassischen Route der Alpen hängen ließe.«

Ich bin ziemlich aus dem Häuschen, als ich diese Meldung lese, zumal sie nur eine von vielen Stimmen ist, die sich in den nächsten Tagen und Wochen vernehmen lassen und alle dieselbe Stoßrichtung haben. Einhelliger Tenor: Wir haben Scheiße gebaut. Wir haben Grenzen überschritten. Ein paar Typen schreiben entrüstete, aber noch irgendwie sachliche Kommentare. Andere schreiben nur: Fuck David Lama. Ein paar rufen dazu auf, Red Bull zu boykottieren, ein paar raten Red Bull, den Sponsorvertrag mit mir aufzulösen. Die Nachricht geistert durch die diversen Kletterforen. Die Zahl der Haken, die wir eingeschlagen haben sollen, wird immer größer. Die Empörung nimmt zu. Auf der Protestplattform change.org werden Proteste gegen mich und Red Bull organisiert, die von zahllosen Leuten unterzeichnet werden, unter Garantie auch von vielen, die keine Ahnung davon haben, was am Cerro Torre wirklich gelaufen ist oder wo der Cerro Torre überhaupt steht.

In der Kletterwelt ist jetzt selbst der Hinterletzte darüber informiert, dass die David-Lama-Expedition auf den Cerro Torre nicht nur keinen Erfolg hatte, sondern auch ein moralisches Desaster war.

Im ersten Moment halte ich die ganze Aufregung für ziemlich ungerecht. Ich habe schließlich nur die Verantwortung für die Kletterei übernommen und nicht für das, was das Filmteam unternommen hat. Klar, es sind zwei Teile eines Ganzen, aber ich bin die Sache nicht umsonst so streng getrennt angegangen: Daniel und ich haben uns mehr oder weniger so benommen, als wären wir zu zweit am Berg. Wir haben uns von den Trägern der Filmcrew kein bisschen Gepäck auf den Berg tragen lassen und auch von der sonstigen Infrastruktur der Filmcrew nicht profitiert. Wir haben am Anfang festgelegt, wie sich das Team auf dem Berg verhalten soll, aber unser Lead Guide hat offenbar andere Entscheidungen getroffen. Ich selbst habe keinen einzigen Bohrhaken in den Fels gebohrt. Wieso werde jetzt aber ich von allen in den Arsch getreten?

Es ist eine Reaktion von mir, die vielleicht ein bisschen

wehleidig ausfällt. Das hat damit zu tun, dass ich von der Situation überfordert bin. Ich denke nur darüber nach, wie ich die Vorwürfe entkräften und Fakten richtigstellen kann, will aber noch nicht einsehen, dass wir grundsätzlich Scheiße gebaut haben.

Red Bull und ich geben jeweils eine Stellungnahme heraus. Darin werden die Vorwürfe relativiert, und wir verweisen auf die Tatsache, dass wir die Haken im nächsten Jahr sowieso entfernen werden. Wir vergessen nicht darauf hinzuweisen, dass jeder Schritt, den das Team im Nationalpark gemacht hat, genehmigt war und den Nationalpark-Regeln entsprach. Tatsächlich hat sich das Red Bull Media House bemüht, ganz besonders sauber und umsichtig vorzugehen. Man hat Drehgenehmigungen bei den Nationalpark-Autoritäten eingeholt. Man hat sich eine Hubschrauber-Überfluggenehmigung für den Torre besorgt. Die Bergführer des Filmteams haben unzählige Seilstücke, die andere Expeditionen am Berg zurückgelassen hatten, wieder mitgenommen und entsorgt. Wir hatten, als wir heimreisten, nicht das Gefühl, etwas falsch gemacht, sondern umgekehrt, alles ganz besonders richtig gemacht zu haben. Umso herber schmeckt jetzt die Kritik. Aber die Kletterwelt hat ihre eigenen Gesetze, und je mehr wir uns bemühen, die Vorwürfe zu relativieren, desto mehr Vorwürfe handeln wir uns ein.

Zwölf

Aus Kanada meldet sich der Kletterer Will Gadd, der auch bei Red Bull unter Vertrag steht. Er will wissen, was los ist, seine amerikanischen Kollegen machen ihm wegen seines Red-Bull-Helms die Hölle heiß. Will möchte zwischen den Fronten vermitteln, indem er die Fakten minutiös auflistet und die Sache ein für alle Mal klarstellt.

Wir sprechen via Skype miteinander. Will gibt sich alle Mühe, mich zu verstehen, als ich ihm erkläre, dass keinesfalls wie beschrieben sechzig Bohrhaken gesetzt wurden und dass ich die Kritik für total überzogen halte. Dann sagt er etwas Bemerkenswertes: Es hätten überhaupt keine Bohrhaken gesetzt werden sollen, David.

»Not a single bolt should have been placed, David.«

Ich kenne Will nicht persönlich, aber er scheint mir ein diplomatischer und belesener Typ zu sein. Sein kategorischer Befund kommt mir zwar hart vor, aber er hinterlässt einen starken Eindruck und berührt etwas, woran ich selbst auch schon diffus gedacht habe, ohne jedoch zu einem klaren Ergebnis zu kommen. In unserem Gespräch sagt Will außerdem: Wenn Fehler gemacht wurden, muss man sich dazu bekennen.

Will telefoniert auch mit Heli Putz. Er bittet ihn um die konkrete und korrekte Anzahl der Bohrhaken und macht ihm klar, dass es keine Gelegenheit zur Beschönigung mehr gibt. Sollten sich die Angaben als nicht korrekt erweisen, werde man ihm, Will Gadd, dafür die Eier abschneiden.

Heli zeichnet ein Topo, auf dem die Positionen aller Bohrhaken eingezeichnet sind, und schickt es an Will. Will veröffentlicht in einem gut recherchierten Blog, was er gemäß seiner Recherche für Vorwürfe hält und was für Realität. Er sortiert die Vorwürfe und stellt ihnen gegenüber, was für ihn die Fakten sind. Wills Schlussfolgerung besteht darin, dass einerseits die Vorwürfe überzogen sind, andererseits jedoch überhaupt keine Bohrhaken nötig gewesen wären.

Im Red Bull Media House, wo die Sache permanent diskutiert wird, ist man nicht dieser Meinung. Im Mittelpunkt der Überlegungen steht das Filmprojekt. Es herrscht die Gewissheit, dass ein Projekt dieser Größenordnung und dieses Qualitätsanspruchs nur so durchzuführen sei, wie das in der vergangenen Saison angegangen wurde: mit Bohrhaken, Fixseilen und dem Plan, nach getaner Arbeit alles wieder zu entfernen. Was dabei nicht erkannt wird, ist, dass die Realisierung des Films dabei zweifellos über der Frage steht, ob sich die Expedition ethisch korrekt auf dem Berg bewegt.

Ich selbst beschäftige mich in diesen Tagen permanent mit der Kritik, in deren Kreuzfeuer ich stehe. Auch wenn ich am Anfang trotzig reagiere und meinen Standpunkt nach Kräften verteidige, versuche ich für mich selbst dahinterzukommen, was hinter den Anschuldigungen steckt und warum sie mit solcher Wucht über mich hereingebrochen sind.

Natürlich geht mir die Frage nach dem Filmteam durch den Kopf, an der sich die Einwände vor allem festmachen. Die Kernfrage kann ich bereits beantworten. Braucht es das Filmteam unbedingt, damit ich mein Projekt fortsetzen kann? Die Antwort ist nein.

Ich bin Kletterer, kein Showmensch. Ich denke an das Gespräch mit Flo, in dem ich ihm sagte, ich fahre auch allein nach Patagonien, ganz egal, ob ihr mich unterstützt oder begleitet. Das bedeutet, dass wir für die Zukunft des Projekts intensiv darüber nachdenken müssen, welche Hierarchie zwischen dem Kletter- und dem Filmprojekt hergestellt werden muss. So wie es war, kann es auf jeden Fall nicht mehr sein. Ich merke, dass ich noch keine konkreten Antworten habe, aber dass ich dabei bin, sie zu finden.

Die Diskussion im Netz geht ohne Unterbrechung weiter. Hauptthema: Was soll jetzt mit den Bohrhaken geschehen? Soll man sie abschlagen? Soll man sie drinnen lassen, weil der Schaden eh schon angerichtet ist? Soll man sie absägen oder rausdrehen? Und soll man das Loch anschließend wieder zumachen?

Manche Leute sagen: Wenn die Haken schon drinnen sind, dann soll man sie auch drinnen lassen, weil man sie vielleicht bei irgendwelchen Rettungsaktionen gut brauchen kann. Andere Leute sagen: Die Scheiße ist schon passiert. Es ist egal, was ihr macht, ihr könnt nichts rückgängig machen. Wieder andere sind nicht so unversöhnlich. Sie meinen, dass uns ein Fehler passiert ist, aber wenn wir die Haken wieder rausnehmen, ist die Sache auch wieder okay.

Die Aufregung ist überdimensional – auch das ist keine Überraschung. Es handelt sich hier schließlich um den Cerro Torre. Um den mythischen, den unmöglichen Berg. Unmöglich, hier einen unbedeutenden Fehler zu machen. Alle Schäden, die wir angerichtet haben, werden in einen direkten Zusammenhang zu dem ethischen Kapitalverbrechen Cesare Maestris gestellt und entsprechend hoch gehängt.

Die Tatsache, dass das Filmteam für die Befestigung der Fixseile eine Bohrmaschine verwendet hat, wird uns als genauso verwerflich angelastet wie Maestri sein Kompressor. Aber auch die Tatsache, dass wir wegen der schlechten Bedingungen Fixseile und Haulbags nicht abtransportieren konnten, wird sofort mit dem Vorgehen anderer Filmteams auf dem Cerro Torre verglichen.

Einerseits hatten kleine, flexible Teams wie das des Schweizers Fulvio Mariani vielfach preisgekrönte Filme wie *Cumbre* (1986) zuwege gebracht, andererseits waren große Filmproduktionsteams wie das von Werner Herzog unangenehm aufgefallen. Herzog drehte 1991 seinen Bergsteigerfilm *Schrei aus Stein*, einen Spielfilm, der zahlreiche Elemente der Maestri-Geschichte aufgreift. Ich bin kein Filmkritiker, aber der Film ist ein Witz.

Herzogs Team hinterließ am Cerro Torre Abfall, der für Jahre nicht weggeräumt wurde. Die Crew landete sogar mit dem Helikopter auf dem Gipfel des Torre, verwendete eine Kettensäge, um Löcher ins Eis zu schneiden, und ließ das Wrack des Hubschraubers, nachdem er am Gletscher abgestürzt war, einfach liegen.

Auch diese Geschichte wird angesichts unseres Filmprojekts wieder hervorgeholt. Die Protestnoten gegen uns klingen wie: Wehret den Anfängen! Wenn ihr keinen zweiten kaputten Helikopter auf dem Gletscher haben wollt, protestiert gegen David Lama und sein Team.

Ich muss zugeben, dass ich mir in diesen Wochen ernsthafte Sorgen mache. In meiner bisherigen Karriere als Kletterer hat es zwar manchmal leise Kritik daran gegeben, wie ich mich benehme – wenn ich mir eingebildet habe, ein bisschen frecher als die anderen sein zu müssen –, aber niemals an meiner Arbeit. Aber gerade das Projekt, das einen fließenden Übergang von meiner Wettkampfkarriere in die eines Profialpinisten markieren könnte, entpuppt sich als Griff in die Scheiße.

Es wäre gelogen, wenn ich sagen würde, ich mache mir keine Sorgen um meine Zukunft. Ein Projekt wie dieses so spektakulär in den Sand zu setzen: das ist nicht unbedingt eine Empfehlung für weitere spektakuläre Projekte. Hätte ich wie viele andere Sportkletterer die Schule abgeschlossen und ein Studium begonnen, wer weiß, ob ich in diesen Tagen nicht den Hut draufgehauen und gesagt hätte: Pfeif drauf, ich mache mein Studium fertig und werde Lehrer und in den Ferien gehe ich klettern – Lehrer haben eh eine Menge Ferien.

In England und Amerika gibt es offene Briefe an Red Bull, dass sich die Firma von mir trennen soll. Die Geschichte von Dean Potter und dessen Sponsor Patagonia wird hervorgeholt. Dean war 2006 auf dem Delicate Arch in Colorado geklettert, obwohl Klettern dort verboten ist, und Patagonia hatte ihn für diese Verfehlung aus seinem Team geworfen.

Umgekehrt raten mir manche Leute, mich von Red Bull zu trennen und auf diese Weise meine Eigenverantwortung zu demonstrieren. Das kommt für mich allerdings genauso wenig in Frage wie für Red Bull eine Trennung von mir. Aber ich spüre, dass wir das Projekt auf eine neue Grundlage stellen müssen, um gemeinsam wieder aus dem Schlamassel herauszukommen.

Dreizehn

Der Start in die nächste Wettkampfsaison steht im Schatten der Kontroverse. Ich fahre zu den ersten Weltcupbewerben nach Arco und Chamonix und sehe an den Blicken meiner Kollegen, dass jeder von ihnen Bescheid weiß. Die Blicke scheinen zu fragen: Was hast du dir dabei gedacht, David? Oder, noch deprimierender: Das hätten wir nicht von dir gedacht.

Manche Kollegen sprechen mich direkt an, so dass ich ein bisschen Licht in die Angelegenheit bringen kann. Andere sagen gar nichts, und ich kann nur ihr Kopfschütteln hinter meinem Rücken spüren. Es war schon angenehmer, mit dem Wettkampftross herumzureisen. Ich absolviere meine Wettkämpfe und bin auch sonst nicht untätig. Mit meinen Kollegen von Mammut klettere ich im Peak District ein paar anspruchsvolle Touren, mit Jorg Verhoeven gelingt mir die erste freie Begehung des Monte Brento am Gardasee, und mit Daniel Steuerer klettere ich die Voie Petit am Grand Capucin im Mont-Blanc-Massiv.

Noch stelle ich nicht in Frage, ob Daniel der Richtige ist, um mit mir im Winter wieder nach Patagonien zu reisen. Dass ich einen neuen Versuch unternehme, ist logisch, nach der ganzen Bohrhakengeschichte erst recht.

Daniel ist bei der ersten Patagonien-Expedition vor allem deshalb mein Partner gewesen, weil ich mir die Sache ganz anders vorgestellt hatte: weniger Zivilisation, weniger Cervecería, mehr Abgeschiedenheit, mehr Zeit, die man zu zweit verbringt. Deshalb wollte ich unbedingt einen Kollegen, von dem ich weiß, dass ich auch über längere Zeit gut mit ihm auskommen kann – und nicht unbedingt einen Partner, dessen wichtigste Fähigkeit darin besteht, überdurchschnittlich gut zu klettern.

Was das Miteinander-Auskommen betrifft, hat Daniel alle Erwartungen erfüllt. Wir sind drei Monate zusammengepickt und haben eine lässige Zeit gehabt. Aber beim Klettern habe ich immer wieder gemerkt, dass er nicht so fit ist, wie er es auf dem Torre sein muss.

Das gilt übrigens auch für mich: Ich bin im ersten Jahr in Patagonien noch nicht so gut beieinander gewesen, wie es notwendig gewesen wäre. Ich habe mir die Dimensionen des Cerro Torre einfach nicht vorstellen können: Es gibt in den Alpen schlicht keine vergleichbaren Touren.

Auch das musste ich lernen. In Patagonien ist nicht in erster Linie reines Klettern gefragt, was bis dahin ja meine Spezialdisziplin gewesen ist. Der Cerro Torre verlangt von dir eine solide alpinistische Basis – und wenn man den Torre frei klettern möchte, sind außerordentliche Freikletterfähigkeiten nur das Tüpfelchen auf dem i.

Ich weiß also, dass ich mich auf die zweite Expedition wesentlich besser vorbereiten muss als auf die erste. Logisch, dass ich auch von Daniel erwarte, dass er das so sieht und mitzieht.

Im Frühsommer beschließe ich, die »Bellavista«, eine berühmte Tour an den Drei Zinnen in den Dolomiten, zu klettern. Coole Route, super Training für den Torre. Eine der schwersten Touren in den Alpen, da sehe ich gleich einmal, wo für mich der Hammer hängt – und alle anderen können das auch sehen. Ich rufe also Daniel an, aber der hat keine Lust. Deshalb muss ich mir einen anderen Partner für die Tour suchen.

Flo, mein Freund von Red Bull, schlägt vor, ich soll doch Peter Ortner fragen. Peter ist einer der beiden Bergführer, die für das Filmteam mit am Cerro Torre waren. Er hat einen Monat mit uns verbracht, ist dann zurück nach Österreich geflogen und zwei Wochen später auf eigene Kosten noch einmal gekommen, um mit einem anderen Partner selbst etwas am Cerro Torre zu probieren.

Ich habe ihn damals mit einem Paukenschlag kennengelernt. Das Wetter war wieder einmal schlecht, und ich saß allein in der Cervecería an der Bar. Schaute in die Luft, hörte ein bisschen Salsa. Plötzlich machte es einen Riesentuscher. In der ganzen Cervecería war es still, jedes Gespräch verstummte. Mich haute es fast vornüber in mein Bierglas vor Schreck, bevor ich sah, dass der Tuscher eine Art Begrüßung von Peter Ortner war, der mit Toni Ponholzer plötzlich neben mir stand und, statt »Servus!« zu sagen, mit der Handfläche auf die Bar gehaut hatte.

Ich musste lachen, Peter und Toni lachten sowieso, das waren gute Voraussetzungen für einen etwas längeren Abend.

Peter ist grundsätzlich ein ruhiger Typ, der nur laut wird, wenn er das Gefühl hat, dass er auf den Tisch hauen muss. Dann hört man ihn freilich gut, denn er ist ein ziemlicher Bär mit ansehnlichem Schmalz in den Muskeln. Gelernter Maurer, guter Handwerker, was man halt so mitnimmt, wenn man auf einem Bergbauernhof in Osttirol aufgewachsen ist.

Ich mag ihn gleich, weil er tut, was er sagt, und sagt, was er meint. Man kann sich auf ihn verlassen, er ist total fair, an ihm ist nichts Falsches. Man sieht ihm ein bisschen an, dass er in früheren Jahren eine ziemliche Wildsau gewesen ist und hie und da einmal ziemliches Glück gebraucht hat, dass er nicht früh in den Himmel gekommen ist. Dieses Draufgängertum hat er inzwischen ziemlich unter Kontrolle, aber die Energie ist voll da: Für mich sind das die idealen Bergsteigereigenschaften.

Ich denke also: Mhm, der Peter. Guter Alpinist, bärenstark, kein Vergleich zu Daniel. Aber ob er mit mir klettern will?

An dieser Situation merke ich schmerzlich, wie sehr mir die Bohrhaken-Geschichte im Magen liegt. Ich habe Hemmungen, Peter einfach anzurufen und ihn zu fragen, ob er mit mir klettern möchte. Peter ist ein guter Typ, ich möchte mir von ihm nicht unbedingt eine Abfuhr holen, mit der er mir im Subtext mitteilt, dass er sicher nicht auf ein sinkendes Schiff aufspringen möchte.

Ich rufe dann doch an, und Peter sagt nur: »Cool. Fettes Projekt.«

Er ist dabei. Wir verabreden uns in Südtirol auf der Auronzohütte.

Ich habe noch keinen Führerschein, deshalb fahre ich mit Flo von Innsbruck ins Pustertal. Peter wird von seiner Freundin gebracht, weil er auch gerade keinen Führerschein hat. Er hat zu Hause in Osttirol nach ein paar Bier Hunger bekommen und ist mit dem Auto zur Tankstelle, um sich eine Wurstsemmel zu holen. Aufgehalten, Schein weg.

Die Bellavista ist eine der ersten alpinen Routen im elften Schwierigkeitsgrad, die Alex Huber eröffnet hat und 2001

Rotpunkt, also ohne Sturz, geklettert ist. Wir halten uns nicht lange damit auf, die Route zu begutachten, sondern steigen gleich ein. Ich steige die schweren Seillängen unten vor, wir klettern bis zum Dach hinauf und seilen uns von dort wieder ab.

Eine Woche später treffen wir uns erneut auf der Auronzohütte. Der Hüttenwirt kennt uns schon und hat eine Riesenfreude damit, uns einen Schnaps nach dem anderen zu spendieren. Es wird eine lange Nacht, viel Spaß, wenn auch nicht unbedingt die ideale Vorbereitung auf eine der schwersten Routen der Dolomiten.

Am nächsten Tag stehen wir um zwölf Uhr mittags am Einstieg, Blick hinauf in die Vertikale, dann geben wir Gas. Ich muss mit Peter nicht viel besprechen. Er weiß, wie ich die Sache angehe und was er zu tun hat – und umgekehrt. Keine Phrasen, keine künstlichen Dialoge. Wir wollen hinauf und ziehen die Tour ziemlich flott durch. Ich absolviere die schwierigeren Längen im Vorstieg. Peter macht die Tour oben fertig.

Es ist lässig, mit Peter zu klettern. Er bringt so ziemlich alles mit, was ein guter Partner in meinen Augen mitbringen muss. Um auszuprobieren, wie die Partnerschaft unter extremer Belastung funktioniert, ist die Bellavista aber noch nicht der richtige Prüfstein. Wir klettern die Tour, trinken noch ein Bier, dann verabschieden wir uns voneinander: Ciao, war lässig, bis zum nächsten Mal.

Vierzehn

Will Gadd möchte wissen, wie wir in Zukunft weiter vorgehen wollen. Er hat die Ambition, in seinem Blog etwas Stichhaltiges über die nächste Saison und unser geplantes Vorgehen zu schreiben. Dafür ist ein Termin für einen Conference-Call aller Beteiligten ausgemacht worden, an dem Will Gadd in Kanada, Heli Putz, der Lead Guide, Philipp Manderla und Guido Kruetschnigg, die Produzenten des Films im Red Bull Media House in Salzburg, Flo Klingler und ich in Innsbruck teilnehmen.

Allerdings schaffen es Flo und ich nicht nach Innsbruck. Ich bin gerade die Bellavista geklettert, und wir befinden uns noch auf der Rückfahrt vom Pustertal, als das Telefonat beginnt. Wir stellen das Auto auf dem Parkplatz vor irgendeiner Pizzeria an der Pustertal-Bundesstraße ab, schalten das Handy auf laut und wählen uns in den Call ein.

Will spricht als Erster. Er fasst noch einmal zusammen, was bisher passiert ist, wie er die Faktenlage sieht. Dann kommt er ziemlich schnell zur Sache.

»David, wie soll das deiner Meinung nach weitergehen?«

Ich habe gewusst, dass diese Frage gestellt werden würde. Meine Antwort ist vorbereitet. Ich habe mir meine Meinung in den letzten Wochen gebildet, jetzt ist es Zeit, sie zu vertreten.

»Das Filmteam wird ohne Fixseile und ohne einen einzigen Bohrhaken auskommen«, sage ich und höre, wie sich in Salzburg die Kinnpartien von Philipp, Guido und Heli verspannen.

Aber ich bin mir völlig sicher. Die Grundannahme, dass ein Film eines gewissen Produktionsstandards eine entsprechende Logistik bedingt, ist sicher richtig. Aber sie rechtfertigt dennoch keine Abweichungen von der strengsten Kletterethik. Nicht der Film und seine Standards dürfen im Vordergrund stehen, sondern die Regeln des Alpinismus. Aus diesen leitet sich alles Weitere ab. Die Frage lautet also nicht, welche Voraussetzungen der Film benötigt, sondern: Kann man den Film mit seinen hohen Produktionsstandards auch herstellen, wenn das Kamerateam klettert wie eine ganz normale Seilschaft – keine Bohrhaken, keine Fixseile, nur temporäre Absicherungen, nichts, was Spuren am Berg zurücklässt?

Viele Vorwürfe, die ich zu hören bekommen habe, zielen darauf, dass so ein Film auf dem Cerro Torre nichts verloren hat. Ich meine aber, dass ein Film, der sich an die strengsten ethischen Voraussetzungen hält, durchaus gedreht werden darf. Das Team muss sich bloß an die Rahmenbedingungen halten, so wie sich ein Autofahrer an das Tempolimit auf der Autobahn halten muss, auch wenn er in einem Rennauto sitzt.

Es hat ein bisschen gedauert, bis ich zu dieser Einsicht gekommen bin. Am Schweigen im Knistern der Telefonverbindung kann ich hören, dass meine Kollegen im Red Bull Media House noch weit davon entfernt sind.

Ich bin übrigens auch auf die nächste Frage vorbereitet, die ohne jeden Zweifel gleich gestellt werden wird: Was, wenn der Film unter den neuen Bedingungen nicht gedreht werden kann?

Dann, werde ich antworten, wird es eben keinen Film geben. Davon bin ich ebenso kategorisch überzeugt, wie ich vor einem Jahr davon überzeugt war, wenn nötig allein nach Patagonien aufzubrechen.

Ich mache jetzt klar, wie ich mir das weitere Vorgehen vorstelle. Ich möchte, dass sämtliche Haken, die wir gesetzt haben, aus der Wand kommen und dass kein einziger neuer Bohrhaken in den Fels gebohrt wird.

Jetzt geht Heli Putz allerdings voll ab. Er lässt sich gar nicht erst auf die Vorwürfe ein. Stattdessen antwortet er im Brustton der Überzeugung: »Alles, was wir gemacht haben, war notwendig. Ich weiche von diesem Kurs nicht einen Millimeter ab. Ich muss die Sicherheit meines Teams garantieren, Sicherheit ist Sicherheit, und außerdem nehmen wir das Zeug ja wieder mit.«

Heli wird noch eine Spur lauter.

»Geht nicht. Unmöglich. Not with me, my friend!«

Das ist an mich gerichtet. Die Stimmung ist plötzlich frostig. Philipp und Guido im Red Bull Media House müssen gerade das Gefühl haben, dass ihnen ihr Projekt durch die Finger rieselt. Ich kann ihr Kopfschütteln regelrecht hören.

Will sagt, damit irgendetwas gesagt ist: »Ich habe das Gefühl, es gibt hier verschiedene Meinungen.«

Das Gespräch geht zu Ende, ohne dass es einen Konsens gibt oder irgendwelche Relativierungen. Ich liebe Konflikte nicht, aber für mich fühlt es sich gut an, dass die Meinung, die ich mir sorgfältig gebildet habe, jetzt platziert ist. Dieses Gespräch wird nicht spurlos am Projekt vorbeigehen. Ich weiß noch nicht, was es für die Zukunft bedeuten wird. Gibt es überhaupt einen Film, eine weitere Unterstützung durch Red Bull? Werde ich die Sache allein zu Ende bringen? Wird es uns gelingen, unter den jetzt formulierten neuen Gegebenheiten etwas auf die Beine zu stellen, das gut, das besser ist als bisher?

Ich weiß es nicht. Es ist nicht mehr die Hauptsache. Wir lassen das Auto stehen, gehen in die Pizzeria und bestellen uns einmal alles ohne scharf und zwei Bier.

Fünfzehn

Abseits der Kontroverse und aller Folgen für das Filmprojekt beginne ich mir ernsthaft Gedanken über meinen Partner für Patagonien zu machen. Einerseits habe ich das Projekt mit Daniel angefangen und möchte es auch mit ihm beenden, aber Daniel tut gerade gar nichts, um sich während des Sommers für Patagonien fitter zu machen. Und das gefällt mir überhaupt nicht, denn das Klettern muss der Mittelpunkt unseres nächsten Versuchs sein. Dass wir dann eine lässige Zeit haben, ergibt sich von selbst.

Ich frage Daniel freiheraus, wie es für ihn im Winter aussieht. Ob er wieder dabei ist oder ob er gar nicht richtig Lust hat – so kommt es mir nämlich vor.

Daniel sagt, dass er schon Lust hat, aber sein Bekenntnis fällt mir etwas zu lethargisch aus. Er hat, sagt er, vor allem Lust, wieder so eine lässige Zeit in El Chaltén zu verbringen wie im letzten Jahr. Natürlich freut ihn auch das Klettern, aber während für mich mein Herz und auf gewisse Weise auch meine Zukunft daran hängen, bedeutet es für Daniel eher den Pflichtanteil an der gemeinsamen Zeit in Patagonien.

Beim ersten Versuch habe ich gelernt, dass das Klettern am

Cerro Torre so anspruchsvoll ist, dass ich mir einen Partner, der nicht voll motiviert ist, einfach nicht leisten kann. Ich sage dem Daniel also spontan ins Gesicht, dass ich, sollte ihm das Projekt nicht ebenso wichtig sein wie mir, Peter fragen werde, ob er es mit mir angeht.

Daniel ist zuerst einmal stumm. Dann antwortet er relativ schnell, dass es für ihn okay wäre. Das Projekt ist ihm einfach nicht so wichtig wie mir, und ihm ist klar, dass er in den nächsten Monaten auch nicht wirklich fit wird – so fit wie Peter erst recht nicht. Es ist für ihn kein Problem, wenn ich Peter frage. Schade nur um die coole Zeit in Patagonien …

Mir tut es irgendwie leid, dass wir die Sache nicht gemeinsam durchziehen. Andererseits ist der Cerro Torre eine zu große Herausforderung, als dass ich sie ohne den idealen Partner angehen könnte. Daniel musste ich immer mitziehen, motivieren, ihm auf die Sprünge helfen. Bei Peter spüre ich einen Drive, der das Zeug hat, sich selbstständig zu machen. Peter muss ich nicht motivieren, Peter ist motiviert, und die gerade, energiegeladene Art, wie er klettert und Projekte angeht, motiviert umgekehrt wieder mich.

Also rufe ich wenig später Peter an und frage ihn, ob er mit mir den Cerro Torre machen will.

»Uh«, sagt er am Telefon. »Echt?«

»Ja«, sage ich. »Hast Lust?«

»Logisch«, sagt Peter und lacht. »Voll lässig!«

Bereits beim ersten Mal telefonieren wir lange und besprechen allerhand Details, aber schon bald ruft mich Peter an, um mir mitzuteilen, dass er neue Ideen hat, wie wir die Sache anlegen könnten. Wieder verbringen wir eine Menge Zeit am

Telefon, und ich merke, wie sehr es mich motiviert, mit jemandem über das Projekt zu sprechen, der bis unter die Schädeldecke aufgeladen ist mit derselben Energie und Sehnsucht wie ich selbst.

Wir vereinbaren, dass wir noch eine Tour miteinander machen wollen, um uns ein bisschen besser einzuspielen. Peter schlägt den Hahnenkammturm in den Lienzer Dolomiten vor. Wir einigen uns darauf, dass wir die Tour im Winter machen wollen, damit sie nicht nur ein bisschen schwieriger ist, sondern auch eine angemessene Vorbereitung für den Torre.

Meine sonstige Vorbereitung ist nämlich ein Durcheinander völlig verschiedener Kletterherausforderungen. In Asien stehen Weltcupbewerbe auf dem Programm, für die ich in der Halle angemessen trainieren muss. Daneben erledige ich einige sehr schwierige Sportklettereien, etwa in Céüse, wo mir eine Tour im Schwierigkeitsgrad 8c+ gelingt, die ich »Lülü« nenne. Ich nehme auch ein paar alpine Wände in Angriff und sogar eine Alleinüberschreitung der Aiguilles de Chamonix, zahlreicher Gipfel einer Bergkette zwischen Montenvers und der Aiguille du Midi.

In China und Korea werde ich im Weltcup einmal Vierter und einmal Fünfter. Bei der Europameisterschaft in Imst und Innsbruck schramme ich als Vierter nur knapp an einer Medaille vorbei. Mit Jorg Verhoeven und Daniel Steuerer klettere ich im Oktober bei winterlichen Verhältnissen die Fußstein-Nordkante im Valsertal. Die Hochferner Nordwand klettere ich allein.

Es ist eine ziemliche Bandbreite an Kletterei, die ich in dieser Saison miteinander verbinden kann. In Kranj, Slowenien, nehme ich am Weltcupfinale teil und verabschiede mich vom Wettkampfklettern – eine längst fällige Entscheidung. Meine Motivation, mich auf die Wettbewerbe so intensiv wie nötig vorzubereiten, hat spätestens seit dem Zeitpunkt entscheidend nachgelassen, als ich gesehen habe, wo ich als Alpinist stehe und wie viel ich noch dazulernen kann.

Mit Jorg Verhoeven und Heiko Wilhelm klettere ich die Diagonale der Schrammacher Nordwand. Als ich mich im Frühwinter auf den Weg nach Osttirol mache, um mit Peter die Überschreitung des Hahnenkammturms in Angriff zu nehmen, habe ich das Gefühl, den Sommer gut genützt zu haben. Ich fühle mich fit. Ich spüre meine Entschlossenheit, die Fehler des letzten Jahres auszumerzen, indem ich Taten setze.

Ich übernachte bei Peter. Um sieben Uhr früh steigen wir in die Tour ein und gehen mit den Skiern zwei Stunden bis zum Einstieg der Wand. Wir deponieren die Ski unter einem großen Block. Es ist saukalt. Wir sind darauf eingestellt, dass es untertags okay sein und in der Nacht minus 20 Grad haben wird, aber es hat tagsüber schon unter minus 20 Grad und nachts noch um einiges weniger.

Die ersten paar Seillängen sind recht einfach. Fels, Schnee und Eis wechseln sich ständig ab, wir müssen alles mit unseren Steigeisen und Eisgeräten klettern, aber wir kommen gut voran. Das Problem ist die Kälte. Sobald wir eine Seillänge geklettert sind und den anderen nachsichern, kühlen wir sofort aus. Sobald es ans Weiterklettern geht, schießt dann das Blut in die unterkühlten Finger, so dass es uns auf der nächsten Seillänge total die Finger hernagelt: Die Finger kribbeln so schmerzhaft, dass sowohl Peter als auch ich geheult hätten, wenn das Heulen etwas geholfen hätte.

Die erste Schlüsselstelle wartet in einer großen, senkrechten Verschneidung, in der ein vereister Riss auf den Gipfel eines kleinen Turms führt. Das Eis ist hart und spröde, und unsere Friends halten nicht. Ich bin echt froh, dass ich hin und wieder einen alten Normalhaken finde. Langsam arbeite ich mich hoch, während Peter am Stand hängt und friert.

Von einem alten Normalhaken quere ich unter einem Dach nach rechts, der Verschneidung entlang. Keine Chance, eine Sicherung unterzubringen, bis ich ein paar Meter weiter einen gelben Friend der Größe 2 legen kann, der mir halbwegs gut scheint. Ich klettere weiter nach oben, einen großen Rucksack auf dem Rücken, in der rechten Hand das Eisgerät, insgesamt ziemlich am Limit.

Die Situation ist fragil. Die linke Hand habe ich am Fels, ohne dort einen vernünftigen Griff zu finden, der linke Fuß ist im Riss platziert, rechts stehe ich mit meinem Steigeisen auf ganz dünnen Eisglasuren, die den Fels überziehen und in die man nur sehr, sehr sachte mit den Steigeisen hineinpecken darf, damit sich das Eis nicht plötzlich vom Fels löst. Der Pickel in der rechten Hand ist in denselben Glasuren fixiert, damit ich mit der linken weitergreifen kann.

Auf einmal bricht das Eis aus, in dem der Pickel steckt, und ich sehe mich schon ein gutes Stück hinunterfliegen und hoffen, dass der gelbe Friend tatsächlich hält, aber das Steigeisen des linken Fußes verkeilt sich so im Riss, dass ich nur in den Fuß falle und wie eine Fledermaus mit dem Kopf nach unten am Fels hänge.

Ich bin erschrocken, aber nicht erschüttert. Für einen Augenblick geht mir mein Sturz am Cerro Torre durch den Kopf, der mich völlig aus meiner Balance von Selbstvertrauen und Selbstverständnis gebracht hat, und im selben Moment merke ich, dass mir dieser Sturz nichts anhaben kann, nichts anhaben wird.

Das hat sicher auch etwas mit Peter zu tun. Wir sind am Limit unterwegs, er genauso wie ich, und wenn man am Limit klettert, kann ein Sturz durchaus passieren, auch wenn man Stürze im alpinen Gelände lieber vermeiden sollte. Dieses Risiko ist uns beiden bewusst. Deshalb verstört mich der Sturz auch nicht so wie der Abgang kurz vor der Bolt-Traverse im Jahr davor. Damals trug ich allein die Verantwortung, dass wir nach oben kommen. Jetzt ist diese Verantwortung auf zwei Schultern aufgeteilt.

Ich ziehe mich selbst am Fuß hoch und klettere sofort weiter. Kein Gesprächsbedarf. Es hat nicht weh getan.

Gegen vier Uhr nachmittags haben wir 22 der 36 Seillängen hinter uns und finden eine Schneewechte, in die wir ein Loch graben können, um darin zu biwakieren. Keine Ahnung, wie kalt es draußen ist, aber sogar in unserem Loch, wo es bestimmt zehn Grad mehr hat als draußen, friert uns der Arsch ab. Wir sind mit unseren dünnen Schlafsäcken ungenügend ausgerüstet, aber das ist noch immer besser, als wenn wir in der Nacht hätten weiterklettern müssen, um nicht zu erfrieren.

Am nächsten Morgen steigt Peter eine Länge vor und merkt, dass unsere Friends vereist sind und nicht mehr halten. Wir haben nur noch ein paar Normalhaken und Klemmkeile dabei, das sind keine beruhigenden Aussichten.

Außerdem nagelt es Peter wieder die Finger her. Er bekommt beim Klettern solche Schmerzen in den Händen, dass er sich für einen Augenblick ins Seil hängt und den Handschuh auszieht, um sich die eiskalten und fast gefühllosen Finger im Nacken zu wärmen. Den Handschuh nimmt er in die andere Hand, mit der er genauso wenig spürt, und während er sich auf die plötzliche Wärme konzentriert, die er in der Hand ohne Handschuh spürt, die er in den Nacken gelegt hat, fällt ihm der Handschuh hinunter auf das Schneefeld, von dem aus ich ihn sichere.

Ich sehe den Handschuh fallen und höre Peter rufen, dass ich ihn mir schnappen soll, aber genau in dem Augenblick, als ich mich strecke, um ihn zu erwischen, kommt ein heftiger Windstoß, und der Handschuh verabschiedet sich in Richtung Parterre.

Scheiße. Diese Pointe ist nicht besonders unterhaltsam, auch wenn Peter sich nichts anmerken lässt und einfach mit dem Innenhandschuh weiterklettert. Über einen breiten Kamin und 300 Meter anspruchsvolles, kombiniertes Gelände kommen wir auf den Gipfelgrat und klettern von dort dann ohne gröbere Zwischenfälle auf den Gipfel des Hahnenkammturms.

Als wir wieder unten ankommen, haben wir beide leichte Erfrierungen an je acht Fingern. An den Fingerkuppen werden sich Blasen bilden, und die Haut wird in den nächsten Tagen und Wochen abgehen.

Dieses Opfer ist es freilich wert gewesen. Die Haut wächst nach. Eine grandiose Tour, sicher die erste Winterbegehung des Nordwestpfeilers des Hahnenkammturms. Infolge der

Kälte und der enormen Anstrengung eine Grenzerfahrung. Diese Grenzerfahrung war der letzte Beweis dafür, wie gut es mit Peter passt. Wir sind gemeinsam ans Limit gegangen und haben gemeinsam Spaß gehabt, auch wenn das wie ein Widerspruch klingen mag: Der Spaß resultiert aus der persönlichen Nähe, aus der gemeinsamen Bereitschaft, ans Limit zu gehen.

Wenn ich Peter als Kletterer beschreiben will, dann sehe ich einen Mann, der als Alpinist top ist. Beim freien Klettern ist er gut, aber von der Weltklasse doch einiges entfernt. Seine Risikobereitschaft deckt sich fast total mit meiner. Unsere Einstellung ist identisch. Beide sind wir Minimalisten. Wir nehmen so wenig Gepäck und Verpflegung mit wie möglich, um beim Klettern noch um eine Spur weniger Gewicht tragen zu müssen und entsprechend näher ans Limit gehen zu können. Das bedingt eine Bereitschaft, sich außergewöhnlich anzustrengen, vielleicht einmal Hunger zu haben oder zu frieren. Darüber sind wir uns absolut einig, und diese Einigkeit verbindet und motiviert uns.

Zum Beispiel ist klar, dass ich am Cerro Torre bei den schwierigen Freikletterlängen vorneweg steige. Ich brauche dafür meine volle Konzentration, die Peter unterstützt, indem er auf diesen Längen etwas mehr Gepäck nimmt. Wenn wir irgendwo durch den Schnee stapfen müssen, übernimmt er mehr als die Hälfte der Spurarbeit. Er gibt immer sein Bestes, und das zieht mich mit, so wie es auch umgekehrt ist.

Unmöglich, Daniel und Peter zu vergleichen. Im ersten Jahr am Torre musste ich das ganze Gewicht des Projekts allein stemmen. Jetzt übernimmt Peter seinen Anteil mit großer Freude und völliger Selbstverständlichkeit.

Wir gehen noch zwei kleinere Touren, dann treffen wir die letzten Vorbereitungen für den Aufbruch nach Patagonien.

Sechzehn

Kurz vor der Abreise erreicht uns ein neuer Gruß von Rolo Garibotti. Auf der Website supertopo.com postet er unter dem Titel »Haken am Cerro Torre herausgeschlagen« einen Beitrag, der die Kontroverse, die inzwischen leiser geworden ist, ganz offensichtlich neu entfachen soll.

»Ich wünschte«, schreibt Rolo, »ich könnte unter diesem Titel berichten, dass ich einige von Maestris Haken aus dem Fels geschlagen hätte, aber das habe ich nicht. Die Bohrhaken, die ich vor zwei Tagen entfernt habe, gehören zu den vielen, die David Lamas Filmcrew im letzten Sommer hinterlassen hat.«

Rolo schreibt, dass er über der Schulter auf »20 David-Lama-Red-Bull-Haken« gestoßen ist, aber aus Zeitmangel nicht genauer nachschauen konnte und »noch einige mehr« vermutet. Er berichtet, dass er 17 von diesen 20 Haken entfernt hat und dass sie, anders als von Heli Putz und mir berichtet, an Stellen »gebohrt wurden, wo natürliche Sicherungen vorhanden sind und Alpinisten seit dreißig Jahren vorbeigeklettert« seien.

Er bezweifelt die Angaben, die Heli Putz gegenüber meinem kanadischen Kollegen Will Gadd gemacht hat: dass nämlich die Route, die er für die Sicherung des Filmteams gewählt hat, neu und unabhängig von den klassischen Routen auf den

Cerro Torre sei. Bei diesen Angaben handle es sich um Propaganda des Arbeitgebers, »um die eigene Idiotie zu bemänteln«.

Rolo macht also, was Will auf alle Fälle vermeiden wollte: Er bezichtigt ihn einer Corporate-Politik, einer öffentlichen Falschaussage, um seinen Sponsor Red Bull in ein besseres Licht zu rücken. Die Fotos, die Rolo postet, beweisen, dass die Angaben in Wills Blog nicht stimmen können. Er schneidet Will also, wie der befürchtet hat, vor aller Augen die Eier ab, attackiert frontal dessen Glaubwürdigkeit. Will, der sich blind auf die Angaben von Heli Putz verlassen hat, sieht sich plötzlich selbst in eine Kontroverse hineingezogen, für die er nun wirklich nicht verantwortlich ist. Seine Reputation ist angeknackst, bloß weil er sich auf dieselben Versprechungen verlassen hat wie ich mich vor einem Jahr.

Rolo fasst schließlich alle Vorwürfe noch einmal zusammen. Dass wir fünf Taschen Gepäck und 700 Meter Fixseile auf dem Berg gelassen haben und diese von drei argentinischen Führern herausholen ließen. Rolo schreibt: »um unseren Saustall aufzuräumen«, und lobt die Argentinier, die dabei »einen Superjob« gemacht hätten. Er reibt uns unter die Nase, dass zwei argentinische Kletterer erst vor wenigen Tagen zwei unserer hinterlassenen Haulbags »voller Ekel« vom Berg heruntergebracht hätten und den Inhalt »hoffentlich nur gegen Lösegeld« freigeben würden.

Dann bezweifelt er ziemlich hämisch meine Aussage, dass wir beim zweiten Versuch sorgfältiger vorgehen wollen als beim ersten, und unterstellt uns, dass das Team nicht kleiner, sondern größer werden wird. Rolos Statement endet mit der

Unterstellung, dass wir Desinformation und Propaganda betreiben. Man soll, schreibt er ziemlich sauer, uns nichts glauben.

Super. Genau, was wir gebraucht haben. Es war mein Plan, alle Haken, die wir im Vorjahr gesetzt hatten, selbst zu entfernen. Nach jemandem, der sich einmal mehr auf unsere Kosten profiliert, haben wir uns nicht unbedingt gesehnt.

Siebzehn

Die Strategie, die Peter und ich uns für den zweiten Versuch vorgenommen haben, ist vollkommen anders als die im Jahr davor. Im ersten patagonischen Sommer hat nur der Cerro Torre gezählt, nichts anderes. Jetzt sagen wir: Wir klettern, was geht. Wenn der Cerro Torre nicht geht, machen wir eben einen der unzähligen anderen spektakulären Gipfel, die rundherum stehen, je nachdem, wie die Wetterprognose gerade aussieht.

Peter und ich sind uns einig, dass wir nicht wie im Jahr davor warten, warten, warten wollen, bis ein großes Wetterfenster kommt und der Torre dann aus irgendeinem unvorhersehbaren Grund erst recht wieder nicht geht. Man darf nicht vergessen, dass der Torre mit seiner exponierten Lage an der Wetterfront einer der undankbarsten Berge zum Klettern ist, da er am schnellsten vereist und am längsten vereist bleibt.

Als wir in El Chaltén ankommen, finde ich den Ort verwandelt. Er kommt mir geschäftiger vor, weniger entspannt als im Jahr davor – aber vielleicht liegt das auch daran, dass ich selbst fokussierter bin und weniger empfänglich für die Lässigkeit, von der ich mich im Vorjahr irgendwie habe anstecken lassen, Stichwort: Cervecería.

Peter und ich beziehen eine Art Baustellencontainer am hinteren Ende von Eduardos Grundstück, in dem Stockbetten stehen und wo wir unsere Ausrüstung perfekt ausbreiten und präparieren können. In der ersten Saison haben Peter und Toni hier gewohnt, und seither waren die Kästen unbenutzt und abgestellt.

Trotzdem stellen sie für mich ein Höchstmaß an Komfort dar: Ich habe ein Bett, ein bisschen Platz für mein Zeug, einen Traum und einen Kollegen, der auf diesen Traum so angefixt ist wie ich selbst. Außerdem garantiert der Container, dass uns nie langweilig wird. Die Vermieter geben sich nicht besonders viel Mühe. Wenn man den Container mietet, bekommt man ihn ohne Strom-, Wasser- oder Kanalanschlüsse. An jeder Ecke ist irgendwas zu reparieren oder zu verbessern, so dass wir immer wissen, was wir tun müssen, wenn wir nicht gerade im Internet checken, wie das Wetter wird.

Als ob das Wetter mir mitteilen wollte, dass es mir nicht wieder so einen Streich spielen möchte wie im Vorjahr, geht das erste Wetterfenster auf, kaum dass wir angekommen sind. Mein gesamtes Klettermaterial muss aus irgendeinem Grund den Final Call am Frankfurter Flughafen überhört haben und ist noch am Weg nach El Chaltén. Ich habe also keine Schuhe, keine Hose und keine Jacke. Aber Peter und ich wollen das gute Wetter nicht ungenützt lassen, deshalb borge ich mir Ersatzgewand von Peter aus. Seine Bergschuhe sind mir um fünf Nummern zu groß, die Hose muss ich mir unten umkrempeln, weil sie zu lang ist, und die Mammut-Jacke passt mir auch nicht wie angegossen, sie flattert, damit das auch jeder mitkriegt, wie an einer Vogelscheuche im Wind.

Wir stehen zeitig auf, um vier oder fünf, und tragen unser Zeug ins Nipo Nino. Es ist zugig wie immer, aber auch vertraut. Es ist noch nicht sehr spät, weil wir ziemlich schnell marschiert sind, deshalb fassen wir als Draufgabe eine kleine Tour ins Auge: zum Anfangen und irgendwie auch, um meine bisherige Routine zu brechen, die von hier zwangsläufig in Richtung Cerro Torre geführt hat.

Vom Nipo Nino aus gesehen liegt links der Torre und rechts die Fitz-Roy-Kette. Einer der ersten Gipfel dieser Kette ist die Aguja de la S, die »S-Nadel«, ein relativ unspektakulärer Doppelgipfel.

Wir nehmen nicht den konventionellen Weg, der über einige Rampen zu einer Rinne führt, die man hinaufsteigt und von der aus man die »S« schließlich über die Hinterseite erklettert.

Stattdessen suchen wir uns eine kleine Abkürzung, die viel direkter auf die »S« zielt und uns ein gutes Stück Zeit spart. Als wir schon ziemlich weit oben sind, wechselt wie angekündigt das Wetter. Wolken fetzen vom Inlandeisfeld auf den Torre zu, verpacken ihn in grau-weißer Watte und umhüllen jetzt auch uns. Es beginnt leicht zu schneien, und auch der Wind nimmt zu.

Wir klettern trotzdem weiter, die Route ist schließlich nicht besonders schwierig. Auf dem größten Teil des Weges müssen wir uns nicht einmal anseilen, weil das Gelände einfach ist.

Je höher wir kommen, desto stärker bläst der Wind. Wir

müssen den ursprünglichen Plan, an der Kante zum Gipfel hinaufzuklettern, verwerfen, obwohl die Linie die einfachste wäre. Stattdessen wählen wir ein Risssystem weiter rechts, das ein bisschen schwieriger ist.

Als ich Peter sichere, der sich langsam einen breiten Riss hinaufarbeitet, gerate ich in einen fast hypnotischen Zustand. Das passiert manchmal, wenn es kalt und windig ist, wenn nichts mehr weitergeht und du mit der Kapuze über dem Helm an deinem Stand stehst und alles nur noch irgendwie über dich ergehen lässt.

Okay, ich bin ein bisschen müde. Wir sind zu diesem Zeitpunkt bereits zehn Stunden unterwegs, und die zweitägige Reise von Innsbruck nach Buenos Aires und weiter nach El Chaltén zeigt auch ihre Wirkung.

Jedenfalls hänge ich am Stand und merke, wie mein Kopf schwer wird und mir auf die Brust fallen will, und dann kann ich mich plötzlich an nichts mehr erinnern.

Aber ich schlafe nicht. Ich reagiere auf Peters Kommandos, wenn ich ihm Seil geben, wenn ich Seil einziehen soll, und wenn er mir zuruft, dass ich zutun soll, dann tue ich zu. Aber ich kann mich an nichts mehr erinnern. Es ist, als ob mein Gehirn eine Betriebspause eingelegt hätte und für ein paar Minuten im Stromsparmodus liefe.

Nach einer weiteren Stunde stehen wir dann endlich am Gipfel – meinem ersten Gipfel in Patagonien, und ich nehme das als gutes Vorzeichen für unseren Versuch am Torre. Wir gönnen uns am Gipfel eine kleine Pause, Peter wie immer breit lächelnd, ich in seinen viel zu großen Klamotten, wie der Clown in einer Alpinkomödie – Werner Herzog kann mich ruhig anrufen, wenn er wieder eine dreht –, dann seilen wir uns ab, gehen zurück ins Nipo Nino, verstecken unser Zeug zwischen ein paar großen Granitblöcken und gehen zurück nach El Chaltén. Als wir in unseren Container kommen, haben wir 60 Kilometer Fußmarsch, 3000 Höhenmeter und unseren ersten Gipfel hinter uns. Das ist für den Anfang ganz ordentlich.

Ein paar Schlechtwettertage vergehen mit Fischen und Bouldern. Ich vertiefe mich in ein kleines Projekt, mit dem ich schon im vorigen Jahr begonnen habe. Es startet mit einem rund sechs Meter hohen 8a+-Boulder, erst dann kann man einen Friend legen, anschließend folgt ein technisch echt anspruchsvoller 8a-Boulder.

Wir feiern ein Grillfest mit spanischen und argentinischen Kollegen. Das Fleisch, das wir in El Chaltén bekommen, ist super, und es gibt jede Menge davon.

Sechs Tage später, wieder gutes Wetter. Mein Kletterzeug ist inzwischen angekommen. Diesmal nehmen wir den Torre ins Visier. Peter sagt, während er auf einem Stück Speck herumkaut und mir mein Fernglas reicht: »So sauber habe ich den Torre noch nie gesehen. Diesmal packen wir's.«

Wir gehen ins Nipo Nino, übernachten dort, steigen am nächsten Tag bis zur Schulter auf und starten am übernächsten Tag gegen zwei Uhr früh einen völlig sinnlosen Versuch, auf den Torre zu kommen. Denn der Torre ist alles andere als sauber.

Schon als wir auf die Schulter geklettert sind, haben wir gesehen, dass alle Risse vereist sind. Wenn es tagsüber warm wird, rinnt das Wasser über den Felsen, sucht sich dafür natürlich vor allem die Risse und Verschneidungen aus. In der Nacht, wenn es kalt wird, gefriert das Wasser, und deshalb klebt jetzt überall Eis drinnen. Ursache und Wirkung sind klar, und trotzdem haben wir gehofft, dass das Eis irgendwie verschwindet. Aber es folgt nicht unseren Wünschen, sondern den Naturgesetzen.

Die Kletterei ist mühsam, wir kommen überhaupt nicht weiter. Allein für die ersten beiden Seillängen brauchen wir zwei Stunden. Es ist stockdunkel, man sieht nur die Funken, die unsere Steigeisen schlagen, wenn wir mit ihnen über den Fels radieren.

Schon nach der ersten Seillänge ruft mir Peter von unten zu: »He, David. Hat das heute überhaupt einen Sinn?«

Aber weil der Wind so laut bläst, höre ich ihn nicht und klettere weiter. Peter denkt sich also: Der Typ will es heute wirklich wissen, probieren wir es halt; ein zweites Mal frag ich bestimmt nicht, ob wir umdrehen sollen.

Wir hängen uns also voll hinein, ohne wirklich weiterzukommen. Bis zur Bolt-Traverse brauchen wir über sieben Stunden – für eine Strecke, die bei guten Verhältnissen in deutlich weniger als der Hälfte der Zeit zu klettern geht.

Dann sind wir an dem Ort, wo bisher immer Endstation für mich war. Es widerstrebt mir, hier schon wieder umzudrehen, auch wenn ich im Grunde völlig klar sehe, dass es Quatsch ist, weiterzuklettern: Über uns hängen dicke Eisplatten, manche von ihnen hundert Meter breit, vierzig bis fünfzig Meter hoch.

Als wir etwa in der Hälfte der Bolt-Traverse angekommen sind, lichtet sich langsam der Nebel, und die Sonne kommt heraus. Warme, kräftige Sonnenstrahlen treffen auf die Ostwand des Cerro Torre, und immer öfter lösen sich Eisbrocken von der Wand und rauschen rechts und links von uns tausend Meter hinunter, bis zum Wandfuß.

»Das wird mir zu zach«, sage ich zu Peter, und Peter nickt.

»Zach« ist ein universelles Wort aus dem Tirolerischen. Eigentlich heißt zach »zäh«, aber es kann auch »anstrengend« oder »scheiße« bedeuten. Im konkreten Fall heißt zach »gefährlich«. Die Sache wird uns zu gefährlich.

Wir seilen vom obersten Stand ab. Kaum bin ich unten, macht es einen Tuscher. Eine riesige Eisscholle schlägt genau dort ein, wo ich vor kaum einer Minute noch gestanden bin.

»Ich hab dir doch gesagt, dass es heute sinnlos ist«, sagt Peter zu mir, als wir wieder auf der Schulter ankommen.

»Wann hast du das gesagt?«, frage ich.

»Nach der ersten Seillänge«, sagt Peter.

»Hab ich nicht gehört«, sage ich.

»Ach so«, sagt Peter.

Dann hauen wir uns ins Zelt und schlafen augenblicklich ein.

Achtzehn

Das Filmteam hat neue und unmissverständliche Anweisungen. Es gibt diesmal weder Fixseile noch zusätzliche Bolts. Die Vorgabe, die ich gemacht habe, ist nach langen Diskussionen auch von den Jungs im Red Bull Media House für richtig erachtet worden und hat zu einschneidenden Änderungen am Projekt geführt.

Statt Heli Putz, dem Lead Guide des ersten Jahres, hat Markus Pucher, einer der beiden Bergführer aus dem Vorjahr, die Führungsrolle für die Kameraleute übernommen. Das war keine leichte Entscheidung. Es war Markus, der sagte, er könne sich vorstellen, die Sache ohne Bohrhaken und Fixseile in Angriff zu nehmen. Heli, der ein unbestreitbares Talent zur Sturheit besitzt, hatte das von Anfang an ausgeschlossen und blieb dabei. Was wir als Fehler erkannt hatten, sah er noch immer als Voraussetzung, und als wir diese Voraussetzung für nicht mehr vertretbar erklärten, war klar, dass Heli nicht mehr unser Lead Guide sein würde.

Markus, der das Projekt in- und auswendig kennt und im Vergleich zu Heli auch ein weit besserer Alpinist ist, ist zu dem Schluss gekommen, dass er sich mit einem guten zweiten Bergführer und einem bergerfahrenen Kameramann die Sache zutraut.

Das ist ein sehr wichtiges Statement. Plötzlich glauben nicht mehr nur Flo und ich daran, dass die ganze Geschichte in einem sauberen Stil zu machen ist. Auch die Kollegen aus dem Red Bull Media House beginnen, sich mit der Vorstellung anzufreunden. Der zwischenzeitliche Frust und die etwas frostige Stimmung machen einem neuen Optimismus Platz. Es geht nicht mehr darum, ob das Projekt möglich ist, sondern nur noch wie.

Heli Putz ist natürlich stocksauer.

Er und Markus begegnen sich bei einem Reenactment-Dreh für den Film, es sprüht Funken. Heli ist ein ziemlicher Kasten, und Markus ist österreichischer Meister im Armdrücken. Die Sache hätte also durchaus Potenzial gehabt. Es ist eine Bierbank geflogen, aber an der neuen Grundausrichtung unseres Projekts ändert auch die Flugbahn der Bierbank nichts mehr.

In El Chaltén habe ich mittlerweile das Gefühl, das große Problem des ersten Versuchs gut gelöst zu haben. Ich habe die komplexen Zusammenhänge des modernen Alpinismus für mich selbst in eine Ordnung gebracht und eine Haltung dazu entwickelt. Ich fühle mich entsprechend sicher, bin optimistisch und schaue nach vorne.

Aber es gibt wieder Ärger. An einem Tag, an dem sonst nicht viel los ist, kommen mich zwei amerikanische Kletterer im Container besuchen, Colin Haley und Zack Smith. Ihr Projekt ist es, die Kompressorroute ohne die Maestri-Haken zu machen. Ein ehrgeiziges Vorhaben, aber die zwei sind gute Alpinisten. Sie wollen links von der Bohrhakenleiter durch die Headwall klettern und dabei Maestris Haken komplett ignorieren. Für die technische Kletterei – freies Klettern in der Headwall ziehen sie nicht in Betracht – möchten sie Friends, Klemmkeile und Normalhaken verwenden und diese an den natürlichen Gegebenheiten des Fels setzen, um sich daran technisch hocharbeiten zu können.

Sie wollen ihr Projekt mit meinem abgleichen, damit wir einander auf dem Berg nicht in die Quere kommen. Ärger hat es schon genug gegeben.

Wir reden zuerst, klar, über die Bohrhakengeschichte vom letzten Jahr. Es fällt mir nicht schwer, zu erklären, dass sich unser Zugang in diesem Jahr komplett geändert hat und dass wir dazugelernt haben. Unsere Bergführer haben den Auftrag, sämtliche Haken, die während des letztjährigen Versuchs in den Fels gebohrt worden waren, zu entfernen. Die meisten dieser Haken sind zum Zeitpunkt meines Gesprächs mit Colin und Zack eh schon von Rolo aus dem Fels operiert. Bis wir wieder abreisen, werden ohne Ausnahme alle entfernt sein.

Das ist so weit geklärt.

Ich erkläre den beiden, wie ich mir mein Freiklettervorhaben vorstelle. Da ich die Headwall noch nicht aus der Nähe gesehen habe, sage ich, muss ich erst überprüfen, ob sie überhaupt frei geklettert werden kann, aber ich stelle mir vor, dass es rechts von Maestris Haken gehen könnte.

In meiner Begeisterung sage ich dann etwas, was ich besser nicht gesagt hätte – und was einmal mehr den fundamental unterschiedlichen Ansatz von Sportkletterern und Alpinisten ausleuchtet.

Ich sage, dass ich mir vorstellen kann – wenn es nicht anders geht –, die Route durch die Headwall auch von oben einzurichten.

Eine Route von oben einzurichten bedeutet theoretisch, dass ich zuerst auf den Gipfel klettere, egal ob technisch oder nicht, egal ob auf der Südostkante oder auf einer anderen Linie. Dann suche ich mir von oben meine Freikletterlinie. Dafür seile ich mich von oben über die Wand ab und schaue, wie sich die vom Berg gegebenen Strukturen am besten verbinden lassen.

Im Sportklettern ist dieses Vorgehen Standard. Auch beim alpinen Klettern ist es nicht ganz unüblich, ich selbst kenne zahlreiche Routen, die auf diese Weise eingerichtet wurden. Aber auf dem Cerro Torre gelten, wie ich einmal mehr zur Kenntnis nehmen muss, die strengsten Richtlinien. Alles, was man auf dem Cerro Torre tut, bekommt sofort Symbolcharakter, und deshalb hätte es mich nicht wundern sollen, dass Colin und Zack mich plötzlich wie versteinert anstarren.

»Du willst die Route von oben einrichten?«, fragt Colin ungläubig.

»Vielleicht«, antworte ich wahrheitsgemäß, ohne viel dabei zu finden.

»Das ist kein guter Ansatz«, sagt Colin plötzlich sehr kühl. »Du wirst damit wieder eine Menge Leute verärgern.«

Ich merke, dass wir ein bisschen aneinander vorbeireden, denn ich habe überhaupt nicht vor, die Tour von oben einzurichten. Ich weiß, dass es sauberer wäre, von unten zu kommen, möchte mir aber die Möglichkeit offenhalten, es zu tun, wenn es mir anders nicht gelingt. Außerdem scheißt es mich in diesem Moment total an, dass ich mir ununterbrochen erklären lassen muss, dass alles, was ich mache oder plane, Mist sein soll. Deshalb gebe ich Colin eine recht patzige Antwort: »Damit kann ich leben.«

Colin und Zack stehen auf, verabschieden sich geradezu eisig und gehen. In diesem Augenblick weiß ich, dass es neuen Ärger geben wird, und ich bin wütend auf mich selbst, dass ich diesen Ärger ohne Not heraufbeschworen habe.

Der Erste, der reagiert, ist Jason Kruk, der mit seinem Partner Chris Geisler das gleiche Projekt wie Colin und Zack anpeilt. Er schreibt in seinem Blog, dass er »sehr, sehr sauer ist« und nicht weiß, wie er mit der Information umgehen soll. Die Kommentarspalte füllt sich augenblicklich mit Vorschlägen daheim gebliebener Freunde aus Kanada und den USA. Tretet Lama in den Arsch. Schlagt die Filmcrew zusammen. Dinge, die ich alle schon einmal gehört habe.

An einem der nächsten Tage erscheint ein Eintrag von Colin auf seinem Blog, in dem er unter dem Titel »Cerro Torre, David Lama und Red Bull« die Geschichte des ersten Winters neu aufkocht und meinen speziellen Freund Rolo Garibotti hochleben lässt, der unseren Bergführern bekanntlich beim Entfernen der Haken vom Vorjahr zumindest teilweise zuvorgekommen ist.

Auch Colin nimmt Partei, ist aber nicht unfair. Obwohl er dem Filmprojekt kritisch gegenübersteht, räumt er ein, dass wir aus dem Vorjahr unsere Lehren gezogen haben. Unser Team wurde verkleinert. Es werden weder neue Bohrhaken montiert noch Fixseile. Colin nennt das »logisch« und »good news«.

Freilich hat er auch »bad news« zu berichten, wie er findet. Zwar billigt er mir zu, dass ich für die Freikletterroute durch die Headwall den einen oder anderen Bohrhaken setze, »wo jeder Kletterer Haken setzen würde«, wie Colin es etwas allgemein ausdrückt. Aber die Idee, eine Freikletterroute von oben einzurichten, schmeckt ihm ganz und gar nicht: Er nennt die Linie, die so ausgecheckt wird, eine »line of weakness«, eine »Linie der Charakterschwäche«.

Für Colin ist auch das Erstbegehen einer Tour eine Stilfrage, und der »saubere, alpine Stil«, den er von mir einfordert, sieht nun einmal vor, dass jede Route von unten geklettert wird. Es ist das Argument des Abenteurers, dessen, der eine Erstbegehung durchführt und zwangsläufig ins Unbekannte aufbricht. Die Befreiung einer Route aber folgt einer bekannten Linie, vom Aufbruch ins Unbekannte kann also keine Rede mehr sein – vor allem, wenn meine Variante zwei Meter neben der

Original-Kompressortour mit all ihren Haken vorbeiführt –, denke ich mir zumindest.

»Es ist eine Schande«, schreibt Colin in seinem Blogeintrag, »dass Lama nicht auf seine Fähigkeiten vertraut, sein Projekt in einem sauberen, alpinen Stil zu versuchen.«

Es dauert keinen Tag, und die Proteste gegen den »Kletterimperialismus von David Lama und Red Bull« flammen wieder auf. Auf der Protestwebsite change.org wird der Appell »Fordert David Lamas Sponsoren auf, dessen Bohrhaken-Aktionen auf dem Cerro Torre zu stoppen« eingerichtet, was innerhalb kürzester Zeit zu einer Flut von mehr als tausend E-Mails an Red Bull, das Media House und Mammut führt.

Ich möchte nicht darüber nachdenken, was Proteste wert sind, die jeder – auch jemand, der vielleicht noch nie in seinem Leben geklettert ist und keine Ahnung hat, worum es überhaupt geht – unterzeichnen und mit einem Click weiterleiten kann, ohne sich in die Details eines doch etwas komplizierten Stoffs vertieft zu haben. Aber natürlich ist dieser neuerliche kollektive Aufschrei eher Ballast als Motivation für mich.

Ich bin kein Intellektueller des Alpinismus. Ich bin immer lieber klettern gegangen, als Bücher über das Klettern zu lesen, daher habe ich auch Fragen der Kletterethik und -theorie bisher eher instinktiv behandelt, als mich ernsthaft darüber zu informieren und darüber nachzudenken. Ich bin von jeher der Meinung, dass selbst Erlebtes und selbst Erlerntes einen stärkeren Eindruck hinterlassen und ein besseres Urteil möglich machen, als wenn man nur darüber liest.

Ich bin auch mit der Klettergeschichte nicht im Detail vertraut, aber ich merke, dass ich mit der Rolle des naiven Burschen, der sich nur für seine eigene Geschichte interessiert, nicht mehr weiterkomme. Mir ist längst klar geworden, dass ich meinen persönlichen Crashkurs in Alpingeschichte und -ethik längst begonnen habe und mir zu elementaren Fragen schleunigst eine Meinung bilden muss.

Stilfragen sind im Alpinismus keine Nebensache. Auch mein Projekt basiert auf einer Stilfrage – jener des freien Kletterstils, und es ist wohl kein Zufall, dass mein Projekt in der Diskussion immer die »Befreiung der Kompressorroute« genannt wird. Allein an dieser Wortwahl kann man ermessen, dass mehr hinter der Sache steckt als eine Reihe freiwilliger und für den Laien kaum nachzuvollziehender Selbstbeschränkungen beim Klettern: Es geht um den Stellenwert, den das alpinistische Klettern an und für sich hat, um die Analogien, die man von einer gelungenen Tour auf andere Bereiche der Gesellschaft übertragen kann. Es geht um Ideale. Es geht darum, wie sehr man hinter dem steht, woran man glaubt. Es geht darum, ob man von seinen Idealen abweicht, nur um ein Ergebnis zu erzielen. Um die eigene Ehrlichkeit, ein Scheitern einzugestehen, auch wenn niemand außer dem Partner da ist, der es bezeugen kann.

Ich überlege mir die Sache in Ruhe und komme zu dem Schluss, dass ich mir selbst am meisten ein makelloses Projekt wünsche und mir das auch schuldig bin. Ich muss eingestehen, dass die Argumentation von Colin im Großen und Ganzen richtig ist, so wie ich auch die Ansicht revidieren musste, dass meine Idee in ihrer ganzen ethischen Makellosigkeit – es gibt für mich keinen schöneren Stil, den Cerro Torre zu besteigen, als im freien Stil – jede Begleitmaßnahme legitimiert. Schon die Absicherung mit Bohrhaken würde das Projekt beeinträchtigen, seine Schönheit beschädigen.

Wieder kommen mir Silvo Karo und sein Gedanke in den Sinn, dass man durch die Wahl unangemessener Hilfsmittel künftigen Generationen ihre Projekte raubt. Hätte ich zum Beispiel in der Headwall Bohrhaken gesetzt und mein Projekt auf diese Weise zu Ende geführt, wäre das zwar eine anständige, aber keine makellose Leistung gewesen. Ich hätte vielleicht einen Erfolg verbucht – aber ich hätte mir selbst ein Projekt gestohlen, das noch sauberer, noch schöner zu machen gewesen wäre. Die künftige Generation, von der Silvo spricht, wäre in diesem Fall ich selbst gewesen. So weit ist es nicht gekommen, und ich ahne: zum Glück.

Es ist zweifellos am schönsten, von unten nach oben zu klettern. Ich bin es nicht Colin und Zack, sondern mir selbst schuldig, den schönsten, saubersten Stil zu wählen und dabei keine Kompromisse zuzulassen.

Ich beschließe also, auf die Proteste zu reagieren, und halte in einem kurzen, sachlichen Eintrag auf meiner Website fest, dass ich meine Freikletterroute, auch wenn es nicht anders möglich sein sollte, nicht von oben einrichten werde.

Dass daraufhin die Protestler im Internet »Victory!« rufen und sich selbst für diesen »Erfolg« feiern, geht mir sonstwo vorbei. Aber es freut mich, dass Colin in einem Blogeintrag kurz Anerkennung für mein Statement signalisiert und sich davon distanziert, wie hysterisch manche Reaktionen auf seine Kritik ausfielen, von undifferenzierten Red-Bull-Beschimpfungen bis zu Gratulationen, dass es ihm gelungen sei, diesen

David Lama in den Arsch zu treten: »Ich habe Protestpostings von einer Menge Leute gesehen, die keine Ahnung vom Cerro Torre, von der Kompressorroute und der aktuellen Kontroverse haben«, schreibt er ziemlich schroff, und er macht sich auch die Mühe, die hochkochende Diskussion dezidiert einzuordnen: »Man sollte nicht vergessen, dass die Kontroverse des letzten Jahres und die aktuelle in ihrer Art und Bedeutung sehr unterschiedlich sind. Was das Team Red Bull in der letzten Saison tat, wurde von fast allen als inakzeptabel erkannt. Auch das Team selbst hat zugegeben, über das Ziel hinausgeschossen zu haben. Die meisten Haken wurden von Rolando Garibotti und seiner Crew abgeschlagen, und das Team Red Bull hat versprochen, die verbleibenden zu entfernen. Über die Tatsache, dass das Team sich besonnen und seine Taktik geändert hat, dürfen wir alle glücklich sein.

Während das Vorgehen des Teams in der letzten Saison dezidiert unethisch war, so ist [Lamas] geplante Taktik für dieses Jahr nuancierter zu betrachten. Wenn vergangenes Jahr die Erlebnisse anderer Kletterer beeinträchtigt wurden, geht es in der aktuellen Kontroverse um Kletterstil. Es ist eine Sache, die viel weniger in schwarz und weiß eingeteilt werden kann.«

Colin macht die Sache an einem Detail fest, das ich ihm bei unserer Unterhaltung erzählt habe: dass ich vorhabe, einen Handbohrer und ein paar wenige Bohrhaken mitzunehmen, wenn ich den Freikletterversuch in der Headwall absolviere. Allein das hat bei manchen für überzogene Reaktionen gesorgt. Aber Colin dröselt die Sache sehr gut und nachvollziehbar auf, deshalb zitiere ich hier noch weiter aus seinem Blog:

»Die Kontroverse um David Lamas Taktik in dieser Saison

dreht sich nicht darum, ob er mehr Haken in den Cerro Torre schrauben wird – sondern darum, wie er das tun wird. Manche Menschen finden, dass Bohrhaken in der alpinen Welt überhaupt nichts verloren haben und dass man angesichts unüberwindbarer Kletterschwierigkeiten entweder Umwege machen oder aufgeben sollte. Ich teile diese Meinung nicht ganz – aber ich bewundere sie. Jedenfalls finden viele Kletterer, mich eingeschlossen, einen handgebohrten Haken in extremem Terrain, wo es keine Risse gibt, akzeptabel.«

Colin weist auf einen früheren, offenbar wenig gelesenen Blogeintrag hin, dass er es für absolut vernünftig hält, wenn ich ein Bohrset dabeihabe und notfalls ein paar Haken installiere. Er selbst, sagt er, würde das auch tun, wenn er eine natürliche Linie durch die Kompressorroute auf der Headwall versuchen würde – »natürlich« heißt in diesem Zusammenhang eine Linie, die Schuppen, Griffe und Risse verbindet, wo Maestri seine Bohrhakenleiter durch zwei Seillängen absolut glatten Felsens bohrte.

Die Kontroverse, sagt Colin noch einmal explizit, drehe sich nur darum, »ob diese Haken eingerichtet werden, während man von unten kommt oder während man an einem Seil hängt. Es gab bisher noch keine Routeneinrichtungen von oben auf den Gipfeln des Fitz-Roy-Massivs, also ist die ethische Debatte darüber neu.«

So schnell die Debatte aufgeflammt ist, so schnell verliert sie auch wieder an Schwung. Colins Fairness und sein differenzierter Blick helfen dabei. Was ich nach den Fehlern im ersten Jahr jedoch lernen muss, ist, dass mir jetzt keine noch so kleinen Fehler mehr verziehen werden.

Der Cerro Torre ist ohne jeden Zweifel der Berg in der Welt, an dem sich Kletterethik und -etikette am schärfsten kristallisieren. Dinge, die auf anderen Bergen zwischen den USA und Pakistan ethisch kein großes Problem darstellen und keinen Menschen interessieren, werden hier mit größtem Ernst und unerbittlicher Konsequenz zu Ende diskutiert. Es gibt kein helleres Bühnenlicht, in dem du dich bewegen kannst, als an den Wänden des Cerro Torre – selbst mitten in der Nacht.

Neunzehn

Eindeutig: Zeit zu klettern. Das nächste Wetterfenster tut sich vier Tage nach der Diskussion mit Colin und Zack auf, aber Charly Gabl warnt von Innsbruck aus: Für den Torre wird's nicht reichen.

Unsere Strategie, statt dem Torre notfalls Ersatzgipfel zu machen, hat natürlich auch die Aufgabe, uns ein bisschen Druck wegzunehmen, was unser dezidiertes Ziel betrifft. Das funktioniert im Großen und Ganzen nicht schlecht, aber manchmal spüre ich trotzdem, wie mich die Ungeduld quält, endlich die Bolt-Traverse hinter mir lassen zu können und ein Gefühl dafür zu bekommen, ob Freiklettern dort oben in der Headwall überhaupt möglich ist.

Am 31. Januar gehen wir ins Nipo Nino. Der Plan: auf die Aguja Saint-Exupéry zu klettern. Die Exupéry ist der Nachbargipfel der S in der Fitz-Roy-Kette. Wir wollen sie über die Claro de Luna, eine wunderschöne Freikletterlinie im 6c-Bereich, klettern.

Aber erst einmal verlaufen wir uns. Im Torre-Valley, wo sich das Nipo Nino befindet, hängt so dichter Nebel, dass wir, schon kurz nachdem wir losgegangen sind, nicht mehr wissen, wo wir sind.

Wir stehen im Nebel. Vom Aufstieg auf die »S« haben wir noch in Erinnerung, wo der Weg über die Moräne Richtung Exupéry führt.

Peter zeigt geradeaus nach vorne und sagt: »Zur Exupéry müssen wir hier lang.«

Ich deute in dieselbe Richtung und sage: »Hier geht's zum Torre.«

Problem: Torre und Exupéry liegen auf entgegengesetzten Seiten des Tals. Soll heißen: Wir wissen nicht einmal, auf welche Talseite wir uns zubewegen.

Wir irren gut eineinhalb Stunden herum, bevor wir wieder wissen, wo wir sind. Dabei merken wir, dass wir überhaupt nicht in Richtung Exupéry unterwegs waren, sondern nur einmal das Nipo Nino umrundet haben.

Die Sache fängt ja schon mal gut an, denke ich mir.

Die Claro de Luna ist eine Route, auf der wir einfach ein bisschen zum Freiklettern kommen wollen, anstatt ewig dahinzustiefeln, wie wir das in diesen Tagen zur Genüge getan haben. Jetzt arbeiten wir uns über beschissenes Geröll zum Einstieg der Tour vor. Das Wetter ist grauslich. Es schneit, der Wind pfeift. Wir schauen den Berg hinauf, dann schauen wir einander ins Gesicht. Wenn wir da jetzt hinaufgehen, müssen wir mit Steigeisen klettern, so viel ist klar.

»Was meinst?«, frage ich Peter.

Der schüttelt nur den Kopf, und das ist auch meine Meinung. Diese Tour geht man, um Spaß zu haben, und Spaß wartet da oben heute keiner auf uns. Also drehen wir um und gehen zurück nach El Chaltén.

Es dauert abermals vier Tage, bis das Wetter wieder besser wird. Das Warten in El Chaltén ist zwar mühsam und langweilig, aber wenigstens bekommen wir heuer ein paar Wetterfenster – nicht so wie voriges Jahr. Charly kündigt ein Wetterfenster von zwei, vielleicht sogar drei Tagen an, was für den Cerro Torre zu kurz ist, uns aber reicht, um einen anderen Gipfel zu probieren. Wir visieren die Aguja Poincenot an, den hinter dem Fitz Roy und dem Cerro Torre dritthöchsten Gipfel des Massivs, benannt nach einem Kletterer aus der Expedition von Lionel Terray, der 1952 bei der Erstbesteigung des Fitz Roy ums Leben kam.

Der Poincenot ist ein extrem schöner Berg. Spitz, steil, und man sieht ihn immer von El Chaltén, sobald die Wolkendecke ein wenig aufreißt.

Der Normalweg auf den Poincenot führt von Osten über den Glaciar Piedras Blancas auf den Gipfel. Da wir aber unser ganzes Zeug im Nipo Nino, auf der anderen Seite der Fitz-Roy-Kette, haben, beschließen Peter und ich, ihn von der Westseite aus zu probieren. Unser Plan ist es, anschließend wieder über die Westseite abzuseilen, dann ein, zwei Tage im Nipo Nino zu bleiben und zu schauen, wie sich das Wetter entwickelt. Vielleicht, denken wir, ist sogar Torre-mäßig noch was möglich.

Also wieder einmal ins Nipo Nino. Es ist der 6. Februar 2011. Wir gehen gegen zehn schlafen, um eins läutet der Wecker, um zwei starten wir. Wir finden von unten einen super Einstieg

Richtung Poincenot, direkt unter der Aguja Desmochada. Die Desmochada ist einer der Vorgipfel des Fitz Roy. Wir gehen über einen Rücken direkt hinauf und folgen dem Grat unter der Desmochada.

Zuerst ist das Gelände leicht. Das Wetter ist okay, nur der Wind bläst ziemlich stark. Am Vortag hat es ein bisschen geschneit, am Fels klebt noch etwas Schnee. Wir queren unterhalb der Desmochada nach rechts, in eine große Rinne. Über der Rinne hängt ein großer Sérac, ein Hängegletscher, der, wenn er abgeht, natürlich über die Rinne abgeht, und dann möchtest du lieber nicht gerade dort sein. Immer wieder hören wir es rumpeln, aber es scheint kein Eis von diesem gewaltigen Eisabbruch herunterzufallen.

Weiter geht es über relativ große Schneefelder nach oben. Wir klettern eine Seillänge, die sich als ordentlich schwer erweist, weil sie ziemlich vereist ist, und gehen weiter über leichtes Gelände zur Whillians-Rampe.

Als wir am Fuß der Rampe ankommen, geht am Cerro Torre gerade die Sonne auf. Das Licht ist überwältigend. Die Gelb- und Rottöne, das fast unwirkliche Glänzen der Eisflächen im Kontrast zur Zeichnung der Felsformationen: Während wir eine kurze Pause einlegen, denke ich mir, wie super es heuer mit Peter läuft und wie lässig es ist, wenn man gemeinsam, ohne Rücksicht auf den anderen, angasen kann, weil man weiß, dass der andere eh mithält.

Bevor es jetzt aber zu romantisch wird, widmen wir uns der Whillians-Rampe. Sie ist extrem ungut zu klettern und bremst unseren Speed. Der Fels ist bröselig, überall liegen lose Felsschuppen herum, und die Absicherung gestaltet sich entsprechend anspruchsvoll. In manchen Teilen der Rampe klebt auch noch Eis, so dass wir immer wieder anhalten müssen, um die Steigeisen anzuziehen.

Die letzte Seillänge, bevor wir in leichteres Gelände kommen, ist noch mal ziemlich steil. Wir müssen einen senkrechten Finger- und Handriss klettern. Es gibt fast keine Tritte, und ich kämpfe mich mit den Bergschuhen langsam hoch.

Ich denke, wie cool es jetzt wäre, die Kletterpatschen anzuziehen, dabei fällt mir ein, dass ich sie in Patagonien noch nicht ein einziges Mal ausgepackt habe. Es hat noch nie wirklich Sinn gehabt: Entweder es war zu kalt oder zu windig, zu vereist oder zu eingeschneit.

Am Ende der Rampe gelangen wir auf die »Carrington-Rouse«, den Normalweg, der von der Ostseite kommt. Wir folgen der Route über leichteres Blockgelände, das wir auch mit Bergschuhen erledigen.

Als wir auf dem Gipfel ankommen – patagonischer Gipfel Nummer zwei, yeah! –, geht der Wind so stark, dass wir wirklich schauen müssen, dass wir nicht vom Berg geweht werden. Unseren Plan, über die Westseite wieder abzuseilen und zurück ins Nipo Nino zu marschieren, können wir vergessen.

Zu gefährlich. Der Wind, der immer von Westen, vom Inlandeis, kommt, würde uns sonst in die Seile fahren und sie nach oben peitschen, wo sie sich zwangsläufig irgendwo an Felsvorsprüngen verhängen würden, so dass man sie nicht mehr einholen könnte und abschneiden müsste. Plötzlich stehst du dann ohne Seile da, und das ist auf dem Poincenot nicht so super.

Wir entschließen uns also, den Normalweg über die Ostseite

zu nehmen. Dort ist es fast windstill, und die ganzen Standplätze sind bereits eingerichtet. Man findet immer wieder Material, das andere Seilschaften zurückgelassen haben, und kann deren Klemmkeile und Bandschlingen benützen, die beim Abseilen nicht mehr mitgenommen werden konnten.

Die tausend Meter seilen wir schnell ab, überholen zwei Seilschaften und machen uns auf den Weg über den Paso Superior nach El Chaltén.

Auch wenn das ziemlich unspektakulär klingt, es fühlte sich an wie der Weg von der Erde zum Mond. Ich beklage mich selten, aber auf diesem Hatscher tun mir meine Füße so weh, als wäre ich schon eine Woche auf den Beinen.

Wir brauchen vom Gipfel des Poincenot nicht weniger als zwölf Stunden nach El Chaltén, wovon das Abseilen mit Abstand der angenehmste Teil war. Dann geht es ewig lang über ein flaches Gletscherbecken. Am Anfang gehen wir noch am Seil, aber nach einer Stunde packen wir es ein und gehen ohne weiter. Wir gehen, gehen, gehen, und als wir endlich den Paso Superior überschritten haben, gehen wir noch ein endloses Stück über den Gletscher hinunter, und als der Gletscher aus ist, beginnt der normale Weg Richtung El Chaltén, und es wird dunkel.

Wir schalten die Stirnlampen ein und gehen weiter. Der Weg ist alles andere als anspruchsvoll, aber wir sind ihn noch nie gegangen. Wir nehmen die Berge links und rechts nur noch als besonders dunkle Schatten in der Schwärze der Nacht wahr, und ich habe die fixe Idee, dass der jeweils nächste Berg der Cerro Rosado ist, denn der Cerro Rosado liegt ganz nahe bei El Chaltén.

»Jetzt ist es aber wirklich der Cerro Rosado«, sage ich ein paarmal.

Peter sagt zuerst noch »super«, dann sagt er »mhm«, und am Schluss sagt er gar nichts mehr.

Irgendwann überlegen wir kurz, ob wir uns nicht einfach an den Rand des Wegs legen sollen und ein bisschen schlafen – und vor allem die Schuhe ausziehen. Es gibt auf den unendlich langen Kilometern, die wir auf dem Steig zurücklegen, keine verlockendere Vorstellung, als die harten, schlecht dämpfenden Bergschuhe auszuziehen und die geschwollenen Füße von der quälenden Beengung zu befreien. Aber dann rufen wir uns in Erinnerung, dass das Weiterhatschen morgen früh noch viel lästiger wäre, als wenn wir es jetzt in einem Schwung zu Ende bringen. Also hatschen wir weiter.

Wir reden längst nichts mehr. Irgendwann ist nur noch die Monotonie des Gehens angesagt, der Schmerz in den Füßen und das Rezept, das wir uns dagegen ausgedacht haben: Wir gehen, so schnell wir können, weil die Füße eh schon so weh tun, dass es egal ist, ob wir schnell oder langsam gehen. Aber wenn wir schnell gehen, ist es auch schnell vorbei.

Irgendwann lange nach Mitternacht ist der Cerro Rosado dann wirklich der Cerro Rosado, aber die Erleichterung darüber, dass wir demnächst zu Hause sind, wird dadurch neutralisiert, dass wir vom Steig, der ein Trampelpfad auf einigermaßen gut dämpfender Erde ist, auf die asphaltierte Hauptstraße von El Chaltén kommen, auf der das Gehen noch einmal mehr schmerzt – auch wenn ich nicht gedacht hätte, dass das möglich ist. Die letzten zehn Minuten sind die schlimmsten, die wir an diesem Tag gegangen sind. Das merke ich daran, dass sich jetzt sogar Peter beklagt, der sonst gar nicht weiß, was Sich-Beklagen ist.

Dann stehen wir vor dem Paradies, unserem Container. Wir sperren die Türe auf, schmeißen die Rucksäcke in die Ecke, ziehen stöhnend die Schuhe aus und hauen uns im T-Shirt ins Bett. Nichts mehr essen, nichts mehr trinken. Es ist zwei Uhr früh. Wir sind ohne nennenswerte Pause seit 23 Stunden unterwegs.

Zwanzig

Eine der unzähligen Baustellen in unserem Container ist die Dusche. Sie ist klein und beschissen, und das Wasser läuft nicht ab. Ich bespreche das Problem kurz mit Peter, und wir finden schnell eine Lösung: Ich nehme mein Eisgerät und haue ein Loch in den Boden des Containers, damit das blöde Wasser endlich abrinnt.

Gegen Mittag sind wir aufgestanden, haben einen Kaffee getrunken und unsere Sachen zum Trocknen aufgelegt. Ich hole aus dem Maxikiosco gleich neben unserem Container etwas zu essen. Das Geschäft ist ein Phänomen. Es ist vielleicht vier mal fünf Meter groß, aber es gibt einfach alles zu kaufen, wie im größten Supermarkt zu Hause. Ich nehme Wurst, Käse, Brot, Chips und Bier mit.

Die Straße hinauf geht es zum schicksten Hotel von El Chaltén. Das Hotel hat sogar eine Bar. Aber dort gehen wir nie hin, weil es viel zu schickimicki ist. In die Cervecería gehen wir auch nicht mehr gern. Die Kellnerinnen vom ersten Jahr haben gewechselt, die neuen kennen uns nicht mehr. Es sind auch kaum noch Kletterer dort, sondern vor allem Trekking-Touristen. Wir haben inzwischen so viel Zeit in El Chaltén verbracht, dass wir uns gar nicht mehr als Touristen empfinden, sondern als eine Art Einheimische. Zu den Festen der Locals sind wir immer eingeladen, und wenn wir ein Bier trinken wollen, gehen wir in die Bar von Andrea: Andrea arbeitete im ersten Jahr noch in der Cervecería und hat inzwischen ihr eigenes Lokal aufgesperrt.

Als ich frisch geduscht vor dem Container stehe, sehe ich etwas Beunruhigendes. Das Wetter ist noch immer schön. Für einen Augenblick kriege ich die Panik. Könnte es sein, dass gerade das Wetterfenster, auf das wir seit zwei Wintern warten, da ist und dass ich es damit vergeude, Löcher in die Dusche unseres Containers zu pickeln? Ich fahre den Computer hoch und vertiefe mich in die meteorologischen Seiten, die mir diese Frage beantworten können. Aber auch die sagen mir nicht viel mehr, als dass das Wetter gerade noch schön ist, aber sehr schnell wieder umschlagen kann.

Ich sitze am Nachmittag vor dem Container und habe die Beine hochgelegt, als ich höre, dass Peter ein Problemgespräch am Telefon führt.

Alpinismus ist nicht unbedingt ein Beziehungssport. Ich habe da leicht reden, denn ich habe keine fixe Beziehung und keine eigene Familie, und das hat viel damit zu tun, dass das Klettern eine so zentrale Rolle in meinem Leben einnimmt. Wenn die Verhältnisse passen, will ich auf den Berg, egal ob das hier in Patagonien ist oder irgendwo sonst.

Bei Peter ist das anders. Er hat Familie – Freundin, eine

Topo des Cerro-Torre-Massivs.

Beim Abseilen nach der geglückten freien Begehung, 2012. Oben im Bild die Headwall, links eine mindestens 20 Meter hohe Fahne aus Rime Ice.

Oben: Nichts für Klaustrophobiker. Peter Ortner im Eisgully, einer besonders ungemütlichen Passage des Aufstiegs.

Links unten: Zustieg bei Nacht in Richtung Cerro Torre.
Rechts: Durch das Labyrinth des Torre-Gletschers beim Zustieg ins Nipo Nino.

Oben: Hayden Kennedy (l.) und Jason Kruk, am Tag nach ihrer Begehung »by fair means«, 2012. Mitte: David und Dirni bei einem Grillfest der »Locals«.

Links unten: Peter und David kurz vor dem Aufbruch zur freien Begehung.
Rechts: In einer der ersten Seillängen oberhalb der Schulter, 2011.

West- und Nordwand des Cerro Torre mit, von links, Cerro Standhardt, Punta Herron, Torre Egger.

Im Hintergrund die Fitz-Roy-Kette. Dazwischen das Torre Valley bei Sonnenaufgang. Hinten rechts der Lago Viedma.

Oben: David und Peter in der Umgehung der Bolt-Traverse beim Freikletterversuch, kurz oberhalb der Schlüsselseillänge, 2012.

Links unten: In der Headwall, 2012. Hier ist zuvor noch niemand geklettert.
Rechts: Zustieg zur Schulter.

Markus Pucher, einer der zwei Bergführer, beim Vorsteigen auf der Westseite des Torre. Über ihm Formationen aus Rime Ice, 2012.

Patagonien-Urgestein Toni Ponholzer beim Aufstieg zum Gipfel. Schriftzug auf seinem Helm: »Cerro Toni«. Im Hintergrund das Inlandeis.

Selbstporträt von Kameramann Lincoln Else auf Maestris Kompressor.

Peter startet die Party nach der freien Begehung bereits am Gipfeleispilz.
V.l.: Peter Ortner, Lincoln Else, David Lama, Markus Pucher, Toni Ponholzer.

Cumbre! Cumbre! Zum ersten Mal auf dem Gipfel des Cerro Torre, 10. Februar 2011, gegen 22 Uhr.

Zurück in die Zivilisation.
Über die Tirolese geht es weg vom Torre nach El Chaltén.

Tochter, die noch nicht ganz ein Jahr alt ist –, und seine Freundin teilt Peter gerade am Telefon mit, dass sie es nicht mehr aushält, allein mit der Kleinen daheim zu hocken, während er am anderen Ende der Welt weiß Gott wie gefährliche Sachen anstellt.

Ich weiß nicht genau, was da alles verhandelt wird, aber als Peter nach einem endlosen Telefonat, das auf seiner Seite vor allem aus Schweigen bestanden hat, um die Ecke des Containers biegt, sehe ich in seinen Augen eine Müdigkeit und Verzweiflung, die ich noch nicht kenne.

»Ich muss heim, sonst ist sie weg«, sagt er.

Ich schlage dann vor, statt eines Beziehungsgesprächs – ich bin ehrlich gesagt nicht besonders geeignet für Beziehungsgespräche – etwas trinken zu gehen, und Peter unterstützt diesen Vorschlag auf der ganzen Linie.

Wir gehen ins Tangueria, eine Bar, die etwa eine Viertelstunde vom Container entfernt ist, und die Strahlen der patagonischen Sonne begleiten uns dabei.

Erst mitten in der Nacht gehen wir nach Hause. Sternenhimmel. Peter hat in der Zwischenzeit seinen Kummer wirklich konsequent ertränkt. Der Weg von der Bar ist für ihn ganz offensichtlich länger als der Weg vom Poincenot nach El Chaltén. Er bleibt immer wieder stehen, setzt sich auf den Boden und will nicht weitergehen, und als ich ihn endlich im Container habe, sind bestimmt wieder zwei Stunden vergangen.

Wir schlafen in unseren Stockbetten. Im Container stehen zwei davon. Im unteren Bett liegt unser Zeug, Rucksack, Kleider, Klettermaterial. Oben schlafen wir.

Peter muss noch etwas essen. Wenn er etwas getrunken

hat, muss er immer noch etwas essen, Stichwort Wurstsemmel an der Tankstelle. Aber ich habe meine Pflicht für heute erledigt, ich schwinge mich ins Bett hinauf und lasse Peter noch irgendwelche Chips-Packungen leeren. Über dem Knistern der zur Vernichtung freigegebenen Packung Kartoffelchips schlafe ich ein.

Ich erwache von einem gewaltigen Tuscher. Ich fahre hoch, taste nach meinem Handy, um es als Taschenlampe zu verwenden, da höre ich schon ein lautes Stöhnen und kombiniere, dass es den besoffenen Peter aus dem Bett rausgehaut hat, aus dem ersten Stock wohlgemerkt. Aber bevor ich mir Sorgen machen kann, dass er sich dabei ernsthaft weh getan hat, steht er schon wieder und zieht sich hoch ins Bett – nur nicht in sein Bett, sondern zu mir hoch. Keine Ahnung, ob er nur die Seiten verwechselt hat oder mich für seine Freundin hält, mir wird das zu eng – und zu laut, denn der Peter kann nicht nur super klettern, sondern auch super schnarchen.

Bevor ich mich in meinem Schlafsack in die Küche unseres Containers haue, treffe ich noch ein paar Sicherheitsvorkehrungen. Zuerst lege ich das Crashpad, unsere Bouldermatte, zwischen die Betten, damit Peter einen möglichen zweiten Absturz auch noch mal überlebt. Dann gehe ich vor den Container und hole eines unserer Kletterseile. Ich mache das Seil am Lattenrost von Peters Bett fest, führe das Seil über seinen Körper zum kleinen Fenster unseres Containers und befestige es draußen an einer Kiste Bier. Er ist jetzt also notdürftig in seinem Bett fixiert und sozusagen doppelt gegen einen Absturz gesichert.

Das muss reichen. Ich schnappe mir meinen Schlafsack und

lege mich in die Küche, um dort störungsfrei den Rest der Nacht zu verbringen.

Einundzwanzig

In der Früh wache ich auf und schaue in eine Kamera.

»Was ist los mit euch?«, fragt Dirni mit einem nervösen Flackern in den Augen. »Die anderen Jungs sind schon längst am Torre. Wollt ihr hier unten anwachsen?«

Wie? Was? Während ich mich aus dem Schlafsack schäle, dringen aus dem Inneren des Containers merkwürdige Geräusche. Dirni macht die Tür auf, und ich sehe, wie Peter mit dem Seil kämpft, mit dem ich ihn an meinem Bett fixiert habe, und dass er gerade überhaupt keine Idee hat, was er da soll, angebunden im Bett, die Bouldermatte unten am Boden und Dirni, der ihn mit seiner Kamera fixiert.

Aber ich muss jetzt die Wetterdaten checken. Die Vorhersage ist nicht direkt gut, es hat schon einen Grund gehabt, warum wir den Poincenot gemacht haben und nicht den Torre.

Ich starre die Kurven und Balken auf dem Meteogramm an und versuche mir ein Bild zu machen.

Was ich sehe, reime ich mir so zusammen: Das Wetterfenster, das wir ausgenützt haben, um den Poincenot zu machen, ist größer geworden. Wir haben die Entscheidung, nicht auf den Torre, sondern auf den anderen Gipfel zu gehen, möglicherweise zu früh getroffen.

Es folgen jetzt zwei, drei aufgeladene, aber planlose Stunden. Wir sind nicht hundert Prozent fit – ich neunzig, Peter fünfundsiebzig –, und wir sind uns nicht sicher, ob es wirklich einen Sinn hat, heute noch ins Nipo Nino zu gehen und morgen den Versuch auf den Torre zu starten.

Zuerst sagen wir also nein, wir gehen nicht. Dann ja, doch. Dann wieder nein. Dirni und den anderen wird es irgendwann zu anstrengend, und sie beschließen, etwas essen zu gehen. Ich bespreche mich ein letztes Mal mit Peter. Dann entscheiden wir, dass es keinen Sinn hat. Ich gehe also zu den anderen in die Kneipe und sage ihnen, dass wir nicht glauben, dass es sich noch ausgeht.

Irgendwann am Nachmittag erinnere ich mich daran, wie merkwürdig es sich heute in der Nacht angefühlt hat, in El Chaltén zu hocken und einen makellosen Sternenhimmel zu sehen. Plötzlich erfasst mich eine quälende Unruhe, dass wir auch diese Saison streichen können, wenn wir uns nicht heute auf den Weg machen, bloß weil wir ein bisschen verkatert sind und das Wetterfenster nicht richtig beurteilen. Könnte sein, dass wir heute die letzte Chance für diese Saison bekommen: Wenn das schlechte Wetter erst wieder zurück ist, wird es mindestens eine Woche lang schlecht sein. Es ist schon spät in der Saison, die Temperaturen werden kräftig fallen, die Wände des Torre bleiben dann vereist, das Eis wird nicht mehr aus den Rissen und Verschneidungen verschwinden. Kurz, der Berg wird wieder unkletterbar sein, und wir werden eine weitere Saison verschissen haben.

Kommando zurück, wir gehen doch. Dirni und die anderen sind zu dieser Zeit schon am anderen Ende des Ortes und vertreiben sich die Zeit mit Bouldern. Als ich mich auf den Weg mache, um sie zu suchen, schnappe ich mir schon eine 1½-Liter-Flasche mit Wasser und beginne vorzutrinken. Man sollte glauben, dass diese Technik den Kamelen vorbehalten ist, aber auch Menschen können auf Vorrat trinken. Als ich bei den Kollegen ankomme, um sie zu informieren, dass wir es doch probieren, ist die Flasche leer, und ich muss mich die nächsten Stunden nicht mehr damit aufhalten, irgendwo Wasser nachzutanken.

Um fünf brechen wir in El Chaltén auf, Laufschritt ins Nipo Nino. Ich glaube, ich kenne die Strecke inzwischen so gut, dass ich sie gehen könnte, ohne ein einziges Mal die Augen zu öffnen. Weil wir unsere Zustiegsschuhe bei der Tour auf den Poincenot im Nipo Nino zurückgelassen haben, marschieren wir in unseren Crocs los. Erst kurz vor dem Gletscher ziehen wir uns die Bergschuhe an, dabei geht der Reißverschluss meiner Gamasche kaputt. Egal, gehe ich eben mit einem offenen Schuh weiter.

Gegen neun sind wir im Lager, der Dreck von gestern ist längst ausgeschwitzt. Von jetzt an *business as usual*. Wecker auf zwei stellen, kurzer oberflächlicher Schlaf, während das Zelt im Wind knattert. Als ich mich anziehe, fällt mir auf, dass ich die Gamasche noch reparieren muss. Ich bohre mit einem Messer kleine Löcher in die Außenhaut meines Bergschuhs, um mit einer Schnur, die ich durch die Löcher fädle, den klaffenden Reißverschluss zusammenzuziehen, so dass er zumindest ein wenig Schnee abhält. Als ich fertig bin, fällt mir ein winziges Detail auf: Ich habe den Bergschuh geflickt, der gar nicht kaputt war. Während Peter schon seinen zweiten Kaffee trinkt, wiederhole ich die Prozedur am richtigen Fuß, fluche leise vor mich hin und ärgere mich über das vergnügte Grinsen meines Partners, der sich gerade vorzüglich auf meine Kosten amüsiert.

Um drei brechen wir auf. Norweger-Biwak, Media Luna, unter die Ostwand und rauf auf die Schulter. Das Wetter ist makellos. Auf der Schulter legen wir noch eine Rast ein, Peter schläft ein bisschen, ich schmelze Schnee und fülle unsere Flaschen auf. Zu Mittag steigen wir ein.

Ich kann gar nicht glauben, wie gut die Verhältnisse sind. Sonne, der Wind nicht zu stark, die Temperaturen richtig angenehm. Ich wechsle einen Blick mit Peter, dann packen wir die Kletterpatschen aus. Premiere in Patagonien. Zum ersten Mal mit Kletterschuhen am Fels.

Der Fels ist wie verwandelt. Wo beim ersten Versuch vor drei Wochen noch das Eis lästig in den Rissen gepickt ist, ist jetzt alles trocken, so dass wir schnell Meter machen können. Wo wir uns beim ersten Versuch unendlich geplagt haben, klettern wir jetzt locker drüber. Dieselbe Strecke, für die wir beim letzten Mal über sieben Stunden gebraucht haben, erledigen wir jetzt in zweieinhalb.

Als wir bei der Bolt-Traverse ankommen, sind die Verhältnisse noch immer genial. Wir steuern einen Bohrhaken nach dem nächsten an, der im schwarz gescheckten Granit sitzt, hängen uns ein, ziehen uns hoch, arbeiten uns zielstrebig und ohne unnötige Gedanken weiter nach oben. Wir überqueren die Stelle, wo für uns bisher immer Endstation gewesen ist, als wäre es ein Kinderspiel. Wir haben einen neuen Highpoint.

Wir wechseln die Kletterschuhe wieder gegen die Bergschuhe. Ein sorgenvoller Blick aufs Wetter, aber das Wetter scheint zu halten. Also nehmen wir die Iced Towers in Angriff. Ich spüre, dass wir jetzt die Chance haben, den Gipfel zu erreichen. Es ist etwa halb drei Uhr nachmittags.

Wir folgen der Kompressorroute von Cesare Maestri. Es ist halb fünf, als wir unser erstes Problem haben. Hier am Ende der Iced Towers, unterhalb der Headwall, stecken Bohrhaken im Abstand von etwa einem Meter übereinander, eine Bohrhakenleiter. Aber die Haken sind dick vereist. Keine Chance, sie jemals zu finden.

Also müssen wir ausweichen. Links von uns sehen wir einen Gully, einen etwa sechzig Meter hohen, beidseitig vereisten Riss von weniger als einem Meter Breite. In diesem Riss arbeiten wir uns hoch, in jeder Hand ein Eisgerät, ohne jedoch richtig ausholen zu können, um die Spitze des Eisgeräts tief ins Eis zu schlagen. Kaum holst du ein bisschen aus, prallt das Eisgerät schon wieder auf der anderen Seite ab.

Es ist grauslich und anstrengend, und zu allem Überfluss ist der Gully auch noch ganz schön gefährlich. Das ganze Eis, das oben abbricht, wird im Gully hinunterziehen wie in einem Trichter, mit der kleinen Feinheit, dass wir uns in diesem Trichter befinden.

Ich achte mit voller Konzentration auf jedes Geräusch von oben. Ein paarmal höre ich, wie etwas auf mich zukommt, und verspanne mich vorsorglich. Aber es kommt nichts Großes. Vielleicht bilde ich mir den Scheiß auch nur ein.

Plötzlich ein Poltern, nur ganz kurz, und gleich darauf der Schlag, ein böser, heftiger Schlag eines Eisbrockens, der den doppelten Umfang eines Fußballs hat. Er kracht mir auf den Helm, der Helm bekommt einen Sprung, dann erwischt der

Eisbrocken meine linke Schulter, der wuchtige Schlag bringt mich fast aus der Balance, schließlich donnert das Eis weiter nach unten und verschwindet.

Ich bin starr vor Schreck. Schock. Ganz vorsichtig probiere ich aus, wie es sich anfühlt, den Kopf kreisen zu lassen, es tut ein bisschen weh, aber nicht mehr. So ein Brocken Eis markiert oft genug das Ende so mancher Bergsteiger-Biografie. Ich befinde mich ein gutes Stück oberhalb meiner einzigen Eisschraube. Gott sei Dank habe ich meine Eisgeräte nicht losgelassen.

Wir verlassen den Gully und steigen in die Headwall ein. Dort überholen wir Chris Geisler und Jason Kruk, die Seilschaft, die sich hier ohne die Maestri-Bohrhaken ziemlich mühsam hinaufkämpft. Es ist sechs Uhr abends. Oben sehe ich den Kompressor hängen, mit dem Cesare Maestri sich seinerzeit nach oben gebohrt hat.

Um schnell vorwärtszukommen, nimmt jeweils der Vorsteiger das gesamte Material. Das erlaubt uns, die gesamte Länge der beiden Halbseile, insgesamt sechzig Meter, auszunützen, ohne dazwischen Stand machen zu müssen. Peter ist die letzten beiden Längen vorgestiegen, jetzt habe ich übernommen.

Ich nähere mich dem Kompressor, auf dem ich Stand machen möchte. Er ist nur noch drei, dann zwei Meter entfernt, ich kann über dem Eiszapfen, der sich unter der Maschine gebildet hat, bereits die Konturen ihres Innenlebens erkennen, aber plötzlich geht es nicht weiter: Ich kriege kein Seil mehr.

Ich rupfe am Seil, weil ich denke, dass es sich irgendwo verhängt hat. Aber da rührt sich nichts, bis ich begreife, dass wir uns verschätzt haben, dass die sechzig Meter Seil aufgebraucht sind und dass Peter jetzt seinen Standplatz abbauen und losklettern muss.

Ich habe auf den sechzig Metern nur vier Expressschlingen und vielleicht zwei Bandschlingen als Zwischensicherung in die alten 6-Millimeter-Haken von Maestri eingehängt. Sowohl Peter als auch ich wissen, dass bei so weiten Abständen zwischen den Sicherungspunkten alle Haken brechen, wenn jetzt einer von uns abgeht und wir beide 1500 Meter, bis an den Fuß der Ostwand, stürzen werden.

Die Sache fühlt sich ungut an. Wir klettern ja technisch, und das macht für das Gefühl beim Klettern einen deutlichen Unterschied. Beim freien Klettern weißt du, wie du dich fühlst, wann du müde wirst und deshalb besonders aufpassen musst. Beim technischen Klettern hängst du immer in den Haken, jetzt in kurzen 6-Millimeter-Haken, die schon seit über vierzig Jahren dem Wetter am Torre trotzen, von denen du nie weißt, wie viel sie noch halten. Sie können bombenfest sein, sich aber auch ganz plötzlich aus dem Fels verabschieden, und wenn sie das tun, tun sie es ohne Vorwarnung oder irgendwelche anderen Anzeichen, dass gleich etwas passiert. Entsprechend sicher fühlst du dich.

Peter meldet mit einem Ruf, dass er jetzt auch am Klettern ist, ich kann also weiter auf den Kompressor klettern. Das ist gar nicht so einfach, denn ich muss dafür über den Eiszapfen queren, von dem ich nicht weiß, wie stabil er ist, und ich möchte nicht, dass irgendetwas abbricht und nach unten donnert, wo Peter genau in der Falllinie klettert.

Ich halte mich oben am Kompressor fest und suche mit gespreizten Beinen nach einem Halt für meinen rechten Fuß. Zwischen den Beinen befindet sich der Zapfen aus Eis und Anraum. Ich muss jetzt ganz sensibel klettern, um die heikle Balance von Fels, Kompressor und dem daran haftenden Eis nicht zu stören. Ich muss ein paarmal ansetzen, um schließlich die richtige Bewegung hinzukriegen, aber dann steige ich endlich auf Maestris legendäres Gerät und mache dort Stand.

Vergleichsweise bequem. Wie viele herrliche Sonnenaufgänge dieses Ding schon gesehen haben mag. Wie viele Stürme ihm schon um die Ohren gepfiffen sind. Spätestens jetzt bin ich mir sicher: Wir werden es heute bis ganz hinauf schaffen.

Peter kommt nach. Wir stehen jetzt beide auf dem Kompressor. Peter ist an der Reihe, die Bridwell-Länge vorzusteigen. Es wird schwieriger.

Die nächste Seillänge ist die, aus der Cesare Maestri persönlich die Haken, die er vorher mühsam eingebohrt hatte, herausgeschlagen hat. Jim Bridwell war der Erste, der diese Länge erneut kletterte, notdürftig ausgerüstet mit Copperheads – Weichmetallsicherungen, die man so lange weichklopft, bis sie sich an die Oberfläche des Fels angepasst haben – und Rurps – kleinen Messerhaken, die auch nicht viel mehr halten. Es muss eine wilde technische Kletterei gewesen sein, die Bridwell da abgeliefert hat, und es ist fair genug, dass die Seillänge heute seinen Namen trägt.

Der Wind bläst stärker. Es ist kalt. Der Fels ist vereist.

Um es genau zu beschreiben: Es ist scheißkalt. Wir haben, um Gewicht zu sparen, die warmen Anoraks unten gelassen und nur die leichten Goretex-Jacken übergezogen. Wir sind müde, erschöpft vom Aufstieg und den Tagen davor und was weiß ich. Wir stehen auf dem Kompressor, frieren, haben seit Stunden weder etwas gegessen noch getrunken und fühlen uns für einen Augenblick ein bisschen elend.

Peter, der natürlich spürt, was Sache ist, auch wenn keiner von uns ein Wort gesagt hat, quetscht den entscheidenden Satz zwischen den Lippen hervor: »Aber jetzt geben wir nicht auf.«

Korrekt.

Peter zieht sich jetzt die ersten zehn Meter vom Stand noch an den verbliebenen Bohrhaken hoch, weiter oben wird die technische Kletterei aber noch einmal erheblich schwieriger. Der Fels ist total vereist, Peter muss sich sich langsam, Meter für Meter, nach oben arbeiten. Ich sehe, wie er kämpft, während ich mir den Arsch abfriere, und ich spüre, wie in mir die alten Zweifel aufsteigen, ob uns der Berg einmal mehr abblitzen lässt.

Scheißberg. Schöner Berg.

Wir geben jetzt nicht auf.

Peter tastet nach kleinen Unebenheiten, aber er findet keine, weil der Fels so vereist ist. Ich kann seine Flüche hören, obwohl der Wind inzwischen wie ein Düsentriebwerk dröhnt. Mit dem Eisgerät muss er die Leisten freilegen, an denen er seinen Cliff platziert, um sich dann hochzuziehen. Das dauert, das Licht wird langsam schwächer. Die Kälte nimmt zu. Umdrehen ist keine Option: Ein paar Meter vor dem Gipfel umzukehren, würden wir uns ein ganzes Leben lang vorwerfen.

Es sind quälende Viertelstunden, bis sich Peter endlich bis zum Ausstieg der Headwall hochgekämpft hat und am Anfang des Gipfeleisfelds ankommt. Jetzt bin ich dran. Ich habe mir am Stand auf dem Kompressor bereits meine Steigeisen angezogen, um nachher keine Zeit mehr zu verlieren. Es wird langsam dunkel, und ich will noch etwas sehen, wenn ich am Gipfel stehe.

Von freier Kletterei überhaupt keine Spur. Ich ziehe mich am Seil hoch, wie man das manchmal beim Turnunterricht in der Schule tut. Ohne Jumars, ohne Trittleitern, einfach am Seil hochziehen, ausatmen, einatmen, wieder hochziehen. Dabei krampfen mir einmal die Ober- und Unterarme so zu, dass ich fünf Meter nach unten rutsche und einen gellenden Fluch loslasse. Die fünf Meter muss ich ja wieder nach oben, und die dreißig Stunden, die wir bereits unterwegs sind, machen sich jetzt auch bemerkbar.

Als ich mich am Seil hinauf durch die Headwall gezogen habe und mein Beil in die kalte, griffige Textur des Gipfelschneefelds schlagen kann, bin ich so müde, dass ich mich am liebsten fallen lassen würde, aber das wäre der falsche Moment. Also sprinte ich regelrecht los, ziehe mit langen, schnellen Schritten hoch in Richtung Gipfelplateau, mein Herz schlägt mir bis zum Hals, eine Trittleiter hängt links von meinem Klettergurt, ich nehme Notiz von ihr, denke eine Sekunde daran, sie einzupacken, aber scheiß drauf, ich schleife sie einfach nach und steige, so schnell es geht, nach oben.

Es ist fünf nach zehn. Der Himmel ist goldgelb. Die Sonne ist schon längst untergegangen, und das Licht ist so schön wie nirgendwo sonst auf der Welt.

Auf dem Plateau befinden sich zwei Eispilze, ich visiere auf gut Glück den an, der mir höher scheint. Absolviere die letzten hundert, zweihundert Schritte, stehe oben, meiner ist tatsächlich der höhere, ich sichere Peter nach, er steht neben mir, wir lassen den Blick schweifen. Das Panorama ist atemberaubend. Die Sonne ist untergegangen und hat einen breiten orangeroten Streifen am Himmel hinterlassen. Ein halber Mond steht hell über uns. Der Fitz Roy verschwindet bereits in der Dunkelheit.

Am lässigsten aber ist die simple Tatsache, dass es jetzt endlich, nach zwei Jahren Anlauf, gelungen ist, diesen Gipfel zu erreichen.

»Jetzt haben wir's«, sage ich zu Peter.

»Cool«, antwortet er und strahlt hell wie der Mond.

Ich spüre, wie sich so etwas wie Glück in meiner Bauchgegend ausbreitet. Ganz abgesehen davon, dass mein Projekt noch lange nicht beendet ist, habe ich etwas erreicht, was sich für mich so richtig lässig anfühlt und worüber ich mich aus ganzem Herzen freuen kann.

Wir verbringen nur ein paar Minuten da oben, aber es sind Minuten, die ich nie vergessen werde. Geredet wird nicht viel. Was soll man da viel sagen? Ich bin ja kein Pfarrer.

Dann seilen wir ab, wieder hinunter, in die Nacht hinein. Wir brauchen genau dreieinhalb Stunden, bis wir wieder auf der Schulter ankommen, das ist so schnell, dass wir selbst davon überrascht sind.

Wir setzen uns in die Randspalte auf der Schulter, aber bevor wir uns für ein paar Stunden hinhauen, wäre es jetzt nicht schlecht, noch was zu essen und zu trinken. Alles da. Travellunch »Jägertopf«, Kocher, Gas, Feuerzeug.

»Mach Feuer«, sagt Peter.

Ich nehme das Feuerzeug aus der Deckeltasche von meinem Rucksack.

Aber das Scheißding funktioniert nicht. Ich drehe das Rädchen, an dem der Feuerstein befestigt ist, aber es sprüht keine Funken.

»Lass mich«, sagt Peter und probiert es mit der Vehemenz eines Menschen, der jetzt sehr schnell seinen »Jägertopf« haben will. Aber das Feuerzeug ignoriert auch seine Versuche.

Die Minuten verstreichen, es ist gleich zwei Uhr früh. Zum ersten Mal an diesem langen Tag sind wir der Verzweiflung nahe. So eine Scheiße. Normalerweise hat man kein Gas oder keinen Proviant oder kein Feuerzeug, aber ein Feuerzeug, das nicht funktioniert, ist die Höchststrafe.

Wir kommen auf ziemlich kreative Gedanken, zum Beispiel hinauszugehen und mit den Steigeisen so über den Fels zu radieren, dass sie Funken sprühen. Aber wir kommen, auch ohne das versucht zu haben, zum Ergebnis, dass wir uns damit bloß zum Deppen machen.

Peter nimmt das Feuerzeug noch einmal sorgfältig auseinander, trocknet jedes Teilchen gewissenhaft, und irgendwann springt das Ding tatsächlich an. Die Flamme des Gaskochers darf dann so lange brennen, bis die Gaskartusche leer ist.

Wir schlafen drei Stunden und gehen am nächsten Morgen wieder zurück nach El Chaltén.

Zweiundzwanzig

Dirni ruft mich irgendwann zu Hause in Götzens an und fragt mich, ob ich Zeit habe, er möchte mir was zeigen.

Klar habe ich Zeit, ich ahne schon, worum es geht. Es ist das erste Mal, dass ich die Aufnahmen sehen kann, die Dirni aus dem Helikopter gemacht hat, als Peter und ich um zehn Uhr abends über den Gipfel-Eispilz gestapft sind. Es sind unglaublich schöne Bilder. Die Farben eines Sonnenuntergangs, unmittelbar bevor das Wetter umschlägt. Das Panorama des Fitz-Roy-Massivs im dramatischen Licht dieser späten Abendstunde. Ich habe so fantastische Natur- und Kletteraufnahmen noch nie vorher gesehen, und die Tatsache, dass ich es bin, der sich vor einer unfassbaren Kulisse aus Formen und Farben über das Gipfeleis des Cerro Torre bewegt, setzt für einen Augenblick meine Emotionen von damals wieder frei.

Allerdings ertappe ich mich dabei, wie ich nach dem ersten starken Gefühl, das die Bilder bei mir auslösen, sofort wieder nach Strukturen in der Headwall suche. Denn ich bin mir zwar inzwischen ziemlich sicher, dass der Cerro Torre frei zu klettern geht, aber im Detail weiß ich das immer noch nicht.

Was ich gesehen habe: Es gibt in der Headwall Strukturen, positive und negative Leisten. Positive Leisten sind Hinterschneidungen, reliefartige Strukturen, an denen man sich festkrallen kann, auch wenn sie sich nur wenige Millimeter von der sonst glatten Wand abheben. Negative Leisten sind abschüssige Vorsprünge im Fels. Sie brauchen eine gewisse Größe, damit man sich an ihnen festhalten kann.

Beim Hinaufziehen am Seil habe ich gesehen, dass es eine Menge solcher Leisten in der Headwall gibt. Das ist eine hilfreiche Beobachtung, denn diese Hinterschneidungen und Vorsprünge machen es erfahrungsgemäß möglich, dass man selbst Wände, die glatt wie ein Duschvorhang aussehen, durchklettern kann.

Um das genauer in Augenschein zu nehmen, hat unsere Zeit in der Headwall nicht gereicht, aber ich wollte ohnehin nur einen Eindruck bekommen. Ich habe schon immer vermutet, dass meine Freikletterlinie rechts von Maestris Bohrhakenleiter hinausführen und erst am Ende der Headwall wieder zurück in die klassische Tour münden wird, und diese Vermutung scheint zu stimmen.

Damit hat sich auch völlig selbstverständlich die ganze Geschichte erübrigt, deretwegen tausend Menschen Kettenbriefe durch die Welt geschickt haben. Weder haben wir uns abgeseilt, um die Freikletterroute auszuchecken, noch haben wir eine Variante von oben eingerichtet. Wir haben Eindrücke gesammelt. Im nächsten Jahr werden wir versuchen, diese Eindrücke in einen makellosen Klettererfolg umzusetzen, sauber und geradlinig, von unten nach oben, im vollen Bewusstsein aller Schwierigkeiten und als Zeichen unseres Respekts für diesen grandiosen Berg und alle, die auf ihm klettern wollen.

Ob es geht? Ich glaube ja. Sicher bin ich nicht, und manchmal, wenn ich mir die nächste Saison in Patagonien vorstelle, beschleichen mich auch leise Zweifel. Alex Huber erklärte Colin Haley gegenüber in dessen Blog die Gründe, warum er das Projekt fallengelassen hat, so:

Ich bin die Kompressorroute im Jänner 2002 geklettert, um zu sehen, ob man sie frei klettern kann. Der Berg ist fantastisch, die Linie atemberaubend. Sie schien darauf zu warten, frei geklettert zu werden. Nach der Besteigung war ich nicht mehr so enthusiastisch, denn es gab verschiedene Gründe, die das Projekt nicht sehr attraktiv machten.
Erstens die Bedingungen. Du musst auf die optimalen Bedingungen warten. Du brauchst nicht nur gutes Wetter, du brauchst auch trockenen Fels. Dann brauchst du einen motivierten Partner, was bei Langzeitprojekten wie diesem ziemlich schwierig ist. Schließlich ist die Qualität des Granits in der Headwall ziemlich schlecht. Lockere und zerbröselnde Schuppen machen das Klettern nicht so fein wie erwartet. Und es könnte am Ende der Headwall noch ein großes Fragezeichen geben. Es sieht so aus, als ob die frei zu kletternde Linie etwa dreißig Meter unterhalb des Kompressors die Bohrhakenleiter verlässt und nach links hinaufführt, in eine Formation von schmalen Rampen. Dann scheint diese Formation in zehn Meter leicht überhängenden, kompakten Granit zu münden. Darüber leichteres Terrain und dann der Gipfel-Eispilz. Diese zehn Meter Granit sind entscheidend, denn ihre Oberfläche sieht aus dem Abstand sehr porös aus, und ich bin nicht sicher, ob die dünnen Strukturen für freies Klettern geeignet sind.

Alex kommt zu dem Schluss, dass sowohl der Berg als auch die Linie für ein großartiges Klettererlebnis perfekt geeignet wären – das Klettern selbst jedoch das Problem sei.

Da bin ich nicht seiner Meinung. Das freie Klettern der

Kompressorroute ist mein Traum, und je näher ich der Verwirklichung dieses Traums komme, desto interessanter und vielschichtiger wird der Traum selbst, mit allen seinen Herausforderungen und Tiefschlägen, die ich überwinden muss. Auch Haley hat in seinem Blog ein paar Gründe zusammengefasst, warum es fast unmöglich ist, den Torre über die Kompressorroute frei zu klettern.

Man muss dafür zwei Abweichungen von der Standardroute machen. Eine ist die etablierte Salvaterra-Variation, und für die andere würde eine Variante in der Headwall notwendig sein. Die Salvaterra-Variante ist zu 85 Prozent der Zeit von Eis und Anraum bedeckt, und die mögliche Variante in der Headwall zu 95 Prozent der Zeit. Alex Huber, der bekanntlich ein begnadeter Big-Wall-Kletterer ist, dachte darüber nach, die Kompressorroute frei zu klettern. Alex, der genug Erfahrung im Klettern in Patagonien hat, hat eingesehen, dass die Herausforderungen an Wetterbedingungen und Logistik, die man bewältigen muss, um die Kompressorroute frei klettern zu können, so gewaltig sind, dass er stilistische Kompromisse machen müsste, die den Aufwand nicht lohnen würden.

Colin kommt auch auf mich zu sprechen und darauf, dass ich meinen Plan entwickelt habe, ohne überhaupt in Patagonien gewesen zu sein. »Ich denke«, schreibt er skeptisch, »dass es schlau von David Lama wäre, sich ein Projekt auf dem Fitz Roy zu suchen, zum Beispiel Royal Flush oder El Corazon, die für freies Klettern weit besser geeignet sind.«

Ich könnte mir ganz gut vorstellen, diese Touren auf dem

Fitz zu machen. Aber ich bin nicht bereit, den Torre einfach zu streichen, weil sich das Projekt schwieriger gestaltet, als ich das am Anfang für möglich gehalten habe. Die Kontroversen, die ich durchgestanden habe, sind nicht spurlos an mir vorübergegangen. Sie haben mir geholfen, Format zu gewinnen. Sie haben mir geholfen, der Sichtweise des begabten Sportkletterers, die für die ersten zehn, zwölf Jahre meiner Karriere ausgereicht hat, neue Dimensionen hinzuzufügen, positive und negative. Der Alpinismus hat sich nicht nur als ein Terrain erwiesen, wo ich meine Ideen ausleben kann, sondern auch als harte Schule für meine Urteilskraft, meine Leidenschaft, mein Verantwortungsbewusstsein und meine Konzeption des Kletterns an sich.

Dreiundzwanzig

Meine Partner sind, so wie ich, in den ersten beiden Saisonen in Patagonien ernsthaft auf die Probe gestellt worden. Statt von meinem Projekt zu profitieren, haben sie sich Kampagnen eingefangen, in denen dezidiert dazu aufgefordert wurde, ihre Produkte nicht mehr zu kaufen. Niemand hätte sich wundern dürfen, wenn sie diesem Druck nachgegeben und sich von mir oder meinem Projekt distanziert hätten.

Diese Befürchtung hatte ich freilich nie. Das liegt in der Art unserer Zusammenarbeit begründet. Ich arbeite mit allen meinen Sponsoren schon seit vielen Jahren zusammen, und wir haben uns miteinander entwickelt. Die Zusammenarbeit ist maßgeschneidert. Weder meine Sponsoren noch ich haben das Gefühl, dass wir uns gegenseitig auf künstliche Weise etwas Gutes tun müssen. Wir gehen in die gleiche Richtung und wissen, dass beide Seiten davon profitieren.

Klettern ist an sich kein teurer Sport. Kletterer mit ihrem Dirtbag-Lifestyle sind in der Regel anspruchslos. Aber es ist ausgeschlossen, dass man ohne Geld spektakuläre Expeditionen starten kann. Niemand reist ohne Geld nach Patagonien, um dort Wochen oder womöglich Monate darauf zu warten, dass das Wetter gut wird und die Bedingungen für ein Projekt passen. Der deutsche Kletterer Reinhard Karl verglich das Warten auf gute Kletterbedingungen in Patagonien damit, dass man »sich genauso gut zu Hause im Kühlschrank verstecken und Hundertmarkscheine verbrennen« könne.

Wenn es um die Bereitstellung von Mitteln für Projekte geht, sind die Grenzen zwischen Amateuren und Profis fließend. Ich kenne kaum jemanden, der auf Expedition geht und dabei nicht zumindest Teile seiner Ausrüstung von Firmen bereitgestellt bekommt und sich dafür mit Links auf seiner Website oder einem Aufkleber auf dem Helm bedankt.

Aber ist das bereits Sponsoring? Im weitesten Sinn ja, was sonst? Natürlich ist es etwas anderes, ob man ein wenig Material für eine Expedition bekommt oder vom Klettern lebt. Aber die Grenzen dazwischen verschwimmen.

Wer unbedingt will, kann also zwischen sogenannten Puristen und Kletterprofis differenzieren. Mir persönlich sagt diese Unterscheidung nichts. Wir alle tun, was wir tun, weil wir eine Leidenschaft fürs Klettern haben, die unser Leben bestimmt. Am Ende jedes Tages sind wir allein mit dem Berg, mit der Kälte, mit den Herausforderungen, denen wir uns stellen.

Der Unterschied wird sichtbar, sobald wir wieder vom Berg zurück sind. Reinhold Messner hat ganz richtig gesagt, dass Alpinismus schon immer »Storytelling« war. Vielleicht ist der Unterschied zwischen Profis und Puristen nur der, ob sie ihre Geschichten erzählen oder nicht – oder gegebenenfalls, wie.

In meinem Fall würde ich die Sache so betrachten: Meine Partner machen es mir möglich, sehr ehrgeizige Projekte in Angriff zu nehmen. Sie wissen, dass ich mich nicht für Projekte motivieren kann, deren Erfolg von vornherein kalkulierbar ist. Mich reizen Fragen, deren Antworten ich noch nicht kenne. Mich reizt das Unmögliche. Wenn meine Partner mich dabei unterstützen, bekommen sie die Möglichkeit, meine Abenteuer zu dokumentieren und zu vermarkten.

Dass Red Bull zusammen mit mir auf dem Cerro Torre auftauchte, sorgte sicher für besondere Irritation. Die Firma ist nicht im Klettersport verankert wie Mammut oder Goretex, und dass sie gemeinsam mit einem neunzehnjährigen alpinistischen Newcomer ein teures, aufwendiges Filmprojekt begann, erweckte das Misstrauen vieler Kletterer. Man wusste nicht, ob der sensibelste aller Berge nicht als Kulisse für eine Werbekampagne missbraucht würde.

Wie speziell und auf meine Bedürfnisse zugeschnitten die Partnerschaft mit Red Bull ist, lässt sich vor allem an den persönlichen Beziehungen festmachen. Der für mich zuständige Athletenbetreuer ist Flo Klingler. Wir kennen uns seit sechs, sieben Jahren. Flo ist selbst ein begeisterter Kletterer. Manchmal, wenn er mich zu irgendeinem Kletterweltcup begleitet hat, haben wir nachher noch in den umliegenden Bergen eine Tour gemacht.

Wir sind Kollegen und sogar Freunde geworden. Inzwischen sehen wir uns mehrmals pro Woche und sprechen alles miteinander ab. Flo stand meinem Cerro-Torre-Plan anfangs sehr skeptisch gegenüber, aber als er merkte, dass ich das Projekt so oder so anpacken würde, hat er es in der Firma mit so viel Einfühlungsvermögen und Leidenschaft erklärt, dass der Funke übergesprungen ist und nicht nur von der Abteilung Red Bull Athletes Special Projects Mittel bereitgestellt wurden, sondern dass sich auch das Red Bull Media House zwecks der Dokumentation eingeklinkt hat. Der Rest ist bekannt.

Vierundzwanzig

Der erste Wettkampf einer neuen Weltcupsaison im Sportklettern findet in der Regel im April statt. Aber während meine Kollegen sich darauf vorbereiten, in Mailand um Punkte zu klettern, studiere ich den Wetterbericht und denke darüber nach, welche Projekte ich in Angriff nehmen soll, bis ich im Winter das nächste Mal nach Patagonien aufbreche.

Es hat für mich etwas Erlösendes, nicht mehr so viel reisen zu müssen, um an den Wettbewerben teilzunehmen. Ich spüre nicht mehr das brennende Verlangen, Wettkämpfe zu klettern, auch wenn mir einige der Leute fehlen werden, mit denen es oft sehr lässig war, irgendwo auf der Welt herumzuhocken und tags darauf in der Halle richtig Gas zu geben.

Ich fühle mich nicht mehr als Sportkletterer. Die beiden Winter in Patagonien haben mir eine andere Prägung verpasst. Das Sportklettern ist auf Ergebnisse ausgerichtet. Wenn ich in einer Weltcupkonkurrenz Zweiter geworden bin, will ich bei der nächsten gewinnen. Wenn ich gewonnen habe, will ich wieder gewinnen. Wenn ich am Fels eine Tour im Schwierigkeitsgrad 9a klettere, ist mein nächstes Ziel automatisch, eine 9a+ zu klettern.

Aber so denke ich nicht mehr. Der Reiz, den das Sportklettern viele Jahre auf mich ausgeübt hat, ist blasser geworden.

Zum Beispiel habe ich das Gefühl, dass ich inzwischen sehr genau weiß, wo meine Grenzen liegen. Wenn ich mehrere Touren im Grad 8c+/9a im zweiten Versuch klettern kann, kann mir keiner erzählen, dass ich eine 9a nicht schaffen werde. Vielleicht nicht im zweiten Versuch, ich werde zehn, zwanzig, vielleicht hundert Versuche brauchen. Aber irgendwann komme ich schon rauf.

Ich bin mir auch ziemlich sicher, dass ich eine Tour im Grad 9a+ hinkriege, wenn ich mich wirklich bemühe. Aber mir ist – und das soll auf keinen Fall arrogant klingen – einfach die Zeit zu schade, um mir etwas zu beweisen, wovon ich eh schon überzeugt bin. Bei solchen Kletterherausforderungen geht es um winzige Details. Ob man den Fuß schon beim ersten Mal richtig auf einen Tritt setzt, ob die Temperatur am Fels perfekt ist, wenn es lange nicht geregnet hat, ob Verhältnisse, Tagesverfassung und Bewegungsmuster auch hundertprozentig zusammenpassen – man bewegt sich schließlich am absoluten Limit dessen, was zu klettern geht.

Dabei durchströmt dich ein intensives Gefühl, während du dir den ultimativen Fight mit den Schwierigkeiten lieferst. Wenn du am Schluss mit den Fingerspitzen oben am Schlussgriff hängen bleibst, ist das ein Flash, eine Eruption.

Aber dieses Gefühl, so intensiv es auch ist, vergeht. Irgendwann vergisst du es.

Wenn ich hingegen ein Bild vom Cerro Torre anschaue, werde ich immer meine Linie im Kopf haben. Meinen Biwakplatz, wo es 1200 Meter schnurgerade runterpfeift. Die Bolt-Traverse, wo, dreißig Sekunden nachdem ich weg bin, der Eisblock eingeschlagen hat. Der Gully, in dem mir das Eis den Helm zerschlagen hat. Der Kompressor von Maestri, auf dem ich gestanden bin, als es saukalt war und Peter über mir alles gegeben hat.

Das sind unzählige Dinge, die ich nicht mit einem flüchtigen Gefühl verbinde, sondern mit einem Abenteuer.

Für die Grenzgänge in der Halle und in den Klettergärten fehlt mir derzeit der Anreiz. Vielleicht liegt das daran, dass die Schwierigkeit einer Linie beim Sportklettern kein sichtbares Signal aussendet. Es geht nur darum, ob man die Tour schafft oder nicht. Auf dem Berg aber spiegelt eine Tour, die man erstbegeht, nicht weniger als den eigenen Charakter: wie man sich die Tour vorstellt – und wie diese Vorstellung die eigenen Ideale abbildet. Entsprechend wählt man dann den Stil.

Es geht mir nicht mehr allein um die Leistung, sondern ums Erlebnis. Der Cerro Torre ist eine Frage, auf die ich die Antwort noch immer nicht kenne. Die Linie, die ich mir ausgedacht habe, ist auch jetzt, nach zwei Jahren, nicht mehr als eine Idee, ein roter Faden in meinen Gedanken. Erst wenn ich sie geklettert, sie erlebt habe, wird sie real und auch für alle anderen sichtbar. Diese Idee steht dann für immer da, verbunden mit meinem Namen und mit diesem Berg. Es wird keine Möglichkeit mehr geben, diese Idee zu verbessern, deshalb muss die Idee selbst perfekt sein.

Ich beschließe, während der europäischen Sommersaison keine neuen, ultimativen Projekte zu machen, sondern vor allem Wiederholungen interessanter Touren – ein alpinhistorisches Bildungsprogramm, wenn man so will, und außerdem will ich die Frage klären, was heute als schwere Tour gilt. Du kannst nicht sagen, dass du etwas Außergewöhnliches machst, wenn du nicht weißt, was andere für außergewöhnlich halten. Ich kann schließlich nicht die Entwicklung des iPhone 22 in Angriff nehmen, ohne das iPhone 21 in- und auswendig zu kennen.

Anfang April fahren Peter und ich nach Chamonix und klettern den Westgrat auf die Aiguille Verte, durch ein Eiscouloir auf den Petit Capucin und die tausend Meter hohe Droites-Nordwand auf der Messner-Route.

Mit Daniel Steuerer befahre ich auf Skiern den Biancograt in Pontresina, mit meinem früheren Trainer Reini Scherer unternehme ich ein paar Erstbefahrungen in den Tiroler Alpen. Mit Flo Klingler klettere ich die berühmte Tour »Locker vom Hocker« an der Schüsselkarspitze, die 1981 von Wolfgang Güllich und Kurt Albert als eine der ersten alpinen Touren im achten Grad erstbegangen worden ist und die ich schon lange einmal machen wollte – sie lohnt sich wirklich, auch wenn mir ihre Schlüssellänge etwas gesucht vorkommt, weil sie nicht der logischen Linie folgt. Die Tour zeigt mir auf interessante Weise, was man bereits in den achtziger Jahren mit limitiertem Einsatz von Bohrhaken klettern konnte.

Ich fahre nach Céüse, in die Verdon-Schlucht, nach Arco und mache auch daheim ein paar Erstbegehungen. Immer unterwegs.

Mit Peter fahre ich bald darauf nach Salzburg, wo Alex Huber am Felsriegel oberhalb von Lofer seine Spuren in Form schöner Erstbegehungen hinterlassen hat. Eine davon ist die Route »Sansara«. Sie ist zwar nur neunzig Meter lang, ist aber trotzdem eine der schwersten Routen in der Umgebung. Alex hat nur sieben Bohrhaken als Zwischensicherungen gesetzt. Ich muss mich ziemlich anstrengen, um die Route an einem Tag zu durchsteigen und auf der nahen Alm zu meinem verdienten Bier zu kommen.

Im Tessin wiederhole ich die 9-Seillängen-Route »Super Cirill«, die Ines Papert als »eine der schönsten Routen, die ich jemals geklettert bin«, bezeichnet hat. Zu Recht. Mit Flo Klingler bringe ich ein neun Jahre altes Projekt von mir zu Ende: meine erste Route, die ich damals noch mit der Bohrmaschine von meinem Trainer Reini Scherer am Taufenkopf im Zillertal eingerichtet hatte und die dann durch meine Wettkampftätigkeit in Vergessenheit geraten war.

Dann hat Peter endlich wieder ein paar Tage frei, wir fahren ein weiteres Mal nach Chamonix. Wir absolvieren die Nordwand der Grandes Jorasses, die sich aufgrund der schlechten Verhältnisse als echte alpinistische Herausforderung erweist. Dreizehn Stunden anspruchsvolle Kletterei, bis wir am Gipfel sind. Von dort klettern wir bis in die Nacht hinein zu unserem Biwak am Col des Grandes Jorasses, am nächsten Morgen gehen wir über den Grat weiter bis unter den Dent du Géant, einen 150 Meter hohen, freistehenden Felszacken, den wir auch noch mitnehmen, bis wir uns schließlich zurück auf den Grat abseilen und ein paar Stunden später in der Bahn nach Chamonix hinunterfahren.

Eine Woche später wiederhole ich Alex Hubers Route »Pan Aroma« an der Westlichen Zinne in den Dolomiten, eine Variante der »Bellavista«, die ich vor einem Jahr als erste Tour gemeinsam mit Peter gemacht habe. Weite Hakenabstände, ausgesetzte Linie, einzigartiges Ambiente. Schönes Erlebnis.

Auf der Großen Zinne sichere ich mir eine On-Sight-Begehung der »Camillotto Pellissier«. In Chamonix wiederhole ich mit Flo Klingler die »American Beauty«, eine komplett glatte Wand, die auf über 3000 Meter Höhe aus dem Gletscher ragt und von einem selten schönen Riss durchzogen wird. Dabei sehe ich, dass eine ganze Seillänge der Tour ausgebrochen ist und die Risse deutlich breiter geworden sind als im Originaltopo beschrieben. Der Berg ist eindeutig instabil. Ein bisschen beunruhigend, zumal am Mont Blanc ja nicht erst ein Mal eine ganze Felswand zusammengebrochen ist.

Im September fahre ich noch mit Stef Siegrist und Denis Burdet nach Indien, um im Rahmen des Projekts »150 Peaks« von Mammut den 6200 Meter hohen Cerro Kishtwar im indischen Kaschmir-Himalaya zu besteigen – als zweite Seilschaft, die den Berg überhaupt je bestiegen hat. Wir schaffen dort eine geniale Erstbegehung in einer Höhe, die für mich völlig neu ist – im Alpinstil, ohne Bohrhaken. 6200 Meter, mein bisher höchster Gipfel – auch wenn wir oben nur 6155 Meter messen.

Zu Hause fahre ich mit Peter wieder einmal nach Lofer und klettere das »Stoamandl«, eine fantastische Huber-Route. Wenig später wiederhole ich auch Alex Hubers »Donnervogel« und seine »Feuertaufe«, die als das absolute Testpiece in Lofer gilt. Kurz vor Wintereinbruch glückt mir im Tessin dann noch die Erstbegehung eines alten Mehrseillängenprojekts von Pesche Wüthrich in Cevio, und nach dem ersten Schneefall packe ich meine Eisgeräte und Steigeisen wieder aus und klettere im Alleingang den Sagzahn-Nordpfeiler in den Zillertaler Alpen.

Fünfundzwanzig

Eines der Highlights dieses Jahres ist für mich die erste freie Wiederholung der »Paciencia« an der Eiger-Nordwand. Es ist August, ich bin sehr viel geklettert. Ich habe das Gefühl, meinen alpinistischen Erfahrungsschatz ausgebaut zu haben. Keine der Touren ist mir schwergefallen, selbst bei den Routen, die als besonders schwer gelten, fühle ich mich nicht annähernd an meine Grenzen getrieben. Bis auf meine Erstbegehung in Cevio klettere ich sie alle am ersten Tag, viele der Schlüsselseillängen meistere ich *on sight* oder im zweiten Versuch.

Vor allem aber merke ich, wie viel Freude mir das Klettern an und für sich macht. Ich bin meistens allein mit meinem jeweiligen Partner unterwegs, keine Medien, keine Dokumentation, nur Klettern, der Berg, mein Partner und ich.

Die »Paciencia« ist eine Route von Stef Siegrist und Ueli Steck. Die beiden machten 2003 die Erstbegehung, fünf Jahre später kletterten sie ihre Route dann frei. Stef und Ueli, beides enorm starke Bergsteiger, investierten einige Tage in diese erste freie Begehung. Sie probierten zuerst die einzelnen Seillängen, anschließend kletterten sie alle Seillängen in Wechselführung und bewerteten deren schwierigste Länge mit 8a. Schon kurz nach der Befreiung dieser Route sagte mir Stef, dass die Tour bestimmt etwas für mich sei.

Gemessen an ihren Bewertungen, klingt die Route nicht unheimlich schwierig, aber Bewertungen sind so eine Sache. Nach Erstbegehungen gehört es dazu, dass man sich hinsetzt und eine Beschreibung verfasst, in der die Tour genau in ihre einzelnen Seillängen zerlegt wird. Jede Seillänge bekommt je nach Schwierigkeit ihre Bewertung.

Jede Bewertung resultiert aus dem subjektiven Empfinden dessen, der die Tour geklettert hat, und das kann extrem unterschiedlich ausfallen. Es gibt vor allem beim Sportklettern permanent Diskussionen über diese Bewertungen. Auch bei alpinen Touren sind sich verschiedene Kletterer nicht immer ganz einig, was die Schwierigkeiten betrifft. Oft fließen die äußeren Umstände, zum Beispiel die Exposition, die Wetterverhältnisse und Ähnliches, unterbewusst mit ein. Auf diese Weise, wenn zum Klettern noch zusätzliche Schwierigkeiten dazukommen, gibt es gleich einmal ein, zwei Grad mehr in der Bewertung.

Ich finde, dass die Kletterschwierigkeiten strikt und unbeeinflusst von anderen Faktoren beschrieben werden sollen. Aber am Ende bleibt auch das subjektiv und kann von Tag zu Tag variieren.

Bei Projekten wie dem Cerro Torre sind die Prioritäten sowieso andere. Wenn du die Headwall frei kletterst oder an der Bolt-Traverse hoch über den letzten Sicherungen stehst, spielt etwas anderes eine Rolle als die Frage, ob du gerade 8a kletterst oder doch 8b.

Die Empfindung, ins Unbekannte vorzudringen, verändert die eigene Wahrnehmung. Wenn du eine Tour ausprobierst, die vor dir niemand gemacht hat, dann führt dein Weg tatsächlich ins Unbekannte, und du bist mit deinen Fähigkeiten auf dich allein gestellt. Deine Grenzen sind in diesem Augenblick die absoluten Grenzen, und das Einzige, was diese Grenzen überwinden kann, ist deine Vision.

Wenn du eine Tour wiederholst, dann brichst du im Bewusstsein auf, etwas zu probieren, das sich schon als möglich erwiesen hat. Du brauchst keine Vision mehr, sondern nur deine Fähigkeiten und die Geduld, so lange an der Tour zu arbeiten, bis du sie geschafft hast. Du musst die entscheidende Frage nicht mehr beantworten, ob das, was du vorhast, möglich oder unmöglich ist.

Deshalb habe ich auch in diesem Sommer so viele Touren wiederholt. Ich wollte wissen, welche Visionen die Besten in die Tat umgesetzt haben. Und natürlich wollte ich mir selbst beweisen, dass ich diesen Ideen folgen kann.

Wenn ich mir eine Route anschaue, dann achte ich als Erstes darauf, wie lang die Tour ist und welchen Schwierigkeitsgrad ihre schwierigste Seillänge hat.

Das allein sagt aber noch nicht viel. Erst wenn du die Route genauer anschaust, wird dir klar, was eine wirklich schwierige Route ist. Wenn zum Beispiel die Route XY 200 Meter lang ist und mit 8b beschrieben wird, also dem zehnten Grad, kann es durchaus sein, dass eine Stelle der Tour im zehnten Grad ist und der Rest Siebener-Gelände. Das stellt für mich insgesamt keine besonders große Herausforderung dar.

Bei der »Paciencia« ist die schwerste Stelle mit 8a bewertet.

Das bedeutet den Buchstaben nach, dass sie unter den zahlreichen schweren Touren, die ich in diesem Sommer schon geklettert bin, eine der leichteren wäre.

Das stimmt allerdings ganz und gar nicht. Erstens ist die Tour sehr lang, etwa 900 Meter. Ihre Schwierigkeit hängt eng mit den Verhältnissen zusammen. Man braucht gutes Wetter und trockenen Fels. Als ich das Topo studiere, sehe ich einige Seillängen im 7b-Bereich, unterer neunter Grad, bei denen ich mir denke: Gar kein Problem. Das kann ich, wenn auch nicht im Schlaf, so jedenfalls sehr sicher *on sight* klettern.

Allerdings erlebe ich dann in der Wand einige Überraschungen, als sich die »Paciencia« als die mit Abstand schwerste Tour dieses Jahres herausstellt.

Am 21. August steigen Peter und ich aus dem Stollenloch, das sich rund 300 Meter über dem Fuß der mächtigen Eiger-Nordwand befindet. Es weht ein leichter kalter Wind, wir ziehen uns schon bald die Goretex-Jacken an. Ungesichert steigen wir über leichte Platten und Bänder zu einem Biwakplatz. Dann queren wir nach links, seilen uns an, ich steige die erste Seillänge vor. Über nasse Platten klettere ich zur ersten wirklich schweren Länge.

Stef und Ueli haben diese Länge nur mit 7b bewertet, also versuche ich sie *on sight*, also gleich im ersten Versuch, zu klettern, doch ich stürze schon nach wenigen Metern. Die Wand ist hier nur senkrecht. Die Griffe und Tritte sind extrem schwer zu sehen. Ich checke die Seillänge noch bis zum Stand aus, dann lässt mich Peter wieder zu sich ab, und ich versuche mein Glück erneut.

Dieses Mal steige ich die Länge durch, aber mit 7b hat das

ganz sicher nichts zu tun. Über eine 7c+, die ich auch erst im zweiten Anlauf schaffe, und eine 7a, die mir auf Anhieb gelingt, gelangen Peter und ich auf ein Band, auf dem wir eine kurze Pause einlegen. Die nächste Seillänge ist mit 8a die Schlüssellänge, doch sie fällt mir nicht besonders schwer, und ich klettere sie im zweiten Versuch. Die restlichen 200 Meter bis zu unserem Biwak am Fuß des Tschechenpfeilers sind nie schwerer als 7a. Bereits um 16 Uhr kommen wir dort an.

Auf der Felsbank wartet eine blaue, wasserfeste Tonne auf uns, die mit einem Seil hintersichert ist. Sie soll zwei Schlafsäcke enthalten, hat mir Stef Siegrist am Telefon gesagt, mit dem ich vor dem Aufbruch telefoniert habe. Er und Ueli Steck haben das Material hier deponiert, als sie selbst die Route kletterten. Das kam uns natürlich gelegen, denn wir mussten selbst keine Schlafsäcke mitnehmen, das spart bekanntlich eine Menge Gewicht.

Als wir die Tonne öffnen, erwartet uns allerdings eine üble Überraschung. Die Tonne ist offensichtlich doch nicht ganz wasserfest gewesen, und die Schlafsäcke, auf deren Wärme wir uns schon gefreut haben, sind feucht und über und über mit Schimmel und Moder bedeckt. Allein der Geruch, der aus der Tonne aufsteigt, ist intensiv und grausig.

Wir versuchen, die Stunden bis zum Einbruch der Dunkelheit zu nützen, um die Schlafsäcke an der frischen Luft zu trocknen und zu lüften. Aber das Unterfangen erweist sich als aussichtslos. Als mit der Dunkelheit auch die Kälte kommt, müssen wir in die stinkenden, feuchten Schlafsäcke hineinschlüpfen, die Reißverschlüsse unserer Jacken oben zugezogen, damit wir keinen Hautkontakt zu dem grauslichen Schlafsack haben.

Mir ist saukalt in der Nacht. Ich stopfe eine der beiden Daunenjacken, die sich neben den Schlafsäcken in der Tonne befunden hat, in meinen Schlafsack, aber auch das macht die Sache kaum besser.

Ich schlafe nicht viel in dieser Nacht und bin froh, als sich das erste Tageslicht ankündigt. Mir ist kalt, und ich bin müde, aber Peter geht es noch viel schlechter. Er hat eine Infektion im Rachen, sein Gaumen ist total angeschwollen, vermutlich eine Folge des Kontakts mit den Schimmelsporen. Er kann fast nichts mehr essen oder trinken.

Wir denken beide darüber nach, ob wir abseilen sollen, aber keiner von uns wagt es, das auszusprechen. Verhältnisse wie jetzt hat man nicht oft am Eiger, das Wetter passt, der Fels ist trocken, und wir haben bereits den schwersten Teil der Route hinter uns. Wir wissen, dass wir auch den Rest der Route schaffen können, also schieben wir unsere Wehwehchen zur Seite und klettern weiter.

Die erste Länge nach dem Biwak ist eine 7c+. Die zweite ist nur eine 7b+, aber sie fällt mir um einiges schwerer. Bei meinem ersten Versuch habe ich keine Chance. Beim zweiten bricht mir am Ende der Seillänge ein Griff aus. Erst beim dritten Anlauf steige ich sie endlich durch. Die restlichen elf Seillängen sind zwar immer noch schwer, aber ich rette mich von Stand zu Stand, so dass Peter und mir die erste freie Wiederholung der Route gelingt.

Die »Paciencia« ist die mit Abstand anspruchsvollste Felsroute, die ich heuer in den Alpen geklettert bin. Ihre schwerste

Seillänge ist zwar »nur« 8a, aber die unzähligen 7b- und 7c-Passagen – die mir oft schwerer fielen als die 8a-Seillänge – haben es wirklich in sich.

Ich merke einmal mehr, dass es einen riesigen Unterschied macht, ob man eine Tour nach dem ersten Mal bewertet, oder nachdem man sie hundertmal geklettert hat. Gerade am Eiger ist der Fels extrem unübersichtlich. Von unten schaut die Wand total glatt aus. Erst wenn man von oben hinunterschaut, sieht man die Strukturen und Leisten, weil alle nach hinten versteckt sind. Es ist daher extrem schwierig, die einzelnen Seillängen *on sight* zu klettern.

Ich erfahre auf der Tour etwas Unerwartetes: dass es mich schon aus 7b-Seillängen raushaut, und das nicht nur einmal. Es gelingt mir bei einer einzigen 7b+-Seillänge, sie *on sight* zu durchsteigen, und ich gebe gern zu, dass es die schwierigste On-Sight-Länge meines Lebens war. Viele andere Längen muss ich zweimal klettern, so dass ich insgesamt 400 Meter schwierigsten Geländes zweimal erledigen muss. Das alles im gewaltigen Ambiente des Eigers.

Manchmal denke ich, das gibt es nicht: 7b-Längen in Lofer bin ich hinaufspaziert. Dort habe ich es sogar geschafft, 8b-Längen *on sight* zu klettern. Aber am Eiger waren eben zwei sehr starke Kletterer unterwegs. Sie haben jede Seillänge mehrere Tage lang probiert, bis sie jeden Griff kannten, während Peter und ich die Route in nur zwei Tagen durchstiegen haben. Stef und Ueli haben sicher auch extrem strikt bewertet und dabei eher Understatement walten lassen, als dass sie irgendwo übertrieben hätten.

Den Eiger auf der »Paciencia« bestiegen zu haben ist ein

fantastisches Erlebnis, sowohl für Peter als auch für mich. Ich wollte hier immer schon klettern. Eigentlich hätte ich für den Anfang am liebsten die klassische »Heckmair«-Route gemacht, die Erstbegehungsroute. Aber das hat sich bis jetzt nicht ergeben. Diese Tour ist fast nur noch im Winter oder im Frühling zu gehen, weil die Eisfelder von damals weggeschmolzen oder zusammengeschrumpft sind. Inzwischen sind darunter Geröllfelder zum Vorschein gekommen, und der permanente Steinschlag auf der Tour ist im Sommer einfach zu gefährlich.

Aber die »Paciencia« passt noch besser in das Muster der Touren, die ich in diesem Sommer absolviere. Jede dieser Touren erweitert meinen alpinistischen Horizont, und jede dieser Touren habe ich unter dem Aspekt ausgesucht, dass sie mir für meinen dritten Versuch am Cerro Torre weiterhilft. Mit den Erfahrungen, die ich gemacht habe; mit dem Selbstvertrauen, das ich auf diese Weise sammle; mit den Geschichten, die ich rund um die Erstbegehungen dieser Routen in Erfahrung bringe und die zum Teil ganz schön wild sind: Ich versichere mich auf diese Weise einmal mehr der Tatsache, dass auch mein Projekt am Cerro Torre eine Menge Überwindung braucht, bis man dann vielleicht endlich am Ziel ist.

Sechsundzwanzig

Als ich den Cerro Torre zum ersten Mal betrachtet habe, damals in Chile, als mir Hansjörg Auer die Zeitschrift mit den eindrucksvollen Bildern aus Patagonien gereicht hat, gingen mir ein paar Dinge durch den Kopf.

Zuallererst, wie schön dieser Berg ist.

Dann, wie lässig es wäre, auf diesem Berg zu klettern.

Und dann, ob es wohl möglich wäre, dort oben frei zu klettern.

Mein Gefühl sagte mir damals: Dieses Projekt ist wahrscheinlich eine Nummer zu groß für dich. Was ich nicht wusste, war, dass es mindestens zwei Nummern zu groß für mich war.

Der Einzige, der mir das mehr oder weniger unverblümt ins Gesicht gesagt hat, war Reinhold Messner. Ich habe damals nichts erwidert, als er meinte, ich müsse vielleicht zwei-, drei- oder viermal nach Patagonien fahren, um das Projekt zu schaffen, und selbst dann sei nicht sicher, dass ich es schaffe.

Aber ich dachte mir: Warte nur, bis ich wieder zurück bin und es geschafft habe.

Das Problem an der Umsetzung des Projekts war zuallererst die große Lücke, die zwischen meiner Vorstellung und der Realität klaffte – und die am Ende auch dafür verantwortlich war, dass ich so in die Kritik geriet.

Bevor ich das erste Mal da gewesen war, stellte ich mir die Herausforderungen am Cerro Torre nicht so groß vor. Ich dachte, dass bei vernünftigen Wetterverhältnissen keine großartigen alpinistischen Leistungen von mir verlangt werden, sondern dass die Herausforderung dann hauptsächlich noch darin besteht, die Headwall frei zu klettern. Das schien mir der Kern der Sache zu sein: die Headwall. Alles andere, dachte ich, ist zu bewältigen. Die zusätzlichen Schwierigkeiten, die der Berg uns abverlangen könnte, unterschätzte ich oder kalkulierte ich gar nicht ein.

Auf der anderen Seite war es vielleicht aber auch gut, dass ich das Projekt formulierte, bevor ich da gewesen war. So hatte ich keine Gelegenheit, mich einschüchtern zu lassen.

Als ich die erste Saison in Patagonien verbrachte, habe ich bergsteigerisch nicht unbedingt etwas dazugelernt – aus dem simplen Grund, weil ich gar nicht viel zum Bergsteigen kam. Aber ich bekam die Gelegenheit, etwas zu begreifen: Dass dieser Berg sich allen Vergleichsmöglichkeiten, über die ich bis dahin verfügte, entzieht. Dass man eine andere Form von Respekt, aber auch von alpinistischer Fitness braucht, um dem Cerro Torre gerecht werden zu können.

Diese Erfahrungen haben wir – zusammen mit der Lektion in Kletterethik, die wir lernen mussten – beim zweiten Mal angewendet. Die Grundidee, dass wir nicht nur klettern, wenn der Cerro Torre geht, erwies sich als grundrichtig. Sie befreite uns vom Druck des ewigen Wartens. Das Ausprobieren anderer, nicht ganz so schwerer Routen, das Klettern auf verschiedene andere Gipfel stimmte uns auf die Verhältnisse am Cerro Torre ein, ohne dass wir das im Detail so geplant hätten. Wir blieben im Rhythmus und sammelten relevante Erfahrungen.

Dass diese Strategie so gut funktionierte, hat viel mit Peter zu tun. Er ist ein Vollblutbergsteiger, der es nicht aushält, zu Hause zu sitzen, wenn bei machbaren Verhältnissen ein paar der schönsten Gipfel des Universums in Reichweite sind. Zwar kann man mit ihm auch ganz gut an der Bar sitzen und die Sau rauslassen, aber die Gefahr, in eine Form von benebelter Lässigkeit hineinzurutschen, wie das in der ersten Saison passierte, als ich mit Daniel das laisser-faire-artige südamerikanische Lebensgefühl inhalierte, besteht mit Peter einfach nicht.

Der Cerro Torre ist ein Wunder. Das denke ich mir immer wieder, wenn ich mir die Bilder anschaue. Ein genialer Gipfel. Unfassbar schön.

Aber erst jetzt, nach zwei Saisonen in Patagonien, weiß ich, dass ich mit meinem Projekt tatsächlich einen Aufbruch ins Unmögliche gewagt habe. Das Unmögliche – ich habe immer wieder Aufgaben gelöst, die auf den ersten Blick unmöglich schienen. Unmöglichkeit ist etwas Relatives. Es gilt für eine bestimmte Zeit an einem bestimmten Ort. Ob der Cerro Torre sich frei klettern lässt, weiß ich noch immer nicht. Ich weiß bloß, dass ich bereits über mich hinauswachsen musste, um die schiere Möglichkeit zu erkunden.

Der Weg, den ich bisher zurückgelegt habe, ist ein Teil dieser Erkundung. Zwei Winter in Patagonien. Zwei Kontroversen über die ethische Grundierung meines Projekts. Viele Gespräche, Emotionen, Enttäuschungen. Lektionen, die ich lernen musste. Der Wechsel meines Partners. Neue Freundschaft. Neue, präzisere Träume. Mehr Wissen. Mehr Verantwortung. Mehr Respekt.

Längst bin ich ein anderer als der, der vor zwei Wintern unbedarft und frech in El Chaltén angekommen ist. Wenn ich mir vorstelle, wie mich die Kritik an mir und dem Filmteam aus der Fassung gebracht hat, als ich sie zum ersten Mal las, bin ich jetzt fast erstaunt. Das Projekt hat mich geformt, hat mir seine ethischen Grundlagen vermittelt – die Leistung bestand darin, mich formen zu lassen und diese Grundlagen zu verstehen und zu akzeptieren.

Alpinismus ist kein Sport, sondern die Haltung, die man gegenüber einem Berg einnimmt. Es geht nicht darum, irgendwie auf den Gipfel zu kommen, sondern darum, im besten Stil zu klettern und seinen eigenen Idealen treu zu bleiben. Alpinismus ist damit aber automatisch auch eine Haltung gegenüber sich selbst und die Erkenntnis, dass man, wenn sich die eigenen Ideale nicht verwirklichen lassen, auf ein zählbares Ergebnis verzichten muss.

Es kann zum Beispiel ohne weiteres sein, dass meine freie Begehung des Cerro Torre daran scheitert, dass ein einziger Meter im Granit einfach nicht ohne technische Hilfe zu klettern geht. Das würde bedeuten, dass ich mein Projekt nicht beenden kann. Ich muss, auch wenn mir das schwerfallen sollte, auf den Klettererfolg verzichten. Griffe zu manipulieren oder andere unsaubere Umwege zu gehen, ist keine Option. Ich würde mich selbst betrügen, mir selbst meinen Traum rauben – den Traum, den Torre in einem makellosen Stil zu besteigen.

Der Stil, den ein Alpinist klettert, ist ein Ausdruck seiner Ideale und Vorstellungen. Ich habe durch die Kontroversen am Cerro Torre gelernt, klarer zu denken und diesen Idealen zu folgen, auch wenn das nicht der einfachste Weg war. Ich habe gelernt, meinen eigenen Überlegungen zu trauen und sie zu formulieren. Mir ist klar geworden, dass ich nicht nur talentiert bin, sondern angesichts meiner Berufung als Alpinist auch eine Verantwortung für mein Handeln habe. Die eigene Linie: Sie führt nicht nur auf den Berg hinauf. Sie führt geradewegs zu dir selbst.

Dafür habe ich hart und entschlossen gearbeitet, Rückschläge eingesteckt, mein Können und Denken, mich selbst in Frage gestellt. Ich bin bereit, diese Arbeit noch intensiver und noch entschlossener fortzusetzen.

Mein Versuch, den Cerro Torre frei zu klettern, hat nicht aufgehört, als ich im Februar 2011 wieder in Innsbruck angekommen bin. Jede Wand, jeder Gipfel, den ich seither gemacht habe, ist Teil dieses Projekts, ein kleines Steinchen im großen Bild, das ich in diesem Winter fertigstellen möchte.

Siebenundzwanzig

Ende Oktober 2011 findet in Brixen der International Mountain Summit zum Thema »Showalpinismus« statt. Die Veranstaltung, die als Bergfestival der Elite gilt, hat jeweils ein Hauptthema, das in Workshops und Diskussionsveranstaltungen behandelt wird. Ich bin zu einer Gesprächsrunde eingeladen, in der die Frage »Wie viel Leistung steckt hinter der Berg-Show?« erörtert werden soll.

Als mir die Einladung in den Briefkasten flattert, weiß ich zwei Dinge sofort. Erstens: Das wird hart. Zweitens: Da muss ich hingehen. Auf dem Podium sitzen neben mir, unter anderem, Reinhold Messner, Bergführer Hanspeter Eisendle, Sportkletterer Adam Ondra, Bernd Kullmann, Chef des Rucksackherstellers Deuter, und Alessandro Filippini, Chefredakteur der *Gazzetta dello Sport*. Im Publikum zahlreiche Journalisten. Der Saal ist bummvoll, die Stimmung aufgeladen.

Es geht darum, wie sich die Berichterstattung der Medien und die Dokumentation spezieller Projekte auf die alpinistischen Leistungen selbst auswirken. Zur Sprache kommt etwa das vorgetäuschte Gipfelfoto von Christian Stangl auf dem K2, das als Beweis dafür herhalten soll, dass der Druck von

Medien und Sponsoren so groß geworden ist, dass selbst im Bergsteigen, wo das Wort des Alpinisten traditionell höchstes Gewicht hat, getäuscht und gelogen wird.

Zuerst einmal ärgere ich mich massiv darüber, dass meine Expedition auf den Cerro Torre in einem Atemzug mit Stangl genannt wird. Wir haben Fehler gemacht, aber wir haben uns nicht den Hauch einer Unredlichkeit zuschulden kommen lassen.

Gleichzeitig wird mir einmal mehr klar, dass kaum jemand über unser Projekt wirklich Bescheid weiß, auch jetzt nicht, knapp vor meinem dritten Versuch. Noch immer kursiert unterschwellig das Gerücht, der Film sei ein Werbeclip für Red Bull.

Reinhold Messner sagt zwar, dass er mit dem Dokumentieren alpinistischer Projekte grundsätzlich kein Problem habe, insinuiert aber, dass wir vorhaben, mit hohem technischem Aufwand eine Geschichte zu erzählen, die so nicht stattgefunden hat: die Geschichte meiner Freikletterversuche, die durch die Anwesenheit des im Film unsichtbaren Filmteams jedoch entscheidend verfälscht werde. »Realitätsfremd« nennt das Hanspeter Eisendle, und Messner legt nach, dass ein Abenteuer, das durch die Anwesenheit von Kameraleuten und einem Hubschrauber emotional verändert werde, kein Abenteuer mehr sei.

Ich halte dagegen. Erzähle die Geschichte des Projekts und die Geschichte des Films. Ich gebe durchaus zu, dass die Anwesenheit des Filmteams mein Abenteuer verändere, dass dieses meine Kletterleistung deshalb jedoch nicht im mindesten entwerte. Mich stört, sage ich, dass der Begriff Showalpinismus nie exakt definiert wird. Ist es schon Showalpinismus, über eine Klettererfahrung in Wort und Bild zu berichten – dann wäre Reinhold Messner der Vater aller Showalpinisten. Oder sagt nur die Qualität der Erzählung etwas über die Show aus? Sind brillante Bilder automatisch verdächtig und schlechte Bilder plausibel? Muss für eine neue Authentizität die Simulation alpinistischer Leistungen herhalten? Der Fotograf Röbi Bösch hat zum Beispiel die Speedbegehung Ueli Stecks am Eiger nicht live fotografiert. Aus ethischen Gründen wurde kein Fotograf in der Wand postiert. Weil Medien und Sponsoren die Leistung Uelis aber mit professionellem Bildmaterial dokumentieren wollten, wurde das gelungene Projekt ein zweites Mal für die Medien inszeniert – wie zum Beispiel auch die grandiose Solobegehung des »Fisch«, die Hansjörg Auer unternommen hat. Diese Inszenierung, sagt Bösch, sei authentischer als die unmittelbare Dokumentation, weil sie die alpinistische Leistung nicht beeinflusst habe. Das hat etwas für sich, ist aber schon ziemlich um die Ecke gedacht: Die Show soll wahrhaftiger sein als die alpinistische Leistung selbst?

Mir scheint die Anwesenheit eines Kamerateams, das mich gemäß strengsten ethischen Grundsätzen am Cerro Torre begleitet, die tauglichste Voraussetzung für eine ehrliche Dokumentation zu sein. Die Anwesenheit des Teams wird im Film nicht verschleiert – genauso wenig wie in diesem Buch. Das Erlebnis ist ein gemeinsames Erlebnis aller Teilnehmer, das Abenteuer ein gemeinsames Abenteuer. Dafür habe ich mich bei diesem außergewöhnlichen Projekt entschieden, aber das ist kein Präzedenzfall für Projekte in der Zukunft. Ich werde mit Sicherheit lange nicht mehr mit einem vergleichbaren

Produktions-Set-up unterwegs sein. Meine künftigen Abenteuer werde ich anders dokumentieren.

Aber die Bilder vom Cerro Torre werden unser Abenteuer nachvollziehbar machen. Das war von Anfang an unsere Intention. Die Show, wenn man so will – alles, was man sehen kann, ohne selbst auf dem Berg gewesen zu sein –, ist die logische Folge des Wunsches, eine Geschichte zu erzählen.

Hanspeter Eisendle sagt, dass ein »inszeniertes Bild« niemals vermitteln kann, was wirklich geschehen ist. Kann sein, aber ich bin froh über jedes Bild, das ich von meinen Klettertouren mit nach Hause bringe. Diese Bilder speichern, was ich erlebt habe, genauer als jedes innere Gefühl. Selbst wenn ich allein klettere, fotografiere ich, um mich an meine Touren zu erinnern. Bilder sind die Währung meiner Erinnerung. Die Bilder vom Cerro Torre werden mir mein ganzes Leben lang dabei helfen, jede Facette dieser grandiosen Reise im Gedächtnis zu behalten.

Achtundzwanzig

Während wir uns auf die Abreise nach El Chaltén vorbereiten, sortiere ich die Ausgangslage. Wir sind so gut vorbereitet wie nie zuvor. Die Tatsache, dass wir es in der Saison 2011 auf den Gipfel geschafft haben, hat uns extrem motiviert, weil dadurch ein wesentlicher Unsicherheitsfaktor wegfällt. Wir haben den Eindruck, dass unser Projekt funktionieren wird, haben den Berg nicht nur in der Theorie studiert, sondern erstmals auch in der Praxis.

Außerdem haben wir gelernt, das Wetter abzuchecken und selbstständig zu interpretieren. Als ich das erste Mal in Patagonien war, konnte ich aus den verfügbaren Informationen noch keine Einschätzung der Wetterlage gewinnen, sondern musste wegen jedem Schmarren in Innsbruck bei Charly Gabl anrufen. 2011 haben Peter und ich aber mit Akribie die Meteogramme und Wetterkarten aus dem Internet heruntergeholt und begonnen, die kleinen Balken, die man darauf sieht, zu deuten. Wir gleichen die angegebene Windstärke und die Niederschlagswahrscheinlichkeit mit den Bedingungen ab, die tatsächlich auf dem Torre herrschen, und haben Charly dadurch etwas Entscheidendes voraus: die spezifische Erfahrung, die ich mir in zwei patagonischen Sommern angeeignet habe.

Wir beginnen schon lange vor unserer Abreise, die Wetterbedingungen in Patagonien zu studieren. Anfangs nur alle zwei, drei Wochen, aber je näher unsere Abreise rückt, desto öfter laden wir die Meteogramme herunter und desto genauer studieren wir sie. Was wir sehen, ist sehr motivierend. Die Daten zeigen uns, dass in Patagonien eine Saison begonnen hat, wie wir sie noch nie erlebt haben.

Es ist warm. Wenig Niederschläge. Zwar weht permanent ein ziemlich heftiger Wind, aber wir sehen, dass die Grenze, wo Tiefdruck und Hochdruck aufeinandertreffen, wesentlich weiter südlich liegt als in den vergangenen Jahren. Das bedeutet, dass auch die Zonen, wo der Wind am stärksten bläst, nicht unbedingt in unserem Klettergebiet zu erwarten sind.

Jedes Mal, wenn wir neue Wetterdaten aus Patagonien sortieren, flutet uns Vorfreude. Am Telefon versichern Peter und ich einander: »Das wird unsere Saison.« Aus der langen Reihe an Vorbereitungsprojekten schält sich so etwas wie eine Gewissheit heraus: Wir fahren heuer tatsächlich da hinunter, um das Ding zu Ende zu bringen.

Nachdem wir am 12. Januar 2012 in El Calafate gelandet sind, sehen wir bereits auf der dreistündigen Fahrt nach El Chaltén den Cerro Torre. Das ist eine Premiere. Bis dahin haben wir bei unserer Ankunft immer nur Nebel und Wolken gesehen.

»Gutes oder schlechtes Zeichen?«, fragt Peter, um mir die einzig richtige Antwort aufzulegen.

»Gutes Zeichen natürlich, du Depp.«

In El Chaltén ist es heiß. Normalerweise geht hier der Wind so stark, dass es Menschen, die nicht darauf vorbereitet sind, ziemlich aus der Balance bringen kann. Diesmal hält sich der Wind zurück, er ist fast zärtlich, wenn er uns in der Hitze Kühlung zufächelt.

Wir beziehen unser Quartier im Container, treffen die nötigen Vorbereitungen, laufen in kurzen Hosen, barfuß und mit nacktem Oberkörper herum. Weil uns auf der Terrasse vor dem Container zu heiß wird, konstruieren wir aus einem Leintuch ein Segel, das uns vor der Sonne schützt.

Vor der Sonne! Wir sind in El Chaltén. Wenn es eine Klimaerwärmung gibt, dann heute und hier. Es ist heiß, fast windstill, keine Wolken in Sicht. Lediglich die aufflackernde Luft stört meine Sicht auf die Wasserstreifen, die sich an der Gipfelwand des Cerro Torre gebildet haben. Noch nie habe ich die Headwall in so guten Verhältnissen gesehen.

Das Dorf wird von Jahr zu Jahr geschäftiger. Bei der ersten Rückkehr 2011 hat mich das ein bisschen melancholisch gestimmt. Diesmal ist es mir egal. Ich will jetzt endlich die Südostkante frei klettern, und zwar bei nächster Gelegenheit. Wenn das gelungen ist, habe ich Zeit, über El Chaltén nachzudenken. Schon am Tag nach unserer Ankunft tragen wir unser Zeug ins Nipo Nino, stellen unser Zelt auf und deponieren Vorräte und Kletterzeug. Damit sind die Voraussetzungen geschaffen, dass wir loslegen können, sobald die Verhältnisse am Cerro Torre es erlauben. Wir gehen zurück nach El Chaltén, um auf das Zeichen zum Aufbruch zu warten.

Ich telefoniere mit Charly in Innsbruck. Charly meint, der 16. Januar könnte ein super Gipfeltag sein. Alles dreht sich nur noch ums Wetter. Wir hocken vor unserem Container, versuchen aus den Balken auf dem Meteogramm noch ein bisschen mehr Information herauszukitzeln und schauen mit dem Fernglas, was sich oben am Torre tut. Wie viel Eis hängt in der Headwall? Wann bilden sich die ersten Wasserstreifen? Wie stark bläst der Wind?

Auf unseren Wetterkarten sehen wir, dass nicht ein Wetterfenster im Anzug ist, sondern auch noch ein zweites. Das erste ist das, welches Charly gemeint hat. Kein Niederschlag, etwas Wind und sehr warm.

Unmittelbar darauf sehen wir auf den Karten aber ein zweites, noch größeres Wetterfenster. Korrespondierend mit den Angaben zu Niederschlag, Wind und Temperatur – kein Niederschlag, sehr wenig Wind und nicht mehr ganz so warm –, stechen uns vor allem die Angaben zum Luftdruck ins Auge. Der Luftdruck steigt massiv. Damit ist auch die Wahrscheinlichkeit, dass sich das Wetterfenster in Luft auflöst, äußerst gering.

Wir stehen also vor der Wahl, ob wir das erste oder das zweite Wetterfenster nützen wollen. Wir entscheiden uns für das zweite. Diese Entscheidung scheint uns so logisch und unanfechtbar zu sein, dass wir sie nicht einmal mehr durch ein Telefonat mit Charly absichern. Das erste Wetterfenster, denken wir, wird durch Sonne und Wärme bereits das Eis aus dem Fels entfernen. Die beiden Schlechtwettertage, die darauf folgen, bringen kaum Niederschlag, so dass sich nicht viel Eis aufbauen kann. Und dann, so der Plan, sind wir auch schon unterwegs.

Unsere Marschroute lautet also: am 19. Januar ins Nipo Nino, am 20. Januar klettern, am 21. Januar auf den Gipfel.

Das ist jedenfalls die Theorie.

Die amerikanisch-kanadische Seilschaft Hayden Kennedy und Jason Kruk wählt das erste Wetterfenster. Die beiden klettern am 16. Januar in dreizehn Stunden die Kompressorroute *by fair means* – das heißt, sie verzichten darauf, »die berüchtigten Bohrhaken Maestris« zu verwenden, wie Hayden sie nennt, und arbeiten sich stattdessen an natürlichen Vorsprüngen mit einem Minimum an Technik in die Höhe. Die beiden schaffen es auf diese Weise auf den Gipfel, eine respektable Leistung.

Dort treffen sie allerdings eine Entscheidung, über die weit mehr diskutiert werden wird als über ihre Kletterleistung. Die folgende Live-Einschaltung stammt aus Hayden Kennedys Artikel über sein Gipfelerlebnis, der einige Monate später in der Sommerausgabe des *Alpinist* erscheint:

Jason sagt: »Verdammt, war das ein Ding.« Wir ziehen unsere Steigeisen aus und stapfen auf den Gipfel des Cerro Torre. Unser Traum ist wahr geworden, und das ist fast zu viel für uns.

Wir klettern hinunter zum Einstieg [in die Headwall] und verbringen noch einen Moment in Stille.

Die beiden zerbrechen sich an dieser schönen, exponierten Stelle den Kopf darüber, was mit den Bohrhaken passieren soll. Sie haben während ihres Aufstiegs nur zwei von Maestris Haken herausgeschlagen und sich nicht um die »restlichen 400« gekümmert. Jason sinniert über die Frage, ob es richtig ist, die Bohrhakenleiter zu entfernen, »die den Cerro Torre so lange mit Kontroversen überschattet hat, dass viele Menschen ganz die Schönheit des Berges vergessen haben«. Sie überlegen, was geschieht, wenn sie jetzt handeln und die umstrittenen Haken aus der Headwall schlagen, die Gelegenheit ist schließlich günstig:

Jason und ich wussten, dass die Klettergemeinde niemals einen Konsens in dieser Sache finden würde.

»Sie werden uns dafür hassen«, sagt Jason. »Ist dir das klar?«

»Stimmt. Wir werden für alle Zukunft die Typen sein, die auf dem Cerro Torre die Haken abgeschlagen haben«, sage ich, während ich über die Headwall hinunterschaue.

Ich denke über die Wildheit der anderen Gipfel nach, die wir in dieser Saison geklettert sind, und die Linie der Haken unter uns sieht aus wie eine lange Kette. Die Obsession, Erfolge erzielen zu müssen, kann unser Bewusstsein allzu leicht gefangen nehmen. Alpinismus ist die Kunst der Freiheit, denke ich. Inklusive der Freiheit zu scheitern.

Sie schlagen mit ihren Eisinstrumenten 120 Haken aus der Wand, »um den Cerro Torre in einen natürlicheren Zustand zu versetzen«. Sie fragen niemanden um Erlaubnis, ermächtigen sich also selbst zu dieser folgenschweren Handlung, freilich nicht ohne die Tragweite der Entscheidung zu kennen und sich gleichzeitig zu legitimieren:

Wer besitzt überhaupt die Autorität über diese Fragen? Cesare Maestri, weil er die Route 1970 eingerichtet hat, ohne den Gipfel zu erreichen? Reinhold Messner, weil er der Godfather des alpinen Kletterns ist? Rolando Garibotti, weil er hier mehr geklettert ist als die meisten anderen? Die argentinischen Locals, weil sie in der Umgebung wohnen?

Dann platziert Hayden noch einen beziehungsreichen letzten Satz: *Oder bist es du?*

Damit will er natürlich auch die Möglichkeit inkludieren, dass er es ist...

Neunundzwanzig

Es ist der 18. Januar 2012, als uns Dirni die Nachricht überbringt, dass Maestris Haken aus der Headwall geschlagen sind. Es wäre eine gute Gelegenheit, um aus der Haut zu fahren, wenn ich nicht zu diesem Zeitpunkt schon von einer tiefen Ruhe beseelt wäre, von der Gewissheit, dass Peter und ich das trotz der Widrigkeiten, die auf uns warten, hinbekommen. Und dass es auf ein paar Widrigkeiten mehr oder weniger jetzt auch nicht mehr ankommt.

Trotzdem verändert die neue Situation die Gesamtlage. Der Plan des Filmteams ist durch die Aufräumarbeiten von Jason und Hayden über den Haufen geschmissen. Dieser Plan bestand darin, dass das Filmteam einen Tag vor uns über die Bohrhakenleiter Maestris durch die Headwall klettert und uns am nächsten Tag in der Headwall filmt. Das geht jetzt nicht mehr. Was tun?

Markus, unser Lead Guide, befindet sich bereits im Nipo Nino. Dort hat er auch die Nachricht aufgeschnappt, dass die Haken draußen sind. Markus verständigte per Satellitentelefon Dirni, der wiederum uns verständigte.

Es gibt jetzt zwei Möglichkeiten: Die eine ist riskant. Entweder begleiten Markus Pucher und Toni Ponholzer, unser zweiter Bergführer, den Kameramann in die Headwall, und zwar so weit, wie sie kommen; dann filmen sie unseren Aufstieg von unten. Könnte allerdings sein, dass sie nicht so weit kommen, wie wir das gerne hätten, dann sind auch die Bilder aus der entscheidenden Phase des Projekts eher ungefähr, und auf den Gipfel werden sie mit Sicherheit nicht kommen.

Oder wir probieren etwas anderes, allerdings noch Riskanteres: Das Team versucht über die Rückseite auf den Gipfel zu gelangen. Die Rückseite ist völlig vereist. Wer sie besteigen möchte, muss ein sehr guter Eiskletterer sein. Das trifft auf Markus allerdings voll und ganz zu, deshalb reizt ihn diese Möglichkeit auch ganz offensichtlich. Er ist enorm motiviert, die Crew über die Rückseite auf den Gipfel zu bringen. Das Risiko dieser Variante liegt auf der Hand. Wenn die Kollegen es nicht auf den Gipfel schaffen, dann gibt es gar keine Bilder.

Aber Markus beruhigt alle. Kriegen wir hin, sagt er. Wir kommen alle rauf.

Ich glaube, dass da auch eine alte Rechnung mitspielt, die Markus mit der Westseite des Torre noch offen hat. Er hat sie mit Toni Ponholzer, der jetzt unser zweiter Bergführer ist, schon einmal versucht, musste aber kurz unterhalb des Gipfels umkehren, weil schlechtes Wetter aufzog. Auf dem Rückweg über das Inlandeis verpassten die beiden dann den richtigen Pass, um nach El Chaltén zurückzukommen, und mussten den nächsten nehmen, so dass sie am Ende vierzig Stunden ohne größere Pausen durchmarschierten. Ohne Essen und Trinken. Ein ganz nettes Abenteuer.

Während wir noch die beiden Möglichkeiten durchspielen, merke ich, wie aufgekratzt und motiviert die ganze Crew ist. Die Tatsache, dass der ursprüngliche Plan nicht mehr funktioniert, sorgt dafür, dass alle noch enger zusammenrücken und vielleicht noch um eine Spur mehr wollen, dass es jetzt hinhaut.

Im Gegensatz zur ersten Expedition empfinde ich das Filmteam jetzt längst als Teil meines eigenen Projekts. Wir sind zusammengewachsen und teilen den Traum, etwas Außergewöhnliches vom Cerro Torre mit nach unten zu bringen.

Wir brauchen nicht lange, um die Entscheidung zu treffen, dass wir die Crew mit Markus über die Hinterseite auf den Gipfel schicken. Markus und Toni sind hervorragende Eiskletterer. Lincoln Else, unser Kameramann, ist noch nie etwas richtig Schweres im Eis geklettert und bekommt ein wenig zittrige Knie. Das Eis am Torre ist nicht kompakt wie auf einem Gletscher oder Wasserfall, sondern sogenanntes Rime Ice, Anraum, eine Art Raureif mit großen Kristallen, der durch die Kombination von Feuchtigkeit, Kälte und Wind zustande kommt.

Dafür haben wir Markus und Toni, sie werden Lincoln hinaufhelfen. Wir entscheiden, dass die drei mit dem Hubschrauber zur Rückseite des Torre gebracht werden, weil sie es sonst nicht mehr schaffen, vor uns auf dem Gipfel zu sein – wenn alles klappt. Allein der Weg vom Nipo Nino zum Einstieg in die Westwand würde sechs bis sieben Stunden in Anspruch nehmen. Zu diesem Zeitpunkt haben wir vor, bereits oberhalb der Bolt-Traverse zu sein.

Im Vorjahr waren wir unter der Ausrüstung verkabelt, was sich allerdings als Fehler herausgestellt hat. Wir mussten beim Aufstieg so hart arbeiten, dass wir schon bei der Hälfte der Tour alle Kabel abgerissen hatten und keine Tonaufnahmen vom Gipfel mitbrachten.

Unser Tonmann Joe Knauer hatte zwar schon an der »Nose« im Yosemite gearbeitet und bei einer Expedition auf den Mount Everest – aber da waren die Voraussetzungen ganz anders. Am Everest bist du nicht am Klettern, sondern am Schneestapfen, und außerdem schleppen die Träger dort mehr oder weniger dein ganzes Gepäck, und an der Nose waren die zwei Kletterer immer oben ohne unterwegs und hatten keinen Rucksack – beides nicht zu vergleichen mit dem, was wir hier machen.

Aber jetzt sind wir besser vorbereitet, wir haben sogar eine Tour auf die Sagwand unternommen, um das neu entwickelte Tonsystem zu testen.

Auch das Thema Helmkamera mussten wir überdenken. Im Vorjahr habe ich meine Kamera, die an der Seite des Helms befestigt war, in den Iced Towers zerstört. Ich bin mit dem Kopf irgendwie zu nahe an den Felsen gekommen, habe dabei die Kamera so wuchtig angeschrammt, dass ihre Halterung abbrach und die Kamera hinunterfiel. Sie blieb zum Glück auf einem kleinen Vorsprung liegen, und ich konnte sie wieder mitnehmen, aber nicht mehr montieren.

Jetzt ist die Kamera weiter hinten am Helm befestigt und mit einer kurzen Schnur hintersichert, so dass sie zumindest nicht ganz hinunterfallen kann, selbst wenn man die Halterung noch einmal ruiniert.

Dreißig

Natürlich berührt die Tatsache, dass die Haken nicht mehr in der Route sind, auch unsere Strategie. Wir müssen etwas mehr Material mit auf den Berg nehmen, um genügend Sicherungen legen zu können. Wir korrigieren deshalb den ursprünglichen Plan. Statt die erste Nacht im Nipo Nino und die zweite auf der Schulter zu verbringen, kalkulieren wir mehr Zeit für die Headwall ein. Wir nehmen uns vor, irgendwo in den Iced Towers, zwischen Bolt-Traverse und Headwall, zu biwakieren.

Peter und ich essen ordentlich zu Mittag. Dann kontrollieren wir noch einmal den Inhalt unserer Rucksäcke. Zwei Halbseile, eineinhalb Sets Friends, neun Klemmkeile, vier Eisschrauben, ein paar Normalhaken, vier Expressschlingen und fünf Bandschlingen. Dazu kommt noch eine abgeschnittene Isomatte – abgeschnitten, damit der Rucksack nicht zu voluminös wird –, zwei dünne Schlafsäcke, Kocher, Gas und ein paar Riegel. Alles ist auf das absolute Minimum reduziert.

Um drei Uhr nachmittags starten wir. Es ist so sommerlich, dass Peter und ich uns sogar Sonnenhüte aufsetzen – Sonnenhüte! Normalerweise bläst dir der Wind hier jeden Sonnenhut auf den Mond, und die Sonnencreme, die wir im Gesicht aufgetragen haben, wäre binnen kürzester Zeit voller Sand, so dass wir aussehen würden wie Schnitzel auf zwei Beinen.

Wir machen uns also auf den Weg wie Trekker, die in den Alpen auf eine kleine Zweitagestour gehen. Unterhemden, Rucksack, Sonnenhut, im Frühtau zu Berge.

Dirni begleitet uns mit einer kleinen Handkamera bis zum »Tirolese«-Übergang, dann dreht er um, um ab dem nächsten Tag seinen Einsatz mit dem Helikopter zu fliegen. Joe Knauer, der Tonmann, kommt mit uns ins Nipo Nino, wo er für den Rest der Zeit bleiben wird.

An einer Stelle, etwa eineinhalb Stunden vor dem Nipo Nino, fließt ein Bach von der linken Talseite herunter. Diesen Bach muss man queren, und gleichzeitig ist hier die letzte Gelegenheit, um etwas zu trinken und die Wasserflasche aufzufüllen.

Ich kühle mein Gesicht ab und denke: Gut, jetzt nur noch die eineinhalb Stunden den Gletscher entlang, dann sind wir im Lager. Erst als ich meine Flasche auffülle, merke ich, dass wir nicht allein sind. Zwanzig Meter entfernt hocken zwei Typen im Geröll und machen Rast. Sie trinken, vielleicht essen sie auch gerade etwas.

Es dauert ein bisschen, dann stehen die beiden auf und kommen zu uns herüber. Es sind Jason Kruk und Hayden Kennedy. Die zwei sind nach ihrer Tour und nachdem sie die Bohrhaken aus der Maestri-Route geschlagen haben, offensichtlich noch ein paar Tage im Nipo Nino geblieben und erst jetzt auf dem Weg zurück nach El Chaltén. Das überrascht mich. Das Nipo Nino ist kein besonders lauschiger Ort. Man verbringt dort normalerweise nur Zeit, wenn man muss.

Wir sagen: »Hi.«

Sie sagen: »Hi.«

Es beginnt ein kurzes, distanziertes Gespräch, auch wenn Jason und Hayden nicht unsympathisch sind und schon gar nicht unfreundlich. Trotzdem steht etwas zwischen uns, etwas Unausgesprochenes.

Ich frage die beiden, warum sie schon nach El Chaltén hinausgehen, wo doch gerade erst das gute Wetterfenster aufmacht.

Sie antworten, dass ihre Freundin Carlyle Norman, die kanadische Kletterin, gerade auf der Aguja Saint-Exupéry ums Leben gekommen ist und dass sie nicht mehr motiviert sind, noch etwas Neues zu klettern. Sie haben alles, was sie vorgehabt hatten, schon hinter sich gebracht.

Ich frage sie nach ihrer Route auf den Gipfel. Sie beschreiben den Weg, und ich gratuliere ihnen. Es ist eine coole Linie, die sie *by fair means* absolviert haben.

Sie sagen, dass man ihre Route vermutlich frei klettern kann, dass sie ihrer Meinung nach aber ziemlich schwer sein wird. Dann fragen sie mich nach meiner Route, und ich erzähle ihnen in Stichworten, was wir vorhaben und wie wir es angehen wollen. Dass die abgeschlagenen Bohrhaken unser Projekt nicht einfacher machen, muss ich ihnen nicht auf die Nase binden, sie wissen es genauso gut wie wir.

Die beiden lenken das Gespräch von sich aus auf das Abschlagen der Haken und sagen, sie wissen, dass sie sich damit nicht nur Freunde gemacht haben.

Ich sage, dass auch ich die Aktion nicht unbedingt gut finde.

Sie erklären in kurzen Worten noch einmal, warum sie es gemacht haben.

Ich sage, okay, das ist jetzt euer Bier. Ich will jetzt meine Freiklettergeschichte machen und muss dazuschauen, dass sie mir in einem sauberen Stil gelingt.

Dann ist das Gespräch vorbei. Durchaus höflich, aber doch sehr distanziert.

Ein bisschen schwingen wohl noch die Animositäten der vergangenen beiden Jahre mit, der Shitstorm gegen mich und das Filmprojekt, auch wenn ganz offensichtlich ist, dass wir unsere Lektion gelernt haben. Jason war nicht ganz zufällig einer unserer heftigsten Kritiker.

Fünf Minuten nachdem wir uns verabschiedet haben, denke ich auch schon nicht mehr an Jason und Hayden, sondern nur noch daran, wohin der nächste Schritt gesetzt wird und der übernächste und ob das nicht bitte schneller gehen kann.

Als wir ankommen, treffen wir außergewöhnlich viele Menschen im Lager an, mehr, als ich jemals im Nipo Nino gesehen habe. Das Camp ist nicht unbedingt ein sehr bequemer Ort. Aber heute ist das Wetter okay, und einige Leute sitzen vor ihren Zelten und planen ihre morgigen Touren. Es sind hauptsächlich Amerikaner, aber auch einige Argentinier, und ich bemerke, dass sie uns ähnlich reserviert begegnen wie vorher Jason und Hayden an der Wasserstelle.

Kann auch sein, dass ein paar Leuten der Gedanke ganz gut gefällt, dass unsere Tour ohne die Maestri-Haken noch um ein Eck schwieriger geworden ist – nach dem Motto: Mal sehen, was du wirklich draufhast, Lama.

Ich habe nicht die geringste Lust, mich auf irgendwelche Diskussionen einzulassen, und lege mich mit Peter am vorderen Ende des Camps ins Zelt. Bevor wir schlafen gehen, kochen wir Wasser, essen ein wenig und trinken lauwarmen Kaffee.

Wecker auf zwei Uhr. Der vertraute Sound des Nipo Nino. Das Pfeifen des Windes und das rhythmische Knattern der Zeltbahnen.

Um zwei stehen wir auf. Es folgen die üblichen Handgriffe: Wasser kochen, anziehen, essen, trinken, Flaschen auffüllen, zusammenpacken, Rucksack schultern und die ersten Schritte in die Dunkelheit setzen. Wir starten um halb drei aus dem Nipo Nino. Zuerst gehe ich voran, dann Peter. Es ist dunkel, wir haben die Stirnlampen montiert.

Am Anfang führt der Weg über ein Blockgelände an der linken Talseite schräg bergauf. Bei einem Bach biegen wir gerade hinauf, es kommt ein Geländestück, wo Granitabrieb wie Sand zwischen den Felsen liegt. Dort wird es steiler, und Peter, der gerade vorangeht, gibt dermaßen Gas, dass ich mir denke: Hey, will der mich loswerden? Ich muss mich richtig ins Zeug legen, um dranzubleiben, und kriege sogar leise Zweifel: Läuft es ausgerechnet heute bei mir nicht besonders, oder warum bin ich sonst so langsam?

Dann gehe wieder ich voran, wir passieren das Norwegercamp in Richtung Media Luna. Dort ziehen wir die Steigeisen an und wechseln uns in der Führung ab, bis wir über Gletscherspalten und vorbei an großen Séracs unter die 1500 Meter hohe Ostwand gelangen, wo die Kletterei beginnt. Wir nehmen die Eisgeräte zur Hand. Dann klettern wir über steile Schneeflanken und kombiniertes Gelände hinauf bis zur Schulter, dem Col de la Paciencia.

Auf dem Col schauen wir beide auf die Uhr. Es ist sieben Uhr früh.

»Ist es bei dir auch sieben?«, fragt Peter.

Bei mir ist es auch sieben, aber auch ich habe das Gefühl, dass unsere Uhren falsch gehen oder dass irgendetwas anderes nicht stimmen kann. Viereinhalb Stunden vom Nipo Nino auf den Col, das ist eine wirklich gute Zeit.

Erst jetzt sage ich Peter, dass ich das Gefühl hatte, bei mir läuft es heute nicht.

Er schaut mich amüsiert an.

»War bei mir genauso. Wenn du vorne warst.«

Wir hocken uns also hin und nehmen die Rucksäcke auseinander, um nichts, was ein paar Gramm zu viel hat, mitschleppen zu müssen. Wir nehmen die Deckeltasche herunter, den wasserdichten Sack raus, montieren das Gestänge ab, nehmen den Hüftgurt ab. Beim Klettern ist selbst das geringste Gewicht von Bedeutung.

Während wir uns für die nächste Etappe bereit machen, entdecken wir im Schnee zwei alte Schaumstoffmatten, die ein anderes Team hier zurückgelassen hat. Wir pickeln sie aus, hauen uns drauf und machen in der Sonne ein Nickerchen bis zu Mittag. Weil wir so schnell hier waren, können wir jetzt eineinhalb Stunden länger rasten, als wir geplant hatten.

Wir kochen noch einmal Wasser und essen eine Kleinigkeit. Dann steigen wir ein, nur die aufs Notwendigste reduzierten Rucksäcke als Gepäck und mit Kletterpatschen statt Bergschuhen an den Füßen. Im Vergleich dazu, wie wir uns hier schon gequält haben, ist der Aufstieg hinauf zur Bolt-Traverse ein Spaziergang.

Diese Seillängen sind Peter und ich in den letzten Jahren bereits unzählige Male geklettert. Einmal waren die Verhältnisse so schlecht, dass wir für die ersten zwei Längen fast zwei Stunden brauchten. Nach sieben Stunden mussten wir uns geschlagen geben und wieder abseilen.

Was für ein Unterschied zu heute. Heute passen die Verhältnisse. Bereits um 16 Uhr, nach nur drei Stunden Kletterei von der Schulter, erreichen wir die Bohrhakenleiter Maestris. Sie führt drei Seillängen schräg nach rechts durch eine komplett glatte Wand und dann weiter bis in die Iced Towers. Es ist unmöglich, diese Passage frei zu klettern. Wir müssen hier, weiter links, an der Südostkante eine Umgehung finden.

Peter sichert mich vom letzten Stand vor der Traverse. Ich klettere in einem braunen Fels durch Gelände, das zuerst recht leicht ist, etwa zwanzig Meter nach oben, dann komme ich zum Beginn des Salvaterra-Risses. Hier finde ich zwei Bohrhaken, die Ermanno Salvaterra 1999 bei einem Versuch, die Route mit möglichst wenigen Bohrhaken zu klettern, zurückgelassen haben muss. Ich hänge mein Seil ein.

Der Salvaterra-Riss zieht schräg nach rechts weg, irgendwie bananenförmig. An derselben Stelle zieht ein anderer Riss ein Stück nach links, hinter die Kante und dort gerade nach oben, bis er sich im Granit verläuft. Er wird immer schmäler, irgendwann ist er nicht mehr zu sehen. Andere Möglichkeiten für eine Freiklettervariante gibt es nicht. Überall sonst ist der Granit komplett geschlossen.

Der Salvaterra-Riss, über den Hayden und Jason in technischer Kletterei die Bolt-Traverse umgangen haben, scheint mir nicht geeignet für einen freien Versuch. Er ist zu steil.

Es gibt keine Tritte, und nach oben wird der Riss einfach zu schmal.

Der linke Riss läuft zwar aus, aber er ist um eine Spur flacher – wenn man das in einer senkrechten Wand so sagen kann. Von unten ist es schwer zu beurteilen, aber mir scheint, als könnte man nach dem Riss direkt an der stumpfen Kante klettern. Ein paar kleine Griffe und Tritte müsste es geben, um die paar Klettermeter durch den scheinbar blanken Fels überwinden zu können.

Peter übernimmt jetzt auch meinen Rucksack, damit ich mich ganz aufs Freiklettern konzentrieren kann. Dann starte ich in den linken Riss.

Mit meinem linken Fuß steige ich hoch an und drücke mich in die Südwand. Unter mir pfeift es jetzt mindestens tausend Meter senkrecht nach unten. Hier steige ich ein paar Meter hoch. Zum ersten Mal, seitdem ich am Cerro Torre klettere, greife ich in mein Chalkbag. Meine Finger sind zwar kühl, aber das Magnesium an den Fingerspitzen vermittelt mir auf spezielle Weise das vertraute Gefühl, das ich hatte, wenn es anderswo schwierige Seillängen zu meistern galt. Eines meiner zwei Seile hänge ich in einen Normalhaken ein, dann wird die Kletterei augenblicklich viel schwerer.

Im Riss lege ich ein paar Sicherungen. Zuerst einen Klemmkeil, dann einen Friend, dann noch einen Friend, zuletzt hänge ich mein Seil noch in einen Normalhaken, alle in ziemlich knappen Abständen: Ich weiß, dass ich diese schwierige Passage ohne jegliche weitere Absicherung überwinden muss.

Die Kletterei fühlt sich schwer an, sauschwer. Oberer neunter, unterer zehnter Schwierigkeitsgrad, und das am Torre. Aber daran denke ich gerade nicht. Schon bei der Annäherung an die Kante merke ich, dass ich in Bedrängnis bin. Der letzte gute Griff liegt schon ein gutes Stück weit unter mir, ich hänge nur noch an irgendwelchen kleinen Unebenheiten und Quarzkristallen. Als ich meinen Fuß höher platzieren will, merke ich, dass mein Körperschwerpunkt sich nach hinten verlagert. In Zeitlupe gerate ich aus dem Gleichgewicht. Mir schießen hundert Sachen durch den Kopf: Die letzte Sicherung. Die spitzen Eispickel an meinem Gurt. Das Seil, das nun über die Kante scheuert.

Ich falle. Ich schreie. Ich schreie sonst nie, aber dieser Schrei meint Unsicherheit, Anspannung, Erschrecken, Scheitern, Wut.

Dann hänge ich schon knappe zehn Meter tiefer im Seil.
»Fuck. Sauschwer hier.«
Es ist gut für die Nerven, wenn die Sicherungen keinen Mucks machen und halten.

Ich hänge im Seil und denke: »Das wird nicht das einzige Mal gewesen sein« – und das ist bereits ziemlich optimistisch gedacht. Ich bin nicht beim Zug zum nächsten Griff einfach abgerutscht. Da war kein nächster Griff. Was ich spürte, war eine Unebenheit, ein Hauch von nichts. Ich verscheuche die ersten Zweifel, ob die Stelle wirklich frei zu klettern ist, ziehe mich hoch. Dann versuche ich es erneut.

Dieses Mal klettere ich etwas direkter an der Kante. Es gelingt mir, ein Stückchen höher zu kommen als beim vorherigen Versuch. Ich konzentriere mich jetzt ganz auf die stumpfe Kante. Diese weist zwar keine guten Griffe auf, aber sie steht in einem anderen Winkel zur Wand, dadurch kann man über die Füße Druck aufbauen. Wenn es geht, dann nur hier.

Rechts der Kante, in der glatten, leicht überhängenden Wand, finde ich eine Seitleiste für die rechte Hand. Dann muss ich zwei, drei Mal entlang der runden, offenen Kante schnappen – mich mit der Reibung der Handfläche hochpatschen, um den Körper besser zu positionieren –, bis ich merke, dass sich die Verbindung – mein Körper mit den in Position gebrachten Extremitäten am Fels – nicht gut anfühlt. Als ich das denke, segle ich schon wieder ins Seil.

Meine Zweifel werden ein wenig lauter. Vielleicht geht es tatsächlich nicht. Granit ist ein Hund, manchmal macht ein einziger Meter in der Wand, der sich nicht klettern lässt, eine ganze Tour unmöglich.

Gleichzeitig denke ich mir aber: Du probierst das jetzt so lange, bis es geht. Denn hier entscheidet sich jetzt tatsächlich, ob der Torre frei zu klettern ist, und du wirst das jetzt bitte so lange probieren, bis es geht, und wenn du scheiterst, dann scheiterst du, weil du einfach nicht mehr kannst.

Ich denke angestrengt darüber nach, wie ich mit minimalen Veränderungen meiner Füße in eine stabilere Position kommen kann, um kontrolliert eine Hand vom Fels zu lösen und nach der nächsten Unebenheit zu greifen, ohne dabei aus dem Gleichgewicht zu kommen. Ich setze also meinen linken Fuß eine Spur höher, um mich anders in Stellung zu bringen, doch ich verliere die Haftung und stürze noch einmal. Aber dieses Mal stürze ich im Bewusstsein, die richtige Körperposition gefunden zu haben. Ich habe durch das Höhersetzen meines Fußes meine Hüfte näher an den Fels gebracht und war für eine Millisekunde in einer total stabilen Position. Meine Körperwahrnehmung hat plötzlich »Klick!« gemacht, und ich weiß jetzt, was ich machen muss.

Ich ziehe mich wieder nach oben und starte gleich wieder in die Stelle. All die kleinen Dellen und Quarze fühlen sich mittlerweile schon viel vertrauter an als noch beim ersten Versuch. Ich klettere voll am Limit, bin irgendwann schon wirklich weit über dem Haken und denke mir dann: Scheiß drauf, jetzt probier ich es einfach. Dann schnappe ich nach einer kleinen Schuppe, ohne wirklich zu wissen, was mich dort genau erwartet – und erwische eine winzige, scharfe Leiste, an der ich mich mit zwei Fingern festhalten kann.

Ich blockiere von der Zweifingerleiste so weit wie möglich nach oben und merke dabei, wie der scharfe Granit langsam die Haut an meinen Fingerkuppen perforiert. Ich weiß nicht, was hinter der Kante wohl auf mich wartet. Ich patsche mit der linken Hand darüber, finde aber nur runde Griffe, Aufleger, wo ich maximal mit der Reibung meiner Handfläche einen gewissen Halt finden kann, aber ich schaffe es, mich irgendwie über die Kante drüberzuwurschteln.

Ich bin fast mehr erstaunt als glücklich, dass ich das hingekriegt habe, als ich oben zum nächsten Stand klettere, was plötzlich wieder total einfach ist.

Die schwierige Stelle ist entschlüsselt. Frei zu klettern bedeutet allerdings, jede Seillänge ohne Sturz in einem Zug zu durchsteigen. Peter lässt mich also jetzt am Seil über die Schlüsselstelle nach unten.

»Cool«, sagt er, nicht mehr, aber auch nicht weniger. Wir sind keine Seilschaft, die sich ununterbrochen mit Rufen oder

Gesängen anfeuern muss, uns reicht ein richtiges Wort zur richtigen Zeit. Umgekehrt kann es nämlich ziemlich nerven, wenn dein Partner dir dauernd »Kimm, du schaffst es« zuruft, während du oben im Vorstieg gerade überhaupt kein Licht siehst.

Aber dieses »Cool« ist jetzt schon okay.

Wir tauschen die Seilenden, weil mein Ende des blauen Seils nicht mehr so gut ist, nachdem es mehrmals über die Kante gerafft ist. Peters Seilenden sind noch besser, sie haben noch keinen Sturz halten müssen, und da das Seil des Nachsteigers nicht so viel Belastung bekommt, kann Peter mir ohne Risiko sein Seilende überlassen.

Ich will nichts essen, nichts trinken. Eine innere Ungeduld hat mich erfasst, die mich dazu zwingt, sofort wieder einzusteigen. Noch immer weiß ich nicht, ob ich die gesamte Passage in einem Zug ohne Sturz schaffe. Ich weiß nur, dass ich mir keinen falschen Millimeter erlauben darf.

Kann sein, dass mir jetzt meine Erfahrung aus den Kletterwettkämpfen zugutekommt. In unzähligen Bewerben habe ich gelernt, wie man im entscheidenden Moment die ganze Leistung, zu der man fähig ist, abruft: jetzt.

Jetzt steige ich ein zweites Mal in die Seillänge ein. Ich klettere bis zum Beginn des Risses und warte kurz, weil ich merke, dass meine Unterarme doch noch ein bisschen müde sind und die Muskeln zuzumachen drohen.

Ich denke mir nicht, dass es jetzt klappen sollte. Ich denke mir, es ist nur der zweite Versuch. Vielleicht haut es mich noch ein paar Mal. Aber eines ist klar. Wenn ich einmal über diese Stelle gekommen bin, dann komm ich auch ein zweites

Mal drüber, und wenn diese Seillänge erst einmal geschafft ist, dann ist die größte Schwierigkeit auf dem Weg nach oben vielleicht schon aus dem Weg geräumt.

Ich fand es vorhin schon erstaunlich, dass ich die Stelle hingekriegt habe. Noch erstaunlicher ist, wie sicher ich mich jetzt beim Klettern fühle – immer am Limit, aber nie jenseits der Grenze des Beherrschbaren, der Schwerkraft, die mich einen Kilometer pfeilgerade nach unten ziehen will. Zügig klettere ich in die Schlüsselstelle hinein. Die Griffe sind freilich nicht besser geworden, aber ich bin entschlossener als noch zuvor, weil ich weiß, dass es einen Weg nach oben gibt. Seitleiste für rechts, Aufleger für links. In meinem Kopf spult sich ein Programm ab, das fast einer Choreografie gleicht.

Unterbewusst nehme ich auch die Anfeuerung durch Peter war. »Allez!«, ruft er, wie die Fans bei einer Weltcupkonkurrenz. Von der scharfen Zweifingerleiste blockiere ich wieder hinauf zu den Auflegern. »Allez! Geht schon, David«, ruft Peter. Die letzten Züge ins leichte Gelände und hin zum Standplatz sind nur noch Kür. Ein Gefühl von Erleichterung macht sich in mir breit. Ich schaue runter zu Peter am Standplatz und weiß, dass er sich genauso freut wie ich.

Grinsen, Nicken. Das war die erste Schlüsselstelle, Partner.

Peter klettert bis zum Beginn des Risses, dann zieht er sich bis zu meinem Standplatz am Seil hoch.

Wir klettern weiter. Die Seillängen bis in die Iced Towers sind jetzt nicht mehr so schwer, wir kommen schnell und flüssig voran.

Noch bevor es dunkel wird, hacken wir ein kleines Podest ins Eis, auf dem wir nebeneinander sitzen können. Hier werden wir heute Nacht biwakieren. Eine andere Seilschaft hat hier vor Urzeiten ein Materialdepot gehabt, deshalb ist auch ein Bohrhaken da, an den wir uns und unser Zeug anhängen können. Weil wir dem Haken nicht ganz trauen, legen wir um den Felsblock, vor dem wir sitzen, noch eine Bandschlinge und drehen an der Seite eine Eisschraube ins Eis, um ein Seil zu spannen, an dem wir, eingehängt mit einem Karabiner, hin und her gehen können.

Der Platz ist nicht gerade ein Luxushotel, vor allem wenn man bedenkt, dass wir fast zwei Stunden daran gearbeitet haben. Aber er ist sicher. Über uns ein Block, der verhindert, dass wir etwas auf die Mütze bekommen, vor uns der Blick nach Süden und selbst jetzt am Abend noch etwas Sonne. Auch in der Früh werden wir bald Sonne bekommen.

Wir bereiten uns auf die Nacht vor, kriechen in unsere Schlafsäcke und setzen uns auf unsere abgeschnittene Isomatte. Dann kochen wir ein wenig Wasser. Das Abendessen entfällt, da unsere Gaskartusche undicht ist und wir sonst morgen früh kein Wasser mehr schmelzen können.

Einunddreißig

Gleichzeitig wird auch auf der anderen Seite des Cerro Torre hart gearbeitet. Markus, Toni und Lincoln kämpfen sich auf der Rückseite in Richtung Gipfelplateau. Lincoln hat eine Eisschraube auf die Lippe bekommen und sieht aus wie nach einem Sparring mit Mike Tyson, aber ansonsten sind sie gut unterwegs.

Die letzte Seillänge dieser Route ist allerdings auch die größte Herausforderung. Markus muss sich regelrecht durch das Rime Ice des Gipfels wühlen, um Höhe zu machen, und die anderen beobachten seine Bemühungen von ihrem Stand, der genau in der Falllinie liegt. Jeder Schlag, den Markus mit dem Eisgerät macht, lässt das nasse Eis und den Raureif aufspritzen. Am Nachmittag scheint die Sonne in die Westwand und weicht das Eis auf. Markus ist schon komplett nass, aber auch die Kollegen kriegen ihre Dusche ab.

Als sie bei Einbruch der Dunkelheit auf dem Gipfelplateau ankommen, haben sie eine sehr anspruchsvolle Tour hinter sich gebracht und allen Grund, stolz und happy zu sein. Per Funk melden sie Vollzug. Der ehrgeizige Plan ist aufgegangen. Sie bauen ihr Biwak in privilegierter Lage – mit Dachterrasse. Morgen in der Früh kann für das Team der eigentliche Teil der Arbeit beginnen, wenn Lincoln mit seiner Kamera unseren Freikletterversuch in der Headwall dokumentiert. Die Belohnung dafür genießen sie bereits: eine ganze Nacht bei herrlichem Wetter auf dem Gipfel.

Zur selben Zeit ereignen sich in El Chaltén tumultartige Szenen. Jason Kruk und Hayden Kennedy sind im Ort angekommen. Dort nehmen sie Glückwünsche von all jenen entgegen, denen die Entfernung der Maestri-Bolts ein Herzensanliegen war. Endlich, so ihr Tenor, ist die Wand wieder näher an ihren natürlichen Zustand gerückt.

Aber das ist nicht die einzige Meinung. Es ist allgemeiner Konsens in der Bergsteigerwelt, dass eine Kletterroute nach der Erstbegehung in ihrem Charakter nicht wieder verändert werden soll. Gegen diesen Grundsatz haben Jason und

Hayden verstoßen, indem sie die am meisten gekletterte Route auf den Cerro Torre von heute auf morgen deutlich schwerer gemacht haben.

Als Jason Kruk sich vor einem Internetcafé in die Schlange stellt, um auf eine freie Telefonleitung zu warten, kommen vierzig Leute, viele davon Mitglieder im lokalen Alpinclub, auf ihn zu und drängen sich in den kleinen Raum.

»Was bildest du dir ein? Wie arrogant seid ihr denn?«

Geschrei... Drohgebärden.

Es wird laut, und Jason bekommt es mit der Angst zu tun. Er ist schon darauf gefasst, eine Tracht Prügel zu kassieren, als einer aus dem Mob ihn anherrscht, er und Hayden sollen gefälligst ihre Sachen zusammenpacken und aus El Chaltén verschwinden.

Die Menge zieht ab, Jason bleibt geschockt zurück und flüchtet in das Haus, das er mit Hayden gemietet hat. An der Tür und an den Fenstern hat irgendjemand Plakate befestigt, auf denen steht, Jason und Hayden sollen um ihr Leben rennen: »Run for your life«.

Aber die Geschichte ist noch nicht vorbei. Wenig später tauchen Beamte der Provinzpolizei im Quartier von Jason und Hayden auf und nehmen die beiden fest. Auf der Wache beschlagnahmen die Polizisten die Maestri-Haken, die Jason und Hayden wie Trophäen von einem Jagdausflug mit nach unten gebracht haben. Die Haken, so die harsche Auskunft, werden dem lokalen Klettermuseum übergeben. Jason und Hayden verbringen zweieinhalb Stunden auf der Polizeistation, dann dürfen sie gehen. Aber über ihre Aktion wird noch lange diskutiert werden.

Zweiunddreißig

Im Biwak besprechen Peter und ich kurz die Lage. Dabei zieht Peter eine »Kaminwurzen« aus seiner Tasche, eine rauchige, kernige Hauswurst von zu Hause in Osttirol. Er hat fast immer eine Kaminwurzen dabei. Auch wenn wir sonst total minimalistisch unterwegs sind, für so einen deftigen Leckerbissen findet Peter immer einen Platz.

Dann wird geteilt. So eine Kaminwurzen ist immer ein Genuss. Während man den Travellunch meistens schnell in sich hineinschlingt, um etwas im Magen zu haben, werden die Bisse bei der Wurst immer kleiner und vorsichtiger, je weniger da ist. Wir kauen die Wurst, so gründlich es geht, damit wir möglichst lang etwas davon haben.

Wo stehen wir mit meinem Projekt? Für mich ist die Bolt-Traverse, in der die heftigeren Kletterschwierigkeiten warten, immer das größere Fragezeichen gewesen als die Headwall. In der Headwall sind die Leisten hinterschnitten, wie kleine Schuppen. Da kannst du dich schon an winzigen Vorsprüngen festhalten.

In der Bolt-Traverse ist alles rund, und an runden Leisten tust du dir wesentlich schwerer. Also bin ich mir ziemlich sicher, dass mit der Bewältigung der Schlüsselseillänge in der Bolt-Traverse bereits das Schwierigste hinter uns liegt.

Ein typisches Lama-Ortner-Gespräch fasst diese differenzierten Fakten ungefähr so zusammen:

»Schwerer wie da unten wird's nimmer.«
»Glaub ich auch nicht.«

»Oben schaffen wir's schon irgendwie.«
»Genau.«

Viel mehr geredet wird nicht. Wir probieren, eine halbwegs angenehme Position zum Schlafen zu finden, hören eine Viertelstunde Musik am Handy, wenn wir das schon als besseren Wecker dabeihaben.

Um sechs Uhr morgens, nach einer langen Nacht in relativ unbequemer Lage, schmelzen wir mit dem Rest von unserer Gaskartusche Wasser und machen uns eine Spargelcremesuppe von Knorr. Das Panorama ist wunderbar. Dirni ist auch schon wach, er kreist mit dem Hubschrauber um den Berg.

Wir lassen den Rucksack mit den Schlafsäcken, der Isomatte und dem Kochzeug zurück. In Wechselführung klettern wir durch die Iced Towers. Ich bin wieder dran, als es durch den beschissenen Gully nach oben geht, wo ich im Vorjahr das Eis auf den Kopf bekommen habe. Ich arbeite mich mit einem etwas unangenehmen Gefühl von Erinnerung und Hellhörigkeit hinauf und höre immer wieder, wie sich Eis löst. Aber es kommt nichts Großes herunter.

Gegen neun Uhr stehen wir am Anfang der Headwall. Ich montiere die Steigeisen von meinen Bergschuhen und stopfe sie in den Rucksack. Dann ziehe ich auch Bergschuhe und Socken aus und stopfe sie dazu.

Mein Magazin ist mit Friends, Klemmkeilen und Normalhaken gefüllt, als ich die erste Seillänge vorsteige. Sie ist nicht besonders schwer, aber die großen, lockeren Schuppen der Headwall machen die Kletterei ungut. Ich muss beim Belasten jeder einzelnen Schuppe aufpassen, dass ich sie nicht ausbreche. Jeder Zug ist eine Übung in alpinistischer Sensibilität.

Unser erster Standplatz in der Headwall befindet sich einen halben Meter neben dem Maestri-Standplatz. Ich habe ihn mit drei Sicherungspunkten, zwei Friends und einem Klemmkeil, gebaut.

Den Maestri-Haken rühre ich nicht an, denn Peter ist total motiviert, den Amis zu beweisen, dass wir auch ohne die Maestri-Haken auskommen können, nach dem Motto: Was ihr könnt, können wir schon lange. Bis zu diesem Punkt haben wir auch keinen einzigen Maestri-Haken verwendet, aber ich finde die Sache ein bisschen lächerlich.

Als Peter hinaufkommt, frage ich ihn: »Findest du's auch so scheiße, einen halben Meter neben einem Bomberstand einen zu haben, der maximal okay ist? Es ist doch total sinnlos, zu tun, als wären die nicht da.«

Peter zögert. Dann sagt er: »Hast eigentlich recht.«

Wir verbinden die drei Maestri-Haken neben uns, die Jason und Hayden zum Abseilen im Fels stecken gelassen haben, mit einer Bandschlinge und hängen uns in den Maestri-Stand. Peter baut die zwei Friends und den Klemmkeil unseres ersten Stands ab, dann klettern wir weiter.

In der zweiten Seillänge sind die brüchigen Schuppen größer, und die Kletterei wird schwerer. Dazu kommt, dass der Fels nass ist und scheußlich riecht: Oben hat irgendwer hingekackt, und das Wasser, das von oben die Wand hinunterläuft, nimmt den Geruch mit, so dass ich jetzt mitten durch den Gestank klettern muss.

In der dritten Länge muss ich an einem Eiszapfen vorbei, ohne ihn zu berühren, um Peter, der am Stand genau darunter hängt, nicht in Gefahr zu bringen. Bis hierher sind wir der

Originallinie von Maestri durch die Headwall gefolgt. Vor wenigen Tagen steckten hier noch unzählige Bohrhaken. Jetzt muss ich alles selbst absichern, da Jason und Hayden bekanntlich die Tour neu definiert haben. Das macht die Sache noch eine Spur anspruchsvoller. Viele Bomber-Sicherungen bekomme ich nicht unter. Die Runouts sind lang, und ich denke mir: Besser, ich flieg jetzt nicht.

Ich höre den Hubschrauber, und weit oben sehe ich, wie uns Lincoln am Seil langsam entgegenkommt, um seine Aufnahmen zu machen. Gut, dass das funktioniert hat, aber ich blende es auch gleich wieder aus, weil ich mich auf die Hauptsache konzentrieren muss: wie ich durch diese Wand nach oben komme.

Mit der vierten Seillänge dringen wir jetzt in neues Terrain vor. Ich klettere ein paar Meter gerade hoch, lege einen Klemmkeil, dem ich aber nicht wirklich vertraue, dann quere ich nach rechts und schlage einen Normalhaken. Die nächsten Meter sind schwer. Wieder muss ich über lockere Schuppen klettern – werden schon halten –, bis ich endlich einen Stand an zwei guten Friends machen kann.

Auf der fünften Seillänge klettere ich jetzt fünf Meter gerade hoch, lege zwei gute Friends und hänge das linke meiner beiden Seile ein. Ich quere an kleinen Leisten und Löchern weit nach rechts. Nach zehn Metern kann ich wieder einen Friend legen, in den ich mein rechtes Seil einhänge.

Jetzt bin ich in dem Risssystem, das mich bis zum Gipfelschneefeld führen soll. Die Abstände der Sicherungen sind jetzt weit voneinander entfernt. Die Kletterei ist nicht wahnsinnig schwierig, unterer neunter Grad – aber diesen Schwierigkeitsgrad sollte man an dieser exponierten Stelle schon sehr, sehr sicher klettern können.

Ich klettere weiter hoch, ohne eine wirklich vertrauensvolle Sicherung legen zu können. Kurz unterhalb des Schneefelds, vielleicht zwanzig Meter über meinem letzten guten Friend, versuche ich es noch einmal. Zwei schlechte Klemmkeile, ein weit herausstehender Normalhaken und ein schwindliger Friend. Ich verbinde alle Sicherungen, mein letztes Placement – hoffentlich nicht das letzte, das ich in meinem Leben gelegt habe.

Die letzte anspruchsvolle Passage führt direkt auf einen riesigen Block zu, vielleicht sieben Meter breit, der wie ein überdimensionaler Kühlschrank auf einem kleinen Vorsprung hockt. Der Block ist riesig und sicher ein paar Tonnen schwer, aber man kann ihn mit einer einzigen falschen Bewegung, von der Wand weg nach außen, aus der Balance bringen und in die Tiefe schicken.

Ich klettere unterhalb des Blocks nach links und dann ein, zwei Meter neben ihm hinauf, ohne ihn auch nur zu berühren.

Ich habe den Block bereits mit dem Fernglas betrachtet, als ich von unten meine Linie ausgecheckt habe. Eine der beiden Aufstiegsvarianten, die ich für möglich halte, führt direkt über ihn drüber. Die zweite geht vier oder fünf Meter weiter links durch eine senkrechte Wand mit winzigen Leisten. Sie ist sicher um einiges schwieriger, als über den Block zu klettern, vor allem weil dort der Fels vom schmelzenden Schnee des Gipfelschneefelds zusätzlich nass ist.

Ich steige noch einmal ein paar Meter zurück, zu meiner letzten Rastposition und schlage ein paarmal mit der Hand auf den Kühlschrank, um zu sehen, wie sehr er wackelt.

Ich überlege, ob ich nach links ausweichen soll, doch dann nehme ich mir ein Herz und steige langsam und enorm vorsichtig auf den Block hinauf. Das Wichtigste ist jetzt, bloß keine Kräfte nach außen auf den Block zu bringen, sondern ihn immer nur mit dem eigenen Gewicht nach unten zu belasten.

Ich befinde mich vielleicht noch fünf Meter unterhalb des Gipfelschneefelds und stehe auf einem Brocken Fels, dessen Verhalten völlig unberechenbar ist. Keine Ahnung, was das Teil mit mir vorhat.

Keine Eile. Und keine hektischen Bewegungen.

Peter steht etwas außerhalb der Falllinie und beobachtet aufmerksam, wie ich vorsichtig auf den Block hinaufklettere. Das blaue Halbseil ist in Gefahr, das rote haben wir aus der Falllinie gehängt. Geht der Felsen ab, schlägt er das blaue mit Sicherheit durch, aber ich reise mit dem Trumm nicht bis ganz nach unten, sondern werde vom roten Halbseil aufgefangen.

So sieht jedenfalls die Theorie aus. Ich habe keine Lust, zu überprüfen, ob sie stimmt. Deshalb schleiche ich wie ein Wasserläufer über den Brocken und bin ehrlich erleichtert, als ich die ersten Züge machen kann, mit denen ich mich wieder am festen Granit der Headwall festhalten kann.

Ein paar Züge weiter oben wird das Klettern leichter, dann stehe ich schon am Ausstieg der Headwall. Ich vertraue jetzt einfach darauf, dass ich nicht mehr stürze, und klettere die letzten Meter hinauf in den Schnee.

Dreiunddreißig

Soll ich jubeln, soll ich schreien, soll ich irgendetwas Bedeutendes sagen? Ein kleiner Schritt für mich, aber ein großer ... nein.

Ich lege einen Klemmkeil, quere ein paar Meter nach links zum Stand, wo auch Lincoln, unser Kameramann, hängt, und sichere Peter nach. Dann wechseln wir beide die Kletterpatschen gegen Bergschuhe und Steigeisen und stapfen über das Schneefeld nach oben zum Gipfel. Ich lasse Peter zu den anderen vorangehen und gehe selbst als Letzter hinauf zu Markus.

Als ich auf das Gipfelplateau hinaufstapfe, sehe ich Markus und Toni, die mich dort erwarten. Markus hat schon ein breites Grinsen drauf, aber so grinsen wie der Ponholzer Toni kann halt doch nur der Ponholzer Toni. Über dem Grinsen trägt er seinen weißen Helm mit der programmatischen Aufschrift »Cerro Toni«.

Der Toni ist ein Uralpinist, der schon viele Saisonen in Patagonien verbracht hat und einige anspruchsvolle Routen geklettert ist. Niemand kann glücklicher sein als er, wenn er hier auf dem Gipfel des Cerro Torre steht.

Ich sage jetzt also nichts, sondern schüttle nur die Hand, die mir Markus entgegenstreckt, die große, starke Hand des Armdrückstaatsmeisters, und lasse mich von ihm für einen Moment an die breite Brust ziehen, während er mir gratuliert.

Auch Toni schüttelt mir die Hand, lacht mich aus seinem faltigen Bergindianergesicht heraus an und fasst das Ergebnis dieses Tages, dieser Saison, der letzten drei Saisonen auf diesem schönsten Berg der Welt in das einzige Wort zusammen, das alles irgendwie beschreibt und nicht zu lang ist, so dass uns am Ende beim Reden der Mund austrocknen würde:

»Gewaltig!«

Ich stapfe jetzt mit Peter hinauf auf den Gipfel-Eispilz. Der Helikopter schwirrt um den Gipfel wie ein überdimensionaler Moskito, Dirni quasselt Gratulationen in sein Funkgerät, Lincoln lässt die Kamera laufen und sucht nach der besten Perspektive, aber hier oben gibt es nur beste Perspektiven.

Peter sagt dann doch noch etwas Bedeutendes: »Es ist egal, zu wieviel du am Gipfel stehst, weil du weißt, dass jeder sein Bestes gegeben hat.«

Für einen Augenblick nimmt mich ein unerwartetes Gefühl gefangen. Ich fühle mich weder besonders happy und schon gar nicht euphorisch, sondern spüre eine gewisse Leere. Unter dem Projekt, das drei Jahre lang die meisten meiner Gedanken bestimmt hat und auf das sich alle Träume und Hoffnungen konzentrierten, sitzt von einem Moment auf den anderen ein Haken. Erledigt. Abgehakt.

Ich denke keine Sekunde darüber nach, dass die Befreiung des Torre mein mit Abstand größter Erfolg als Alpinist ist. Ich spüre nur das Vakuum, das sich plötzlich in mir ausbreitet, jetzt, in der Stunde des Erfolgs, des programmierten Glücks, der Sause, des Abtanzens. Vielleicht fühlt man sich so, wenn man ein Kind in einen neuen Lebensabschnitt verabschiedet. Gut, dass wir so weit sind. Aber schade, dass es so schnell gegangen ist.

Mein Blick schweift über die Fitz-Roy-Kette, bleibt an der

Aguja de la S hängen und am Poincenot, den Abfallprodukten unserer Sehnsucht, hier oben zu stehen, und ich spüre, dass der Cerro Torre etwas Entscheidendes in mir verändert hat. Er hat mir geholfen, zu einem Menschen zu werden, für den der Alpinismus mehr bedeutet als eine Haltung gegenüber dem Berg.

Ich bin während der drei Jahre dieses Projekts immer strenger mit mir selbst geworden. Ich habe Zeit gebraucht, um die selbst auferlegten Regeln zu verstehen und zu verinnerlichen. Es erscheint mir jetzt absurd, dass mir die Fehler des ersten Jahres passieren konnten.

Das Ziel, das ich jetzt erreicht habe, markiert das Resultat dieser Veränderungen. Die Regeln, deren Verletzung andere Kletterer so gegen mich aufgebracht hat, sind meine eigenen Regeln geworden. Ich weiß, dass die ernste, ehrliche Auseinandersetzung mit der Ethik des Kletterns dazu verführen kann, auch anderen diese Regeln aufzwingen zu wollen, zum Dogmatiker des Kletterns zu werden. Viele Kletterer sagen deutlich, welchen Stil sie für den einzig richtigen halten, um einen Berg zu besteigen, und dass sie keinen anderen akzeptieren.

Ich möchte aber weiterhin andere Sichtweisen akzeptieren. Gut möglich, dass sie nicht meiner eigenen Perspektive entsprechen. Die Schlangen, die sich den Mount Everest hinaufquälen, haben mit meiner Art, wie ich das Klettern sehe, nichts zu tun. Das ist klar. Aber ich möchte es trotzdem niemandem verbieten. Ich möchte bloß allen Menschen nahelegen, über die eigenen Fähigkeiten nachzudenken und sich selbst etwas Gutes zu tun, indem sie Verantwortung gegenüber ihren Fähigkeiten zeigen. Das kann heißen, dass sie einen Gipfel schaffen, indem sie an ihre Grenzen gehen. Oder dass sie ihn sein lassen, weil sie merken, dass sie noch nicht bereit dafür sind.

Unterdessen verwandelt sich das Gipfelplateau in eine Partyzone. Toni und Markus schmelzen etwas Wasser, und Peter hat von der Feierlaune, die sich bei mir nicht so recht einstellen will, eine doppelte Portion abbekommen. Er tanzt gerade einen Osttiroler Privattanz, und weil er findet, dass er dafür nicht richtig angezogen ist, entledigt er sich Stück für Stück seiner Ausrüstung, bis er pudelnackt über den Gipfelpilz jagt und alles wippen und flattern lässt, was dafür in Frage kommt. Er hat nur eine Sonnenbrille auf, damit ihn im Zweifelsfall niemand erkennt, und ein Eisgerät in der Hand, mit dem er sich die Groupies vom Leib halten kann.

Es ist zwölf Uhr mittags. Partytime. Wir bleiben eine halbe Stunde auf dem Gipfel, dann machen wir uns auf den Rückweg, nach unten, nach draußen.

Vierunddreißig

Wir seilen uns ab, Lincoln begleitet uns. Wir nehmen den Rucksack wieder mit, den wir am Anfang der Iced Towers zurückgelassen haben, und kommen zügig zurück auf die Schulter.

Dort schmelzen wir ein wenig Wasser, trinken und warten dann auf Markus und Toni, die nachkommen. Peter und ich teilen uns noch einen halben Müsliriegel, dann machen wir uns auf den Weg ins Nipo Nino.

Das Nipo Nino ist wie immer bei Schönwetter ziemlich voll, noch immer sind viele Amerikaner da, die von Touren zurückkommen oder sich darauf vorbereiten. Aber die Stimmung hat sich komplett geändert. Die Nachricht, dass wir es trotz der abgeschlagenen Haken geschafft haben, ist schon im Camp eingetroffen. Wir haben uns, das ist deutlich zu merken, Respekt verschafft.

Dann kommt auch schon Dirni, schweißnass. Er hat sich vom Helikopter in die Nähe von El Chaltén fliegen lassen und ist mit Vollgas ins Nipo Nino gehetzt, einen Rucksack voller Käse, Wurst und Bier auf dem Buckel, und irgendwie hat sich auch eine Flasche Fernet ins Gepäck verirrt.

Dirni strahlt. Er ist superhappy. Er freut sich für uns, dass wir das Projekt fertig haben, und er freut sich für die Crew, dass alles genau so geklappt hat, wie das besprochen und geplant war. Er platzt richtiggehend vor Stolz, dass wir jetzt, in der dritten Saison, endgültig unser Ziel erreicht haben. Alles passt. Super Projekt, super Durchführung, super Crew. Er zeichnet noch ein paar Statements mit der Kamera auf, dann wird auch schon das Bier und die Wurst ausgepackt.

Es wird dunkel, die Crew feiert. Die Stimmung ist schnell ein bisschen heiter, nach einer so langen Tour, auf der kaum etwas gegessen wurde, braucht man nicht viel, um heiter zu werden, vor allem wenn eine Flasche Fernet im Kreis geht.

Ich bin zufrieden, aber ich bin auch müde. Ich trinke kaum etwas, was den anderen ganz recht ist, bleibt mehr für sie, und ziehe mich schon bald in mein Zelt zurück.

Das Pfeifen des Windes. Das Knattern der Zeltbahnen. Nipo-Nino-Sound.

Irgendwo in mir spüre ich das Glück, dass ich mein Ziel erreicht habe. Aber ich spüre auch, wie mir die drängenden Gedanken fehlen, mit denen ich seit drei Jahren aufwache und einschlafe. Ob die Bolt-Traverse wohl frei zu klettern geht. Welche Linie sich am Schluss als die logische, richtige herausstellt. Was ich tun muss, tun kann, tun soll, um diesen Berg zu befreien. Wie die Headwall sich auflösen wird. Ob mir die Verhältnisse in die Karten spielen oder einen Strich durch die Rechnung machen. Ob ich der Aufgabe, die gerade noch zwei Nummern zu groß für mich war, inzwischen gewachsen bin. Oder ob ich noch einmal, zweimal, dreimal nach Patagonien muss, um das, was ich angefangen habe, zu Ende zu bringen.

Ich merke, dass meine Welt eine Scheibe war und dass ich gerade über ihren Rand hinuntergefallen bin. Ich bin so fokussiert auf den Torre gewesen, dass ich kaum einen Gedanken darauf verschwendet habe, mir zu überlegen, was ich nachher tun könnte.

Peter kriecht irgendwann spät zu mir ins Zelt. Am nächsten Morgen sagt er ganz stolz, dass er echt nicht weiß, wie er hereingefunden hat.

Wir bleiben bis zum Mittag im Nipo Nino. Dann machen wir uns auf den Weg nach El Chaltén, diesen Hatscher, der mir inzwischen wirklich auf den Geist geht.

Fünfunddreißig

In El Chaltén treffen wir ein paar Tage später noch einmal Jason und Hayden, die sich in ihrem Quartier verschanzt haben. Diesmal setzen wir uns ein bisschen gelassener und ausführlicher zusammen und trinken auch ein paar Bier, das hilft. Sie sind total interessiert an unserer Tour. Wir zeigen ihnen Fotos, sie zeigen uns Bilder von ihrer Tour. Es wird gelacht und gestaunt. Es ist das Treffen von vier Alpinisten, die an wenigen Tagen im Januar 2012 ein paar Dinge veranstaltet haben, über die draußen in der Kletterwelt gestaunt und diskutiert wird.

Zum Teil sind diese Diskussionen ziemlich heftig. Hayden und Jason kriegen zwar Applaus von einigen Kollegen, aber sie müssen sich auch ziemlich oft und ziemlich heftig anhören, dass ihre Aktion unangebracht und selbstherrlich war.

Das Argument der beiden, dass durch das Herausschlagen der Maestri-Haken »eine neue Ära am Cerro Torre begonnen hat«, bringt viele Kletterer auf der ganzen Welt auf die Palme. Sie sehen nicht ein, dass zwei junge Alpinisten sich einfach das Recht herausnehmen, einen Berg für viele Kletterer, die nicht über die gleichen Weltklasse-Fähigkeiten verfügen, unpassierbar zu machen. Touren durch das Setzen von Haken einfacher zu machen, ist eine Sache. Touren zu klettern und sie im Nachhinein schwieriger zu machen, ist noch einmal etwas anderes.

Mein Standpunkt dazu ist differenziert: Ich selbst hätte mir nicht angemaßt, die Maestri-Route aus der Wand zu radieren. Ich finde die Aktion von Jason und Hayden frech. Sie hat eine gewisse Parallele zu meinem ersten Versuch am Cerro Torre, als ich mein Projekt und dessen Begleiterscheinungen über die ethischen Grundsätze anderer Kletterer stellte. Jasons und Haydens Entscheidung, die Bolts aus dem Fels zu schlagen, ist eine Anmaßung, deren sie sich von Anfang an bewusst waren. Aber das Ergebnis finde ich umso besser, je länger ich darüber nachdenke. Der Zustand des Berges ist mit Sicherheit ursprünglicher und natürlicher als vor der Aktion, auch wenn Maestris Route nicht komplett gesäubert ist. Das Klettern in der Headwall ist durch das Abschlagen der Haken echter, unverfälschter, herausfordernder geworden.

Es ist jedenfalls ein Treppenwitz, dass die Aktion der beiden unsere Tour noch einmal heller strahlen lässt. Während Jason und Hayden nämlich die Maestri-Bolts auf ihrer Tour noch als Notausgang aus der Wand zur Verfügung hatten, waren wir als erste Seilschaft seit Maestri selbst auf unsere eigenen Sicherungen angewiesen.

Man kann das so interpretieren, wie es Rolo Garibotti tat, als er uns zu unserem Erfolg gratulierte: »Lama ist verdammt gut geklettert«, sagt er gegenüber dem amerikanischen Magazin *Outside*. »Er besitzt ganz offensichtlich unglaubliche Fähigkeiten. Seine Tour ist noch viel mehr wert, weil er keine Maestri-Haken zur Absicherung verwendet hat.« Verwenden konnte. Es ist übrigens das erste Mal, dass ich von Rolo ein gutes Wort über mein Projekt höre.

Die Differenzen, an denen sich die Kontroverse entzündete, sind für mich inzwischen keine mehr. Selbst mit erbitterten Kritikern von damals kann ich heute beruhigt an einem Tisch sitzen und diskutieren und weiß, dass wir uns über nichts Entscheidendes mehr in die Haare bekommen werden. Das ist ein schöner und befriedigender Befund.

Ich gehe durch El Chaltén, das Wetter ist schlecht, wie so oft. Wir holen unser Zeug vom Berg. Der Cerro Torre ist nicht zu sehen, sein Gipfel ist in Wolken gehüllt. Ich verdanke diesem Berg viel. Meine Geschichte ist ein Teil seiner Geschichte geworden, und umgekehrt. In der langen Folge alpinistischer Abenteuer und Dramen, die sich hier ereignet haben, nimmt jetzt auch mein Abenteuer ein Kapitel ein – sicher nicht das letzte.

Der Berg ist ein Wunder. Ich werde ihn vermissen. Ich werde zu ihm zurückkehren.

Kaum ist mir endlich ein bisschen feierlich zumute, fliegt die Tür zum Container auf. Gerade habe ich begonnen, ein bisschen Ordnung zu machen. Einmal mehr schaue ich in Dirnis Gesicht, nur dass er diesmal keine Kamera im Anschlag hat.

»Jungs«, schreit Dirni, obwohl er genau sieht, dass ich allein im Container bin, »ihr werdet nicht glauben, was ich euch jetzt sage.«

Was will er jetzt?, denke ich mir. Ist der Helikopter abgestürzt? Sind die Festplatten mit dem Filmmaterial verschwunden?

Aber Dirni schaut mich nur mit weit aufgerissenen Augen an, ich kann sehen, wie gut seine Laune ist.

»Was ist los?«, frage ich.

»Sensation«, schreit Dirni. »In Andreas Bar wird Bier ausgeschenkt. Herr Ortner schmeißt eine Runde.«

Da muss ich natürlich hin.

Dank

Besonders bedanken möchte ich mich bei

… meinen Eltern Claudia und Rinzi für alle ihre Unterstützung, ohne die ich meine Träume heute nicht im gleichen Maß verwirklichen könnte.

… meinem Partner Peter Ortner für seine kompromisslose Leidenschaft und die gute Zeit.

… Flo Klingler und Peter Reinthaler für die Unterstützung, Reflektion und Freundschaft in allen Phasen des Projektes.

Außerdem ein großes Danke an Christian Seiler, Thomy Dirnhofer, Reini Scherer und Karl Gabl sowie an Robert Trenkwalder und das Team von ASP Red Bull, Christian Gisi und die Mammut Sports Group, Philipp Manderla, Guido Kruetschnigg und die gesamte Filmunit des Red Bull Media House, Britta Egetemeier und das Verlagsteam von Knaus sowie das Agenturteam von Lianne Kolf.

Ausgewählte Texte
2012 bis 2019

*Danke an Karin Steinbach Tarnutzer,
Ben Lepesant und Malte Roeper*

Zum Gipfel des Cerro Torre: *Frei*

Diese Reportage über das Projekt Cerro Torre veröffentlichte David Lama am 1. Februar 2012 im amerikanischen Klettermagazin Alpinist.

Aus dem Englischen von Florian Scheimpflug

Einen Berg wie ein Kunstwerk, eine mögliche Linie: Makellos, wild und gleichzeitig so schwer, dass sie bisher niemand frei klettern konnte. Genau das sah ich auf dem verknitterten Foto des Cerro Torre, das mir mein Freund Hansjörg Auer in einer Schutzhütte in Cochamó vor die Nase hielt. Doch nicht nur diese Route, sondern die ganze Seite des Torre war nie ohne technische Hilfsmittel geklettert worden. Es gab keine Garantie, dass sie überhaupt frei kletterbar war. Genau diese Ungewissheit hat mich angetrieben, es zu versuchen.

Klettern war für mich schon immer mehr als nur ein Sport, und schon früh war ich viel mehr an ästhetischen Linien interessiert als am Schwierigkeitsgrad, der im Topo stand. Doch erst als ich begann in die Berge zu gehen, begann ich alpines Klettern als eine Mischung aus Kunst und Sport zu verstehen. Im Sommer 2008, ich war damals 18, gelang mir (zusammen mit Jorg Verhoeven) die Erstbegehung von »Desperation of the Northface« (7b, 820m) an der Sagwand in den Zillertaler

Alpen. Obwohl meine bisherige Wettkampfsaison durchaus erfolgreich gewesen war, spürte ich, dass sich meine Vorstellungen und Visionen nicht im beschränkten Rahmen einer Kletterhalle verwirklichen oder in das Korsett eines Regelwerks zwängen lassen würden. Genauso wie ein Künstler auf einem zu kleinen Stück Papier nur einen Teil seiner Fähigkeiten umsetzen kann, konnte ich in der Halle nur einen kleinen Teil von mir und meinen Möglichkeiten realisieren. Es waren die großen Gipfel und deren Wände, zu denen es mich hinzog.

Klettertechnische Schwierigkeiten waren für mich immer etwas Sekundäres. Was mich hingegen wirklich faszinierte, waren logische Linien. Schon beim Sportklettern haben mich unlogische Routenkombinationen oder das Weglassen von Griffen nicht interessiert. Für künstliche, um ihrer selbst willen hochgepushte Schwierigkeiten hatte ich nie viel übrig, dazu fehlten mir wahrscheinlich der Drive und die Ambition. Bei alpinen Wänden war das nicht anders, da wurde ich nur noch wählerischer. Für mich war immer der leichteste Weg durch eine Wand der reizvollste, was gleichzeitig auch der Grund ist, warum es den schwierigen Routen in den Alpen meiner Meinung nach oft ein wenig an ästhetischem Appeal mangelt. Natürlich finden Kletterer in den abweisendsten Bereichen von Wänden noch genug Potential für neue, schwere Linien, doch folgen die vorhandenen Routen gleich daneben stets den viel logischeren und leichter zu kletternden Strukturen, denen moderne Linien wiederum auszuweichen versuchen. Sie folgen daher einer Logik des Eliminierens oder Umgehens von leichtem Terrain. Ihre Bedeutung erhalten sie durch den historischen Rahmen, und ihre Fortschrittlichkeit liegt darin, dass sie bewusst technisch schweres Gelände suchen. Mit jeder alpinen Route, die ich kletterte, begann ich klarer den größten Reiz in Wänden zu sehen, deren leichteste Linie mich schon an die Grenze meiner Möglichkeiten bringen würde.

An der Ostwand des Monte Brento entdeckte ich 2008 eine Linie, die sich mit diesen Vorstellungen zur Gänze deckte. 1000 Meter hoch und 100 Meter überhängend, thronte sie über dem Sarcatal in Italien. Die einzigen anderen Routen an dieser Wand waren technische Klettereien, gespickt mit zahllosen Bohr- und Normalhaken. Mit Alpinismus, so wie ich ihn verstand, hatten diese Routen nichts zu tun.

Schon seit meinen Kindestagen erschien mir das Freiklettern als die natürlichste und logischste Art, mich nach oben zu bewegen. Das Gefühl von Leichtigkeit, wenn man mit seinen Händen und Füßen über den Fels und seine Formen gleitet, und der Flow, in den man eintaucht, wenn man nicht mehr nur Zug an Zug reiht, sondern alles eins werden lässt, wie ein Komponist, der einzelne Noten zu einer Symphonie zusammenfügt – DAS ist es, was Freiklettern für mich ausmacht.

Es dauerte zwei Jahre, bis mein Freund Jorg Verhoeven und ich unser Projekt am Monte Brento verwirklichen konnten, und es gab währenddessen durchaus Phasen, in denen wir zweifelten, ob wir es überhaupt schaffen würden. Schließlich gelang uns die erste freie Begehung der Ostwand entlang unserer Route »Brento Centro« (8b, 1100 m), die dem Weg des geringsten Widerstands durch dieses schier endlose Labyrinth aus überhängendem Gestein folgt. Doch schon lange vor unserem Erfolg spürte ich, dass es diese Art Herausforderung war, für die ich lebte.

Das Versprechen auf eine solche gab auch der Cerro Torre, den ich auf jenem Foto sah. Das sollte mein Kletterleben für immer verändern.

Ein Jahr nachdem Hansjörg mir das Foto gezeigt hatte, reiste ich erstmals nach Patagonien. Mit im Gepäck hatte ich Träume, die größer waren als meine Vernunft oder meine Erfahrung. Von ihrer tatsächlichen Dimension hatte ich aber keine Vorstellung. Alles, was ich in den Alpen geklettert war, wirkte klein und kalkulierbar im Vergleich mit den komplexen Wänden dieser Granitgiganten. Vor allem hatte ich keine Ahnung, was für eine tragende Rolle das Wetter in Patagonien spielt und welche Palette alpinistischer Skills ich mir erst aneignen musste, bevor ich erwägen konnte, diesen Berg frei zu klettern.

Heute ist mir klar, dass es um einiges vernünftiger und klüger gewesen wäre, Patagonien erst mal eine Stippvisite abzustatten, um ein bisschen Erfahrung zu sammeln und dem Cerro Torre einfach mal »in die Augen zu schauen«. Stattdessen posaunte ich meine Freikletter-Pläne in jugendlicher Unbedachtheit in die ganze Welt hinaus. Andererseits war es genau diese Art von Dreistigkeit, die mein bisheriges Leben charakterisierte und letztlich dafür verantwortlich war, dass ich mit fünf Jahren zu klettern begann, obwohl ich »zu jung« für jeden Kurs war. Sie führte auch dazu, dass ich mit gerade 15 zum jüngsten Kletterer wurde, der je an einem Kletterweltcup teilgenommen hatte. Jemand, der in den Alpen eine 8c-Mehrseillängenroute an einem Tag klettert, sollte doch wohl auch eine 8a am Cerro Torre hinbekommen, dachte ich mir, als ob ein guter Felskletterer zu sein alles wäre, was in den Bergen zählt. Ich habe auf die harte Tour herausgefunden, dass diese Rechnerei, so verführerisch logisch sie auch klingen mag, nicht zu einem guten Ergebnis führen kann.

Wann immer sich ein Wetterfenster auftat, egal wie kurz es auch sein mochte, starteten mein Kletterpartner Daniel Steuerer und ich und machten Besteigungsversuche. Weiter als bis zum Anfang der »Bolt-Traverse« kamen wir aber nie. Nachdem wir fast drei Monate in El Chaltén herumgehangen waren, gaben wir schließlich auf und flogen heim nach Österreich.

Auf unserem Trip waren wir aber nicht nur zu zweit gewesen, eine Filmcrew hatte uns begleitet. Als ich meinem Sponsor Red Bull im Vorfeld der Reise von meinen Plänen erzählt hatte, war er sofort Feuer und Flamme und bot an, meine Versuche filmisch zu dokumentieren. Für mich war das eine Chance wie man sie nur einmal im Leben bekommt. In der Vergangenheit musste ich mich immer um die Sicherheit des Kameramanns kümmern aber am Cerro Torre war das anders. Hier trug eine eigens organisierte Crew dafür Sorge und Daniel und ich mussten uns nur um uns selbst kümmern.

Was als Nächstes passierte, ist bestens bekannt. Damit die Filmcrew arbeiten konnte, wurden Bohrhaken gesetzt und Fixseile verlegt und es entstand ein Schaden am Berg, der nie hätte passieren dürfen. Die Klettercommunity reagierte mit Entrüstung und zeichnete ein Bild von mir, das sich in allem von dem unterschied, wer oder was ich sein wollte. Ich war zum Cerro Torre gekommen, um frei zu klettern! Das vorläufige Ergebnis war jedoch, dass der »Heilige Gral« des Alpinkletterns mit noch mehr Metall und Müll besudelt war. Nicht von mir und nicht, um mir das Klettern zu erleichtern, aber dennoch für ein Filmteam, das genau das dokumentieren sollte. Noch bevor ich mit dem Klettern wirklich begonnen hatte, war ich von der Community zur *persona non grata* erklärt worden.

Es fühlte sich an, als wäre ich mit einem verwünschten Schiff auf einer verhängnisvollen Reise unterwegs, und wäre es ein anderes Projekt gewesen, hätte ich wohl den Hut drauf gehauen, mir meine Niederlage eingestanden und mich einem anderen Berg zugewandt. Doch das Vorhaben, diesen uneinnehmbaren Felsturm frei zu klettern, wollte mich nicht loslassen. Es war zu einer persönlichen Vision geworden, zu einem Traum, der befahl, dass ich ihn realisierte.

Objektiv betrachtet muss diese erste Expedition als kompletter Fehlschlag betrachtet werden. Aber so wie ich es sehe, brachte sie auch einen Lernprozess in Gang, der mich nicht nur als Kletterer, sondern auch als Mensch wachsen ließ. Ich lernte, dass ich eine freie Begehung dieses Berges nicht erzwingen konnte und dass man Patagonien in keiner Weise mit den Alpen vergleichen kann. Mir wurde bewusst, dass ich die Verantwortung dafür zu tragen hatte, dass sich die Filmcrew, so wie ich auch, an die vorherrschende Kletterethik zu halten hatte. Vor allem spürte ich klar und deutlich und über einen sehr langen Zeitraum, dass ich einen Fehler gemacht hatte und lernen musste, mit dieser Gewissheit umzugehen.

Ich verstand aber auch, dass ich einen Partner brauchte, der für dieses Projekt genauso brannte wie ich, einen versierten Alpinisten, dessen Skills den meinen entsprachen. Im nächsten patagonischen Sommer kehrte ich zusammen mit Peter Ortner nach El Chaltén zurück. Bis dato waren wir nur zwei Routen in den Dolomiten zusammen geklettert, aber ich hatte gesehen, dass Peter fit und widerstandsfähig war. Noch dazu einte uns dasselbe Ziel: den Gipfel des Cerro Torre zu erreichen, selbst wenn wir das mit Hilfe von Maestris Bohrhaken tun mussten. Denn nur so konnten wir unseren tatsächlichen Plan verwirklichen, nämlich herauszufinden, ob eine freie Begehung des Südostgrats überhaupt möglich war.

Das Filmteam war auch dieses Mal an unserer Seite, doch seine Herangehensweise war nun eine völlig andere. Weder sollten Bohrhaken gesetzt noch Fixseile verlegt werden, kein Material durfte am Berg zurückbleiben. Wenn das nicht möglich sein sollte, dann wäre das Filmprojekt eben gestorben. Was legal erlaubt ist, oder was ein Anderer vor dir gemacht hat, ist egal. Die Regeln, die Klettern und Bergsteigen zu dem machen, was sie sind, bleiben die ungeschriebenen.

Mir war, als spürten die patagonischen Berge die Metamorphose, die sich in uns vollzogen hatte. Im letzten Jahr quälten uns Regen, Schnee und Wind so lange, bis wir das Gefühl hatten, nicht willkommen zu sein. Heuer war der Boden trocken und die Spalten des Gletschers bestens erkennbar. Die Wolken waren in steter Bewegung, wenn auch nicht schnell wie im letzten Jahr. Es war an der Zeit, dass Peter und ich diesen Giganten aus Fels und Eis gegenübertraten, um zu zeigen, dass wir ein Kletterteam mit ernstzunehmenden Ambitionen waren.

Obwohl mein Gepäck erst mit einigen Tagen Verspätung eintraf, verloren wir keine Zeit und holten uns eine Begehung der Aguja de la S. Ich trug von Peter geborgte Schuhe und Klamotten, die mir viel zu groß waren. »Du siehst aus wie eine Ente, die durchs Torre-Tal wackelt«, sagte Peter mit einem Grinsen, das von Ohr zu Ohr ging, und er zückte auch sogleich seine Kamera, um diesen Moment festzuhalten. »Ich glaube, ich werde die erste Ente sein, die je auf einem patagonischen Gipfel steht«, antwortete ich.

Wir konnten es kaum erwarten, einen Versuch am Cerro Torre zu machen und als Charly Gabl, unser Meteorologe aus Innsbruck, ein großes Wetterfenster vorhersagte, gab es kein Halten mehr. Am Col de la Paciencia war es windig, die Sonne schien und das Eis, das den gesamten Berg bislang bedeckt hatte, begann langsam zu verschwinden. »Ich habe den Torre noch nie in so einem guten Zustand gesehen. Noch eine Nacht und ein paar Stunden klettern und wir stehen am Gipfel«, sagte Peter und biss von seinem Stück Speck ab, das er von zu Hause mitgebracht hatte.

Um zwei Uhr am nächsten Morgen begann Peter mit der ersten Länge. Es dauerte eine gefühlte Ewigkeit, bis ich ihn durch die sternenklare Nacht »Stand!« rufen hörte. Ich drehte meine Stirnlampe auf und kletterte los. Schon bald bekam ich das Gefühl, dass die Bedingungen vielleicht doch nicht so gut waren, wie wir uns gedacht hatten. Als ich die zweite Länge zu führen begann, wurde die Vorahnung zur Gewissheit, dass sie in Wahrheit sehr schlecht waren. Ein Großteil des Eises war zwar heruntergefallen doch das Schmelzwasser des noch verbliebenen war die Wand hinunter und in die Risse hinein geronnen, wo es in der Nacht erneut gefror und alle Griffe mit einer dünnen Eisschicht bedeckte.

Bis wir die »Bolt-Traverse« schließlich erreichten, dauerte es geschlagene sieben Stunden, während der wir pausenlos am Limit kletterten. Kaum 50 Meter von uns entfernt krachten riesige Eisblöcke die Ostwand hinunter und die Sonne arbeitete sich nur zögerlich durch den Nebel, der den Berg nicht freigeben wollte. Peter und ich hingen mitten in der Traverse, während oberhalb von uns Tonnen von Reif loszubrechen drohten. Was von unten aussah wie ein Engel mit Flügeln aus festgefrorenem Schnee, begann sich dort oben in einen gierigen Geier zu verwandeln. Es gab nichts zu diskutieren: die Wahrscheinlichkeit, dass uns ein Eis- oder Schneebrocken traf, überstieg jene, am Gipfel zu stehen, bei weitem. Es gab daher nur eine Option: den schnellen Rückzug aus der Wand.

Wie schon im letzten Jahr, verbrachten Peter und ich die folgenden Schlechtwettertage damit, in den kristallklaren Flüssen zu fischen und durch die patagonische Weite zu wandern. Das Fischen war mittlerweile zu einem meiner liebsten Hobbys geworden. Der Zustand innerer Gespanntheit, wenn der Köder im Wasser hängt, oder die wie aus dem Nichts explodierende Aufregung, wenn ein Fisch plötzlich anbeißt, waren Erfahrungen, die ich beim Klettern nicht machen konnte. Selbst wenn in der Wand einmal etwas Unvorhergesehenes passierte, fühlte es sich an, als würde ich ganz bewusst Entscheidungen treffen, solche, die rational, kalkuliert und zielgerichtet waren.

Das nächste vorhergesagte Wetterfenster würde für einen Versuch nicht lange genug offenstehen, teilte uns Charly mit. Gerade einmal zwei Tage mit nur spärlicher Sonne und viel Wind. Anstatt ein nochmaliges Scheitern zu riskieren, entschieden wir uns, die Carrington-Rouse am Poincenot zu klettern. Während der kurzen Nacht schüttelte der Wind unser Zelt wie ein Musiker sein Tambourin. Wir starteten um drei Uhr morgens und kletterten unterhalb eines riesigen Sérac so schnell wir nur konnten das Couloir hinauf, das direkt zur Brecha de los Italianos führte. Erstaunlicherweise gab es keinen Eisschlag, doch allein der Gedanke von in unsere Richtung donnerndem Eis sorgte dafür, dass wir das Blockgelände schnell hinter uns brachten. Gegen drei Uhr nachmittags erreichten wir den Gipfel und stiegen in starkem Wind zum Gletscher auf der Rückseite ab. Dann begann der lange Rückweg nach El Chaltén. Um zwei Uhr morgens, 23 Stunden nachdem wir gestartet waren, erreichten wir das Dorf. »Gegen ein paar Tage Schlechtwetter hätte ich jetzt nichts einzuwenden«, meinte Peter und öffnete das erste Bier. Ich nickte und nahm einen Schluck.

Peter ist ein 27 Jahre alter Bergführer und einer der motiviertesten Kletterer, die ich kenne. Noch dazu ist er Vater zweier Kinder und wie viele Alpinisten oft monatelang nicht zu Hause. Während dieser Zeit ist das Telefon die einzige Verbindung zu seinen Liebsten. Nach manchen Telefonaten, so mein Eindruck, wäre es wohl besser gewesen, er hätte zu einer anderen

Zeit angerufen. Am Tag, nach dem wir den Cerro Poincenot geklettert sind, führte Peter genau eines dieser Gespräche. Seine Freundin wollte, dass er sofort nach Hause kommt. Als Peter auflegte, war er völlig hinüber, und nachdem wir einige Biere getrunken hatten, krochen wir gegen zwei Uhr früh in unsere Betten. Wieder einmal waren wir völlig fertig.

Als es am Morgen zu dämmern begann, waren immer noch keine Wolken auszumachen. Charly schien unrecht gehabt zu haben, denn das Wetterfenster dauerte bereits länger an als erwartet und die Bedingungen am Cerro Torre sahen gut aus. Doch Peter und ich waren in El Chaltén, wir hatten gerade zwei harte Tage hinter uns und waren unsicher, ob wir es so zum Gipfel schaffen würden. Wir entschieden uns, es einfach zu probieren. Es sah aus, als wäre es unsere letzte Chance in dieser Saison. Wir marschierten schnurstracks die knapp zwanzig Kilometer ins Camp Nipo Nino, rasteten ein paar Stunden und klettern dann zum Col de Paciencia. Wir schmolzen Schnee, aßen ein bisschen was und setzten dann die Kletterei fort. Zum ersten Mal am Cerro Torre hatten wir unsere Kletterschuhe an. Vor ein paar Tagen hatten wir noch sieben Stunden bis zur Bolt-Traverse gebraucht, jetzt erreichten wir sie in zwei. Noch nie war ich weiter geklettert als bis hierher. Wir wechselten in unsere Bergschuhe und zogen uns an den alten 6mm-Bolts hoch. Zwischendurch blickte ich besorgt zum Himmel, aber es sah so aus, als ob das Wetter weiterhin halten würde. Wir hatten tatsächlich eine realistische Chance auf den Gipfel. 60 Meter unterhalb der Headwall stießen wir auf Maestris Bohrhakenleiter. Sie war vollkommen von Eis überzogen und unbenutzbar. Wir waren gezwungen, nach einem anderen Weg zu suchen. Etwas weiter links konnten wir einen steilen und engen Gully ausmachen, an dessen beiden Seiten Eis klebte. Auf diesem konnten wir direkt zur Headwall klettern. Es gab nur ein Problem – wir hatten bloß drei Eisschrauben mit. Eine für den unteren Stand, eine als Zwischensicherung und eine für den oberen Stand. Wir verloren keine Zeit mit Diskussionen, nicht zuletzt deswegen, weil jedes Stück Eis, das sich von oberhalb löste, direkt in den Gully fallen und uns treffen würde. Während ich vorstieg, hörte ich einige Male das Geräusch von etwas, das auf mich zuflog, und duckte mich instinktiv. Als nichts kam, dachte ich, dass ich mir die Gefahr vielleicht nur eingebildet hatte. Plötzlich ein lautes Rumpeln, gefolgt von einer Welle aus Schmerz. Ein Eisbrocken so groß wie zwei Fußbälle hatte mich am Kopf getroffen, meinen Helm gebrochen und meine Schulter geprellt, bevor er seinen Weg abwärts fortsetzte. Ich befand mich weit über meiner letzten Eisschraube und dachte nur, Gott sei Dank habe ich meine Eisgeräte nicht losgelassen. Ich drehte meinen Kopf in alle Richtungen und konnte kaum glauben, dass mir nichts Schlimmeres passiert war als eine schmerzende Schulter. Ich kletterte weiter, bis ich einen alten Stand erreichte, fixierte mich und begann Peter nachzusichern.

In der Headwall überholten wir Chris und Jason, zwei Kanadier, die versuchten, die Route zu klettern, ohne Maestris Bohrhaken zu verwenden. Es war sechs Uhr am Abend. Über uns baumelte Maestris Kompressor wie ein Relikt aus einer verlorenen Zeit. Wie viele bezaubernde Dämmerungen mag er miterlebt haben? Wie viele Stürme mag er ertragen haben?, fragte ich mich. Seit 40 Jahren hing er nun da oben, und genauso lang nahmen Kletterer die willkommene Gelegenheit war, um auf ihm kurz aufrecht stehen zu können.

Jetzt wusste ich, dass wir es heute auf den Gipfel schaffen würden. Ich stieg die letzte Länge nach und stapfte mit Peter ein langes Schneefeld entlang, bis wir am Fuß des großen Eispilzes standen. Ich kletterte durch eine kleine Rinne in Richtung eines goldenen Himmels. Die Sonne war bereits untergegangen und das Licht, das über das patagonische Eisfeld fiel, war schön wie nirgendwo sonst auf der ganzen Welt. Wir verbrachten nur wenige Minuten am Gipfel, aber es waren genau diese Minuten, die ich nie vergessen werde.

Im Jahr 2011 nahm ich zum ersten Mal an keinem einzigen Kletterwettkampf teil. Nur so konnte ich mich voll und ganz auf meine alpinen Projekte fokussieren und mich dadurch besser auf meinen nächsten Freikletterversuch am Cerro Torre vorbereiten. Zusätzlich zu einigen Erstbegehungen und Wiederholungen von schweren Mehrseillängen-Routen verbrachte ich viel Zeit in Chamonix, um meine Fähigkeiten im Mixedgelände zu verbessern. Im Herbst gelang mir die Erstbegehung einer neuen Route im Kashmir-Himalaya. Ich kletterte mehr draußen, als ich es lange Zeit getan hatte, und spürte wie ich mit dem Gelände zu harmonieren begann. Immer wieder warf ich einen zögerlichen Blick auf die Wetterentwicklung in Patagonien.

Im Verlauf der letzten Jahre war mein Interesse an der Meteorologie stetig gewachsen und ich hatte ein Gefühl für die Stürme in Patagonien entwickelt. Bereits im Oktober und November sah es so aus, als würde das Wetter einem anderen

Muster folgen als im letzten Jahr. Peter, der mich in diesem Jahr auf einigen Routen begleitet hatte, würde auch diesmal wieder mein Partner sein. Wir reduzierten das Gewicht unserer Ausrüstung so weit wie möglich. Wir waren bereit.

Als ich zum insgesamt dritten Mal in Patagonien eintraf, sahen die Berge so aus, wie ich es mir immer gewünscht hatte. Noch nie hatte ich die Headwall des Cerro Torre in einem so guten Zustand gesehen. Es gab so gut wie kein Eis, bloß ein paar Wasserstreifen funkelten auf dem monolithischen Felsschild, das Reinhold Messner einmal als »Schrei aus Stein« bezeichnet hatte. Es war jener perfekte Moment, den ich mir vor meinem inneren Auge stets ausgemalt habe. Wenn ich es diesmal nicht schaffe, dachte ich mir, dann wird es wahrscheinlich nie passieren.

Zwei Tage bevor ich meinen Versuch starten wollte, kam mir zu Ohren, dass Hayden Kennedy und Jason Kruk den Cerro Torre *by fair means* (also ohne die Bohrhaken Maestris zu verwenden) geklettert waren und danach beim Abseilen einen Großteil der Bohrhaken aus der »Kompressorroute« entfernt hatten. Ich war darüber weder schockiert noch erfreut. Der Vorfall machte für mich einfach keinen Unterschied und mir war klar, dass das für meinen Versuch weder ein Vorteil noch ein Nachteil war. Zugegeben, es würde die ganze Sache ein wenig gefährlicher machen, aber das kümmerte mich wenig. Ich wollte nun einfach die Chance ergreifen, den Torre endlich frei zu klettern, und ein paar fehlende Bohrhaken würden mich davon nicht abhalten.

Peter und ich entschieden uns dafür, mehr Keile und Normalhaken mitzunehmen und unsere Taktik ein wenig zu adaptieren. Unser ursprüngliches Vorhaben bestand darin, die erste Nacht im Nipo Nino Camp zu verbringen und die zweite oben am Col de Paciencia. Unter den jetzigen Umständen würden wir jedoch mehr Zeit für die Headwall benötigen und deswegen wollten wir versuchen, in einem Tag vom Nipo Nino zu den »Iced Towers« zu gelangen und dort zu biwakieren. Am nächsten Tag hofften wir die Headwall zu klettern und es auf den Gipfel zu schaffen.

Unser Plan ging perfekt auf, bis wir die Bolt-Traverse erreichten. Von hier aus begann ich eine alternative Linie zur Bohrhakenleiter zu klettern, eine Variante, die sich ein wenig links des »Salvaterra-Risses« befindet. Ein Knifeblade-Normalhaken markierte das Ende einer minimalen Schwachstelle in der Südwand und gleichzeitig den Beginn der tatsächlichen Schwierigkeiten. Ich hängte den Haken ein und kletterte weiter. Die Griffe wurden weniger und weniger und die Kletterei immer schwerer. Ich stürzte. Einmal, zweimal, dreimal. Langsam kamen in mir Zweifel auf, ob diese Passage überhaupt möglich war. Sollte ich gleich hier am Anfang scheitern?

Ich versuchte es noch mal. Ein minimales Verschieben meiner Hüftposition resultierte in ein paar Millimetern mehr Reichweite. Meine Hand bewegte sich über die polierte Oberfläche der Granitwand, meine Finger verwandelten sich in Augen. Sie entdeckten eine schmale, scharfkantige Verwerfung im Fels, visierten sie an und griffen zu. Vorsichtig kletterte ich weiter. Als ich den Stand erreichte, ließ mich Peter gleich wieder ab, damit ich noch einmal von Anfang an probieren konnte. Mit der richtigen Choreographie im Kopf kletterte ich die Seillänge ohne zu stürzen und der Weg zu den Iced Towers war frei.

Nach einem atemberaubenden Biwak inmitten von Federn aus Reif kletterten wir zwischen Türmen aus Eis bis unter die Headwall. Die ersten drei Seillängen waren fordernd, aber nicht im Entferntesten so schwer wie die untere Crux. In der nächsten Länge war die Wand fast senkrecht. Hohle Schuppen und lockere Blöcke waren übereinander gestapelt. Ich bewegte mich in jungfräulichem Gelände. Jeder Griff, den ich festhielt, wurde zum ersten Mal festgehalten, und jeder Zug, den ich machte, brachte mich dem Gipfel ein wenig näher. Mit jeder Seillänge, die ich kletterte, vollendete ich die Linie, die ich so lange in meinem Kopf gehabt hatte, um ein Stück mehr.

»Ultimo«, sagte ich zu Peter. Die fünfte Seillänge der Headwall war gleichzeitig auch deren letzte. Mit jeder Bewegung nach oben wurde die Last leichter und leichter.

Der Traum, den ich so viele Jahre mit mir herumgeschleppt hatte, wurde wahr.

Er löste sich los, dann löste er sich auf.

Ich stand auf dem Gipfel des Cerro Torre.

Frei.

Allein durch die Nordwand der Pointes Supérieures de Pré de Bar in Chamonix:
Ein barbarisches Abenteuer

Es ist kalt und dunkel. Keine Menschenseele ist in Sicht. Ganz alleine marschiere ich über den hartgefrorenen Schnee, der den Argentière-Gletscher bedeckt, in Richtung der mächtigen, 500 Meter hohen Nordwestwand der Pointes Supérieures de Pré de Bar. Je näher ich meinem Ziel komme, desto mehr kommt es mir vor, als würde diese Bergkette mit ihren unzähligen kleinen Spitzen alles verschlingen, was sie umgibt. Den Mond habe ich, seit ich gestern Abend am Gletscher biwakiert habe, nicht mehr gesehen. Mehr und mehr Sterne verschwinden hinter den dunklen Pfeilern und Verschneidungen aus Fels und Eis, und die Wand selbst scheint zu wachsen, je näher ich ihr komme.

Mein Ziel ist die Route »Les Barbares«, eine elegante Linie durch eine der imposantesten Wände in diesem Tal. Mein Wissen zu der Route beschränkt sich auf die Informationen meines Chamonix-Führers und auf einen Internetbericht mit einigen Fotos einer Wiederholung. So viel ist allerdings sicher, die Route ist so schwer wie ernst, und ich muss mich sehr beeilen, um es in einem Tag bis zum Gipfel zu schaffen. Biwakausrüstung nehme ich nicht mit.

Kurz unterhalb des Bergschrunds mache ich mich bereit,

hänge mir mein Material um, ziehe die Steigeisen an, setze den Helm auf, nehme meine Eisgeräte und starte los. Zuerst steige ich ein steiles Schneefeld hoch, dann wird die Kletterei anspruchsvoller und ich fange an, mich zu sichern.

Über dünne Adern aus Eis steige ich immer höher. Eine kurze, äußerst anspruchsvolle Felspassage bringt mich dann in das große Schneefeld in der Mitte der Wand. Es ist jetzt halb acht in der Früh. Ich bin erst dreieinhalb Stunden unterwegs. Es ist an der Zeit, eine kurze Pause zu machen. Ein Schluck kaltes Wasser und ein paar Bissen von meinem Müsliriegel, dann klettere ich wieder weiter.

Zuerst über dünne Eisplatten, dann überwinde ich eine kurze Stelle in technischer Kletterei, dann muss ich die Handschuhe ausziehen, den Fels vom Schnee säubern und ein paar Meter so hinter mich bringen, bevor ich wieder meine Eisgeräte verwenden kann. Die Kletterei ist komplex. Das schätze ich so sehr am kombinierten Gelände. Es gilt nicht nur in einem Bereich gut zu sein, sondern man muss überall fit sein und Fels, Schnee und Eis zu kombinieren wissen.

Die nächste Seillänge startet mit einem kurzen Pendelquergang und führt dann in einer Eisspur gerade hoch zum Stand. Darauf folgt ein überhängender Felsaufschwung, der die Schlüsselpassage der Zwanzig-Seillängen-Route bildet. Die Absicherung ist nicht besonders gut und die Kletterei noch anspruchsvoller als zuvor. Eineinhalb Stunden brauche ich, um die Schwierigkeiten zu überwinden. Jetzt ist der Weg nach oben frei.

Wie schon am Anfang der Route formen die Adern aus Eis die Kletterlinie. Je höher ich komme, desto dünner werden sie, gehen über in Kapillare, die mein Gewicht fast nicht mehr tragen und auszubrechen drohen. Je näher ich meinem Ziel komme, desto kraftraubender wird auch der sich immer wiederholende Prozess mit der Selbstsicherung. Da ich alleine unterwegs bin, muss ich mich nach jeder gekletterten Seillänge abseilen, um meine Friends und Keile zu holen, und dann die Länge nochmals machen.

Am späten Nachmittag stehe ich dann aber endlich am Gipfel. Über 13 Stunden war ich unterwegs, die Strapazen sind nicht spurlos an mir vorübergegangen. Das Abseilen wird nochmals zur mentalen Anstrengung. Ich spüre, dass ich zunehmend müder werde, muss mich allerdings nochmals für drei Stunden konzentrieren, bis ich wieder den sicheren Boden erreiche.

Hundemüde falle ich in mein Zelt. Morgen früh werde ich wieder alles zu Fuß zurück nach Chamonix gehen. Die Seilbahn, die einen normalerweise rauf- und runterbringt, ist gerade außer Betrieb. Der endlos scheinende Weg vom Tal bis hierher, der mich schon vor zwei Tagen einiges an Kraft gekostet hat, bleibt mir wiederum nicht erspart. Es wäre ein Leichtes, einfach im Zelt liegen zu bleiben. Aber nach dieser Tour ist mein Verlangen nach Zivilisation wieder genauso groß wie zuvor mein Verlangen nach Abenteuer.

Veröffentlicht 2012

Auf die Chogolisa im pakistanischen Karakorum: *Ein zähes Luder*

Seit mehr als vier Wochen sitzen Peter und ich jetzt schon hier am Baltoro-Gletscher, in dieser kargen Bergwelt, die aus nichts außer Schnee, Eis und Fels besteht. Schwarz, grau und weiß sind die Farben, die hier dominieren. Auch der Himmel war die letzten zwei Wochen, seit wir im Chogolisa Basecamp angekommen sind, nur noch grau in grau.

Sosehr ich diese Berge liebe, ich muss mir schön langsam eingestehen, dass diese unwirkliche Welt etwas Feindliches an sich hat. In der Nacht sinken die Temperaturen weit unter den Gefrierpunkt, und untertags steigen sie kaum darüber. Jeder Tag beginnt mit Chapati und kalten Füßen und endet mit Reis und kalten Füßen. Ich sehne mich nach einer deftigen Mahlzeit, einer warmen Dusche und einem weichen Bett. Doch noch haben wir die Hoffnung nicht aufgegeben, auf den Gipfel der Chogolisa zu kommen, auch wenn die Motivation mittlerweile eine ganz andere ist als noch vor unserer Expedition.

Die Chogolisa mit ihren 7665 Metern ist kein Trango Tower und schon gar kein Cerro Torre. Sie ist ein trapezförmiger Schneeberg, klettertechnisch einfach, und trotzdem ist der »schönste Dachfirst der Welt«, wie Fred Pressl, einer der Erstbesteiger der Chogolisa, sie 1975 beschrieb, »ein zähes Luder«.

Nachdem Peter und ich den Trango Tower bestiegen hatten und hier, in unserem neuen Basecamp, ankamen, sahen wir in den riesigen, von Séracs durchzogenen und mit Neuschnee bestäubten Flanken jedoch weniger ein Luder als vielmehr einen Lehrmeister. Wir wollten nicht auf den Gipfel, um einfach nur oben zu stehen oder um sagen zu können, wir waren auf über 7000 Metern. Wir wollten hinauf, um uns zu spüren, für uns selbst herauszufinden, wie wir uns dort oben fühlen würden. Denn uns war klar, dass wir einiges an Höhenerfahrung brauchen werden, um unsere zukünftigen Kletterprojekte zu realisieren.

Bei unserem ersten Versuch stiegen Peter und ich in drei Tagen bis auf ungefähr 6800 Meter auf, doch dann kippte plötzlich das Wetter. Wolken zogen über die Grate rechts von uns herein. Es begann zu schneien und der Wind peitschte uns zurück in unser Basecamp.

Jetzt können wir es sehen, das Luder, von dem Fred Pressl damals sprach, denn unser eigentliches Ziel haben wir schon längst erreicht. Wir haben eine klare Vorstellung vom Klettern an hohen Bergen bekommen, und doch lässt uns der Gipfel nicht los. Ich weiß genau, dass ich nie wieder zu diesem Berg zurückkommen werde. Diese monotone, anspruchslose Schneestapferei, die an diesem Berg gefordert wird, ist nichts für mich – was ich wirklich suche, werde ich hier nicht finden. Doch kenne ich mich mittlerweile gut genug, um zu wissen, dass ich alles versuchen und mein Bestes geben muss. Sonst werde ich spätestens zu Hause eine gewisse Art von Unzufriedenheit verspüren.

In zwei Tagen kommen unsere Träger. Sie werden unser

Basecamp abbauen und mit unserem Material über den Gondogoro La, einen 5600 Meter hohen Pass, in Richtung Zivilisation marschieren. Wir werden ihnen folgen, doch zuerst wollen Peter und ich noch einen letzten Versuch starten.

Bei schlechtem Wetter stapfen wir über den Gletscherboden zurück, bis unter die ersten steilen Flanken. Als wir unser Zelt auf 5800 Meter aufbauen, kommt endlich das von Charly in Innsbruck vorhergesagte Wetterfenster. Es hört auf zu schneien und am schwarzen Himmel beginnt ein Wettleuchten der Sterne.

Am nächsten Morgen steigen Peter und ich bis zu dem Punkt auf, an dem wir das letzte Mal umdrehen mussten. Für ein paar Stunden legen wir uns dort noch unter einen kleinen Sérac, der uns Schutz vor dem eisigen Wind bietet. Dann, um Mitternacht, starten wir unseren Gipfelversuch. Der Schnee reicht uns bis zu den Hüften und macht das Spuren unglaublich anstrengend und zermürbend. Wir zählen unsere Schritte: Eins, zwei, drei, ... Spätestens bei zwanzig bleiben wir stehen, lehnen uns gegen unsere Stöcke oder legen uns in den Schnee.

Nach neun Stunden Quälerei stehen Peter und ich endlich am Gipfel. Wir schauen hinunter, über den Grat, an dem die Bergsteigerlegende Hermann Buhl zu Tode stürzte, und lassen unsere Blicke weiter über das Panorama schweifen. Seit 1986 hat niemand mehr diesen Ausblick genießen können. Vor uns liegt ein Meer an Gipfeln – ein Meer an zukünftigen Zielen.

Veröffentlicht auf bergsteigen.com, *2012*

Die Loska-Stena-Nordwand in den Julischen Alpen: *Entdeckergeist*

Die großen Entdecker hatten es gut: Als Pioniere wie Ferdinand Magellan oder Robert Falcon Scott in See stachen, konnten sie komplett unbekanntes und ungleich größeres Terrain erkunden als wir heute.

Aus den großen weißen Flecken auf der Landkarte von damals sind kleine, unerforschte Pixel bei Google Earth geworden. Wer im 21. Jahrhundert Kolumbus spielen möchte, muss wohl Astronaut werden – oder Alpinist. Denn ich glaube, dass man den eigenen Entdeckergeist gerade in den Bergen heute noch ausleben kann.

Peter Ortner und ich waren 2012 aus Patagonien von unserer erfolgreichen Cerro Torre-Expedition zurückgekehrt, als er mir ein Foto von der gewaltigen Loska-Stena-Nordwand in den Julischen Alpen in Slowenien schickte. Im Gegensatz zum berühmten Cerro Torre ist diese schattige Kalkwand vergleichsweise unbekannt, und jegliche Besteigung würde trotz ihrer Schwierigkeit und Ernsthaftigkeit nie über eine mediale Randnotiz hinauskommen. Dies spielte für Peter und mich allerdings überhaupt keine Rolle.

Unser ganzes Interesse galt einem noch unerschlossenen Wandteil, der ein hohes Maß an Ungewissheit und Abenteuer versprach. Als wir nach Slowenien aufbrachen, drehten sich unsere Gedanken nur um die vor uns liegende Erstbegehung und das damit zu lösende Rätsel.

In den Julischen Alpen bekamen wir, wonach wir gesucht hatten: Der Fels war extrem geschlossen und wir konnten kaum Haken als Sicherungspunkte schlagen. Oft verdeckte loser Schnee die wenigen Strukturen, die ein Weiterkommen ermöglichten. Wir fühlten uns in der Wand viel schneller verloren, als uns lieb war. Weder der Gipfel noch der Einstieg schienen in Reichweite, um uns herum brach es steil ab, und es war kein klarer Weg ersichtlich.

Spätestens als wir – entgegen unserem ursprünglichen Plan – zum zweiten Mal in der Route biwakieren mussten, hatte uns die Ungewissheit zur Improvisation gezwungen. Dieses am Bildschirm kleine und wenig beachtete Pixel erwies sich als groß genug für ein ordentliches Abenteuer. Es brachte Angst und kalte Zehen mit sich und war damit genau das, wonach wir uns gesehnt hatten. Wir waren schon zufrieden, bevor wir den Gipfel erreicht hatten.

Genau dieser Entdeckergeist war und ist die Motivation jeder Reise ins Unbekannte – egal, ob es sich um eine endlose Eiswüste, einen unbestiegenen Berg oder persönliches Neuland handelt, in das wir bei der Wiederholung eines Klassikers beim Klettern vordringen. Deshalb sind auch die Einsichten, die solche Reisen mit sich bringen, ähnlich: Entdecken heißt Erfahren und Erleben, und das findet nicht in Büchern oder am Computer statt.

Sind es vor dem Aufbruch vor allem Fragen wie »Was werden wir finden?«, die uns losziehen lassen, so sind es auf lange Sicht die dort gefundenen Erkenntnisse über uns selbst, die uns antreiben. Diese unbekannten Pixel zu erforschen ist für mich ein entscheidender Grund, überhaupt in die Berge zu gehen.

Veröffentlicht in Bergwelten, *2017*

Durch die Headwall der Laserz-Südwand in den Lienzer Dolomiten: *Safety Discussion!*

Juli 2012: Seit Stunden hängen Peter und ich jetzt schon in dieser gräulich-gelben Felswüste, zweihundert Meter über dem Einstieg unserer Route. Wir kommen nur langsam voran – ganz langsam. Alle paar Minuten versuche ich, höher zu kommen, doch spätestens nach drei, vier Metern stehe ich an, finde keine neuen Griffe, und der Sog der Schwerkraft zieht mich wieder in die Tiefe

Wie einfach wäre es jetzt, die Bohrmaschine rauszunehmen und sich geradeaus hoch, durch diese glatte, leicht überhängende Wand zu bohren, denke ich mir. Doch gleichzeitig frage ich mich: Was hätte das dann noch für einen Reiz?

Vor etwas mehr als einem Monat stand ich das erste Mal vor dieser Wand. Gemeinsam mit Peter wollte ich versuchen, die Jugendführe frei zu klettern. Doch als wir beide am Einstieg standen und unsere Augen die Linie, die wir uns vorgenommen hatten, scannten, schweiften unsere Gedanken schon ab, nach rechts zu einer riesigen Schuppe, dann weiter mitten durch die weit ausladenden Dächer und am Ende über die leicht überhängende, gräulich-gelbe Headwall der Laserz-Südwand.

Wir kletterten die Jugendführe auf Anhieb, und am nächsten Tag standen wir wieder vor der Wand. Dieses Mal fühlte es sich jedoch ganz anders an – wir waren nicht mehr gekommen, um eine bereits gekletterte Route zu wiederholen, sondern um unsere eigene Linie zu zeichnen. Und noch wichtiger: Wir hatten eine ganz konkrete Vorstellung davon, wie diese Linie auszusehen hatte.

Mit zwei Set Friends, Klemmkeilen, Normalhaken und auch ein wenig Spielzeug aus der Techno-Kiste starteten wir ins Neuland. Nur langsam kamen wir vorwärts. Jeder Meter war hart erkämpft. Immer wieder stürzten wir und mussten erneut all unseren Mut zusammennehmen, um wieder von unseren Placements weg zu klettern. Einzelne Züge wurden zu Minuten und Seillängen zu Stunden. Uns wurde schnell klar, dass wir uns auf ein Abenteuer eingelassen hatten, das wir an diesem Tag nicht abschließen konnten.

Doch es ging uns nicht darum, die Route möglichst schnell zu Ende zu bringen. Wir wollten diese Erstbegehung in einem möglichst sauberen Stil und mit einem minimalen Einsatz von Bohrhaken machen. Das dauert eben, sagten wir uns, denn immerhin »meißeln« wir gerade unsere Ideale in diese Felswand.

Ich versuche es erneut, klettere von meinem Placement weg und arbeite mich Griff um Griff nach oben. Eine kleiner Riss bietet mir die Möglichkeit einen Normalhaken zu schlagen. Ich traue dem Haken nicht wirklich, einen Sturz würde er nie halten, doch vielleicht mein Körpergewicht, um mich technisch über den nächsten Meter zu ziehen. In einem kleinen Loch bekomme ich dann endlich meine nächste Sicherung, einen Cliff, den ich mit meinem Hammer ein wenig zurechtschlage, unter. Auch ihm vertraue ich nicht wirklich, aber er ist meine beste Sicherung in den letzten fünf Metern. Ich hänge mich in den Cliff und raste ein wenig. Wieder denke ich an die Bohrmaschine – wie einfach wäre es wohl, hier einen Haken zu setzen? Aber ich kenne die Antwort: Es wäre zu einfach!

Ich klettere weiter, bekomme keine Sicherungen mehr in die Wand und rette mich von einer Leiste zur nächsten. Nach sieben Metern kann ich endlich den erlösenden Standplatz einrichten, und während ich Peter dann nachsichere und mein Blick nach oben schweift, weiß ich, dass wir es heute schaffen werden. Nur noch hundert Meter im fünften und sechsten Grad, dann stehen wir am Gipfel.

September 2012: Knapp einen Monat nach unserer Expedition ins Karakorum kehren Peter und ich nochmals für eine durchgehende Rotpunkt-Begehung zu unserer Route zurück. Das Wetter ist schon herbstlich, die Lärchen leuchten gelb, der Boden ist gefroren und die Bedingungen zum Klettern sind nahezu perfekt.

In den ersten vier Seillängen bekomme ich zu spüren, dass meine Unterarme nicht mehr so fit sind wie im Frühsommer. Mit eingefrorenen Fingern kämpfe ich mich durch die fünfte Länge, die gerade durch das große Dach führt – die schwerste Seillänge ist geschafft. Peter übernimmt den Start in die Headwall, und auch er behält die Nerven und erreicht den Standplatz. Die folgenden zwei Längen im unteren zehnten Grad steige ich wieder vor. Alles ist am Limit, doch ich behalte trotz der spärlichen Absicherung die Nerven und stürze nicht.

Die Route »Safety Discussion« ist für mich eine meiner schönsten Erstbegehungen und hat vor allem aufgrund des minimalen Einsatzes von Bohrhaken einen ganz besonderen Stellenwert für mich. Die Route ist lang, anspruchsvoll und obwohl potenzielle Wiederholer nicht mehr ins komplett Unbekannte klettern müssen, bleibt die erste Begegnung mit der Route sicherlich auf Dauer ein Abenteuer. Alle Standplätze sind mit zumindest einem Bohrhaken versehen, darüber hinaus finden sich in der Route aber lediglich sechs weitere Bohrhaken als Zwischensicherung. »Safety Discussion« zweigt nach der ersten Länge der Jugendführe nach rechts ab, die Bewertungsvorschläge sind 9−, 9−, 9+, 8+, 10, 9+, 9+/10−, 10−, 5, 6. Wiederholer sollten zwei Set Friends (bis #5), ein gutes Sortiment an Klemmkeilen und Normalhaken und auch ein paar Cliffs mitnehmen.

Veröffentlicht 2013

Durch die Sagwand im Valsertal:
Die erste Winterbegehung

Im Sommer 2008 gelang mir zusammen mit Jorg Verhoeven an der Sagwand im Valsertal die Erstbegehung »Desperation of the Northface«. Für mich war es die erste größere alpine Unternehmung, bei welcher ich meine Vorstellungen vom Klettern in diesem Terrain austesten konnte. Schon damals stach mir eine besondere Linie ins Auge. Der legendäre Hias Rebitsch hatte sie 1947 als Erster entdeckt und geklettert. Der Schiefe Riss war mit Schwierigkeiten bis zum sechsten Grad und einer für Rebitsch typisch spärlichen Absicherung lange eine der anspruchsvollsten Routen in der Umgebung. Die erste Wiederholung ließ fast dreißig Jahre auf sich warten. Mittlerweile ist der Schiefe Riss im Sommer wegen des extremen Steinschlags zu gefährlich. Eine Winterbegehung stand noch aus.

Mehr als vier Jahre lang geisterte die Idee in meinem Kopf herum. Immer wieder kehrte ich ins Valsertal zurück. Ich kletterte Klassiker wie die Fußstein Nordkante oder die Diagonale am Schrammacher und zeichnete mit neuen Routen und Skiabfahrten selbst neue Linien an den Wänden, doch es dauerte eine ganze Weile, bis ich dazu kam, mich am Schiefen Riss zu versuchen.

Am 11. März ging es mit Hansjörg Auer auf Skiern zum

Einstieg. Wir waren nicht wirklich früh dran und hatten kein Biwakmaterial dabei. Die Kletterei war weit schwieriger als erwartet, und nachdem wir zehn Stunden ohne Pause durch anhaltend anspruchsvolles Gelände geklettert waren, mussten wir einsehen, dass der Gipfel außer Reichweite lag. Es wurde dunkel und in diesem Gelände hatten wir mit Stirnlampen keine Chance. Außerdem waren wir mental erschöpft, und weder Hansjörg noch ich wollten weiter vorsteigen. Es war ein super Versuch gewesen, der uns zu mehr motivierte. Wir würden zurückkommen, noch bevor der Winter zu Ende war, und unser Projekt mit einer anderen Strategie probieren.

Schon fünf Tage später war es so weit. Peter Ortner hatte bei unserem ersten Versuch keine Zeit gehabt, aber dieses Mal war er neben Hansjörg und mir mit dabei. Zu dritt würden wir uns die Schwierigkeiten besser aufteilen können. Gegen elf Uhr starteten wir. Ich stieg die erste Seillänge vor. Ich kannte sie bereits und hatte sie als äußerst anspruchsvoll in Erinnerung. Eigentlich dachte ich, ich würde sie nicht noch einmal vorsteigen müssen, doch sie zu kennen, war ein Vorteil – und auch ein Nachteil, denn ich wusste, was mir bevorstand ...

Ich fürchtete mich ein wenig, kletterte aber ohne größeren Zwischenfall zum Stand und stieg noch zwei weitere Seillängen vor, bevor Hansjörg das scharfe Ende des Seils übernahm. Um schnell vorwärts zu kommen, würden wir die uns schon bekannten Längen am ersten Tag vorsteigen. Peter würde am zweiten Tag die Führung übernehmen und zum Gipfel klettern. Nach mehreren Längen in kletter- und sicherungstechnisch sehr anspruchsvollem Gelände würde es guttun, nicht mehr vorsteigen zu müssen.

Vor ein paar Jahren gab es einen großen Ausbruch auf halber Wandhöhe, der den Schiefen Riss in Mitleidenschaft gezogen hatte. In diesem Ausbruch biegt der Schiefe Riss nach rechts ab. Während Hansjörg noch eine Länge im Ausbruch fixierte, stampfte ich ein kleines Podest in ein Schneefeld rechts vom Stand. Es war groß genug, dass wir zu dritt sitzend Platz hatten. Ich legte ein paar Steine an den Rand, so dass dieser nicht wegbrach. Fertig war unser »Schlafplatz«.

Bevor wir in der Früh beim Auto weggegangen waren, hatte das Thermometer −22 Grad angezeigt. Es war nicht wärmer geworden, und rechts von uns ging unaufhörlich Spindrift die Wand hinunter. Wir waren froh, denn wir dachten, wir würden von der eisigen Dusche in der Nacht verschont bleiben. Wir kochten Wasser für unser Travellunch und froren anschließend vor uns hin.

Einige Male unterbrach einer von uns die Stille mit einem ehrlichen »Was soll der Scheiß!?« Doch in solchen Momenten ist es besser, man stellt sich keine Fragen mit zu viel Tiefgang. Wir zogen uns unsere Schlafsäcke über den Kopf und versuchten zu rasten. Arme und Beine waren schon längst taub und dann kam doch noch der Spindrift. Es war das kälteste Biwak, das wir je erlebt hatten. Kurz bevor es dämmerte, kochten wir einen halben Liter Wasser und stärkten uns mit einer Hauswurst von Hansjörgs Eltern. Dann verließen wir unser Biwak, denn an Schlaf war sowieso nicht zu denken.

Peter stieg wie geplant alles bis zum Gipfel vor. In den ersten Seillängen vom Biwak säumten riesige Schneepilze den breiten Riss. Die Kletterei war schwierig und nicht ungefährlich, aber es ging voran, und die Bewegung sorgte wenigstens für etwas Wärme, die unsere Zehen und Finger dazu ermutigte, sich schmerzhaft zurückzumelden. Um elf Uhr vormittags waren wir am Gipfel. Wir waren froh, die guten Bedingungen in der Wand vor dem demnächst ankommenden Föhnsturm genützt zu haben und eine Route geklettert zu sein, welche jenen in Chamonix oder gar in Patagonien an Schwierigkeit nichts nachsteht. Der Wind ließ uns die Sonne am Gipfel nicht genießen, und so seilten wir so schnell es ging ab.

Veröffentlicht 2013

Erstbegehung am Moose's Tooth in Alaska: *Ein Ass gezogen*

The cards were played and we had drawn aces. Finally, I collapsed into prone paralysis. Just before unconsciousness, the memorable words of French climber Jean Afanasieff came to mind: »This is the fucking life, no?«

Jim Bridwell über den ersten Abend im Basislager nach seiner Erstbegehung am Moose's Tooth

Vor mehr als 30 Jahren gelang Jim Bridwell und Mugs Stump eine Glanztat. Mit ihrer Erstbegehung »The Dance of the Woo-Li Masters« zeichneten die zwei Legenden eine Linie im perfekten Stil auf die Ostwand des Moose's Tooth in Alaska. Kaum etwas an Material blieb zurück, und doch hinterließen die beiden eine unmissverständliche Botschaft an dieser kalten und abgelegenen Wand, die die Idee von Begehungen an Bergen dieser Größe und Schwierigkeit in den kommenden Jahrzehnten prägen sollte.

Jetzt hänge ich in dieser Wand. Die Morgensonne brennt mir auf den Rücken, und trotzdem ist es saukalt. Seit über einer Stunde kämpft sich Dani den vereisten Riss links oberhalb von mir hinauf. Ich stehe am Standplatz und halte das Seil hinter meinem Sicherungsgerät in meiner rechten Hand, während ich die Finger meiner Linken durch langsames Durchkneten aufzutauen versuche.

»Glaubst du schon, wir kommen da hoch?«, höre ich meinen Schweizer Kollegen plötzlich von oben herunterschreien. Ich zögere kurz und überlege. Auch bei mir kommen für ein paar Sekunden Zweifel auf. Ist diese Headwall vielleicht doch eine Nummer zu groß? Eine kühne Linie ist es auf jeden Fall, die wir uns hier vorgenommen haben. Aber ich habe das Gefühl, dass wir hier wie Bridwell und Stump unsere Ideen verwirklichen können. Wir müssen uns lediglich ein wenig mehr auf die Zehenspitzen stellen, uns strecken, und selbst bis zum Level der Schwierigkeiten wachsen.

Wie vor ein paar Monaten in Patagonien war auch hier im hohen Norden Amerikas das Wetter bei unserer Ankunft perfekt. Lediglich ein paar Wolkenfetzen verhüllten die Berge, während wir mit einem kleinen Flugzeug auf den Buckskin Glacier flogen. Am gleichen Abend noch verschwand der Nebel – das Wetter wurde noch besser und nicht schlechter, wie im Süden Südamerikas – und wir sahen das erste Mal das kompakte und steile Herz aus Fels an der Ostwand des Moose's Tooth. Bislang hatte es noch niemand geschafft, eine Linie durch diesen Wandteil zu ziehen – wir wollten es auf jeden Fall versuchen…

Bevor wir einen Versuch starteten, war es jedoch wichtig die Wand genau unter die Lupe zu nehmen. Wir zogen unser Klettermaterial mit einem Schlitten vom Basecamp bis an den Fuß des Berges und analysierten unsere geplante Aufstiegsroute mit dem Fernglas. Uns war bewusst, dass es unsere erste Tour in Alaska sein würde, und gerade diese Wand ist berüchtigt für allerlei »alaskanische Spezialitäten«, wie zum Beispiel riesige Schneepilze oder gigantische Mengen an Spindrift. Andererseits war uns auch klar, dass unsere Unvoreingenommenheit eine Qualität an Frechheit mit sich brachte, die für eine Wand dieser Dimension immer nötig ist. Am Tag darauf stiegen Dani und ich ein.

»Am ersten Tag drehen wir sicher nicht um!«, entgegne ich auf Danis Frage, senke meinen Kopf und beobachte unsere Halbseile, wie sie langsam aber stetig durch meine rechte Hand und weiter durch mein Sicherungsgerät rutschen. Dani scheint wieder vorwärts zu kommen und nach einer weiteren halben Stunde findet er zwei Klemmkeilplacements, die gut genug sind, um daran Stand zu machen.

Ich steige die Seillänge hinterher. Dann sichere ich Dani eine weitere Länge. Sie ist kein bisschen leichter: Pendelquergänge, neunzig Grad steiles und extrem dünnes Eis, schwieriges Mixedgelände – die Kletterei ist enorm anspruchsvoll. Jeder Schritt von der Zwischensicherung weg fordert unsere ganze Konzentration.

Nach den zwei Seillängen ist Dani fertig und ich übernehme wieder die Führungsarbeit. Ich bin zwar auch schon ziemlich müde vom unteren Teil der Route, den ich vorgestiegen bin, aber wenn wir eine Chance haben wollen, morgen auf den Gipfel zu kommen, müssen wir heute noch ein paar Seillängen hinter uns bringen, bevor es dunkel wird.

Es dämmert schon, als wir unser Zelt aufstellen. Mehr als die Hälfte davon ragt über die Kante von unserem kleinen Schneepodest, doch es wird uns heute Nacht vor dem eisigen Wind und dem unangenehmen Spindrift schützen.

Am nächsten Morgen begrüßt uns wieder perfektes Wetter. Laut unserer Vorhersage soll es aber nicht mehr allzu lange halten und so beschließen Dani und ich, unsere gesamte Biwakausrüstung hier zu lassen. Lediglich ein paar Müsliriegel, ein Liter Wasser und ein wenig Reepschnur zum Abseilen kommen in den Rucksack. Wie Bridwell hoffen auch wir darauf, zwei Asse zu ziehen.

Nach drei Längen befinden wir uns unter einem großen Dach. Dani ist bis hierhin vorgestiegen, kommt jetzt jedoch nicht an den riesigen Schnee-Mushrooms vorbei, die bedrohlich über uns hängen. Ich lasse ihn zu mir herunter, wir wechseln die Seile und ich versuche die heikle Stelle. Mit zwei Pendelquergängen gelingt es mir, das Dach zu umgehen. Wir queren nach rechts und können die Ausstiegseisfelder schon erahnen. Davor wartet jedoch ein weiteres, noch viel größeres Dach, das wir rechts umgehen wollen.

Über nicht allzu schweres kombiniertes Gelände steige ich bis unter einen großen Schneepilz und quere dann zwei, drei Meter nach rechts, bevor ich vorsichtig neben ihm hochklettere. Das Schneegebilde sieht extrem instabil aus und mir ist klar, dass ich es auf keinen Fall berühren darf. Als ich fast schon darüber bin, kann ich endlich wieder eine gute Zwischensicherung legen, an der ich mich festhalte und mein rechtes Eisgerät auf einer kleinen Leiste platziere. Gerade als ich meinen Pickel belasten möchte, bricht ein Teil der Leiste aus. Sofort fange ich mich mit meiner linken Hand in der Sicherung, doch berühre ich auch den Schneepilz leicht, der daraufhin einstürzt.

Hunderte von Kilogramm an Schnee fallen auf meine Seile

und ziehen mich nach unten. Meine Zwischensicherung hat gehalten, und auch Dani ist nichts passiert, wenngleich das Gewicht des Schnees einen unserer Standhaken rausgezogen hat.

Nachdem Dani den Haken wieder reingeschlagen hat, klettere ich weiter. Nach zwei Seillängen erreichen wir endlich den Beginn der Eisfelder, die zum Gipfel führen. Um sechs Uhr abends stehen wir gemeinsam am höchsten Punkt des Moose's Tooth.

Wir können kaum glauben, dass uns gleich mit unserer ersten Route hier in Alaska eine derart traumhafte Linie gelungen ist. Vor ein paar Tagen waren wir noch daheim, und jetzt stehen wir am Gipfel dieses imposanten Berges. Aber bevor es wirklich vorbei ist, müssen wir erst mal wieder runter, zurück ins Basecamp. Es beginnt eine lange Abseilfahrt über unsere Route. Weil wir größtenteils an Eissanduhren abseilen, hinterlassen wir kaum Material. Wir sind überglücklich mit unserer Linie, die wir »Bird of Prey« (1500 m, 6a, M7+, 90°, A2) taufen, und ich glaube, dass wir mit ihr der Idee Jim Bridwells und Mugs Stumps vom Bergsteigen an dieser Wand gerecht worden sind. 48 Stunden nach unserem Aufbruch sind wir wieder im Basislager, fix und fertig.

This is indeed the fucking life, Jim!

Veröffentlicht 2013

Die Masherbrum-Nordostwand im Karakorum: *Just look, don't touch*

Erwähnt man die Masherbrum-Nordostwand in Bergsteigerkreisen, so klingelt es in den meisten Ohren. Und es sind Alarmglocken. Die Russen kriegen vielleicht sogar einen Tinnitus, wenn sie nur schon den Namen Masherbrum hören. Sie haben die Nordostwand vor ein paar Jahren versucht, haben aber schon bevor es mit der eigentlichen Kletterei richtig losgeht, wieder umgedreht.

Zur Wand zurückgekehrt sind sie nicht. Das passiert ihnen eigentlich nie. Die K2-Westwand, die Jannu-Nordwand, die Latok-III-Nordwand, sie alle mussten sich den Russen ergeben – bei zum Teil mächtigem Aufwand und viel Verschleiß in jeder Hinsicht. Ähnlich wie den Russen erging es Steve House. Auch er spielte mit dem Gedanken, die Wand zu klettern. Doch auch er entschied sich, ihr den Rücken zu kehren.

Die Nordostwand des Masherbrum steht also noch da. Ungeklettert. Unberührt.

Peter Ortner und ich würden das dieses Jahr nicht ändern. Dass das so sein würde, hatten wir uns schon vor unserer Expedition fast gedacht. Die Geschichte der Wand macht einem zugegebenermaßen wenig Hoffnung, einfach hinzugehen und hinaufzuklettern. Schon mein letztes großes Projekt in Patagonien hat mich gelehrt, dass es nicht schadet, im ersten Jahr mit bescheidenen Zielen anzurücken und sich die Sache erst mal anzuschauen.

Als wir unser Basislager auf dem Yermanendu-Gletscher unter dem Masherbrum erreichten, machten wir uns gleich ans Beobachteten der Wand. Auf einer Isomatte sitzend scannten Peter und ich jeden der mehr als 3000 Höhenmeter mit unserem Fernglas und diskutierten über mögliche Linien. Wir waren uns schnell einig: Eine Wand wie diese hatten wir noch nicht gesehen. Vor uns stand eine Eiger-Nordwand und auf der drauf ein Granitmonolith, der mich mehr an einen Cerro Torre erinnerte, als dass er zu den Gipfelaufbauten der anderen Himalaya-Riesen passt.

Ich hatte das Gefühl, gefunden zu haben, wonach ich gesucht hatte. Eine Wand, die so unvorstellbar schwierig und groß ist, dass man leicht versucht ist, sie für unmöglich zu halten.

Unsere erste Akklimatisationstour gestaltete sich als leicht, langweilig und mühsam.

Bei unserer zweiten hatten wir die Ski dabei und fuhren von einem kleinen Gipfel mit rund 6100 Meter über eine eisige Flanke ab. Aus irgendeinem Grund – wahrscheinlich ein Materialfehler – riss Peter kurz unterhalb des Gipfels die Bindung von seinem linken Ski und er stürzte. Dabei verletzte er sich am Knie. Anfangs war uns noch nicht klar, was das für den Rest unserer Expedition bedeuten würde, aber als wir unsere dritte Akklimatisationstour auf etwa 6300 Meter abbrechen mussten, weil Peter kaum noch gehen konnte, wussten wir, dass wir, so wie die Expeditionen vor uns, der Wand den Rücken zukehren mussten – zumindest vorerst. Man müsste

David kurz vor einer Skiabfahrt im heimatlichen Karwendel, 2016.

Wie so oft über den Wolken, unweit von Innsbruck, 2017.

David beim Fischen in den Äußeren Hebriden. Das Bild entstand 2018 während der Dreharbeiten zum Film *The Search for the Wooo*.

David und Peter Ortner begutachten vom Standplatz aus die nächste überhängende Seillänge ihrer Route »Safety Discussion« in den Lienzer Dolomiten, 2012.

Noch wirkt das Wetter freundlich, doch ein Wettersturz hat sich angekündigt. David beim Abseilen über die endlos lange Südost-Kante der Annapurna III im Frühjahr 201

Oben: Das Warten auf gute Bedingungen macht einfallsreich. David, Hansjörg Auer und Peter Ortner im Masherbrum Basecamp, 2014.
Unten: Dünne Luft und kalte Zehen. Peter, Hansjörg und David beim Akklimatisieren am Broad Peak, 2014.

Oben: Berge links, Berge rechts. David und Jess Roskelley halten beim Anflug auf Mount Logan die beeindruckende Bergkulisse fest.
Unten: Jess und David direkt nach der Landung am Gletscher des Mount Logan, Kanada, 2018.

David in der letzten Seillänge der Erstbegehung »Latent Core« am Temple of Sinawava im Zion Canyon, Utah, 2015.

Oben: Conrad Anker und David im Advanced Basecamp, am Tag nach ihrem ersten, gescheiterten Versuch am Lunag Ri, 2016.
Unten: Conrad und David beim Akklimatisieren am Fox Peak, wenige Tage vor Conrads Herzinfarkt, 2017.

Der Fox Peak ist wie ein Logenplatz für die beeindruckende Kulisse des Lunag Ri.

David akklimatisiert alleine, wenige Tage vor seiner erfolgreichen Solo-Erstbesteigung im Jahr 2018.

Welche Rinne hat den besten Schnee? David an einem seiner Lieblingsplätze in den Tiroler Bergen, 2019.

Oben: David und Hansjörg Auer im Basecamp während ihrer Expedition zum Masherbrum im Jahr 2014.
Unten: Hansjörg, David und Jess in den Canadian Rockies, 2019. Eines der letzten Bilder vor dem Unglück am Howse Peak.

den Wahnsinn schon mit der Schaufel gefressen haben, um mit einem verletzten Knie in eine solche »unmögliche« Wand einzusteigen, die davor schon sechs Russen ausgespuckt hat.

Es ist wahrscheinlich wie auch sonst im Leben: Im richtigen Moment kann man nichts falsch machen und im falschen Moment kann man nichts richtig machen. Wir entschieden uns zur Heimreise.

Nächstes Jahr kommen wir wieder. Mal schauen, ob wir dann den richtigen Moment erwischen. Ich bin auf jeden Fall gespannt...

Veröffentlicht 2013

Auf den El Mocho in Patagonien:
Wo der Wind nie nachlässt

Jährlich grüßt das Murmeltier: Anfang Januar ging es für mich wieder nach El Chaltén. Seit ich 2009 das erste Mal in Patagonien war, haben sich die Gründe meiner jährlichen Reise ein wenig geändert, aber das Flair und die argentinische Leichtigkeit des Seins sind immer noch gleich. Natürlich wollte ich auch heuer wieder an den imposanten Granittürmen klettern, doch darüber hinaus war ich auch gekommen, um unseren »Cerro Torre«-Film an dem Ort zu zeigen, wo er entstanden ist…

»Eine ganz schlechte Saison«, »Kein ordentliches Wetter«, »Viel mehr Niederschlag als in den letzten Jahren«, tönte es aus allen Mündern, als mein Kollege und Kletterpartner Flo Klingler und ich im kleinen Dorf El Chaltén ankamen. Wir mussten über eine Woche warten, bis wir den Fitz Roy und seine Trabanten das erste Mal zu Gesicht bekamen. Es fügte sich wieder alles so ein wie immer. Warten, Wetter schauen, Bouldern gehen. Asado, Braseria, Porterbar. Dann sah es auf einmal so aus, als könnte das Wetter einen Tag gut – oder sagen wir, zumindest etwas besser als sonst – sein. Normal reicht ein einzelner Tag nicht einmal, um das Eis aus den Wänden zu schmelzen. Aber bei dieser Großwetterlage würde es vielleicht keine besseren Gelegenheiten mehr geben, etwas zu machen, und so entschieden Flo und ich, alles auf eine Karte zu setzen und ohne Schlafsäcke und Zelt und mit möglichst leichtem Gepäck den über 20 Kilometer langen Weg hinein zu den Granittürmen auf uns zu nehmen. Gerade als wir unsere Rucksäcke packten, tauchte auf einmal Ben Lepesant auf, ein Freund aus Innsbruck, der den Winter in Patagonien verbringen wollte. Er war gerade erst in El Chaltén angekommen und war voller Tatendrang. Wir boten ihm an, sich uns anzuschließen, und so starteten wir kurz vor Mitternacht im Schein unserer Stirnlampen zu dritt Richtung Nipo Nino, dem ersten Lager im Torre Valley.

Ich kenne auf diesem Weg mittlerweile jeden Stein. Über den Wanderweg gelangt man zur Tirolese. Mit dieser Seilbrücke überquert man den Fluss, der vom Torre-Gletscher gespeist wird. Dann geht es an der Laguna Torre vorbei, entlang der Gletschermoräne und zum Schluss hinunter auf den Torre-Gletscher. Beim ersten Mal ein Wahnsinn. Ben und Flo, die den Zustieg das erste Mal machten, waren wie weggeblasen. Als wir uns unserem Ziel, dem El Mocho, näherten, ging gerade die Sonne auf. Auch für mich, der dieses Naturschauspiel mittlerweile schon einige Male miterlebt hatte, war es noch ein unglaubliches Erlebnis. Flo rannte voraus und spielte mit der Kamera, Ben stand mit großen Augen und offenem Mund da, und auch ich genoss diesen Moment. Die Berge dort unten, im äußersten Süden Argentiniens, sind einmalig, und im satten roten Licht der aufgehenden Sonne kann man nicht anders, als sich daran zu erfreuen. Der Cerro Torre, mit dem ich so viele intensive Erinnerungen verbinde, glänzte im ersten Licht. Er war heuer viel zu vereist, um von dieser Seite bestiegen zu werden. Aber umso schöner sah er aus.

Acht Stunden, nachdem wir gestartet waren, näherten wir uns dem Einstieg. Es herrschten winterliche Bedingungen – jede Menge Spindrift inklusive. Wir entschieden uns für eine Linie aus vereisten Verschneidungen und Kaminen, und folgten unten der Route »Greetings from Bad Men«, bevor wir die letzten Seillängen entlang einer neuen Linie kletterten. Vor allem im unteren Teil der Route war der Spindrift grenzwertig, aber die Kletterei machte Spaß. Sie gestaltete sich als nicht allzu schwer, war aber dennoch interessant.

Gegen Mittag standen Ben, Flo und ich am Gipfel. Jeder Gipfel in Patagonien ist besonders, aber keiner ist wie der erste. Dementsprechend freuten sich meine zwei Kletterpartner. Es war beinahe windstill. Wir sahen einige Leute unten am Gletscher, aber niemanden in den umliegenden Wänden. Es zogen schon wieder die ersten Wolken auf. Wir hatten uns für die richtige Route auf den richtigen Berg entschieden und das kurze Fenster perfekt genutzt. Eine ereignislose Abseilfahrt, ein sechsstündiger Marsch nach El Chaltén. 22 Stunden, nachdem wir aufgebrochen waren, saßen wir bei Eduardo in der *Braseria* und bemühten uns, nicht über den perfekt gegrillten Steaks einzuschlafen.

Das Wetter blieb so, wie es gewesen war: Schlecht. Ich glaubte auch nicht daran, dass es in den nächsten paar Wochen besser werden würde. Die Großwetterlage war derart hoffnungslos, dass ich sogar Peter riet, gar nicht erst nach Patagonien aufzubrechen.

Vor meiner Abreise ging es aber noch einmal in die Berge. Ich entschied mich dafür, allein auf einen leichten Gipfel, den Cerro Solo, zu steigen. Der Wind war teilweise extrem, aber wie immer in Patagonien war auch dieses Mal das Erlebnis alle Mühen wert. Ich war ganz alleine am Berg und genoss die grandiose Aussicht vom Gipfel auf die noch fast unberührte Natur.

Die Filmvorführung von *Cerro Torre – Nicht den Hauch einer Chance* war dann noch das Highlight vor meiner Abreise. Wir wollten der Klettergemeinschaft vor Ort ein wenig von dem zurückgeben, was sie uns die letzten Jahre an Unterstützung geboten hatte. Die Premiere war ein voller Erfolg, der Saal platzte aus allen Nähten. Mit einem solchen Ansturm hatten wir nicht gerechnet, und es tat gut zu sehen, wie sehr den Locals der Film gefiel.

Veröffentlicht 2014

Masherbrum-Nordostwand im Karakorum, die zweite:
Ein gewichtiges Experiment

Es ist das Gewicht, nicht die Anzahl an Experimenten, das beachtet werden muss.

Isaac Newton

Sofort fühlen wir uns unwillkommen. Um uns herum türmen sich riesige Wände auf. Von Séracs ausgelöste Lawinen zeugen unüberhörbar von dem, was auf dem Spiel steht. Als der Schnee auf etwa 5000 Metern steiler wird, verlieren wir langsam unsere Zuversicht. Der Schnee ist weich und tief von der Hitze. Wir kommen nur langsam voran. Als wir einen kleinen Grat erreichen – ein verhältnismäßig sicherer Platz in dieser rastlosen Wand –, ist es Zeit, eine Entscheidung zu treffen. Aus dieser Perspektive sieht die Wand, wie sie sich von oben über uns beugt, noch bedrohlicher aus. Die Verschneidungen münden in Dächern. Zwischen uns und der Gipfelwand liegt ein weniger steiler Wandteil, ein Labyrinth aus Fels, Eis und Schnee, in welchem man keinen nur annähernd sicheren Biwakplatz finden kann. Nachdem wir uns stundenlang durch hüfttiefen Schnee gekämpft haben, bleibt uns nicht genug Zeit, um einen sicheren Schlafplatz am oberen Ende des ersten Wandteils zu finden, und hier, im unteren Teil der Wand, ist Warten ausgeschlossen. Der Berg verwandelt sich in einen überladenen Mund, der in beunruhigenden Abständen Séracs und Lawinen speit.

Blumen wachsen aus den Rissen, an welchen vorbei wir abseilen. Gibt es in dieser Wand je gute Bedingungen? Ein weiterer Versuch am Masherbrum wird zuerst vom schlechten Wetter und dann vom vielen Neuschnee unmöglich gemacht.

Ein Rückzug vor dem Beginn der eigentlichen Schwierigkeiten; das kenne ich aus den Berichten früherer Expeditionen, die den Masherbrum ebenfalls über die Nordostwand versuchen wollten. Als die Sonne hinter der Nordkante verschwindet, seilen wir über einen Felspfeiler ab. Hier sind wir vor den Lawinen, die rechts und links von uns alles in die Tiefe reißen, geschützt. Eine dieser Lawinen geht gerade über das Schneefeld ab, über das wir vor Kurzem noch aufgestiegen sind. Wir haben die richtige Entscheidung getroffen.

Peter Ortner und ich sind vor zweieinhalb Monaten zur Masherbrum-Nordostwand zurückgereist, zusammen mit Hansjörg Auer, der zum ersten Mal dabei war. Eigentlich ist die Unternehmung bis zu dem Moment, als wir eingestiegen sind, schnell zusammengefasst: Wir haben uns am Broad Peak akklimatisiert, sind dort bis auf 7000 Meter aufgestiegen und haben dann unser Basislager auf eine Moräne, nahe dem Masherbrum, unserem eigentlichen Ziel, verlegt. Während des Umzugs war das Wetter schon gut.

Die Träger hatten auf den letzten wenigen hundert Höhenmetern ihren Dienst verweigert, und so waren wir zwei anstrengende Tage damit beschäftigt, alles hochzutragen und unser Basislager einzurichten. Als endlich alles stand, starteten wir unseren Versuch.

Wir waren mit großem Selbstvertrauen losgezogen, sicher, dass dies der entscheidende Versuch sein würde. Unsere Rucksäcke waren sorgfältig gepackt – nur das absolute Minimum an Material war dabei. So leicht wie möglich, war die Devise. Schlussendlich kamen wir auf zwölf Kilo Gepäck für jeden inklusive Essen für fünf Tage, welches wir letztlich auf 10 Tage strecken wollten. Bei diesem Unternehmen würde es keinen halbherzigen Versuch geben. Selbst das Tal, welches zum Wandfuß führt, war noch nie beschritten worden. Wir hatten keine Informationen über das, was uns erwarten würde. Uns blieb nur eine grobe Vorstellung. Das war also die viel zitierte weiße Leinwand.

Jetzt wissen wir eines: wenn wir die Masherbrum-Nordostwand noch einmal versuchen wollen, müssen wir uns auf diese Herausforderung einlassen – wie ein Anfänger, der seine ersten Schritte beim Felsklettern erlernt.

Und wir werden unsere jetzigen Vorstellungen hinterfragen müssen. Denn diese Wand zu klettern, hat nichts mit dem gemein, was wir drei bislang in unserer Kletterlaufbahn erlebt haben. Sie ist so neu und so schwierig, dass ein Erfolg schwer vorstellbar ist.

Es gibt einige Eigenschaften, die den Masherbrum von anderen Sieben- oder Achttausendern unterscheiden. Manche dieser Unterschiede sind offensichtlich – so wie seine Größe, Schwierigkeit oder Abgeschiedenheit –, andere jedoch wurden für uns erst ersichtlich, als wir eingestiegen waren. Bei perfekten Bedingungen in jedem einzelnen Teil der Wand und einem idealen Verlauf ist ein Durchstieg eventuell möglich. So wie die Dinge bei unserem Versuch standen, ist es sicher zu sagen: Unmöglich.

Ein Versuch an der Masherbrum-Nordostwand ist ein gewichtiges Experiment. Die Chancen es zu schaffen sind weiterhin sehr bescheiden. Wir wissen so gut wie nichts über diese Wand.

Obwohl uns der Berg mehr oder weniger am Wandfuß abgeworfen hat, zieht mich etwas zu ihm zurück. Wenn man bedenkt, wie weit wir gekommen sind, kann man unseren Versuch als nicht erwähnenswert betrachten. In Wirklichkeit aber war diese Aktion eine der bedeutendsten Erfahrungen, die ich je gemacht habe. Das alles macht die Masherbrum-Nordostwand zu einem Ziel, welches man nicht jedes Jahr Schlag auf Schlag versucht. Andererseits treiben mich genau die Gründe und Tatsachen an, welche das Projekt unmöglich erscheinen lassen.

Eine Expedition wie diese sorgt bei mir zum einen für Enttäuschung. Zum anderen jedoch auch für Erleichterung. Enttäuschung wegen des Aufwands, um physisch und psychisch bereit zu sein, ein solches Unterfangen durchzuziehen – und es am Ende doch nicht zu schaffen. Erleichterung, weil wir alle gesund nach Hause fahren und die Augen auf neue gemeinsame Abenteuer richten können.

Veröffentlicht 2014

Mit Conrad Anker durch den Temple of Sinewava im Zion-Nationalpark:
Der gemeinsame Nenner

»Weißt du, David, eigentlich würden wir uns jetzt gerade in Alaska den Arsch abfrieren«, meint Conrad, während wir auf einem Felsband, hoch über dem Schluchtgrund des Zion Canyon, die Vorzüge des gemäßigten Klimas der Wüste genießen.

Mit dem Auto darf man hier im Nationalpark nicht fahren, dafür macht ein Shuttlebus die Runde. Die Besucher steigen am »Pullout« aus, staunen über die senkrechten Sandsteinwände, die an allen Seiten emporragen, steigen wieder ein und fahren weiter – erst zum nächsten »Pullout« und dann meistens zum nächsten Nationalpark. Conrad und ich hingegen sind schon eine ganze Weile hier.

Conrad Anker ist eine amerikanische Kletter- und Bergsteigerlegende. 1990, in dem Jahr, in dem ich geboren wurde, waren er und sein Lehrmeister Mugs Stump in Zion gewesen und hatten die bis heute gefürchtete Rodeo Queen an der steilen und wie mit einem Skalpell abgeschnitten glatten Streaked Wall erstbegangen. Es gibt wohl kaum ein Gebiet, in dem Conrad nicht schon seine Spuren in Form von Erstbegehungen hinterlassen hat.

Persönlich kennengelernt hatten wir uns noch nie, aber in den letzten Jahren waren wir immer wieder in Kontakt gewesen. Wir tauschten Ideen aus und irgendwann entschieden wir uns, gemeinsam klettern zu gehen.

Alaska war ein naheliegendes Ziel: Drei, vier Wochen auf den endlos langen Gletscherzungen würden uns genügen, um ein paar alpine Routen zu klettern und uns richtig kennenzulernen, um dann, in Zukunft, vielleicht sogar einmal gemeinsam im Himalaya bergsteigen zu gehen. Schlussendlich ließen unsere Kalender aber keine Alaska-Expedition zu und wir trafen uns im Zion-Nationalpark. Gleich nach dem ersten Händeschütteln schlug Conrad vor, dass wir den Moonlight Buttress, einen der größten Klassiker des Gebiets, klettern sollten.

Er würde mich sichern, während ich versuchte, die Route onsight zu klettern. Ich war jedoch nicht besonders interessiert daran, die hundertste Begehung dieser Tour zu machen. Ich hatte das Gefühl, eine neue, noch ungekletterte Linie würde unserer Kletter-DNA viel eher entsprechen. Falls wir einen gemeinsamen Nenner haben würden, wäre es die Leidenschaft für Erstbegehungen.

In den frühen neunziger Jahren, zu einer Zeit, als ich noch im Strampelanzug unterwegs war, versuchte sich Conrad an einem Big Wall am Temple of Sinewava. Gemeinsam mit Doug Heinrich kletterte er fünf Seillängen, bevor die Schwierigkeiten der Wand die beiden zum Abseilen zwang. Dabei verhängte sich eines ihrer Seile und die Route blieb mehr als 20 Jahre unvollendet. Wir planten nun, diese Route zu Ende zu führen und das Seil zu entfernen.

Während wir immer noch auf unserem Felsband sitzen, zieht Conrad Bilanz: »Die ersten fünf Seillängen haben wir schon hinter uns. Steigst du weiter voraus?« Ich nicke nur und hänge mir Friends, Klemmkeile und Normalhaken an meinen Gurt, um ins Neuland zu klettern. In der Zwischenzeit beginnt Conrad, das Seilchaos auf unserem Standplatz zu organisieren. Dann klettere ich los.

Mit allen möglichen Tricksereien arbeiten wir uns immer weiter nach oben. Unser Blick ist rein auf die Erstbegehung gerichtet, und es kümmert uns nicht, ob wir frei oder technisch klettern.

Am Anfang der siebten Seillänge ist der Riss, dem unsere Route folgt, für einige Meter unterbrochen und Conrad muss eine Bohrhakenleiter in den Fels schlagen. Im Nationalpark sind Bohrmaschinen verboten und somit bleibt uns nichts anderes übrig, als in mühsamer Handarbeit einen Haken nach dem anderen zu setzen. Stundenlang sichere ich Conrad, bis wir endlich wieder in ein System aus Rissen und Verschneidungen kommen.

Für die letzten drei Seillängen bis zum Gipfel brauchen wir nochmals zwei volle Tage. Es regnet, ist kalt und der Sandstein wird immer bröseliger, doch die Freude an unserer gemeinsamen Erstbegehung überwiegt.

Wir nennen unsere neue Route »Latent Core« – ein Wortspiel, das sich nicht nur auf das hängengebliebene Seil und den lange Zeit unfertigen Zustand der Tour bezieht, sondern auch auf einen Helden des amerikanischen Kletterns – den kürzlich verstorbenen Layton Kor. Seine bekannteste Neutour, die Südwand des Washington Column im Yosemite-Nationalpark, hat, so wie unsere Erstbegehung, eine kurze Bohrhakenleiter, um eine glatte Passage zu überwinden. Während Conrad per Hand einen Haken nach dem anderen setzte, musste er an Kor denken, der beim Bohren im harten Granit noch wesentlich länger im Gurt gehangen hat.

Zwischen Conrad und mir liegt mindestens eine Generation. Aber die Leidenschaft zum Klettern und Bergsteigen verbindet uns, und noch heuer im Herbst werden wir wieder gemeinsam unterwegs sein.

Veröffentlicht 2015

Sportklettern in der Baatara Gorge im Libanon: *Avaatara oder Die Reise zurück*

Schon lange war ich nicht mehr so motiviert zum Sportklettern wie in diesem Frühjahr. Obwohl meine Anfänge als Kletterer in dieser Disziplin liegen, galt in den letzten Jahren mein Fokus ganz dem Bergsteigen. Diverse Felskletterprojekte daheim, in den USA, oder anderswo ließen die Sportklettermotivation in mir jedoch wieder aufkeimen. Eines der für mich herausragenden Projekte führte mich dabei in die Baatara Gorge im Libanon.

Ein Foto, das hinter einem Wasserfall aufgenommen wurde und die Schlucht mit ihren bizarren Bögen und Überhängen zeigte, brachte mich auf die Idee, dort zu klettern. Jad Khoury, ein libanesischer Kletterer, zeigte sich bereit, mich bei diesem Projekt zu unterstützen.

In Wirklichkeit war die Schlucht noch viel beeindruckender, als sie auf dem Foto aussah. Die drei natürlichen Felsbrücken, der Wasserfall, der hundert Meter in das schwarze Loch abfällt, die Farben des blauen und orangen Kalkgesteins und das satte Grün der Pflanzen erinnerten mich sofort an die surreale Landschaft des Films *Avatar*.

Wie an unzähligen anderen vielversprechend aussehenden Felswänden im Libanon ist auch hier noch nie jemand geklettert. Ich machte mich daran, die Überhänge nach Griffen und Strukturen für eine kletterbare Route zu scannen.

Die offensichtlichen Linien, die ich zuerst auscheckte, erwiesen sich als nass, dreckig, brüchig oder schlicht unkletterbar. Hatte vielleicht deshalb an diesem einzigartigen Ort noch kein Kletterer seine Spuren hinterlassen, weil es einfach keine mögliche Linie gab?

Ich hatte schon fast aufgegeben, als ich mich noch einmal von oben über eine andere Stelle in die Wand abseilte und endlich eine lose Abfolge von Leisten und Auflegern entdeckte, die sich durch das ganze, fast horizontale Dach zog. Nachdem ich die Linie eingebohrt hatte, versuchte ich die Griffe mit einer Reihe von athletischen Zügen zu verbinden.

Ein paar Sequenzen lösten sich überraschend gut auf, eine Stelle mitten im Dach bereitete mir aber Kopfzerbrechen. Vom letzten guten Griff, einem Sinterkopf, geht man mit links auf eine schmerzhafte Leiste, die man als Untergriff hält. Von hier weg gibt es kaum noch Griffe – stundenlang versuchte ich, eine Lösung zu finden. Ich hatte mich schon lange nicht mehr so intensiv mit ein paar Metern Fels auseinandergesetzt. Es kam mir irgendwann vor, als würde ich jede Unebenheit in dem Felsdach kennen. Und das Tüfteln machte sich bezahlt. Ich entdeckte weiter links einen unscheinbaren Spalt, der meinen Fingern genügend Halt bot, um mich für die nächsten Bewegungen perfekt in Position zu bringen.

Im nächsten Versuch schaffte ich es bis in die Mitte des Daches. Ich probierte die Tour noch einmal, fand aber keinen Rhythmus und fiel weiter unten. Meine Haut an den Fingerspitzen litt unter den scharfen, kleinen Leisten und ich entschied, den nächsten Versuch erst tags darauf zu machen und meinen Händen eine Pause zu gönnen.

Meine Taktik ging auf. Ich konnte die Route wieder ohne brennende Fingerspitzen probieren. Als ich dann, von unten kommend, erstmals den Schlüsselzug halten konnte, wollte ich mir den Durchstieg und somit die Erstbegehung der Linie auf keinen Fall mehr nehmen lassen. Ich wusste, dass noch einige schwere Züge zwischen mir und der rettenden Dachkante lagen. Ich gab alles, hängte keine der beiden Expressschlingen im Dach ein und kämpfte gegen die gefühlt zunehmende Schwerkraft. Wie mir Jad später erzählte, war es eigenartig für ihn, das Seil derart weit durchhängen zu sehen, aber ich hatte lediglich den rettenden Ausstiegshenkel im Kopf, den ich dann auch erreichte.

Jad, der mich beim Probieren meiner Linie geduldig gesichert hatte, schlug vor, dem Namen der Route einen arabischen Einschlag zu geben. Wir unterhielten uns ein wenig über die Besonderheiten des Projektes und einigten uns auf »Avaatara« (9a) in Anlehnung an den surrealen Ort, an dem sie sich befindet – die Baatara Gorge.

Ich war glücklich, das Projekt erfolgreich abgeschlossen zu haben. Noch zwei Tage nach dem Durchstieg war die Haut an meinen Fingern komplett durch. »Avaatara« hat es auf jeden Fall in sich, genau wie die abschließende Partynacht in Beirut, einer Stadt, die Jad nicht zu unrecht »party capital of the world« nennt.

Veröffentlicht 2015

Erster Versuch auf dem Lunag Ri im Himalaya: *Nahe dran*

Als meine Eltern und ich in Phaplu, dem Heimatdorf meines Vaters, ankamen, war es das erste Mal seit mehr als 15 Jahren, dass ich wieder in Nepal war. Vor allem durch die Erdbeben im April und Mai hatte sich vieles verändert: Auch das Elternhaus meines Vaters, das mittlerweile nur noch von meinem Onkel bewohnt wird, war teilweise eingestürzt. Viele andere Häuser im Dorf hatten ein ähnliches Schicksal erlitten. Da Phaplu jedoch einen Flughafen hat und auch per Auto erreichbar ist, war der Wiederaufbau für nepalesische Verhältnisse gut vorangegangen. Dennoch hatten viele Leute die Region verlassen und waren, in der Hoffnung auf eine bessere Zukunft, in größere Städte gezogen.

Obwohl ich als kleines Kind bereits drei Mal mit meinen Eltern in Nepal gewesen bin, hatte ich vor meiner Abreise kaum noch konkrete Erinnerungen. Als wir dann aber in Phaplu ankamen, erkannte ich trotzdem vieles wieder. Lieder von Schulkindern, die am Weg entlangspazierten, die Gerüche der Gewürze im Essen oder auch die Gesichter meiner Verwandten, die ich zuvor nicht mehr hätte beschreiben können, fühlten sich auf einmal wieder vertraut an. Es war eine eindrückliche Erfahrung, zu erleben, wie diese Erinnerungen wieder lebendig wurden.

Seit einiger Zeit war es mein Wunsch gewesen, nach Nepal zurückzukehren. Der Familienbesuch sollte aber nur ein Teil dieser Reise sein. Der zweite Beweggrund war – wie könnte es anders sein – ein Berg. Als Ziel hatte ich mir die Erstbesteigung des Lunag Ri (6907 Meter) ausgesucht: Die Kombination aus einem noch komplett jungfräulichen Gipfel und herausfordernder Kletterei ist nicht alltäglich – oft sind gerade die unbestiegenen Gipfel klettertechnisch weniger reizvoll. Der Lunag Ri aber ist von allen Seiten äußerst schwierig. Das beweist alleine schon die Tatsache, dass er schon von mehreren Expeditionen versucht wurde. Manchmal sind die Teams mehr, manchmal weniger knapp gescheitert – oben war jedenfalls noch nie jemand. Conrad Anker und ich wollten den Berg über seine Nordwestwand besteigen.

Von Anfang an lief alles wie am Schnürchen. Der Anmarsch ins Basislager zog sich über mehrere Tage und führte über den etwa 5417 Meter hohen Rinjo-La-Pass. Perfektes Wetter begleitete uns bis in unser Basecamp. Nachdem wir dort einen Tag gerastet hatten, machten wir uns gleich weiter auf den Weg zum Wandfuß des Lunag Ri, um dort unser vorgeschobenes Basislager einzurichten und die Aufstiegsmöglichkeiten zu studieren.

Unser ursprünglicher Plan war, so weit wie möglich entlang einer Eisrampe durch die Nordwestwand zu klettern, um dann unter der Headwall auf den Nordwestgrat zu gelangen und diesem bis zum Gipfel zu folgen. Schnell stellte sich jedoch heraus, dass die Rampe wenig Eis hatte und dadurch sehr steinschlaggefährdet war. Vor allem Conrad wollte dieses Risiko nicht eingehen und lieber weiter links eine schwierigere Linie versuchen, über welche man den Grat an seinem tiefsten Punkt erreicht. Seine Bedenken waren nachvollziehbar und so fassten wir einen neuen Plan: Am ersten Tag würden wir über eine steile Felswand zum Nordwestgrat aufsteigen und auf diesem so weit wie möglich weiterklettern. Nach einem Biwak, so unsere Vorstellung, wollten wir am nächsten Tag den Gipfel erreichen.

Wir kehrten in unser Basislager zurück und machten eine Akklimatisationstour auf den nahe gelegenen Fox Peak (ca. 5777 Meter). Nach einer sternenklaren Nacht am ausgesetzten Gipfel und obwohl seit unserer Ankunft in Kathmandu erst knapp zwei Wochen vergangen waren, fühlten wir uns bereit für einen Versuch am Lunag Ri.

Am Einstieg wurde uns klar, dass es ganz schön schwierig werden würde, den Grat überhaupt zu erreichen. Zeitdruck hatten wir auch, denn wenn am Nachmittag die Sonne in die Wand knallte, verwandelte sich der obere Wandbereich in eine gefährliche Steinschlagzone: »Hell's Kitchen«, wie es Conrad nannte. In der ersten Seillänge erwartete mich gleich steiles, extrem brüchiges Felsgelände, das noch mal mit schwarzem, kerzenwachsähnlichem Eis verschärft war. Ich musste sogar meinen Rucksack abnehmen, um einen abdrängenden Kamin zu bewältigen. Ähnlich zäh ging es weiter, bis wir am frühen Nachmittag den Nordwestgrat erreichten. Dieser bot uns mit schlechten Sicherungsmöglichkeiten, steilem, grundlosen Schnee und komplizierter Routenfindung keine Gelegenheit zur Pause. Die Ausgesetztheit war dafür entsprechend spektakulär.

Bei einbrechender Dunkelheit kletterte Conrad die letzten

paar Seillängen, bis wir unseren Biwakplatz unter einem großen Felsblock erreichten. Ein kleiner Spalt diente uns nach ein paar Stunden Graben als Unterschlupf. Wir aßen einige Streifen Buffalo Jerky, das Conrad aus Montana mitgebracht hatte. Es war abgesehen von einem halben Riegel das Einzige, was wir seit unserem Aufbruch in der Früh gegessen hatten.

Nach einer kurzen, fast schlaflosen Nacht ging es gegen zwei Uhr morgens bereits weiter

Weil wir nur noch einen Tag erträgliche Wetterbedingungen erwarteten, ließen wir unser Biwakmaterial zurück und versuchten so schnell und leicht wie möglich zum Gipfel zu gelangen. Das Gelände blieb in allen Belangen anspruchsvoll.

In circa zwölf Stunden kletterten wir über den heiklen Grat, bis uns nur noch die 300 Meter hohe Headwall von unserem heiß ersehnten Ziel trennte. Der Granit war deutlich besser als unten, und die Kletterei ließ phasenweise unsere Bergsteigerherzen höher schlagen. Dort aber war es Zeit auszusprechen, was wir beide schon lange befürchteten: Der Gipfel lag heute außer Reichweite. Ein oder vielleicht sogar zwei Biwaks ohne Zelt und Schlafsäcke bei minus 25 Grad und starkem Wind waren uns einfach zu riskant. Wir würden weit mehr als nur unsere Finger und Zehen aufs Spiel setzen, wenn wir eine Nacht auf dieser Höhe verbringen würden. Auch wenn uns die Entscheidung schwerfiel, waren wir uns einig: Ein Rückzug war die einzig vernünftige Option.

Das Abseilen über den Grat gestaltete sich als mühsam und äußerst schwierig. Entlang der Kante gab es kaum Sicherungsmöglichkeiten. Gerade nach unten abseilen war auch nicht möglich, und so waren wir zu einem zeitaufwändigen Mix aus Abseilen, Abklettern und Ausqueren gezwungen. Erst spät in der Nacht erreichten wir wieder unseren Biwakplatz, der uns Schutz vor der Kälte bot.

Am nächsten Tag mussten wir durch die »Hell's Kitchen« abseilen – wir warteten, bis die Sonne weg war und die Steinschlaggefahr abnahm. Zurück am Wandfuß hatten wir nahezu unser ganzes Klettermaterial verbraucht und waren völlig am Ende. Wir hatten unser ganzes Pulver in nur drei Tagen am Berg verschossen.

Hätten wir den Gipfel noch in der Tasche gehabt, wäre unsere Tour perfekt gewesen. Dafür hatten wir unsere Finger noch, die wir am Weg runter in unser Lager immer wieder in unseren Hosentaschen wärmten und die auch bei unserem nächsten Versuch nützlich sein dürften. Diesen haben wir bereits für nächstes Jahr ins Auge gefasst.

Veröffentlicht 2016

An der Annapurna III im Himalaya:
One of a kind

My hope for this amazing route is that it will be climbed by fair means. If climbing were a solution to an engineering problem, it would cease to be an art. Art is the beauty in mountaineering.

Conrad Anker

Schon 1981 waren die beiden Briten Nick Colton und Tim Leach *by fair means* an der fast 3000 Meter hohen Südostkante der Annapurna III unterwegs, wo sie etwa 1000 Meter unter dem Pfeilergipfel umdrehen mussten. Ohne Zweifel gehörten die beiden zur Avantgarde des damals noch jungen Alpinstils im Himalaya. Der Alpinismus änderte sich zu dieser Zeit so rasant wie nie zuvor. Wären sie raufgekommen, ihre Route würde heute sicherlich in der »Hall of Fame« des Himalaya-Bergsteigens stehen.

Im Gegensatz zu Colton und Co. hatten wir auf den sehr gefährlichen Fußweg zum Basislager verzichtet. Nachdem Träger tödlich verunglückt waren, wurde das Basecamp von den nachfolgenden Expeditionen angeflogen, und so reisten auch Hansjörg Auer, Alex Blümel und ich direkt von Kathmandu mit dem Helikopter ins Basislager auf 4600 Meter.

> *The southeast pillar of Annapurna III. Everyone I know who has seen this phenomenon speaks of it in the same terms we reserve for eclipses, wild storms, giant waves. (….) »When I first saw it«, Nick says to me, »I thought, ›For fuck's sake.‹ It's awesome.«*
>
> Ed Douglas, *Alpinist Magazine*

Genau wie Nick Colton ging es auch uns, als wir den Pfeiler das erste Mal erblickten. Dass Berge, wenn man vor ihnen steht, größer sind, als sie auf den Fotos erscheinen, ist bekannt. Unter der Annapurna III fühlten wir uns aber wahrlich winzig.

Hansjörg, Alex und ich akklimatisierten uns über mehrere Tage am Ostgrat der Annapurna III. Dort führt ein runder und verhältnismäßig flacher Rücken relativ schnell und gefahrlos auf 6000 Meter. Dieser bot perfektes Gelände, um uns für die Südostkante zu wappnen.

Als wir bereit waren loszulegen, kündigten unsere Meteorologen Alex Radlherr und Charly Gabl ein »Wetterfenster« an, während dessen es nachmittags nur wenig schneien sollte. Nicht gerade perfektes Wetter für eine derart anspruchsvolle Tour. Aber die Chancen, etwas Besseres zu bekommen, gingen gegen Null.

Pro Jahr regnet es im Annapurna-Gebiet im Schnitt über 5600 Millimeter. Im nicht gerade wüstenähnlichen Glasgow in Schottland sind es gerade einmal 1100 Millimeter.

Der erste Tag bei unserem Versuch verlief vielversprechend. Das Wetter hielt sich dieses eine Mal nicht an die Statistik. Es gab kaum Niederschlag und wir kletterten vom Einstieg auf 4700 Meter durch ein Couloir bis auf die erste Schulter auf 5900 Meter, wo wir hinter einem Sérac biwakierten.

Den nächsten Teil der Route, der über kombiniertes Gelände direkt am Grat verläuft, bezeichnete Colton als »not hard«, womit er ordentlich tiefstapelte. Immer wieder kamen wir an zurückgelassenem Material der Briten vorbei, aber das Terrain dort war alles andere als nicht schwer. In fast allen Seillängen zwang uns die anspruchsvolle Mixed-Kletterei dazu, die Eisgeräte an den Gurt zu hängen und uns an unseren Sicherungen hinaufzuziehen.

Wegen der Kälte, dem Wind und dem starken Schneefall kletterten wir in voller Wintermontur. Was den Briten bei blauem Himmel in ihren Fleece-Pullovern wie »UIAA 5 und 5+« vorgekommen sein mag, brachte uns an unsere Grenzen. Ein unangenehm enger Kamin auf über 6000 Meter, den Colton als »particularly tiring« beschrieb, ließ mich fast verzweifeln. Zuerst schruppte ich ein paar Meter rauf, und als es nicht mehr weiterging und ich mit meinen Steigeisen keinen Halt mehr fand, rutschte ich wieder runter. Ich zog meine Daunenjacke aus und mühte mich in teils technischer, teils freier Kletterei nach oben.

Unser zweites Biwak richteten wir auf fast 6400 Metern ein. Der dritte Tag wurde dann noch anstrengender. Eine überhängende Seillänge zwang mich, auf Mikrokeilen und kleinen Friends technisch zu klettern – auf dieser Höhe ein kräftezehrendes und mühseliges Unterfangen. Nach nur 150 Höhenmetern richteten wir in dichtem Schneetreiben schon unser nächstes Biwak ein. Nach ihren Beschreibungen zu urteilen, waren wir wohl knapp oberhalb der Stelle, an der die Briten einst umgekehrt waren. Die Chancen auf den Gipfel waren bei diesen Bedingungen und unserem damit verbundenen langsamen Vorwärtskommen aber trotzdem nicht gerade groß. Am Abend kam dann ein neuer Wetterbericht: Das Wetterfenster ging früher als gedacht auf sein Ende zu. Zwar war uns allen sofort klar, was das bedeutet, aber wir diskutierten trotzdem noch alle erdenklichen Möglichkeiten durch. Am Ende blieb uns nichts anderes übrig, als uns am nächsten Morgen an den Abstieg zu machen.

Trotz des schwierigen Geländes verlief das Abseilen bis auf einen einzigen Seilverhänger reibungslos.

Zurück im Basislager war bei Hansjörg und Alex die Luft ein wenig draußen. Aber die Motivation wäre sicher wiedergekommen, hätten wir noch mal etwas anderes von unseren Meteorologen gehört als »die nächsten Tage wird's wohl nicht besser werden«. Nach zehn Tagen musste auch ich der Realität ins Auge blicken: Es war immer noch mehr Niederschlag im Anmarsch und keine Besserung in Sicht. Mit einem weinenden und einem lachendem Auge machten wir uns auf die Heimreise. Doch es wird nicht das letzte Mal gewesen sein, dass ich mich an dieser Traumlinie versuche.

Veröffentlicht 2016

Durch die Sagzahn-Verschneidung
im Valsertal: *Nicht zu unterschätzen*

Wer regelmäßig auf meiner Homepage vorbeischaut, ist schon öfter auf den Namen Sagwand gestoßen. Wo gibt es schon so nah an Innsbruck eine solche Ansammlung von großen, wahrlich alpinen Bergen wie im Valsertal? Der Olperer mit seiner Nordwand, der Fußstein mit der Nordkante, der Schrammacher, mit seiner 1000-Meter-Wand sozusagen der »Eiger Tirols«, und dann eben die Sagwand. Durch ihre 800 Meter hohe Nordwand führten schon ein paar klassische Routen, als Andi Orgler sie in den achtziger Jahren für sich entdeckte und einige markante Linien hinzufügte. Im August 2008 gelang mir dort eine meiner ersten alpinen Erstbegehungen, die »Desperation of the Northface« mit Jorg Verhoeven (Seite 106). Ich schätze die Sagwand sehr und besuche sie oft, auch allein. Sie ist wild und wirkt von Grund auf abweisend. Vor allem im Winter, wenn sie sich in eine noch einmal wildere, anspruchsvollere Wand verwandelt.

Im Winter ist das Valsertal eines der kältesten Löcher in Tirol. Was einen nicht zu verachtenden Vorteil hat: Dann hält der Frost den Fels, der im Sommer immer brüchiger wird, einigermaßen zusammen. In den letzten Jahren war ich nur noch in der kalten Jahreszeit dort. Anfang 2013 realisierte ich mit Hansjörg Auer und Peter Ortner die erste Winterbegehung des »Schiefen Risses« (Seite 406). Das war eine der härtesten Aktionen, die wir drei überhaupt gemacht haben, bei unter minus 20 Grad – Hansjörg sagt heute noch, dass unser Sitzbiwak in der Wand das härteste Biwak war, das er bislang in den heimischen Bergen erlebt hat.

Es war auch ungefähr zu dieser Zeit, als mir die Verschneidung zwischen Schrammacher und Sagwand ins Auge fiel, eine offensichtliche und schöne Linie, die unten durch ein Schneefeld führt und dann gute 200 Meter als weiße Spur durch den Fels nach oben zieht, bevor sie durch etwas einfacheres Gelände von hinten den Gipfel des Sagzahns erreicht. Den ersten Versuch machte ich mit einem Schulkollegen, doch ich merkte schnell, dass ich die Schwierigkeiten der Wand aus der Ferne unterschätzt hatte. Wir kamen nur drei Seillängen hinauf, etwa ein Drittel der Steilwand. Zwei Jahre darauf kehrte ich mit einem Osttiroler Kletterfreund zurück. Die ersten 200 Meter stellten sich als richtig anspruchsvolle Mixed-Kletterei heraus. Doch Uli und ich kamen durch, und wir waren schon am Ende der Schwierigkeiten, als es leider dunkel wurde. Aus Sicherheitsgründen seilten wir ab.

Zwei Wochen später standen wir wieder unter der Wand, diesmal am Abend. Wir schliefen am Wandfuß, um früh genug dran zu sein und im Hellen absteigen zu können. Unglücklicherweise bekam Uli in der zweiten Seillänge eine Eisplatte auf den Kopf und war so mitgenommen, dass wir ein weiteres Mal den Rückzug antreten mussten.

Seither herrschte Stillstand. Ich spekulierte jeden Winter auf die neue Route, aber die Verhältnisse stimmten nie. Heuer passte an einem der ersten Januartage alles zusammen, und ich brach zusammen mit Peter Mühlburger auf – Uli mochte nicht noch einmal mitkommen. Ich wollte die Erstbegehung endlich zum Abschluss bringen und dabei auf Nummer sicher gehen, deshalb stiegen wir wieder am Vortag zum Wandfuß, auf Skiern und mit überdimensionierten Rucksäcken, und übernachteten im Zelt. Am nächsten Morgen brachen wir früh auf, brachten in eineinhalb Stunden das Schneefeld hinter uns und seilten uns an.

Peter stieg die erste Seillänge vor; die zweite und die dritte, die schwierigsten der ganzen Route, waren dann mein Part. Der unzuverlässige Fels und die winterlichen Verhältnisse machten das Absichern anspruchsvoll. Während die zweite Seillänge durch die seichte Verschneidung führte, querte die dritte nach rechts hinaus, zog über ein Dach und dann über dünne Glasuren weiter nach oben. Ich bewegte mich wie auf rohen Eiern nach rechts und suchte vorsichtig mit den Zacken der Steigeisen nach Halt, während ich mit den Eisgeräten immer wieder Schneepilze wegschlagen und aufpassen musste, dass sie mich nicht mitzogen. Zweimal brach mir ein Tritt aus – ich erschrak jedes Mal und sah mich schon hinunterfliegen.

Über das Dach kletterte ich technisch, sonst wäre das Sturzrisiko zu hoch geworden – in diesem Gelände, mit dieser Absicherung und mit Steigeisen an den Füßen will man nicht wirklich abgehen, selbst wenn es steil genug zum Stürzen wäre. Es war so, wie es mir eigentlich am besten taugt: richtig hartes Bergsteigen, bei dem man mit allen Mitteln schauen muss, dass man durchkommt. Als ich mich fast über das Dach gearbeitet hatte, brach mir plötzlich der Griff halb aus, und mich durchfuhr ein solcher Schreck, dass mir fast die Luft wegblieb. Ich konnte mich gerade noch fangen.

Nach sechs Seillängen, mit immer wieder anspruchsvollen Passagen, die ich nur in technischer Kletterei überwinden konnte, hatten wir den steilsten Bereich der Wand hinter uns. Zum Gipfel ging es noch einmal genauso lang, durch eine Schneerinne mit zahlreichen Aufschwüngen, aber das Gelände wurde spürbar leichter, und wir konnten Meter machen. Trotzdem war es, als wir am Gipfel ankamen, doch schon wieder 17 Uhr. Mit Abseilaktion und Abfahren zum Auto wurde es 23 Uhr, bis wir wieder in Innsbruck waren. Die technische Kletterei – Peter und haben uns bei der Bewertung auf M6/A2 verständigt – benötigt einfach viel Zeit. Jedenfalls zählt die »Sagzahn-Verschneidung« zu den schwierigsten Linien, die ich bislang an der Sagwand geklettert bin.

Natürlich würde ich mich freuen, wenn die Route wiederholt wird, zu rechnen ist damit aber wohl eher nicht so schnell – nur äußerst selten werden Linien abseits der klassischen Führen im Valsertal wiederholt. Die »Sagzahn-Verschneidung« hat vor allem einen persönlichen Stellenwert für mich: Ich habe sie so lange angeschaut, habe mehrere Versuche gebraucht, und ich habe sie jedes Mal unterschätzt. Nun ist die Erstbegehung endlich fertig, ich muss keine der Seillängen erneut vorsteigen und kann mit einer tiefen Zufriedenheit diese Linie bestaunen.

Veröffentlicht 2018

Zurück – und allein – am Lunag Ri
im Himalaya: »*It's on you now, David!*«

»Entweder ist es das Herz«, keuchte Conrad, als er bei mir am Stand ankam, »oder irgendwas mit der Lunge.« Wir befanden uns rund 500 Meter hoch in der Nordwestwand des 6907 Meter hohen Lunag Ri, eines unbestiegenen, von allen Seiten extrem schwierigen Gipfels in der Khumbu-Region. Unsere Linie war technisch anspruchsvoll, Conrad hatte sich mit einer Routenwahl durchgesetzt, die objektiv vielleicht sicherer, dafür aber auch deutlich schwieriger war als die Variante über das rechts von uns liegende Eisfeld. Er hatte keinen guten Tag, bat mich zu führen. So weit okay, aber langsam wurde sein Zustand besorgniserregend. Temperaturen um die minus zwanzig Grad waren natürlich nicht unbedingt hilfreich. Aber er wollte einfach nicht aufgeben. Also musste ich die Entscheidung treffen.

Ich erklärte ihm, dass wir umkehren würden. Und wollte ihn überzeugen, gleich einen Hubschrauber zu rufen, um ihn direkt vom Wandfuß auszufliegen. Conrad wollte noch ein paar Minuten abwarten, ob sein Zustand sich nicht vielleicht doch noch bessern würde. Und überhaupt: »Was, wenn wir eine Plattform fürs Zelt auspickeln und morgen weiterschauen?« Wahrscheinlich gab ich ihm nicht mal die versprochenen fünf Minuten, bis ich die Seile zum Abseilen fädelte. Einen Hubschrauber wollte er immer noch nicht, aber immerhin: Jetzt waren wir wenigstens schon mal beim Abseilen. Das steile und schwierige Gelände war jetzt im Rückzug natürlich von Vorteil. Ohne Probleme ließen sich die Seile abziehen, zischten neben uns in die Tiefe, Seillänge um Seillänge, bis wir wieder unten waren. Ich schaute nach oben: Wir hatten uns immer gefragt, ob dieser aberwitzige Felszahn, der wie ein Divingboard dort oben über die Wand hinausragte, wirklich der höchste Punkt war? Jetzt wussten wir es immer noch nicht.

Im ABC wollte Conrad immer noch keinen Hubschrauber, aber besser ging es ihm nicht. Wo liegen die Grenzen zwischen Respekt vor dem Wunsch deines Partners und der Verantwortung für sein Überleben? Ich telefonierte mit unserer Agentur in Kathmandu und forderte einen Hubschrauber an. Wir sprachen nicht viel, während wir auf seine Rettung warteten. Aber ich erinnere mich genau an diesen einen Satz, den er halb keuchte, halb murmelte: »It's on you now. Jetzt bist du dran, David!«

Bald näherte sich das erlösende Rattern des Helis, wenig später kam aus Kathmandu die Nachricht, dass Conrad einen Herzinfarkt erlitten und die Notoperation gut überstanden hatte. Unsere Agentur kümmerte sich hervorragend um ihn, er war stabil und in Sicherheit. Aber: Er würde nicht mehr an den Lunag Ri zurückkehren. Nichts würde ich lieber tun, als die Geschichte hier mit ihm zu Ende zu bringen, aber so war es halt jetzt. Jetzt saß ich hier und traute mich fast nicht, es der Basecamp-Mannschaft zu sagen: Ich würde es allein probieren. Die Chancen waren kleiner, das Risiko größer. So war es halt.

Im Vorjahr, 2015, waren wir schon einmal hier gewesen (Seite 433). Als wir diesmal zurückkehrten, hatten wir aus unseren Erfahrungen gelernt. Die Verhältnisse waren deutlich besser, die Stimmung ausgezeichnet. Dann kam Conrads Infarkt.

Jetzt saß ich hier, wissend, dass ich es allein probieren würde, wissend, dass meine Chancen dadurch nicht gerade größer wurden. Aber aussichtslos war es nicht. Als Erstes musste ich die Routenwahl anpassen. Ohne Selbstsicherung war die ursprüngliche Linie zu schwer, mit Selbstsicherung aber dauerte das alles zu lange. Also rechts vom Pfeiler durch das Eisfeld, früh genug starten, so dass ich dort vor Sonnenaufgang am oberen Rand ankomme. Man mag es kaum glauben, aber trotz der unglaublichen Kälte setzt Steinschlag ein, sobald Sonne in die Wand kommt.

Nach dem Eisfeld würde ich mit einer leichten Linksschleife auf die ursprüngliche Linie einbiegen. Ich rechnete mit zwei Biwaks bis zum Gipfel und hoffte, den Abstieg ohne ein weiteres zu schaffen. So weit der Plan. Die Verhältnisse, die schon am Pfeiler besser waren als im Vorjahr, waren auch im Eisfeld günstig, nicht steiler als siebzig Grad, ich kam gut voran.

Oben am Grat blieb es zu schwierig, um mit Rucksack und ungesichert zu klettern. Vorsteigen, Sichern, Abseilen und wieder Aufsteigen mit dem Rucksack, all das kostete zu viel Zeit und Kraft, die Kälte grub sich in meine Bronchien und verursachte einen schmerzhaften, beunruhigenden Husten. Ich kletterte ein paar Meter über den Highpoint vom letzten

Jahr, stellte mein Zelt halbschwindlig in eine kleine Ausbuchtung an einem Eissporn. Und verbrachte die Nacht damit, mir gut zuzureden, dass ich es am nächsten Tag schon wieder irgendwie nach unten schaffen würde. Der Gipfel war in weite Ferne gerückt. Alles was nun zählte, war, dass ich wieder zurückkam.

Ich flog zurück nach Österreich und blieb in Kontakt mit Conrad. Als er am Lunag Ri in den Hubschrauber stieg, hatte er beschlossen, dem extremen Bergsteigen Adieu zu sagen. Er hatte genug, es war ein würdevoller Entschluss, obwohl er sich seltsam anfühlte: Conrad war irgendwie immer da gewesen, schon fast wie die Berge selbst, hatte Erstbegehungen unternommen, lang bevor ich überhaupt auf der Welt war. Als ihm 1997 mit den Huberbrüdern und Toni Gutsch im Karakorum die Westwand des Latok II (7108 Meter) gelang, ging ich noch in die Volkschule. Mit am besten von seinen vielen Linien gefällt mir aber »Badlands« 1994 am Torre Egger: wie seine Linie diese grandios steile Granitwand bei den Hörnern nimmt, ist einfach atemberaubend. Das war 1994, und ich war noch im Kindergarten.

Auf einem Event lernte ich Jimmy Chin kennen, der eng mit Conrad befreundet ist, er stellte den Kontakt her. Nach ein paar kleineren Projekten hatten wir uns den Lunag Ri vorgenommen, den wir nun nicht mehr gemeinsam vollenden würden. 2018 kletterten Conrad und ich ein paar schöne Routen in den Dolomiten, es waren Tage, die mir viel bedeuten, aber sein Entschluss stand fest. Ein paar gute Kletterer fragten mich, ob ich mit ihnen zurück an den Lunag Ri fahren wollte. Ich lehnte ab, wobei es mir nicht darum ging, es anspruchsvoller oder spektakulärer zu machen. Nachdem Conrad nicht mehr dabei war, war für mich der Alleingang einfach die zweitschönste Möglichkeit, das Projekt zu vollenden.

Im Herbst 2018 kehrte ich zurück. Allein. Ich hatte so lange an meiner Ausrüstung gefeilt wie nie zuvor: Ein Dreißigmeterseil zum Sichern, zum Abseilen ein hundert Meter langes, hauchdünnes Spezialseil, dann acht Cams, fünf Keile, fünf Bandschlingen, drei Express und vier modifizierte Beaks, selbstproduzierte Felshaken, auf die ich schwöre. Das Zelt ultraleichte Spezialanfertigung, Verpflegung, Schlafsack, alles knapp, leicht, dünn, nur beim Brennstoff eine kleine Reserve. Ich war früher angereist, so dass ich stabiles Herbstwetter erwischen und es nicht wieder so kalt haben würde wie mit Conrad.

Bis ich schließlich einsteigen konnte, sollte es allerdings dauern. Wetterfenster gingen auf und schlossen sich wieder: alle zu kurz. Immer wieder warnte mich Charly Gabl aus Innsbruck, dass das Schönwetter für den Abstieg nicht reichen, der Wind zu stark sein würde. Zweimal lag ich mit gepacktem Rucksack direkt am Wandfuß im Advanced Basecamp, beim zweiten Mal wartete ich einen Tag ab, noch einen, noch einen und kehrte in letzter Minute wegen Charly wieder um. Ich vertraute ihm.

Ich war fokussiert und bereit, wie ich nur wenige Male in meinem Leben für etwas bereit gewesen bin. Ein Zustand, der sich extrem gut anfühlte und den ich kannte. Aber so lange im richtigen mentalen Zustand für einen derartigen Alleingang zu *bleiben,* war noch einmal etwas anderes als 2016, als ich dieselbe Entscheidung zum ersten Mal getroffen und den Berg zum ersten ersten Mal allein probiert hatte. Es entwickelte sich eine nervliche Belastungsprobe, wie ich sie so noch nie erlebt hatte. Von einem Partner bekommst du ja ganz nebenbei für die kleinsten Nebensächlichkeiten immer wieder die beruhigende Bestätigung, dass du richtig liegst, dass der Plan stimmt: »Ja, genau«, »Stimmt«, »Eh«. Vielleicht die größtmögliche Form der Zustimmung überhaupt.

Das Warten jedenfalls quälte mich. Bald würden Freunde aus Tirol im Basecamp auftauchen, ich hatte ihnen und meinem Kameramann und Freund Martin »Mungo« Hanslmayr versprochen, gemeinsam noch den Cholatse (6440 Meter) zu besteigen, einen herrlichen Aussichtsberg ebenfalls hier im Khumbu. Ich fühlte mich verpflichtet… im letzten Moment passte die Vorhersage dann aber. Endlich!

Dummerweise war es heuer rund zehn Grad kälter als normal im Oktober und damit noch kälter als die letzten Male. Neben Temperaturen um die minus dreißig Grad Celsius warnte mich Charly vor Sturmböen von bis zu hundert Stundenkilometern, es würde sich ein bisschen anfühlen wie mit dem Cabrio durch Sibirien.

Die Verhältnisse im unteren Teil waren miserabel, das Eisfeld fast völlig ausgeapert. Das Gelände war noch immer nicht wirklich schwierig, aber es war definitiv schwieriger als bei meinem ersten Soloversuch, im Dunkeln den richtigen Weg durch die ausgeschmolzenen Felspassagen zu finden. Um Mitternacht brach ich auf. Die Sturmböen setzten mir in der

Wand nicht so hart zu wie sie mich oben am Grat erwischt hätten.

Ich hatte diesen Abschnitt mit dem Handy fotografiert und glich meine Linie im Dunkeln mit dem Bild ab. Alles passte, es lief wie am Schnürchen, ich fühlte mich gut und genoss es, genau jetzt genau hier zu sein.

Um acht Uhr früh stellte ich das Zelt auf eine kleine, ebene Fläche und ruhte mich aus. Im Zelt war die Kälte weniger schneidend, die Atemwege dankten es sofort. Ich trug wasserdichte Vapor-Barrier-Socken, die verhinderten, dass Feuchtigkeit von meinen Füßen über die normalen Socken nach außen drang und die Isolierfähigkeit der Bergschuhe reduzierte. Ich staunte nicht schlecht: meine zwei Paar Socken waren im Schuh zusammengefroren.

Knapp vierundzwanzig Stunden später setzte ich einigermaßen ausgeruht meinen Weg vom ersten Biwak über diesen fantastischen Grat fort. Diesmal waren die Verhältnisse deutlich besser, der Schnee nicht so grundlos. Frontalzacken knirschten im harten Eis und auf Granit, es war Musik in meinen Ohren. Der deutlich leichtere Rucksack sparte Zeit und Energie, ich konnte viel mehr seilfrei gehen, sicherte mich nur an den besonders anspruchsvollen Stellen. Und stellte mein winziges Zelt zweihundert Meter unterhalb des Gipfels auf eine wild überhängende Wechte.

Der dritte Tag begann suboptimal: Noch bevor ich mich aus meinem Schlafsack geschält hatte, erbrach ich mein gesamtes Frühstück, noch vor der ersten Seillänge verlor ich das Gefühl in meinen Zehen, sie waren völlig taub. Ich sicherte mich nun etwas häufiger, nicht nur, weil die Headwall so steil war. Sondern auch, weil zumindest kurzzeitig das Gefühl in die Zehen zurückkehrte, sobald ich mich am Stand in den Gurt hängen konnte.

Ein Überhang markierte die letzte wirklich anspruchsvolle Stelle in der Headwall. Ich legte einen guten Cam, klopfte die Eiszapfen weg, die von der Dachkante hingen, zog mich hinauf – überragende Kletterei auf fast 7000 Meter, der Gipfel war ganz nah und ich würde ihn schaffen. Und nun klärte sich auch die Frage, ob der Felszahn, der wie ein Divingboard in die Wand hinausragt, nun wirklich – wie ich natürlich gehofft hatte – der höchste Punkt sein würde. Jawohl, tatsächlich bildete dieses wahnsinnige Stück Fels den Gipfel des Lunag Ri. Wäre Conrad nun an meiner Seite, es wäre perfekt. Aber es war auch so verdammt gut.

Alles in allem war die Route nicht schwieriger als die Heckmair am Eiger, aber es war unbekannt, brutal kalt und in großer Höhe, ich war allein – und musste über die Route absteigen. Mit sechs Mal Abseilen schräg durch die Headwall erreichte ich wieder mein zweites Biwak, einmal hing ich frei in der Luft und meterweit von der Wand entfernt. Ich stieg mit dem Zelt ab zum unteren Biwak, baute es noch einmal auf und sammelte meine Energien für den weiteren Abstieg. Als mit Sonnenuntergang der Steinschlag im abgetauten Eisfeld endete, seilte ich mich weiter ab und war irgendwann noch vor Mitternacht wieder im Basislager.

Zwei Wochen später stand ich mit meinen Freunden »Mungo« Hanslmayr, Peter Mühlburger und Manuel Gspan auf dem Gipfel des Cholatse. Gerade weil beide Besteigungen so unterschiedlich waren, machten sie meine Nepal-Expedition 2018 zu einem besonderen Gesamterlebnis. Waren es am Lunag Ri noch die Ausgesetztheit, Schwierigkeit, Kälte und Einsamkeit, die mir in Erinnerung bleiben werden, lag jetzt das Glück darin, die Freude zu teilen.

Veröffentlicht in klettern, *2019*

Das *Risiko* und die Frage, wofür es sich lohnt, Gefahren einzugehen

Im Jahr 2012 bin ich die Route »Les Barbares« im Alleingang geklettert. Die Linie im Mont-Blanc-Gebiet zieht entlang dünner Eisadern durch eine senkrechte Wand zu einem Felszahn über dem Argentière-Gletscher. Schon mit einem Kletterpartner ist diese Route eine delikate Angelegenheit in durchwegs ausgesetztem Gelände. Solo, nur mit Selbstsicherung, ist die Route eine noch größere Herausforderung.

Auf dem Weg über den Gletscher hatte ich drei mögliche Ziele im Kopf. »Les Barbares« war das schwierigste, aber auch reizvollste. Abends im Zelt fasste ich meinen Entschluss: Ich würde sie versuchen.

Natürlich kann eine Verkettung unglücklicher Umstände bei einem solchen Abenteuer zu einem fatalen Ausgang führen. Dieser Tatsache darf man sich nicht verschließen. Von außen betrachtet könnte man deshalb meinen, wer allein in eine entlegene Wand einsteigt, riskiert leichtfertig sein Leben.

Von diesem Denken zu meiner Einstellung gibt es allerdings keine logische Verbindung. Um die Beweggründe hinter einem solchen Abenteuer zu verstehen, muss man sich auf eine andere Betrachtungsweise einlassen. Denn für mich ist der Einsatz, den solche Abenteuer erfordern, keinesfalls sinnlos. Es ist gerade diese Bereitschaft zum Risiko, die die vollkommene Überzeugung meines Tuns widerspiegelt.

Ich wusste, dass diese Route schwierig ist. Die Erstbegeher brauchten fünf Tage, und nur einmal in neun Jahren wurde sie wiederholt. Ich nahm kein Biwakmaterial mit in die Wand, um möglichst leicht und schnell zu klettern. Meine Optionen waren: den Gipfel zu erreichen oder ein Rückzug, den ich zu jeder Zeit in Erwägung zog.

Am Einstieg fühlte ich mich gut, voller Selbstvertrauen und Vorfreude. Die Kletterei in der Route war anspruchsvoll und anstrengend, doch ich war durchwegs fokussiert und hatte stets das Gefühl, Herr der Lage zu sein. Am Gipfel kam schon die erste Freude hoch, und spätestens am nächsten Tag – zurück im Tal – war ich um ein geniales Erlebnis reicher. Der schnelle Alleingang hatte mich in genau jenen Erfahrungsbereich gebracht, den ich gesucht hatte.

Das genaue Gegenteil musste ich an der nahe Innsbruck gelegenen Martinswand erleben: Vor ein paar Jahren bin ich dort solo in den Ostriss eingestiegen. Die Schwierigkeiten dieser klassischen Route bewegen sich im angenehmen Bereich, und trotzdem stopfte ich mir ein dünnes Seil als Sicherheitsreserve in den Rucksack. Nach den ersten hundert Metern spürte ich noch mehr, dass der Gegenwert dieser Aktion in keiner Relation zum damit verbundenen Risiko steht. Ich seilte ab.

Objektiv betrachtet riskierte ich in »Les Barbares« viel mehr als an der Martinswand, und dennoch fühlte ich mich im Ostriss von Anfang an unwohl. Dort hatte ich nur vor, mir die Langeweile zu vertreiben. Dafür das Risiko eines Absturzes einzugehen, war ich nicht bereit.

Für einen Erfolg der Tour meiner Träume, der Nordostwand des Masherbrum in Pakistan, ist ein ganz anderes Maß an Einsatz gefordert. Man kann sich diesem Ziel nicht mit zahllosen Versuchen nähern. Die objektiven Gefahren sind zu groß, um es einfach einmal zu probieren. Steigt man ein, dann nur mit voller Überzeugung.

Das Risiko ist immer präsent. Maßgeblich ist, dass man hinter seinen Entscheidungen und Taten stehen kann.

Veröffentlicht in Bergwelten, *2015*

Wie möchte ich da hinauf?
Über Stilfragen und den
»Mord am Unmöglichen«

Als ich im Sommer 2014 zusammen mit Hansjörg Auer und Peter Ortner in die Masherbrum-Nordostwand einstieg, holten wir uns eine ordentliche Abfuhr. Nach 350 Metern mussten wir aufgrund der Lawinen- und Eisschlaggefahr den Rückzug antreten. Dass in der 3000 Meter hohen Wand vor uns noch niemand so weit gekommen war, tröstete uns wenig. Wir waren auf der ganzen Linie gescheitert. Zur eigentlichen Herausforderung, den klettertechnischen Schwierigkeiten der Headwall auf den 7821 Meter hohen Gipfel, waren wir gar nicht vorgedrungen. Aber so viel hatten wir gesehen: Die Headwall war, zumindest in dem Stil, in dem wir sie klettern wollten, für uns nicht machbar. Und Abstriche beim Stil zu machen, um es irgendwie doch zu ermöglichen, das kam für uns nicht infrage.

Mit einem Hubschrauber ist heutzutage wohl jeder Gipfel zu erreichen, und mit der technischen Ausrüstung von heute kann man zumindest theoretisch jede Wand bezwingen – das hat Reinhold Messner schon Ende der sechziger Jahre erkannt, und das gilt heute, wo das ganze Material noch einmal um ein Vielfaches leichter und effizienter ist als damals, umso mehr. So einfach Messners Rechnung lautete, so zutreffend war sie: Wenn der Berg mit allen Mitteln überlistet wird, wenn es kein Unmöglich mehr gibt, wo finden wir dann noch eine Herausforderung? Wenn wir uns einer Grenze annähern oder sie verschieben wollen, muss diese Grenze existent sein.

Zwei Jahre nach Messners wegweisendem Artikel lieferte Cesare Maestri 1970 mit der Erschließung der sogenannten Kompressorroute in Patagonien ein Paradebeispiel für den »Mord am Unmöglichen«. Mithilfe einer Unmenge von Bohrhaken forcierte er eine technische Route auf den Cerro Torre, in einer Art und Weise, die schon damals umstritten war, und prägte den Berg damit wie kein anderer vor oder nach ihm. Zum Glück entwickelte sich das Bergsteigen danach in eine andere Richtung weiter, das Freiklettern wurde zu einem der wichtigsten Leitbilder. Messners Prophezeiung von 1968, »die nach uns kommen, werden den Gipfel auf anderen Wegen suchen«, trat ein. Als mir 2012 die erste freie Begehung der Kompressorroute gelang, setzte ich auf den Umgehungspassagen keine neuen Bohrhaken, sondern sicherte nur an Klemmgeräten, Normalhaken und Eisschrauben. Aufgrund der hohlen und lockeren Schuppen war die Absicherung oftmals sehr bescheiden, doch empfand ich die großen potenziellen Sturzhöhen als Teil der Herausforderung.

Trotzdem bin ich weit davon entfernt, den Bohrhaken zu verteufeln. Er ist ein Fluch und ein Segen zugleich. Er hat dem Sport viele Türen geöffnet und Trainingsmöglichkeiten geschaffen, ohne die wir bei den gekletterten Schwierigkeitsgraden nicht da wären, wo wir jetzt sind. Aber hätte man den Bohrhaken beim Bergsteigen weiterhin so unbedacht eingesetzt wie zu Zeiten der Direttissimas, wäre Reinhold Messners

Befürchtung sicherlich eingetroffen: das Ende des Abenteuers, das wir doch eigentlich suchen.

Erstbegehungen repräsentieren für mich das größte Maß an Abenteuer im Alpinismus. Immer sind sie mit einer gewissen Portion Ungewissheit verbunden, der nur der persönliche Entdeckergeist und die eigene Vision entgegenstehen. Am wohlsten fühle ich mich derzeit bei Erstbegehungen von Routen, die nicht den Spezialisten, sondern den kompletten Kletterer erfordern. Beim Bergsteigen, wie ich es momentan betreibe, muss man nicht in einer einzigen Disziplin möglichst perfekt sein, sondern es geht darum, zu schauen, wie man etwas möglich macht, mit dem Material, das man mitschleppt, mit den Fähigkeiten, die man erlernt hat, egal ob im Eis, Fels oder Schnee. Mir ist das Gesamtheitliche wichtig.

Bei Erstbegehungen geht es immer auch darum, dass man sich selbst seine eigene Ethik auferlegt. Die Frage des Wie ist entscheidend. Wenn man eine neue Route eröffnet, kann man sich das Problem selbst aussuchen. Nicht nur das Problem im Sinne eines bestimmten Gipfels, auf den man hinaufmöchte, sondern auch im Sinne von: Wie komme ich da hinauf? Wie möchte ich da hinauf? Um heute noch Herausforderungen zu finden, ist der Stil entscheidend. Er ist es, der Bergsteigen zu etwas Größerem macht als nur der Lösung eines Problems. Hätte Tommy Caldwell in der »Dawn Wall« Abstriche von seinem Stil gemacht, hätte er zum Beispiel gesagt, an dieser einen Stelle muss ich in den Haken greifen, weil es nicht anders geht, wäre die Route nicht so außerordentlich gewesen. Er übte die einzelnen Züge seiner Route jahrelang und demonstrierte damit seine ungeheure Hingabe.

Ich glaube, es ist nicht zielführend, allgemeingültige Regeln aufzustellen, mit welchen Mitteln ein Berg bestiegen werden darf. Zumal eine der wichtigsten Komponenten für eine Erstbegehung die uneingeschränkte kreative Freiheit ist. Man sucht sich selbst eine Linie, definiert einen Stil und versucht schlussendlich seine Vorstellung in die Realität umzusetzen. Für mich kann das durchaus bedeuten, passagenweise technisch zu klettern, wenn ich beim Freiklettern hohe Stürze in prekäre Sicherungen riskieren müsste. Ich variiere meinen Stil, passe ihn an das jeweilige Projekt an.

Die Spielformen des Bergsteigens haben sich seit der aktiven Zeit Reinhold Messners erweitert. Für jede Spielform gibt es Grundsätze, Grundvorstellungen, doch es gilt, für sich selbst seine eigenen Regeln zu definieren. Solange man seiner Idee treu bleibt, kann von mir aus jeder machen, was er will. Ich denke, dass jeder das Recht hat, sich selbst auszudrücken. Für eine Erstbegehung heißt das, sie so machen zu können, wie man es für richtig hält, als eigene Version, als eigene Vision. Es wäre bedauernswert, wenn man als Alpinist hier nicht die volle Freiheit genießen könnte.

Genauso hat aber der Erstbegeher auch eine Verantwortung, die ich nicht als Verantwortung gegenüber den anderen, sondern als Verantwortung gegenüber sich selbst definieren möchte: dass man sich überlegt, wie der schönste Stil aussieht, in dem das Projekt für einen persönlich vorstellbar ist. Wie würde man sich wünschen, dass die Route realisiert wird? Je mehr man sich dann mit einer Wand auseinandersetzt, desto mehr begreift man ihre eigentlichen Schwierigkeiten. Und je mehr man die Schwierigkeiten begreift, umso unmöglicher erscheint manchmal die ursprüngliche Idee. Genau das ist dann der Moment, in dem man sich selbst treu bleiben muss und eben nicht seine Herangehensweise ändern sollte. Das kann auch die schmerzhafte Einsicht bedeuten, dass man, wenn man auf diese Weise nicht hochkommt, es nicht verdient hat, sich die Erstbegehung zu sichern. Dass das Projekt besser von jemandem realisiert wird, der es in einem besseren Stil schafft. Vielleicht wird es ein, zwei Generationen dauern, bis die Erstbegehung dann glückt, doch zeigt auch der Verzicht in gewisser Weise die persönliche Hingabe.

Noch immer leuchtet mir auf dem Bildschirmhintergrund meines Laptops die Nordostwand des Masherbrum entgegen. Sie ist nach wie vor ein Traum, den ich gern realisieren würde. Aber nicht um jeden Preis. Schaut man sich die Headwall genau an, erkennt man überall Strukturen. Die Schneefelder hoch oben am goldgelben Pfeiler sind sicher groß genug, um darauf zu biwakieren. Läge diese gigantische Wand nicht auf mehr als 7000 Metern und hätte sie nicht unter sich diese gefährliche Zustiegswand, käme man wohl durch. Das ist das Faszinierende am Masherbrum: Beurteilt man jede Schwierigkeit einzeln, dann kommt man darauf, dass alles für sich genommen gehen würde – aber die Kombination von allem erscheint schier unmöglich.

Der Masherbrum ist ein Traum. Vielleicht bleibt er auch ein Traum. Die Zeit wird es zeigen.

Veröffentlicht in Reinhold Messner,
Mord am Unmöglichen, *2018*

Was ist das eigentlich, das *Gipfelgefühl*?

Beim alpinen Klettern geht es mir eigentlich schon immer so, dass die richtige Freude über eine gelungene Tour erst im Nachhinein kommt. Mit etwas Abstand, wenn »nichts mehr passieren kann« und die mentale Anspannung einem gelösten Zustand Platz macht, dann erst empfinde ich intensive Freude über das Geleistete, über die Verwirklichung dessen, was ich mir vorgenommen habe. Den Gipfel auch als höchsten Punkt der Gefühle zu beschreiben, liegt mir also fern.

Als ich im letzten Herbst am Gipfel des Lunag Ri stand, wurde mir aber erstmals so richtig bewusst, dass diese kurze Zeitspanne dort oben einen absoluten Perspektivenwechsel bedeutet. Ab dem Vorgeschobenen Basislager war ich drei Tage lang mit totalem Fokus geklettert. Ich hatte die Besteigung als Solo-Expedition geplant, und die Tatsache, dass ich allein war, führte wohl auch dazu, dass ich mich mit besonders geschärften Sinnen bewegte. Ununterbrochen analysierte ich alle Faktoren um mich herum – das Gelände, die Schneeverhältnisse, die Felsstruktur, die nächste Sicherungsmöglichkeit –, um den nächsten Schritt sicher setzen zu können. Und plötzlich, als ich am Ende des Gipfelgrats angekommen war, war das nicht mehr nötig.

Es war, als befände ich mich gerade im Totpunkt, einem

kurzen Augenblick, in dem sich Fliehkraft und Schwerkraft gegenseitig aufheben und keine Energie mehr da ist, gegen die man ankämpft. Ich hatte Zeit, die Eindrücke um mich herum aufzusaugen, und war nicht gezwungen, sie sofort zu verwerten. Ich ließ den Blick über das Panorama der Himalaya-Riesen schweifen, die sich rund um mich aufbauten. Ich dachte an Conrad Anker, meinen Partner bei den ersten beiden Versuchen, den Lunag Ri zu besteigen. Es wäre schön gewesen, mit ihm gemeinsam hier oben zu stehen, aber es war auch gut, dass ich die Erstbesteigung nicht mit jemand anderem realisiert, sondern allein zu Ende gebracht hatte. Und natürlich war da auch ein Moment der Freude. Ich hatte meinen lang gehegten Traum, der mich mehr als vier Jahre beschäftigt hatte, endlich in die Tat umsetzen können.

Doch dann war der Augenblick der Schwerelosigkeit, in dem ich nicht vorausschauen, nicht schon wieder den nächsten Schritt planen musste, auch schon vorbei. Ich hatte mich neu orientiert – mein Ziel war erreicht, aber die Tour noch nicht überlebt. Ich wusste, dass der Wind gegen Mittag wieder stärker werden sollte. Es war etwa zehn Uhr vormittags, und ich musste den Abstieg zeitlich genauso präzise wie den Aufstieg steuern, sodass ich den letzten Teil der Wand in der Nacht abseilen würde. So machte ich mich sofort daran, den ersten Abseilstand einzurichten. Es gab nichts mehr, was mich hier oben festhielt, aber vieles, was mich nach unten zog.

Veröffentlicht in Bergwelten, *2019*

Going to the mountains is going home.

John Muir

Chronik

Folgend eine Chronik zu Ereignissen, Erfolgen und Highlights in David Lamas Leben als Kletterer und Bergsteiger. Sie orientiert sich an einer von ihm selbst verfassten Auflistung von Momenten, die er als besonders erwähnenswert erachtete oder die für seinen Werdegang von besonderer Bedeutung waren. Dementsprechend ist diese Chronik unvollständig, viele in den Büchern und Texten beschriebene Erlebnisse kommen nicht vor. Trotz der bemerkenswerten Dichte und Vielschichtigkeit an Ereignissen bleiben manche Siege und Podiumsplatzierungen aus Davids Zeit im Wettkampfsport genauso unerwähnt wie zahlreiche Erstbegehungen und Solos in den heimatlichen Alpen.

1999
David gewinnt den ÖAV Junior Cup, die inoffizielle Österreichische Meisterschaft, in der Kinderklasse. Außerdem klettert er mit nur neun Jahren die Route »Beach Boys« in Massone, Italien. Es ist seine erste im Grad 7b.

2000
Neben dem Sieg beim ÖAV Junior Cup kann David sechs weitere Bewerbe für sich entscheiden. Sein wahrscheinlich größter Erfolg in diesem Jahr ist aber der Durchstieg der Route

»Kindergarden« in Slowenien. Nie zuvor kletterte ein Junge in diesem Alter eine Route in diesem Schwierigkeitsgrad (8a).

2001

David steigert sein Niveau am Fels weiter und gewinnt auch beim Rock Master Junior in Arco, Italien.

2002

1. Platz Rock Master Junior
1. Platz ÖAV Junior Cup
1. Platz Bouldercup L'Argentière
1. Platz Hohe Munde Masters
1. Platz Tiroler Junior Cup
1. Platz Tivoli Wettkampf
1. Platz Dornbirn Wettkampf
1. Platz Rumer Bouldercup

2003

Elf weitere Titel kommen zu Davids Sammlung hinzu. Außerdem gelingt ihm noch als 12-Jähriger mit »Hale Bopp« die erste Route im Schwierigkeitsgrad 8b+.

2004

David darf das erste Mal bei den Jugendeuropacups und -weltmeisterschaften starten. Er gewinnt in diesem Jahr alle Bewerbe, bei denen er an den Start geht, und holt sich auch den Sieg in der Gesamtwertung mit dem Punktemaximum.

Auch sein Felskletterniveau kann er weiter steigern. Mit »7pm JP chaud« gelingt ihm seine erste 8c.

2005

Wieder dominiert David in seiner Altersklasse. Er gewinnt alle Bewerbe bis auf einen und holt sich zum zweiten Mal den Jugendweltmeister-Titel.

1. Platz Jugend-WM Peking (CHN)
1. Platz Jugendeuropacup Imst (AUT)
1. Platz Jugendeuropacup Genf (SUI)
1. Platz Jugendeuropacup Penne (ITA)
1. Platz Jugendeuropacup Kranj (SLO)
1. Platz Ö-Cup Tivoli
1. Platz Ö-Cup Dornbirn
1. Platz Ö-Cup Rum

2006

David erhält als 15-Jähriger die Sondergenehmigung, in den Erwachsenen-Weltcup einzusteigen. Bei seinem Debüt in Puurs, Belgien belegt er den zweiten Platz. Den zweiten Weltcup gewinnt David und kürt sich somit zum jüngsten Weltcupsieger der Geschichte. In Russland gewinnt er die Europameisterschaft und in der Weltcup-Gesamtwertung belegt David am Ende den zweiten Platz. Darüber hinaus gewinnt er auch den Boulder-Weltcup in Hall und ist somit der erste und bislang einzige Rookie, der gleich in seiner ersten Weltcupsaison Bewerbe in beiden Disziplinen gewinnen kann.

1. Platz UIAA World Cup Dresden (GER)
1. Platz IFSC World Cup Hall in Tirol (AUT)
1. Platz IFSC World Cup Penne (ITA)
1. Platz IFSC World Cup Kranj (SLO)
1. Platz Vorstiegs-EM Jekaterinburg (RUS)

2007

In Birmingham sichert sich David nun auch noch den Titel des Europameisters im Bouldern. Er ist somit der erste Kletterer, der dieses Titelrennen in zwei unterschiedlichen Disziplinen für sich entscheiden kann. Abseits der Wettkampfbühne zieht es ihn wieder verstärkt hinaus an den Fels. Er lernt die Reize der alpinen Abenteuer bei diversen Erstbegehungen immer mehr zu schätzen.
1. Platz IFSC World Cup Imst (AUT)
1. Platz EM Bouldern Birmingham (GBR)

2008
1. Platz Gesamtweltcup (Lead und Boulder)
1. Platz Weltcup La Réunion (FRA)
1. Platz Weltcup Fiera (ITA)
1. Platz Weltcup Imst (AUT)

Erstmals rücken Davids alpine Erstbegehungen, wie die Routen »Desperation of the Northface« im Valsertal, Österreich, oder die »Footsy Variation«, bei seiner ersten Expedition im Cochamó Valley in Chile, ins Blickfeld der internationalen Kletterszene.

2009

Nachdem David bei der Weltmeisterschaft in Xining, China, den dritten Platz belegt, rücken seine Expeditionen in den Vordergrund. Zuerst reist er mit drei Schweizer Alpinisten nach Kirgistan und klettert dort die Timofeev-Route am 4230

Meter hohen Asan erstmals frei. Gegen Ende des Jahres fällt dann der Startschuss für Davids Freikletterprojekt am Cerro Torre.

2010

Zusammen mit seinem Seilpartner, Jorg Verhoeven, gelingt David die erste freie Begehung der 1100 Meter langen »Brento Centro« (8b). Mit »Bellavista« (8b+) und »Voie Petit« (8b) folgen zwei weitere alpine Mehrseillängenrouten im achten französischen Grad.

2011

Nach dreizehn Jahren im Wettkampfzirkus macht David erstmals eine Pause und widmet sich rein seinen alpinen Abenteuern. Ende Februar schafft er es mit seinem Partner, Peter Ortner, in technischer Kletterei auf den Gipfel des Cerro Torre. Weitere zwei Gipfel gelingen ihm in Patagonien, eine Erstbegehung im indischen Kashmir-Himalaya und insgesamt weitere 12 Mehrseillängenrouten im achten französichen Grad.

2012

Nach drei Jahren gelingt es David endlich, sich seinen großen Traum zu verwirklichen: Als Erster schafft er es, die berühmte Kompressorroute am Cerro Torre frei zu klettern. Sie stellt die mit Abstand schwierigste Freikletterei am Torre dar.

Im Sommer gelingt David zusammen mit Peter Ortner die Erstbegehung der spärlich abgesicherten »Safety Discussion« (8b) in Osttirol. Ein paar Monate später stehen die beiden dann auf den Gipfeln des Trango Tower (6286 Meter) und der seit fast 30 Jahren nicht mehr bestiegenen Chogolisa (7668 Meter) im Karakorum, Pakistan.

2013

Das Jahr beginnt kalt. An der Sagwand gelingt David die erste Winterbegehung des rassigen »Schiefen Riss«. Ein paar Wochen später folgt mit »Spindrift« eine weitere schwierige Erstbegehung.

Kalt geht es auch weiter. In Alaska steigt David mit Dani Arnold durch die Ostwand des Moose's Tooth – ihre Route »Bird of Prey« zählt weltweit zu den schwersten alpinen Erstbegehungen des Jahres.

Im Sommer geht es zum ersten Mal zum 7821 Meter hohen Masherbrum. Sie müssen jedoch ihre Zelte abbrechen, nachdem sich Davids Kletterpartner, Peter Ortner, beim Akklimatisieren verletzt.

2014

Davids Kinofilm *Cerro Torre – Nicht den Hauch einer Chance* feiert Premiere. Der Film erzählt die Geschichte seiner freien Begehungen der Kompressorroute am patagonischen Granitriesen. Das Projekt, wo er viel Herzblut hineinsteckt, wird zum internationalen Erfolg.

Im Sommer geht es zurück zum Masherbrum, wo er und seine Partner, Hansjörg Auer und Peter Ortner, bei schlechten Bedingungen im unteren Wandteil umdrehen müssen. Ende des Jahres gelingt ihm in Brasilien eine Wiederholung des Güllich-Klassikers »Southern Comfort« und die Route »Atalho do Diabo« auf den Corcovado.

2015

Im Frühjahr macht David mit Conrad Anker eine Neutour in Zion (USA) und plant mit ihm eine Expedition, die sie im Herbst zum Lunag Ri (6910 Meter) führt. Sie scheitern knapp unter dem Gipfel des noch unbestiegenen Berges. Dazwischen ist David im Libanon, wo er mit »Avaatara« (9a) eine seiner schwierigsten Sportkletterrouten erstbegehen kann.

2016

Im April bricht David zusammen mit Hansjörg Auer und Alex Blümel zur Südostkante der Annapurna III, einem der größten ungelösten Bergprojekte im Himalaya, auf. Nach einer mehrwöchigen Akklimatisationsphase steigt das Trio in die Wand ein und klettert weiter als jede andere Seilschaft zuvor, doch das schlechte Wetter verwehrt ihnen den Gipfel.

Im Herbst reist David erneut nach Nepal, doch dieses Mal – wie schon im Herbst 2015 – mit Conrad Anker zum Lunag Ri. Den Versuch, den Berg erstzubesteigen, müssen die zwei abbrechen, da Conrad in der Wand einen Herzinfarkt erleidet. Nach der Evakuierung Conrads und einer Notoperation in Kathmandu entschließt sich David, den Berg alleine zu versuchen. Er scheitert nur wenige hundert Meter unter dem Gipfel.

2017

David nimmt sich in diesem Jahr nur eine Expedition vor. Er konzentriert sich voll und ganz auf die Erstbegehung der Südostkante der Annapurna III. Zum Akklimatisieren reist er im Herbst zusammen mit Hansjörg Auer und Alex Blümel zur

Ama Dablam. Es gelingt ihnen, den 6814 Meter hohen Gipfel zu besteigen und dort zu übernachten, doch dann passiert etwas Unerwartetes – seine Partner fühlen sich nicht bereit, die Herausforderung der Annapurna III wieder anzugehen, und das Team entscheidet sich dazu, die Expedition abzubrechen.

2018

Davids Jahr beginnt mit zwei Erstbegehungen in seinem geliebten Valsertal. Bereits Anfang Januar vollendet er mit seinem Freund Peter Mühlburger die Route »Sagzahn-Verschneidung«, die er über den Zeitraum von fünf Jahren immer wieder versucht hatte. Den Nordpfeiler an der Hohen Kirche klettert er Ende März im Alleingang.

Im April reist David mit Jess Roskelley und Clint Helander nach Alaska, Neuschneemassen verhindern aber den Versuch einer Erstbegehung am Mount Logan.

Im Oktober bricht David zum dritten Mal zum Lunag Ri auf, dieses Mal ohne Partner. Nach erfolgreicher Akklimatisierungsphase gelingt ihm über den Zeitraum von vier Tagen die Solo-Erstbesteigung des 6907 Meter hohen Himalaya-Berges.

Zum Abschluss seiner Nepal-Expedition besteigt David mit Freunden den Cholatse.

2019

David reist mit Hansjörg Auer und Jess Roskelley in die Canadian Rockies. Nach der Begehung einiger Klassiker brechen sie am frühen Morgen des 16. April zur Ostwand des Howse

Peak auf. Den Recherchen und dem sichergestellten Bildmaterial zufolge erreichte das Trio noch am selben Tag den Gipfel. Anfänglich kletterten sie entlang der Route M16, bevor sie etwa auf halber Höhe einer neuen Linie durch den linken Wandteil nach oben folgten. Der fatale Unfall ereignete sich beim Abstieg. Als Ursache wird ein Wechtenbruch vermutet, welcher eine Lawine auslöste und das Trio von oben überraschte. Die genauen Umstände werden ungeklärt bleiben.

Bildnachweis

David Lama 1993–2010
Florian Klingler/ASP-Red Bull (8/9), David Lama (2, 3, 5), Rupert Messner (4), Corey Rich/ASP-Red Bull (1, 14/15), Jorg Verhoeven (7), visualimpact.ch/Rainer Eder (6, 10/11), visualimpact.ch/Robert Steiner (12/13), Heiko Wilhelm (16)

Das Projekt Cerro Torre Teil 1
Lincoln Else (6/7), Franz Hinterbrandner (2/3, 4, 9 unten), Peter Ortner (9 oben, 16), Corey Rich (5, 8), Ken Robinson (1, 10/11, 12/13, 14, 15). Alle Bilder mit freundlicher Genehmigung © Red Bull Content Pool.

Das Projekt Cerro Torre Teil 2
Lincoln Else (2/3, 6 oben, 10 unten, 12, 13 oben, 13 Mitte), Franz Hinterbrandner (5, 6 Mitte), Peter Ortner (1, 4 oben, 7), Heli Putz (11), Red Bull Media House (14/15), Corey Rich (4 unten, 6 unten, 8/9, 16), Ken Robinson (10 oben, 13 unten). Alle Bilder mit freundlicher Genehmigung © Red Bull Content Pool.

David Lama 2012 bis 2019
Alex Blümel/Red Bull Content Pool (4), Manuel Ferrigato/Kästle (1), Manuel Ferrigato/Red Bull Content Pool (6, 7, 8, 16 oben), Manuel Gspan (2, 3, 14, 15), Martin Hanslmayr/Red Bull

Content Pool (11, 12, 13), Clint Helander/The North Face (9), James Q. Martin/Red Bull Content Pool (10), Corey Rich/Red Bull Content Pool (5), Jess Roskelley (16 unten)